Civilizaciones e imperios mesopotámicos

Un fascinante viaje por Sumeria, Acad, Babilonia y Asiria

© Copyright 2025

Todos los derechos reservados. Ninguna parte de este libro puede ser reproducida de ninguna forma sin el permiso escrito del autor. Los revisores pueden citar breves pasajes en las reseñas.

Descargo de responsabilidad: Ninguna parte de esta publicación puede ser reproducida o transmitida de ninguna forma o por ningún medio, mecánico o electrónico, incluyendo fotocopias o grabaciones, o por ningún sistema de almacenamiento y recuperación de información, o transmitida por correo electrónico sin permiso escrito del editor.

Si bien se ha hecho todo lo posible por verificar la información proporcionada en esta publicación, ni el autor ni el editor asumen responsabilidad alguna por los errores, omisiones o interpretaciones contrarias al tema aquí tratado.

Este libro es solo para fines de entretenimiento. Las opiniones expresadas son únicamente las del autor y no deben tomarse como instrucciones u órdenes de expertos. El lector es responsable de sus propias acciones.

La adhesión a todas las leyes y regulaciones aplicables, incluyendo las leyes internacionales, federales, estatales y locales que rigen la concesión de licencias profesionales, las prácticas comerciales, la publicidad y todos los demás aspectos de la realización de negocios en los EE. UU., Canadá, Reino Unido o cualquier otra jurisdicción es responsabilidad exclusiva del comprador o del lector.

Ni el autor ni el editor asumen responsabilidad alguna en nombre del comprador o lector de estos materiales. Cualquier desaire percibido de cualquier individuo u organización es puramente involuntario.

Tabla de contenidos

PRIMERA PARTE: LA CIVILIZACIÓN SUMERIA 1
   INTRODUCCIÓN 3
   CAPÍTULO 1: EL PERIODO UBAID 7
   CAPÍTULO 2: EL PERIODO DE URUK 15
   CAPÍTULO 3: EL PRIMER PERIODO DINÁSTICO 22
   CAPÍTULO 4: EL PERIODO ACADIO 34
   CAPÍTULO 5: EL PERIODO GUTI 44
   CAPÍTULO 6: EL RENACIMIENTO SUMERIO 49
   CAPÍTULO 7: EL DECLIVE DE SUMERIA 54
   CAPÍTULO 8: LA SOCIEDAD SUMERIA Y LOS GOBERNANTES FAMOSOS 61
   CAPÍTULO 9: CULTURA E INNOVACIÓN 72
   CAPÍTULO 10: MITOS Y RELIGIÓN 89
   CONCLUSIÓN 102
SEGUNDA PARTE: EL IMPERIO ACADIO 105
   INTRODUCCIÓN 107
   CAPÍTULO 1: EL PERIODO UBAID 110
   CAPÍTULO 2: EL PERIODO PREACADIO 122
   CAPÍTULO 3: EL AUGE DEL IMPERIO ACADIO 134
   CAPÍTULO 4: LA EDAD DE ORO DEL IMPERIO ACADIO 143
   CAPÍTULO 5: DECLIVE Y CAÍDA DEL IMPERIO ACADIO 154
   CAPÍTULO 6: LA SOCIEDAD Y LA VIDA COTIDIANA ACADIAS 165
   CAPÍTULO 7: LA GUERRA Y LOS MILITARES 177

CAPÍTULO 8: CULTURA Y ARTE 188
CAPÍTULO 9: GOBERNANTES FAMOSOS 199
CAPÍTULO 10: MITOS Y RELIGIÓN 209
CONCLUSIÓN 221
TERCERA PARTE: EL IMPERIO BABILÓNICO 225
INTRODUCCIÓN 227
CAPÍTULO 1: EL PERIODO PREBABILÓNICO 230
CAPÍTULO 2: LOS PRIMEROS BABILONIOS 242
CAPÍTULO 3: EL AUGE DE BABILONIA 252
CAPÍTULO 4: LA DINASTÍA CASITA 263
CAPÍTULO 5: EL DOMINIO ASIRIO 273
CAPÍTULO 6: UN NUEVO IMPERIO: LOS NEOBABILONIOS 286
CAPÍTULO 7: EL DECLIVE Y CAÍDA DE BABILONIA 297
CAPÍTULO 8: SOCIEDAD BABILÓNICA Y GOBERNANTES
FAMOSOS 308
CAPÍTULO 9: CULTURA E INNOVACIÓN 321
CAPÍTULO 10: MITOS Y RELIGIÓN 334
CONCLUSIÓN 346
CUARTA PARTE: EL IMPERIO ASIRIO 349
INTRODUCCIÓN 351
CAPÍTULO 1: EL NORTE DE MESOPOTAMIA ANTES DE LOS
ASIRIOS 361
CAPÍTULO 2: EL PERIODO INICIAL Y EL IMPERIO ACADIO ... 372
CAPÍTULO 3: EL ANTIGUO IMPERIO ASIRIO Y BABILONIA 379
CAPÍTULO 4: RESTAURACIÓN Y CAÍDA ANTE LOS MITANI 389
CAPÍTULO 5: EL IMPERIO ASIRIO MEDIO 392
CAPÍTULO 6: ASIRIA DURANTE EL COLAPSO DE LA EDAD DE
BRONCE 397
CAPÍTULO 7: EL IMPERIO NEOASIRIO 400
CAPÍTULO 8: DIVERSIDAD LINGÜÍSTICA 428
CAPÍTULO 9: RELIGIÓN Y CREENCIAS 434
CAPÍTULO 10: ARTE Y ARQUITECTURA 442
CONCLUSIÓN 451
VEA MÁS LIBROS ESCRITOS POR ENTHRALLING HISTORY ... 453
BIBLIOGRAFÍA 454
FUENTES DE IMÁGENES 486

Primera Parte: La civilización sumeria

Una apasionante visión general de Sumeria y los antiguos sumerios

Introducción

Casi todos llevamos dentro una pizca de espíritu aventurero. Ansiamos investigar lo misterioso, lo distante, lo desconocido. Pocos de nosotros tendremos alguna vez la oportunidad de llevar a la práctica físicamente esas aspiraciones. Por suerte, las vidas ajetreadas, tecnificadas y comercializadas en las que estamos inmersos también nos proporcionan los medios para satisfacer ese anhelo consciente o subconsciente.

A través de los libros y el cine, podemos satisfacer nuestra curiosidad y enriquecer nuestra mente. La historia en su conjunto, y la historia antigua en particular, es a menudo más misteriosa e inspiradora que la ficción. Sin embargo, el objetivo superior del aprendizaje de la historia es que, en última instancia, nos enseñe a no repetir los errores del pasado de la humanidad.

Los métodos modernos de cooperación entre muchos campos diferentes de la ciencia han aclarado muchos datos históricos antiguos, la mayoría de los cuales son relevantes hoy en día. Por ejemplo, el cambio climático es un problema acuciante en la actualidad. Paleobotánicos, arqueólogos y otros investigadores han descubierto que nuestros antepasados, sin industrialización ni contaminación a gran escala, se enfrentaron al cambio climático en varias ocasiones y volvieron a prosperar después.

Con este libro, queremos introducirlo en el mundo sorprendentemente sofisticado de los antiguos sumerios. Considerados durante siglos el primer pueblo que desarrolló la civilización, florecieron en los albores de la historia entre los ríos Éufrates y Tigris. Vivían, se alegraban, se entristecían y tenían miedo. Aprendieron, trabajaron, rindieron culto, lucharon e hicieron la paz. Inventaron soluciones prácticas y herramientas, desarrollaron ideas y explicaciones, y fabricaron productos a partir de materias primas sin ayuda externa ni conocimientos previos.

Los sumerios inventaron una lista de unas treinta y nueve «primicias» literalmente de la nada en un periodo relativamente breve. Resolvieron los retos de su sociedad mediante la innovación cuando surgió la necesidad. No solo debemos asombrarnos de su capacidad, sino también de que aún hoy utilicemos algunas de sus innovaciones, eso sí, modernizadas.

En los fértiles valles fluviales de todos los continentes surgieron antiguas civilizaciones. La más conocida de ellas es probablemente la antigua civilización egipcia del valle del Nilo. Algunas de estas civilizaciones decayeron, desaparecieron y cayeron en el olvido con el paso del tiempo, hasta que sus ruinas y artefactos fueron redescubiertos por casualidad, como los sumerios. En otros casos, el desciframiento de textos antiguos puso a los eruditos sobre la pista del descubrimiento, de nuevo como en el caso de los sumerios.

No se conoce con certeza la cronología exacta de los asentamientos sumerios y el desarrollo de soluciones innovadoras para facilitar sus vidas. Los estilos y la sofisticación en la fabricación de la cerámica se utilizan a menudo para determinar cronologías y cambios en la cultura durante la prehistoria en todo el Próximo Oriente antiguo. La cronología de la civilización sumeria se basa en información recopilada de múltiples yacimientos.

La datación por carbono 14 y otros métodos científicos modernos han confirmado algunos periodos. Existe poco consenso entre los eruditos sobre la cronología exacta de los acontecimientos, los inventos y la duración de los reinados. Por ello, no se han establecido cronologías exactas y siguen siendo motivo de desacuerdo. Hemos intentado ceñirnos a una cronología coherente, pero es importante tener en cuenta que esta cronología puede no coincidir exactamente con otras fuentes que haya leído antes. La falta de una cronología exacta forma parte de la intriga de los sumerios y proporciona material para especulaciones, teorías, aficionados serios a la historia e incluso ufólogos.

En el siglo XIX, los asiriólogos más atentos seguían la pista de una antigua civilización muy conocida, los asirios. Al investigar la cultura asiria, se percataron de la existencia de una cultura y un legado diferentes. Y así, se reveló el magnífico mundo de la antigua civilización sumeria. Los eruditos bíblicos y los arqueólogos no dejaron pasar la oportunidad de excavar en la tierra natal del patriarca bíblico y coránico Abraham. Para entonces, ya sabían que los caldeos de la Biblia fueron habitantes posteriores de aquella tierra.

Aún no sabemos lo suficiente sobre los sumerios, sobre todo si tenemos en cuenta que su civilización tuvo altibajos durante unos cuatro mil años. La mayor parte de nuestros conocimientos proceden de excavaciones arqueológicas y de tablillas de arcilla descifradas de la antigua biblioteca del rey Asurbanipal de Asiria en Nínive. Aquí y en otros lugares se descubrieron más de treinta mil tablillas cuneiformes de arcilla, muchas de las cuales aún no han sido descifradas. Las tablillas cuneiformes asirias estaban en varios idiomas y estilos, y entre ellas había léxicos, que pusieron a los eruditos en el camino para identificar las lenguas y empezar a descifrarlas.

Cuando el pueblo sumerio, que se autodenominaba «pueblo de cabeza negra», llegó a la tierra que más tarde se convertiría en Sumer, en el sur de Mesopotamia, había otros grupos de pueblos nómadas y seminómadas que vivían entre los ríos Tigris y Éufrates y por todo el antiguo Próximo Oriente. Su procedencia sigue desconcertando a los académicos. Su genealogía aún no se ha desentrañado a pesar de los más de 140 años de excavaciones y análisis lingüísticos realizados por numerosos eruditos y sumerólogos.

Como los sumerios inventaron la escritura y más tarde registraron la historia, los mitos y las creencias de generaciones anteriores a partir de transmisiones orales, tenemos sus propias interpretaciones y explicaciones. ¿En qué creían? ¿Cómo explicaban la existencia humana y el propósito de la vida? ¿Cómo explicaban los fenómenos naturales?

Las hipótesis sobre el origen de los sumerios son muy variadas, y las teorías y conclusiones abarcan muchas posibilidades geográficas. Podrían proceder del Levante, Anatolia, los montes Zagros, la antigua Asia oriental, el valle del Indo o algún lugar del océano Índico. Los análisis genéticos de antiguos esqueletos mesopotámicos que comparan el ADN con el de los modernos árabes de las marismas del sur de Irak confirmaron que están estrechamente emparentados. Los esqueletos de las excavaciones realizadas en Ur por el difunto Leonard Wooley fueron descubiertos recientemente, después de casi un siglo, en contenedores aún sin embalar. Es de esperar que el ADN de estos esqueletos identifique por fin el origen de los sumerios con un grado de certeza razonable.

Capítulo 1: El periodo Ubaid

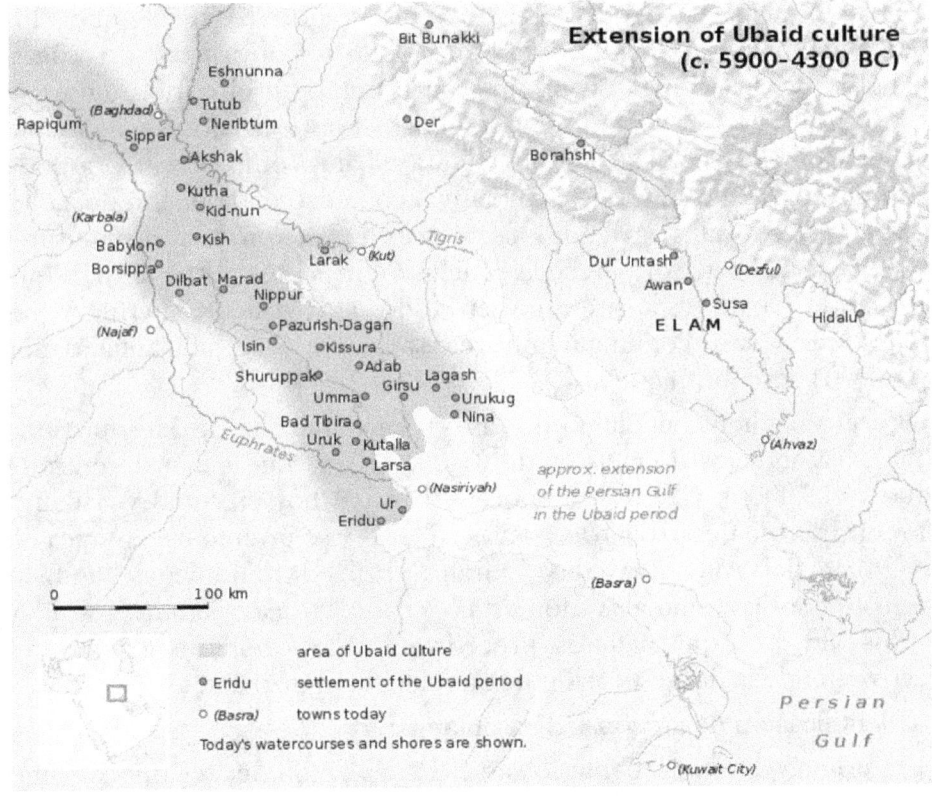

Mapa de los yacimientos de la cultura Ubaid[1]

Cómo empezó

No existe una cronología universalmente aceptada de los asentamientos en la antigua Mesopotamia, pero los expertos coinciden en que los cazadores-recolectores seminómadas se asentaron en Mesopotamia entre el 10.000 y el 8.000 a. C. aproximadamente. Hay indicios de palmeras datileras cultivadas incluso antes del 10.000 a. C. en el sur, donde más tarde se fundaría Sumer. Los orígenes exactos de estos grupos de pueblos prehistóricos y el posterior desarrollo de la cultura Ubaid están tan entrelazados con el resto del Cercano Oriente antiguo que los expertos coincidieron en un taller celebrado en 2006 en que surgió de una herencia mixta difundida pacíficamente a través de interrelaciones. Los primeros asentamientos estaban formados por grupos nómadas y seminómadas que iniciaron actividades agrícolas en asentamientos estacionales.

Los principales arqueólogos e historiadores creen que los asentamientos mesopotámicos, que más tarde se convirtieron en aldeas, ciudades y civilizaciones, se produjeron primero en el norte y luego se desplazaron hacia el sur. Otros académicos e investigadores igualmente cualificados han postulado que la cultura Ubaid, como precursora de la cultura sumeria del sur de Mesopotamia, comenzó en la región del golfo Arábigo y desde allí se extendió hacia el norte. Esta propagación de sur a norte y hacia el exterior parece la conclusión más lógica. Lo cierto es que la cultura Ubaid está presente en todo el Creciente Fértil, y las cronologías se ven continuamente retrasadas y a veces adelantadas por los nuevos descubrimientos.

En el yacimiento neolítico de Jarmo, en el noreste de Mesopotamia (Irak), hay indicios de cultivos de trigo y cebada que datan de entre el 8000 y el 7000 a. C. En esta época, en Halaf (hoy en Siria) y Samarra (hoy en Irak) se desarrollaron nuevas culturas y se inventó la cerámica en las zonas del Alto y Medio Éufrates. Estos seminómadas también trajeron consigo animales domésticos como ovejas, cabras, vacas y cerdos. Se cree que algunos procedían de la región de los montes Zagros, donde la domesticación de animales comenzó antes.

Identificación de las zonas de asentamiento

El primer periodo sedentario característico de Sumer se conoce como periodo Ubaid por Tell al-'Ubaid. Este importante tell fue descubierto a seis kilómetros al norte de la gran ciudad antigua de Uruk.

Tribus seminómadas semitas y de otros grupos étnicos ya estaban asentadas en algunas de estas zonas cuando los sumerios o «los cabezas negros» llegaron al sur de Mesopotamia. Estos pueblos se autodenominaron «gente de cabeza negra» en textos posteriores, después de que inventaran un sistema de escritura, el primero que conocemos en el mundo.

En algún momento, los colonos empezaron a fabricar vasijas de barro para uso doméstico, como platos, cuencos y recipientes para almacenar alimentos. Estas vasijas de arcilla se cocían ligera o completamente y eran de color beige o verdoso. Se decoraban con líneas geométricas negras, marrones o moradas. Se conoce como cerámica de estilo Hassuna por el yacimiento donde se descubrió por primera vez en el norte de Mesopotamia.

Entre el 6500 y el 5000 a. C., los asentamientos continuaron extendiéndose. Hacia el 6.000 a. C. había indicios de la existencia de comunidades agrícolas sedentarias que dependían de la irrigación en lugar de la lluvia para el cultivo en el sur más árido de Mesopotamia, hacia el golfo Pérsico. Cultivaban la tierra, criaban animales domésticos y pescaban en los ríos y el mar. Algunos arqueólogos sostienen que estos estilos de vida representan a tres grupos étnicos diferentes: los que cultivaban la tierra, los que se dedicaban a la ganadería y los que pescaban en las marismas.

La cultura material del periodo Ubaid en la mayor parte del Creciente Fértil varía en duración. En el sur de Mesopotamia, la cultura Ubaid está fechada aproximadamente entre el 6500 a. C. y el 3800 a. C. (o el 4000 a. C. según algunos) y entre el 5300 a. C. y el 3900 a. C. según otros. Debido a la extensión del periodo Ubaid, los arqueólogos lo han dividido en seis etapas, de Ubaid 0 a Ubaid 5.

La datación y la propagación de las influencias Ubaid por todo el Levante se identifican principalmente a través de estilos de cerámica, pruebas culturales similares y periodos de tiempo relacionados. Como ya se ha mencionado, los expertos no se ponen de acuerdo sobre si la cultura Ubaid se extendió desde el norte de Mesopotamia hacia el sur o de sur a norte.

El asentamiento Ubaid más antiguo del sur de Mesopotamia descubierto hasta la fecha es un pequeño tell cercano a Larsa llamado Tell el-'Oueili, que data de 6500 a. C. a 5400 a. C. Fue descubierto por André Parrot y excavado entre 1976 y 1989 por el arqueólogo francés Jean-Louis Huot.

Este descubrimiento retrasó la cronología del periodo Ubaid y obligó a añadir Ubaid 0 a la cronología ya establecida de Ubaid 1 a Ubaid 5. La mayoría de los yacimientos mesopotámicos más antiguos se encuentran en el sur, donde ya se habían asentado otros grupos. Hasta la fecha, no existe consenso entre los expertos sobre los orígenes de los pueblos, las fechas de asentamiento y cómo o por qué florecieron las primeras culturas sedentarias en las llanuras aluviales del sur, más árido.

La zona es pobre en recursos naturales como minerales y madera, y la crecida de los ríos es impredecible e inoportuna para los cultivos, lo que hace necesario el riego. Y, sin embargo, puede que fueran estas difíciles circunstancias las que impulsaron el desarrollo de excelentes y asombrosas innovaciones. Los habitantes utilizaban lo que tenían a mano, innovaban hábilmente la tecnología cuando era necesario e incluso fabricaban hoces de barro cocido para cosechar. La fauna y la flora indican que los agricultores de este primer yacimiento Ubaid de Tell el-'Oueili utilizaban animales de tiro (bueyes) y dependían de cultivos como la cebada, que podía tolerar la salinidad del limo aluvial.

Los siguientes periodos Ubaid son típicos de una sociedad en desarrollo, en la que cada nuevo estilo conduce al siguiente. Naturalmente, la sociedad igualitaria se adaptó, ya que el pueblo necesitaba un grupo de personas con capacidad de organización y supervisión para los proyectos comunales, como la construcción y el mantenimiento de canales. Esto, a su vez, dio lugar a una diferenciación social y, con el tiempo, a estructuras de clase y divisiones laborales.

Las casas se construían con adobes y paja o cañas. Las viviendas tripartitas solían construirse en torno a una casa más grande con varias habitaciones, situada en el centro, que formaba una aldea central alrededor de la cual se desarrollaban aldeas más pequeñas. Es posible que la aldea principal se convirtiera entonces en la fuerza dirigente, y que las aldeas secundarias estuvieran subordinadas a ella en la toma de decisiones y la distribución del trabajo.

Cabe imaginar la cantidad de mano de obra necesaria para el mantenimiento de los canales, que debían de estar plagados de sedimentos provocados por las crecidas de los ríos. Las innovaciones de esta fase no solo facilitaron las actividades agrícolas intensivas en mano de obra. También se mejoraron las canoas y las redes para los pescadores de las marismas.

La organización de los asentamientos llevó a la construcción de centros comunales, con énfasis en los edificios religiosos. Los centros religiosos se convirtieron en los centros de las aldeas, cada una de las cuales tenía su propia deidad patrona. Al igual que las casas, estos edificios estaban construidos con adobes y cañas o paja recubierta de arcilla.

Los orígenes de Eridu

Durante mucho tiempo, investigadores, historiadores y arqueólogos creyeron que la primera ciudad de Sumer fue Eridu. Esta suposición parecía estar confirmada por antiguos textos sumerios que describían las creencias sumerias sobre el principio del mundo. Los sumerios creían que las deidades eligieron la ciudad más antigua cuando decidieron traer la realeza a la Tierra. La deidad principal, Enki, habría construido su templo en Eridu. Solo más tarde, con métodos de datación más modernos, se descubrió que la ciudad de Uruk era anterior a Eridu. No obstante, el yacimiento arqueológico de Eridu nos proporciona el registro de desarrollo cultural mejor ilustrado de la época.

Eridu fue una de las cinco ciudades anteriores al Diluvio Universal de los mitos sumerios. Curiosamente, este mito del Diluvio Universal es muy similar al del Diluvio Universal bíblico descrito en el Génesis. Un renombrado sumerólogo, Thorkild Jacobsen, bautizó el mito sumerio de la creación como el *Génesis de Eridu*. Las excavaciones realizadas en Sumeria, en la antigua ciudad de Ur, confirmaron la existencia de una capa muy gruesa de lodo con señales de habitación debajo, de la época anterior al diluvio.

La ciudad de Eridu estaba situada en el golfo Arábigo y era la más meridional de Sumer. La primera fase de asentamiento del yacimiento de Eridu se remonta al año 5400 a. C. aproximadamente. El tell principal tiene ocho capas. El zigurat de Eridu se reconstruyó diecisiete veces, cada vez más grande y elaborado, hasta que representó el estilo común de los templos posteriores. Este estilo común es un edificio tripartito sobre una plataforma que consiste en una sala rectangular larga con habitaciones que salen de los lados largos. La sala central tenía un altar, y en la pared había un nicho para una estatua de la deidad patrona local; en el caso de Eridu, habría sido Enki.

La aldea original de Eridu se convirtió en un pueblo y luego en una ciudad con aldeas circundantes durante y después del periodo Ubaid, a pesar del suelo propenso a la salinidad, que limitaba su poderío agrícola.

En periodos posteriores, cuando la ciudad se volvió inhabitable, se siguió utilizando como centro de culto hasta casi el final del I milenio a. C. La ciudad fue abandonada y tomada por las dunas arenosas y el cieno, pero el zigurat seguía funcionando. Los restos de construcción de un pequeño yacimiento cercano sugieren que los sacerdotes que se ocupaban del templo podrían haber vivido allí.

Durante la fase Eridu del periodo Ubaid, otro grupo étnico con su propia cultura distintiva procedente de otro asentamiento del sur pasó a formar parte de la población de Eridu. El segundo periodo de la cultura de Eridu se denomina fase Hadji Muhammed, en honor a este grupo, y data aproximadamente del 4800 a 4500 a. C. En la fase Ubaid 2 se produjo un gran crecimiento de los asentamientos y la agricultura.

Los grandes canales y acequias con diques y compuertas impulsaron el aumento de la producción de alimentos, lo que permitió mantener a comunidades más grandes y almacenar los excedentes de las cosechas. El crecimiento de la población permitió canalizar la atención hacia otras ocupaciones. A través del comercio, los sumerios pudieron suplir su falta de recursos naturales y materias primas, que incluían ciertos minerales, obsidiana y madera. Esto, a su vez, dio lugar a otras innovaciones. Por ejemplo, los arados se equiparon posteriormente con filos metálicos obtenidos mediante el comercio.

Una organización y administración centralizadas fueron el resultado natural de esta evolución. Sin duda, los niveles sociales se vieron afectados y se impuso la estratificación de clases. Algunos expertos conjeturan que los jefes de familias extensas podrían haberse convertido en caciques locales. En ocasiones, estos cargos eran hereditarios. Al principio, los caciques actuaban principalmente como consejeros, gestionaban las disputas intercomunitarias y ejercían de jueces en sus comunidades.

Hay que mencionar que los primeros agricultores recurrían a estructuras familiares extensas para hacer frente a las actividades agrícolas que requerían mucha mano de obra. Durante el periodo Ubaid, la mano de obra ajena a la familia se hizo necesaria debido al aumento de la producción y la especialización en otras ocupaciones, como la fabricación de herramientas y la alfarería.

Estilos distintivos de cerámica descubiertos por los arqueólogos

La característica cerámica Ubaid, que da nombre a este periodo y que, a su vez, recibió su nombre del yacimiento donde se identificó por primera vez, estaba meticulosamente elaborada con arcilla de color claro. A veces solo se cocía ligeramente. A veces, la cerámica se cocía a fondo en hornos. En Tell al-'Ubaid se encontraron restos de hornos de este tipo.

La arcilla se secaba hasta adquirir un tono neutro o ligeramente verdoso y se decoraba con pintura negra, marrón o morada. La decoración pintada presenta líneas, formas geométricas, motivos florales y formas animales.

Plato pintado con diseños geométricos en pintura oscura. De Tell al-'Ubaid, periodo Ubaid tardío, c. 5200-4200 a. C.'

Los objetos funerarios recuperados en Tell al-'Ubaid contenían platos, cuencos, pequeñas cráteras, vasijas en forma de vaso abierto con asas, fichas de arcilla y otros objetos. Más tarde se añadieron asas y pitorros a las cráteras más grandes. La decoración es menos elaborada que la de la anterior cerámica de estilo Halaf del norte de Mesopotamia, pero similar en estilo y ejecución. La pintura de las decoraciones se aplicaba a menudo mediante el método de corte con cuchilla.

Además de los objetos prácticos de barro, también había adornos y figurillas de barro. Tenían forma de animales y seres humanos —hombres y mujeres— con extraños rostros de lagarto.

En general, el periodo Ubaid trajo consigo el crecimiento de la población y el progreso en todas las esferas de la vida. Las aldeas, cada vez más grandes, se extendieron, con asentamientos más pequeños en las afueras y en las zonas circundantes. Las viviendas domésticas se construyeron con cañas y arcilla, y luego se pasó a las cañas recubiertas de arcilla y a las viviendas de adobe en el característico estilo tripartito. Este estilo se repitió en los edificios comunales y religiosos, como los característicos zigurats.

Capítulo 2: El periodo de Uruk

La civilización sumeria comenzó oficialmente en el periodo de Uruk. Este periodo se caracterizó por un rápido desarrollo y numerosos cambios culturales y políticos. Los asentamientos fueron sustituidos por aldeas, que en algunos casos se convirtieron en ciudades. Se cree que en el periodo de Uruk aparecieron las primeras ciudades del mundo.

El periodo de Uruk puede dividirse en dos fases distintas. La primera se remonta al periodo comprendido entre 4000 y 3500 a. C. y la segunda entre 3500 y 3000 a. C.

Los sumerios llegaron probablemente durante el periodo Ubaid y se apoderaron de las aldeas ya desarrolladas. Los sumerios las convirtieron en asentamientos multifacéticos que consistían en aldeas, pueblos, centros urbanos e incluso ciudades.

El brazo oriental del Creciente Fértil termina en el sur de Mesopotamia (actual Irak). Como ya se ha mencionado, se desconocen los orígenes de los sumerios. Lo único que sabemos con certeza es que su lengua no guarda relación con ningún grupo lingüístico conocido y que su ADN es similar al de los habitantes actuales de las marismas del sur de Irak. Llamaron a su nuevo país Sumer (*Kengir* en sumerio), que significa «país de los nobles señores».

Los sumerios se consideran uno de los pueblos más inteligentes e innovadores del mundo antiguo por sus numerosos inventos y su capacidad para resolver problemas. Según los diccionarios, el concepto histórico de civilización es una sociedad caracterizada por centros urbanos desarrollados, éxito agrícola, una lengua escrita, un gobierno central o estatal, tecnologías desarrolladas y aplicadas, una ideología común y una cultura compartida. Los sumerios cumplían todos los requisitos, por lo que se considera que fueron la primera civilización de la historia.

Tras asentarse en el sur de Mesopotamia, los innovadores sumerios pronto inventaron o modificaron el arado, al que siguió la invención del arado sembrador. Este último arado podía distribuir las semillas uniformemente por el suelo arado. También podía ser tirado por un animal de tiro. Más tarde, tras la invención de la escritura, los sumerios elaboraron el primer manual de cultivo, con instrucciones en forma de carta de un padre a su hijo. Abarcaba todo el ciclo de cultivo: el cómo y el cuándo de cada paso, desde la planificación hasta la cosecha. Incluía consejos sobre lo que se debía tener cuidado, las tareas que se debían hacer, lo que no se debía hacer y cómo supervisar e instruir a un trabajador.

Durante el periodo de los primeros Uruk, los sumerios siguieron los pasos de sus predecesores en lo que a arquitectura se refiere. Utilizaron las viviendas tripartitas existentes en las que residían con sus familias extensas. Estas casas se agrupaban unas junto a otras y con el tiempo formaban una aldea. Se formaron pequeñas ciudades a medida que las aldeas empezaron a expandirse y a reunirse entre sí, y surgió una nueva estructura social.

Las excavaciones arqueológicas indican que Uruk se desarrolló a partir de dos asentamientos separados llamados Eanna y Kullaba, que crecieron en tamaño y se fusionaron para formar la primera ciudad (Uruk). Otras excavaciones en este yacimiento demostraron que la ciudad estaba rodeada por murallas de 9,5 kilómetros de largo y una superficie de 450 hectáreas. Se calcula que la población de esta época era de unas cincuenta mil personas.

Uruk fue considerada la más destacada de las ciudades mesopotámicas durante mil años. Las pruebas arqueológicas y los textos confirman que Uruk ejercía cierto control sobre los pueblos y ciudades más pequeños de los alrededores en lo que respecta al comercio y el poder político. Sin embargo, no está claro cómo se imponía el poder de Uruk, ya que la administración de la región estaba descentralizada y era gestionada por cada una de las ciudades más pequeñas.

¿Qué distinguía a Uruk de las demás ciudades?

Expertos e historiadores se preguntan a menudo por qué Uruk era una ciudad-estado tan dominante cuando la ciudad-estado de Ur estaba mejor situada geográficamente para conseguir poder económico a través del comercio. Ur estaba situada en un canal del río Éufrates y más al sur que Uruk. Estaba más cerca del golfo Pérsico, una puerta de acceso a los lucrativos mercados árabe y mediterráneo. Aún no hay consenso sobre esta cuestión.

El periodo de Uruk tardío

A medida que las cabeceras del golfo Pérsico retrocedían hacia el sur durante la época seca del periodo de Uruk tardío, las marismas se redujeron. Hubo que aumentar el riego de los campos agrícolas. Los ríos que constituían una fuente natural de irrigación empezaron a menguar debido a las graves sequías del norte, lo que dificultaba cada vez más la alimentación de la creciente población. Para solucionar este problema, los sumerios buscaron colonizar las zonas circundantes e incluso lejanas, lo que supuso otra primicia en la historia.

La colonización de las ciudades-estado vecinas, especialmente en la llanura de Susiana, se produjo entre el 3700 y el 3400 a. C. Las pruebas arqueológicas de los restos culturales, artefactuales, arquitectónicos y simbólicos confirman esta cronología y localización.

A lo largo del periodo de colonización, asentamientos más pequeños como Tell Brak y Hamoukar, en el norte de Mesopotamia, fueron colonizados por Uruk. Hamoukar se estableció al norte de Uruk durante el periodo de los primeros Uruk. Estas ciudades-estado formaban parte originalmente de las extensas rutas comerciales del betún y el cobre.

Es interesante observar que la expansión y las zonas colonizadas no se gestionaban desde Uruk, sino que se dirigían localmente a través de centros administrativos regionales. Estos centros administrativos podían controlar la fabricación y el comercio de objetos. Los sellos cilíndricos, la cerámica y otros materiales excavados en estas regiones confirman que las colonias comerciales de Siria, Anatolia e Irán compartían los mismos sistemas administrativos y estilos cerámicos en esta época. Los productos de cada centro se fabricaban localmente.

El Templo Blanco de Uruk

Visible desde la distancia, este magnífico zigurat, conocido como el Zigurat de Anu, tenía en su cima un magnífico templo blanco dedicado al dios del cielo Anu, que habría dominado el horizonte. Situado en la actual Warka (Irak), los arqueólogos calculan que su construcción habría llevado unos 5 años a 1.500 obreros. Estos obreros habrían tenido que trabajar jornadas de diez horas diarias. Se cree que algunos fueron obligados a realizar el trabajo y que solo se les pagó una parte.

Restos del zigurat de Uruk que tenía el Templo Blanco⁶

El Templo Blanco de Uruk es un ejemplo típico de «templo alto». Surgió en esta región para honrar a la deidad patrona de una ciudad. Este templo rectangular se construyó en estilo tripartito, con las esquinas orientadas a los cuatro puntos cardinales: norte, sur, este y oeste. Este excepcional templo encalado, que mide 17,5 por 23,3 metros, habría sido un espectáculo bajo el sol del mediodía.

Como era típico en los edificios tripartitos, un largo vestíbulo central estaba flanqueado por salas más pequeñas. Al final de la sala había un altar y un nicho en una pared prominente para la estatua del dios patrón.

Hamoukar

El asentamiento de esta ciudad se remonta al V milenio a. C. y estuvo habitada durante los periodos Ubaid y Uruk Arcaico. La ciudad excavada se encuentra en el noreste de Siria, cerca de las fronteras con Irak y Turquía.

El procesamiento de la obsidiana era la principal actividad comercial de este asentamiento. Esto demuestra la innovación y el empeño de sus habitantes por garantizar una vida sostenible. La obsidiana en bruto no estaba disponible en la zona y había que importarla del sur de Anatolia, a unos 112,65 kilómetros de distancia. Las herramientas y armas de obsidiana fabricadas se exportaban al sur de Mesopotamia, lo que generaba ingresos para los habitantes. Los talleres de obsidiana ocupaban una superficie de 280 hectáreas y el análisis químico de la obsidiana hallada confirmó que procedía de las estribaciones del monte Nemrut, en la actual Turquía.

En Hamoukar, las pruebas muestran la aparición de estructuras de clase, con las élites acumulando riqueza. Compraban sus alimentos y otros suministros en los pueblos de los alrededores.

Cuando Hamoukar se convirtió en una ciudad consolidada y rica, sus habitantes se dieron cuenta de que necesitaba más seguridad. Construyeron una muralla a su alrededor, estableciendo así la primera ciudad amurallada de la que tenemos constancia. El proceso de urbanización en este caso puede atribuirse al crecimiento económico y no a que la gente fuera coaccionada u obligada a vivir allí como mano de obra.

En su apogeo, Hamoukar tenía unos 20.000 habitantes y cubría una superficie de 105 hectáreas. Hamoukar no solo exportaba herramientas y armas al sur. Nuevas pruebas confirman que también comerciaban con el norte. Este comercio septentrional se realizaba de forma independiente, lo que demuestra que Hamoukar tenía sus propios gobernantes o, al menos, algún tipo de independencia.

Antes de la batalla de Hamoukar, los habitantes habían progresado hasta fabricar herramientas y armas de cobre, lo que la convirtió en objetivo de los conquistadores debido a la riqueza y los logros de la ciudad.

Batalla de Hamoukar

La batalla de Hamoukar se considera el primer incidente de guerra urbana. Las excavaciones indican que el ataque a la ciudad debió de estar bien planeado. Sin embargo, parece que se produjo de repente, cogiendo desprevenidos a los habitantes. Su falta de preparación pudo deberse en parte a los muros de tres metros de grosor que rodeaban la ciudad, que probablemente los hicieron sentirse seguros. De algún modo, los invasores prendieron fuego a la ciudad. Las paredes y los tejados de los edificios que no fueron consumidos por el fuego se derrumbaron. Los arqueólogos han encontrado suficientes artefactos entre los escombros como para hacerse una idea de cómo fue destruida la ciudad.

En excavaciones bastante recientes se han descubierto más de 2.300 proyectiles de honda de arcilla con forma de huevo procedentes de dos de los edificios administrativos derrumbados. Bajo los escombros también se hallaron otras pruebas de la batalla, como doce tumbas de víctimas masculinas. Los arqueólogos están seguros de que el incendio que destruyó la ciudad fue provocado por un enemigo y no por un terremoto o un accidente.

Tell Brak

Tell Brak se encuentra en el noreste de Siria. Se encuentra en una de las principales rutas comerciales antiguas que conectaban Mesopotamia, Anatolia, las ciudades del Éufrates y los puertos marítimos del Mediterráneo. Es uno de los mayores tells de la zona que se han excavado hasta la fecha.

Tell Brak cubría una extensa superficie de 40 hectáreas y se elevaba a 40 metros antes de las excavaciones. Durante su apogeo, esta ciudad-estado se extendía por una superficie de entre 110 y 160 hectáreas y contaba con una población de entre 17.000 y 24.000 habitantes.

Suburbios de Tell Brak

El tell estaba rodeado de pequeñas aldeas o suburbios donde vivían muchos de sus habitantes. Estos suburbios ocupan una superficie de más de 300 hectáreas. Las pruebas arqueológicas indican que esta zona estuvo habitada desde el periodo Ubaid y se prolongó hasta mediados del primer milenio de nuestra era.

Las excavaciones en Tell Brak, Hamoukar y Tepe Gawra proporcionan a los arqueólogos pruebas arquitectónicas y de cerámica que confirman que estas ciudades-estado compartían los mismos comportamientos religiosos, administrativos y sociales.

En Tell Brak se ha excavado un enorme edificio destinado a usos no residenciales, que ha dejado al descubierto muros de adobe rojo. Este majestuoso edificio tiene una entrada con una puerta de basalto con torres a cada lado. Los muros tienen 1,85 m de grosor y 1,5 m de altura, y aún son visibles.

Industria de Tel Brak

Se excavó un taller artesanal en el que se fabricaba sílex, se molía basalto y se realizaban incrustaciones de conchas de moluscos. Se identificó otro edificio para la fabricación de cuencos de cerámica, cuya finalidad quedó confirmada por el importante número de cuencos producidos en serie que contenía. También se encontró en este edificio un cáliz único hecho de obsidiana y mármol blanco unidos con betún. Este mismo edificio llegó a albergar una amplia colección de sellos y balas de honda.

Reuniones sociales

El salón de banquetes de Tell Brak contenía un gran número de platos fabricados en serie y vasijas con borlas. Este edificio ha sido identificado como salón de banquetes debido a los grandes hornos con restos de animales hallados en el patio norte. El interior de la sala de banquetes contiene varios fogones grandes, que habrían proporcionado calor durante las reuniones comunales y los banquetes.

Al parecer, en estos banquetes se consumía cerveza de cebada y grañones, y se devoraban grandes cantidades de carne. Aparentemente, la antigua civilización tenía una vida laboral, una vida social y una vida religiosa.

Religión

Las prácticas religiosas se centraban en el culto a una deidad que todo lo veía, y en Tell Brak había un templo dedicado a este dios, que era la deidad patrona de la ciudad. Este templo puede indicar que Tell Brak fue una de las primeras ciudades del norte de Mesopotamia que practicó una religión organizada, al menos hasta donde sabemos.

Los habitantes de Tell Brak fabricaban estatuillas votivas y símbolos que utilizaban para adorar a su dios que todo lo veía. Sin embargo, es posible que adoraran a una diosa. Los expertos suponen que la diosa sumeria Inanna, asociada al poder político, la guerra, la justicia, la cerveza, el amor y la belleza, era la diosa a la que adoraban los habitantes de Tell Brak.

Figurillas y símbolos oculares hallados en el templo de Tell Brak '

Capítulo 3: El primer periodo dinástico

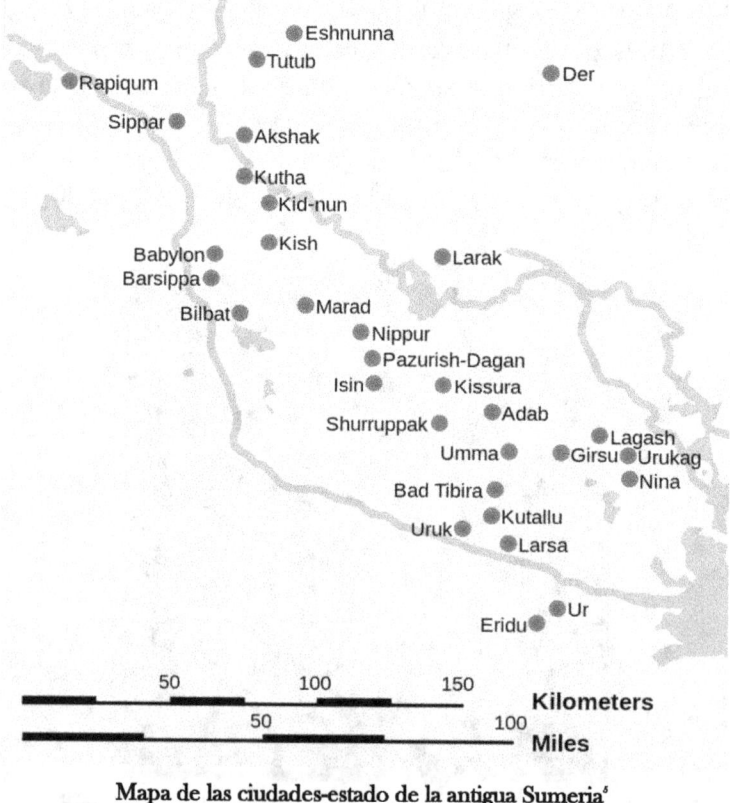

Mapa de las ciudades-estado de la antigua Sumeria[5]

El auge del periodo Dinástico Arcaico

Aunque no existen épocas claramente delimitadas en el desarrollo de Sumeria durante el periodo Dinástico Arcaico, los expertos lo han dividido en tres fases: Dinástico Arcaico I (c. 2900-2800 a. C.), Dinástico Arcaico II (c. 2800-2600 a. C.) y Dinástico Arcaico III (c. 2600-2334 a. C.). Todo el periodo Dinástico Arcaico (abreviado DA) fue un periodo de crecimiento e innovaciones. Muchas de las «primicias» atribuidas a los sumerios se remontan a este periodo y a la breve fase puente inmediatamente anterior.

El conocimiento de este periodo se debe en gran medida a las excavaciones arqueológicas, a los registros históricos posteriores y al desciframiento de los escritos sumerios que datan de la última parte del periodo Dinástico Arcaico. Los historiadores a menudo tienen que comparar varias de estas fuentes para llegar a conclusiones razonablemente fiables, ya que parte de la información, sobre todo la procedente de los registros antiguos, solo es parcialmente objetiva.

Un buen ejemplo es la Lista Real Sumeria, que proporciona información valiosa para un investigador perspicaz, aunque se entremezclan con reinados y periodos de vida de los reyes imposiblemente largos junto con hechos y seres obviamente míticos. Aunque la lista de reyes sumerios contiene varios nombres semíticos de reyes y lugares, se ha establecido razonablemente que los sumerios eran de origen no semítico.

Periodo Jemdet Nasr

Durante la fase final del periodo de Uruk y el comienzo del periodo Dinástico Arcaico, alrededor del 3000 a. C. al 2900 a. C., se ha identificado un periodo superpuesto relativamente breve. Se denominó periodo Jemdet Nasr por el yacimiento que se confirmó que era sumerio. Este periodo duró de 3100 a 2900 a. C., y la datación por radiocarbono confirma estas fechas. Los expertos están divididos a la hora de aceptar el periodo Jemdet Nasr como una fase separada debido a las grandes similitudes culturales con los periodos anterior y posterior.

El mundo científico fue alertado por primera vez sobre la cultura Jemdet Nasr cuando se descubrieron tablillas de arcilla con un tipo de escritura protocuneiforme (arcaica). Estas tablillas aparecían en los mercados de antigüedades desde 1903 aproximadamente. La escritura ya había sido identificada como lengua sumeria gracias al descubrimiento de tablillas posteriores. Un asiriólogo, Stephen Langdon, inició las excavaciones en Jemdet Nasr en 1926. Los mismos aspectos culturales que se identificaron en este yacimiento se descubrieron posteriormente en muchos otros yacimientos arqueológicos del sur y el centro de Mesopotamia.

Tablilla administrativa de arcilla del periodo Jemdet Nasr, Uruk III[6]

Este periodo parece ser una prolongación del periodo Uruk, ya que en él se desarrollaron varias invenciones y características ya evidentes en el periodo Uruk. La cerámica está presente tanto en policromía como en la marcada monocromía, que eran similares a las del periodo Ubaid. La escritura pictográfica original inventada durante el periodo Uruk había evolucionado hacia un estilo más abstracto en esta época. La distintiva forma de cuña de la escritura cuneiforme también data de este periodo Dinástico Arcaico.

Periodo Dinástico Arcaico

El periodo Dinástico Arcaico comenzó en diferentes momentos en Sumer, al menos según el registro arqueológico de los yacimientos excavados hasta el momento. Lo único que tienen en común los inicios de la historia sumeria hasta casi finales del periodo Dinástico Arcaico es la inseguridad de la cronología y las fechas de las que se parten. Se necesitan imperiosamente más dataciones por radiocarbono y métodos científicos modernos de datación para que los expertos puedan refinar y correlacionar estas fechas.

Según las primeras excavaciones realizadas en el siglo anterior, parecía haber un paréntesis en los depósitos culturales y las redes establecidas en torno al 2900 a. C. En aquella época, esto se explicaba por la historia del Diluvio Universal. Las leyendas de un diluvio universal están registradas en los relatos de varias escrituras del ANE (Antiguo Oriente Próximo), así como en el diluvio bíblico. Las grandes y extensas inundaciones de alrededor de 2900 a 2800 a. C. parecían confirmarse por depósitos de lodo muy gruesos (3,35 metros). Estos depósitos fueron encontrados por Leonard Woolley en sus excavaciones en Ur y en otros yacimientos por diferentes arqueólogos.

La controversia en torno a la realidad de tal inundación se sumó a las muchas discusiones en torno a la civilización sumeria. El problema con la historia de la inundación es que las fechas, las profundidades de las capas de barro y los yacimientos en los que están presentes no guardan correlación. Además, esta capa de barro no aparece en todos los yacimientos que se han excavado.

La zona del delta del sur de Mesopotamia era propensa a las inundaciones estacionales, especialmente por el río Éufrates, lo que provocaba que los ríos cambiaran a menudo de curso. Aunque el Éufrates era relativamente poco profundo, se sabe que en ocasiones arrasaba todo lo que encontraba a su paso. Las distintas capas de lodo se explican mejor como el resultado de diferentes inundaciones en diferentes épocas. Estas inundaciones habrían variado en intensidad. Las historias de estas inundaciones se transmitieron oralmente, combinándose con mitos y leyendas antes de ser escritas.

Avances culturales

La Primera Dinastía de Egipto ha sido datada por radiocarbono en el año 3100 a. C. y los historiadores la consideran la dinastía más antigua del mundo. El periodo Dinástico Arcaico sumerio es la primera época de Mesopotamia en la que puede trazarse una línea dinástica gobernante. Al mismo tiempo, los primeros asentamientos y pueblos empezaron a tener un liderazgo. Está ampliamente aceptado que este papel progresó a través de una línea de parentesco, en la que un cabeza de familia se convertía en jefe y transmitía el liderazgo a los miembros de la misma familia.

La escritura evolucionó a partir de simples registros y transacciones comerciales pictográficas. Esto se debió al desarrollo de las representaciones silábicas, que podían utilizarse con mayor flexibilidad. Durante la Dinastía Arcaica II y III, el primer texto contemporáneo existente que puede calificarse de histórico es un elogio a Mebaragesi, rey de Kish. Sin embargo, no fue erigido por cualquier persona; ¡Fue el propio Mebaragesi quien lo encargó! Está datado en torno al 2600 a. C. y se conserva en el Museo de Irak, en Bagdad.

La religión en la antigua Sumeria

Al igual que en periodos sumerios anteriores, la religión desempeñaba un papel importante y la creencia de que los humanos estaban en la Tierra para servir a los dioses estaba firmemente arraigada en todos los aspectos de la vida. Complacer y honrar a las deidades era primordial en la vida de todo sumerio. Curiosamente, el primer regalo dedicado por un rey a un dios del que tenemos pruebas definitivas no estaba dedicado al dios patrón de la ciudad ni a ese rey. La inscripción, descubierta en Tell al-'Ubaid, era de un rey de Ur y estaba dedicada a una de las principales diosas sumerias que influían en la vida cotidiana. Decía: «Aanepada, rey de Ur, hijo de Mesanepada, rey de Ur, ha construido esto para su señora Ninhursag».

Los sacerdotes de las divinidades locales desempeñaban un papel importante. Aconsejaban al pueblo en todos los niveles de la sociedad. Dado que actuaban como portavoces de las divinidades, hacían llegar al pueblo la voluntad de los dioses en todos los asuntos, ya fueran personales o laborales. Los sacerdotes debían aclarar las razones de una mala experiencia o situación, como una calamidad o la infertilidad de las personas y/o su ganado. Los sacerdotes eran también los intérpretes de lo que necesitaban las deidades para enderezar el asunto.

Utilizaban varios métodos de adivinación; la lectura de las entrañas de una oveja o una cabra es un ejemplo popular. También interpretaban los sueños y las visiones de los miembros de sus comunidades. Recibían instrucciones de las divinidades a través de oráculos, sueños y señales cósmicas. Los reyes-sacerdotes, y más tarde los reyes, recibían la voluntad de los dioses, actuaban en consecuencia y la comunicaban al pueblo.

Los sacerdotes también eran médicos. Debido a su asociación con las divinidades, se creía que tenían los conocimientos necesarios para definir la causa y prescribir una cura, todo lo cual les sería comunicado por los dioses.

Los zigurats, que a menudo se encontraban en el centro de las ciudades, no se construyeron como lugares de culto. No tenían espacio para reuniones, a pesar de su tamaño monumental. Se construían como morada de la deidad patrona local y, en las ciudades más grandes, podía haber más de un zigurat, ya que el pueblo debía honrar también a las deidades supremas. Se descubrieron grandes cantidades de ofrendas votivas y estatuillas, y más tarde mensajes cuneiformes en trozos de arcilla, piedra u otros materiales adecuados, bajo el suelo y en el interior de los muros de estos edificios y de los templos de sus cimas. Presumiblemente fueron colocados allí por sacerdotes en nombre de individuos que querían suplicar, implorar o dar las gracias a una deidad.

Placa mural que representa libaciones a un dios sentado; Ur, 2500 a. C.[7]

Estructura de la sociedad

Los primeros sumerios no tenían conciencia de clase y aparentemente todos los ciudadanos eran iguales. Así lo confirman los ajuares funerarios de los cementerios excavados en varios yacimientos arqueológicos, así como textos posteriores sobre los primeros periodos. Esto cambió con el tiempo, y las estructuras de clases se desarrollaron de forma natural. Los cambios en las responsabilidades individuales y los deberes comunales; la implantación del liderazgo y la autoridad, y la acumulación de riqueza crearon una estratificación entre la población.

El aumento de la producción agrícola condujo a la división del trabajo y a la especialización de los oficios. Esto se afianzó firmemente en el periodo Dinástico Arcaico. Se pueden distinguir cuatro niveles principales de la sociedad. Estos eran los sacerdotes, la clase alta, la clase baja y los esclavos. Los arqueólogos pudieron confirmar estas distinciones a partir de los ajuares funerarios enterrados con los muertos.

De las obras de arte del periodo DA se desprende que los sacerdotes y a veces los reyes se afeitaban la cabeza. Las mujeres llevaban el pelo largo recogido en trenzas o elaboradas cofias. Los hombres llevaban el pelo largo, a menudo recogido en un nudo. La gente vestía faldas o vestidos con dobladillos festoneados que se superponían en capas, recordando ligeramente a las plumas de un pájaro. Las joyas las llevaban tanto hombres como mujeres, ricos y pobres, con claras distinciones de clase por los materiales con los que estaban hechas. La clase alta y los gobernantes lucían exquisitos adornos de oro y otros materiales preciosos. Así lo confirman las excavaciones de los ajuares funerarios con los que fueron enterrados.

Hombres y mujeres tenían los mismos derechos durante este periodo, y las mujeres participaban en todos los ámbitos de la sociedad. La realeza se otorgaba sobre todo a los varones, pero sabemos de una mujer, Ku Bau, posadera o cervecera, que recibió la realeza de Kish.

Auge de los reyes, las ciudades y las ciudades-estado

En las primeras ciudades mesopotámicas, los primeros gobernantes eran sacerdotes, pero se convirtieron en reyes cuando las aldeas progresaron y se convirtieron en centros urbanos. La realeza se convirtió en parte integrante de la organización social y, en el periodo Dinástico I, los sacerdotes, los militares y toda la comunidad tenían un estatus inferior al de los reyes locales. La función de los reyes era más secular, pero su objetivo primordial de complacer al dios patrón de la ciudad y a los principales dioses del panteón sumerio seguía siendo el mismo. Cabe señalar que, para los sumerios, la realeza era divina: un don otorgado por los dioses a un súbdito elegido que podía ser destituido si los dioses así lo deseaban.

El rey reivindicaba su nombramiento al trono por la deidad de la ciudad y se consideraba que representaba a dicha deidad. Los reyes se representaban a sí mismos como subordinados a los deseos de la deidad y actuaban como parte de la comunidad en su servicio a los dioses. En las obras de arte se ve a los reyes participando en actividades comunitarias, como la construcción de un templo. Pero, al mismo tiempo, los retratos de reyes en funciones personalizadas y con nombre propio indican el crecimiento del estatus de esos líderes. Los ajuares funerarios del cementerio real de Ur y la construcción de palacios verifican esta tendencia.

Relieve votivo de Ur-Nanshe, rey de Lagash, como el dios pájaro Anzu'

Se cree que el primer rey dinástico históricamente verificable, Mesannepada (Mesanepada), inició la Primera Dinastía de Ur hacia el 2670 a. C.

Los nombres de los reyes suelen proceder de inscripciones. Ur-Nanshe, el primer rey de la Primera Dinastía de Lagash, añadió a una inscripción cómo honró a la diosa Nanshe construyendo un canal. «Para Nanshe cavó el canal Ninadua, su amado canal, y extendió su extremo lejano hasta el mar».

Una estatuilla votiva de un músico llamado Ur-Nanshe se encontró en las ruinas de un templo en el lejano emplazamiento de Mari, en Siria, alrededor de este mismo periodo (c. 2520 a. C.). Una inscripción con su nombre cruzaba los hombros. La estatuilla, magníficamente tallada, podría haber sido un objeto de comercio, ya que los sumerios tenían colonias comerciales en lugares tan lejanos como Tell Brak, en Siria, desde el periodo de Uruk. Actualmente se afirma que la estatuilla se fabricó en Mari, pero sigue existiendo la posibilidad de que haya alguna conexión con Sumeria.

Ur-Nanshe, rey de Lagash, gobernó hacia 2520 a. C. Las excavaciones en Lagash (actual Telloh) proporcionaron a los arqueólogos un gran número de tablillas cuneiformes. Estas tablillas, junto con las inscripciones en monumentos y estelas, proporcionaron información importante sobre la civilización sumeria durante este periodo.

Kish fue otra importante ciudad-estado del periodo dinástico temprano. Fue fundada en torno al periodo de Jemdet Nasr. Aunque se vio afectada por el diluvio del 2900 a. C., floreció poco después. Según la leyenda, las deidades trajeron la realeza a la Tierra por segunda vez tras el Diluvio y la establecieron en Kish. Los eruditos modernos confirmaron por primera vez en los registros de Kish el título de rey, *lugal* (gran hombre), en contraposición al anterior *en* (sacerdote) o *en-lugal* (sacerdote-rey).

Parte de la importancia de Kish residía en su posición estratégica. Estaba situada en la confluencia del Tigris y el Éufrates, por lo que controlaba ambos ríos. Así, su población podía influir en las aguas de riego y en el tráfico fluvial más al sur; era una posición poderosa que podía afectar al verdadero sustento de las ciudades-estado del sur.

La urbanización se desarrolló en el periodo Uruk, pero aumentó durante los periodos Dinástico Arcaico. El periodo Dinástico Arcaico I fue testigo de desarrollos más innovadores. Se construyeron nuevas ciudades, que se convirtieron en ciudades-estado en el periodo Dinástico Arcaico II. Los edificios centrales de estas ciudades-estado seguían siendo edificios religiosos, que en esta época eran casi en su totalidad zigurats.

La ciudad de Ur se fundó durante el periodo Ubaid. En el periodo Dinástico Arcaico, era una ciudad muy desarrollada y próspera. Otras ciudades estaban a la altura de Ur y se convirtieron en ciudades-estado independientes.

Las ciudades-estado eran similares en cuanto a ideas culturales, políticas y administrativas, pero sin duda eran heterogéneas e independientes entre sí. En épocas anteriores, las ciudades eran reconocidas por otras ciudades como entidades políticas importantes, y hubo periodos en los que una dominaba a las demás.

Cada ciudad-estado constaba de una ciudad central con aldeas circundantes más pequeñas. Tenían sus propios ejércitos, almacenes centrales de alimentos, zigurats, centros administrativos e industrias especializadas. Comerciaban entre sí, con el mundo vecino y con países lejanos.

Aparte de los cambios naturales de los ríos, aumentaron los cambios humanos en los cursos de agua naturales. La población desvió los ríos mediante canales, algo que ya se había hecho en épocas anteriores. Hay inscripciones de finales del periodo Dinástico III, cuando la escritura estaba más desarrollada, que atestiguan los grandes e importantes desvíos de agua y canales. Como ya se ha mencionado, un rey de Lagash añadió a una inscripción cómo honraba a la diosa Nanshe construyendo un canal.

Conflictos, batallas y guerras

Las escaramuzas son tan antiguas como la propia raza humana, y los sumerios no fueron una excepción. A medida que las ciudades-estado prosperaban y la población crecía, también lo hacía la necesidad de más: más tierra, más recursos, más control. Las ciudades-estado también necesitaban más protección contra los enemigos extranjeros, como los gutis y los elamitas, que asaltaban sus rutas comerciales e invadían sus tierras. Se crearon ejércitos, se desarrollaron armas y las ciudades se rodearon de murallas defensivas.

Las batallas solían librarse entre ciudades-estado sumerias vecinas e incluían disputas comerciales, disputas fronterizas, control de recursos y asuntos de propiedad. Los conflictos motivados por la rivalidad aumentaron durante el periodo Dinástico Arcaico, lo que se refleja en las representaciones de batallas en obras de arte.

Según la Lista Real Sumeria, las rivalidades desembocaban en batallas, que luego llevaban a una ciudad a tomar el control de la otra tras derrotarla. Esto significaba el fin de una línea de reyes, ya que se eliminaba la realeza de la ciudad conquistada. Normalmente, la ciudad conquistada acababa rebelándose y volvía a ser autónoma, con lo que se iniciaba una nueva dinastía.

La primera representación pictográfica de una batalla data del año 3500 a. C. y procede de Kish. La primera guerra de la que se tiene constancia histórica tuvo lugar alrededor del 2700 a. C. Este conflicto enfrentó a sumerios y elamitas. El entonces rey de Kish, Mebaragesi, derrotó a los elamitas y se llevó sus armas. La famosa Estela de los buitres registra una de las muchas batallas libradas entre las vecinas ciudades-estado sumerias de Lagash y Umma. Aparte de la horripilante representación de los buitres llevándose las cabezas de los vencidos, esta estela ofrece a los historiadores información sobre las armas y la formación militar del vencedor: Lagash.

Escritura cuneiforme

Durante el periodo Dinástico Arcaico II, los sellos de arcilla eran más anchos y estaban elaboradamente decorados con escenas humanas o animales. La diferencia en los sellos de arcilla es una de las pocas maneras que tienen los eruditos de distinguir entre los periodos Dinástico I y Dinástico II.

El invento más importante del periodo Dinástico Arcaico es sin duda la invención de la escritura. En varios yacimientos se han encontrado tablillas cuneiformes con la misma escritura arcaica. Estos yacimientos están muy alejados entre sí, lo que indica que la escritura no se desarrolló de forma aislada. Las ciudades-estado estaban en contacto continuo y habrían compartido ideas e inventos, a pesar de su autonomía.

Ejemplo de escritura pictográfica⁹

Hacia el 2700 a. C., la escritura pictográfica original, también llamada protosumeria o arcaica, había evolucionado para incluir representaciones de sonidos. Esto permitió a los sumerios escribir cualquier palabra o incluso conceptos abstractos. Hacia el 2500 a. C., la escritura se había convertido en un número limitado de líneas en forma de cuña que podían disponerse de diversas formas y combinaciones para transmitir cualquier cosa que necesitara ser comunicada.

La escritura, que se originó por la necesidad de registrar asuntos comerciales y administrativos, se convirtió en una lengua escrita en toda regla. Hacia el final de la era dinástica arcaica, los sumerios crearon la literatura.

Capítulo 4: El periodo acadio

En la ciudad septentrional de Kish, en el siglo XXIV a. C., un niño huérfano criado por el jardinero del rey se convirtió en copero de este. Este rey era Ur-Zababa. El puesto de copero debía ser ocupado por alguien de confianza y poderoso. Algunos expertos creen que el copero influía en las decisiones del rey. Este copero de Ur-Zababa se convertiría más tarde en Sargón el Grande.

En esta época, el poderoso rey de Uruk, en el sur de Sumeria, era Lugalzagesi. Estaba expandiendo su territorio y sus ejércitos se dirigían río arriba hacia Kish. Según algunas fuentes, Lugalzagesi ya había conquistado la mayoría de las ciudades-estado sumerias y algunas zonas adyacentes a Sumer. Algunos expertos afirman que Lugalzagesi supervisó el primer imperio del mundo, pero las pruebas y los análisis refutan esta afirmación. Se acepta que Lugalzagesi se hizo con el control de varias ciudades-estado y luego se jactó de haber conquistado toda Sumer. También hay que recordar que las ciudades-estado de la antigua Sumeria, ferozmente independientes, no veían sus ubicaciones geográficas como parte de un todo —en otras palabras, un país— a pesar de tener la misma lengua y cultura.

Ur-Zababa envió a su copero con un mensaje a Lugalzagesi, supuestamente para ofrecerle un trato. Resulta que el mensaje en realidad pedía a Lugalzagesi que matase al mensajero. Ur-Zababa debió de perder la confianza en su copero en algún momento y quiso deshacerse de él. No está claro si el mensaje contenía alguna sugerencia de acuerdo de paz. Lo que sí se sabe es que Lugalzagesi y Sargón unieron sus fuerzas y conquistaron fácilmente Kish. Sargón se convirtió en el rey de Kish y luego se peleó con su benefactor. Capturó a Lugalzagesi y lo obligó cruelmente a llevar un yugo al cuello. Sargón lo arrastró a Nippur, la ciudad-estado de la deidad Enlil, en cuyo nombre Lugalzagesi reclamaba su reinado.

El antiguo copero del rey de Kish adoptó el nombre de Sargón (también deletreado como Sarru-kin, que se cree que significa «el rey está establecido/legitimado») como nombre de trono. Según la leyenda y la supuesta autobiografía de Sargón, nació de una sacerdotisa de un importante templo y no conoció a su padre. La diosa sumeria Inanna o, según algunas fuentes, Ishtar, lo amó y seleccionó para el trono cuando era joven. Hay que señalar que los registros de esta versión de los hechos datan de la época de la antigua Babilonia, que fue muy posterior. Por lo tanto, su autenticidad como proveniente del propio Sargón debe permanecer en duda.

Las conquistas del rey Sargón

Sargón emprendió una campaña de expansión militar por Sumer y más tarde se jactó en una inscripción de haber triunfado en treinta y cuatro batallas en su viaje hacia el golfo Pérsico. Durante sus viajes, conquistó toda Sumeria. Así nació el primer verdadero imperio de la historia. El reinado de Sargón duró desde 2334 a. C. hasta 2279 a. C., y sus sucesores gobernaron después de él hasta que el imperio fue derrocado en 2150 a. C. aproximadamente.

Según algunas fuentes, la situación sociopolítica de Sumer no era tan brillante como antes. La élite y el sacerdocio abusaban de su poder hasta el punto de que las clases bajas sufrían penurias increíbles. Se dice que algunos se vieron obligados a vender a sus hijos para cubrir sus deudas. En algunos estados, los gobernantes se convirtieron en jefes militares que gobernaban con puño de hierro. Las luchas de los plebeyos contra sus gobernantes de élite pueden haber contribuido a los éxitos de Sargón.

Al este, la conquista de una ciudad elamita, Arawa, quedó registrada en inscripciones, a la que siguieron otras ciudades elamitas, aunque no conocemos los años ni los nombres exactos. En una estela de victoria hallada en Susa, Sargón se autodenomina conquistador de Elam y Parabium. Esto podría indicar que había conquistado totalmente Elam al este de Sumer y Acad. Al norte de Acad, en la región del Alto Éufrates, hay pruebas de las conquistas de Sargón en los registros arqueológicos y textuales. En Mari, por ejemplo, el gran palacio fue destruido poco después del comienzo del reinado de Sargón y posteriormente reconstruido a mediados del periodo acadio. Sargón también hizo una inscripción en la que afirmaba que Mari y Elam le obedecían como señor de la tierra.

Algunas de las guerras libradas durante el reinado de Sargón parecen ser incursiones más que una guerra de conquista. Además, muchas de las regiones extranjeras eran ciudades-estado más que países. Es posible que las ambiciones comerciales de Sargón se vieran satisfechas con la instalación de mercaderes en algunos países extranjeros en lugar de gobernadores.

Muchas inscripciones sargónicas solo se conocen hoy a través de copias realizadas por escribas babilonios posteriores. A partir de esta información, los eruditos modernos han determinado que Sargón efectivamente conquistó e hizo incursiones en la mayor parte del antiguo Cercano Oriente. Se autodenominó «rey del mundo» y rey y/o sacerdote de varias zonas. En una inscripción se lee que Dagan (la deidad principal de varias naciones del antiguo Próximo Oriente) entregó a Sargón Mari, Yarmuti, Ebla (Irbil) y hasta los bosques de cedros y las montañas de plata. Esto último indica probablemente el Líbano y los montes Tauro.

Sargón creó una nueva capital llamada Agadé al norte de Sumer, y su imperio pasó a llamarse Imperio acadio. Los habitantes de las tierras que formaban Acad, al norte de las ciudades-estado sumerias, eran en su mayoría tribus de habla semítica. Bajo la nueva administración centralizada, la lengua oficial era el acadio, aunque utilizaban la escritura cuneiforme sumeria. Las diversas lenguas y dialectos de los estados conquistados seguían utilizándose, pero se dio preferencia al acadio, que acabó convirtiéndose en la lengua franca del antiguo Próximo Oriente.

Aunque la opinión general de los registros antiguos posteriores afirma que Sargón construyó su nueva capital de Agadé o Acad, existen indicios tentadores de que la ciudad ya existía antes de que Sargón llegara al poder. La primera mención escrita de la ciudad se encuentra durante la Segunda Dinastía de Uruk, y data del llamado «año fecha» de Ensakusanna.

La ubicación de Agadé sigue siendo difícil de determinar. Sin duda, los acadios heredaron de los sumerios su afición por registrar transacciones comerciales, asuntos personales y administrativos, proyectos de construcción, intercambios y socios comerciales, escaramuzas y guerras, y asuntos religiosos. El descubrimiento de Agadé y sus archivos arrojará luz y aclarará gran parte de este periodo.

La rica capital del Imperio acadio: Agadé

La capital del Imperio acadio se describe en materiales contemporáneos y copiados de otras fuentes mesopotámicas como una metrópoli rica, próspera y bulliciosa. Tenía un puerto especialmente concurrido. En los muelles, los barcos cargaban y descargaban productos agrícolas, mercancías, recursos escasos y productos exóticos procedentes de tierras lejanas. La conquista de Sumeria abrió la ruta hacia el golfo Pérsico, por lo que todas las embarcaciones de comercio marítimo y fluvial atracaban ahora en Agadé. El tráfico marítimo procedía de Baréin, el valle del Indo, Egipto, Arabia y Etiopía.

Las leyendas sobre las riquezas y tesoros de la ciudad circularon mucho después de su desaparición. En épocas posteriores, fue destino de buscadores de tesoros. Los textos existentes, por ejemplo, describen una excavación arqueológica de tres años de duración llevada a cabo por un escriba durante la época del rey babilonio Nabonido, que gobernó entre 555 a. C. y 539 a. C.

Sargón quería extender las relaciones comerciales y diplomáticas desde su capital a todo el antiguo Próximo Oriente. Se dice que los ejércitos de Sargón llegaron hasta el Mediterráneo, Siria, Anatolia, las fuentes del Tigris y el Éufrates, y las zonas alrededor del golfo Arábigo, conquistando todo a su paso. Sargón controlaba la mayoría de las rutas comerciales del antiguo Próximo Oriente.

Gran parte del reinado de Sargón se ha entremezclado tanto con leyendas que resulta difícil discernir la realidad de la ficción. Sargón era una leyenda en su propia época, y los gobernantes de otros reinos y épocas posteriores afirmaban descender del linaje de Sargón para legitimar su gobierno u obtener mayor prestigio y respeto.

Los acadios semitas se habían mezclado con los sumerios y habían aprendido de ellos durante mucho tiempo, y el nuevo imperio de Sargón floreció con los nuevos territorios adicionales, su nueva capital y un nuevo gobierno centralizado. El brillante Sargón se dio cuenta de que las ciudades-estado sumerias, ferozmente independientes, pronto volverían a clamar por su independencia. Como contramedida, instaló a miembros de su familia y líderes de confianza en varios puestos destacados de las ciudades. No obstante, parte de su ejército se mantuvo ocupado sofocando revueltas recurrentes, especialmente hacia el final de su reinado.

Tras unificar el sur de Mesopotamia, Sargón conquistó el resto de las ciudades de la antigua Mesopotamia y otras regiones del Próximo Oriente. La cronología y el alcance exacto de estas conquistas siguen siendo imprecisos. Parece que las batallas en lugares lejanos no fueron sucedidas por el gobierno continuado de ese estado; es posible que estas batallas fueran breves incursiones militares de seguimiento para someter a las zonas que intentaban recuperar su independencia. Los registros de ciudades como Mari, Ebla y otras confirman las conquistas y la influencia de Sargón en todo el Creciente Fértil y más allá. Las tablillas de Ebla indican que en su día fue una provincia de Acad.

Acad: un gobierno imperial centralizado

Sargón designaba a los gobernadores locales de todo el Imperio acadio, que aplicaban las políticas dictadas por el gobierno central de Agadé. Se implantaron unidades de medida y sistemas fiscales estándar en todo el imperio.

Entre las políticas y cambios implementados se incluyó la revisión y centralización de la administración de la producción agrícola. Se ampliaron las tierras agrícolas trasladando a la población a los centros urbanos cercanos, centralizando así la mano de obra. Estos nuevos centros urbanos se cercaron con murallas. La producción agrícola de los campos secos del norte de Mesopotamia se complementó con el riego.

Parte de la estrategia de Sargón para limitar las revueltas consistía en reubicar a los acadios en ciudades-estado sumerias y de otros países. Para mantener la admiración de la población, Sargón utilizó la propaganda mediante la descripción de las guerras, detallando el número de enemigos muertos y el número de personas esclavizadas durante las campañas. Estos registros se inscribían en estatuas y estelas. Se aplastaban brutalmente las revueltas y se castigaba a ciudades enteras derribando sus murallas. En el sur de Mesopotamia, eso significaba inundar las ciudades con agua de río. El pueblo que permanecía leal al Imperio acadio durante las revueltas era recompensado con tierras arrebatadas a los rebeldes y a los muertos.

El arte del periodo acadio muestra un marcado giro hacia escenas más naturalistas, el arte monumental y la escultura. Se crearon sellos con fondos y dibujos realistas de personas y animales. Las esculturas y relieves retrataban a personas reales, lo que resulta evidente por los restos de representaciones similares, si no idénticas, de reyes colocadas en los recintos de los templos de muchas ciudades de todo el imperio.

Cabe suponer que estas estatuas servían para recordar constantemente al pueblo quién era el rey. Al igual que las estatuas de las divinidades patronas, las estatuas del rey estaban siempre presentes en las ciudades.

Una magnífica cabeza de bronce, que se cree que formaba parte de una estatua, fue recuperada durante unas excavaciones en Nínive en 1931. Se cree que representa a Sargón de Acad. Las estatuas de bronce se fundían mediante la técnica de la cera perdida, en la que el metal fundido se vaciaba en un molde de cera. Los reyes acadios utilizaban las artes visuales, incluidas estatuas de sí mismos con inscripciones de sus hazañas y devoción religiosa, como recurso propagandístico.

El Imperio acadio nos dio el primer poeta «con nombre» de la historia. Enheduanna era princesa y gran sacerdotisa, y escribió poemas e himnos durante el reinado de Sargón el Grande. De hecho, era hija de Sargón. Por suerte, sus contribuciones literarias formaron parte de los posteriores currículos de los escribas babilonios antiguos y asirios, por lo que se conservaron copias de su obra para la posteridad.

Como parte de los nombramientos estratégicos de Sargón tras conquistar Sumer, este nombró a su hija, Enheduanna, suma sacerdotisa de la deidad patrona de Ur, en el sur de Mesopotamia. Se especula con que el nombramiento sirvió en parte para vincular la religión semítica de Acad con la sumeria. Sargón no sustituyó a los dioses sumerios, sino que los adoptó en la cultura acadia, a veces con nombres acadios. Durante las excavaciones de Leonard Woolley en Ur, descubrió un disco de alabastro que nombraba a Enheduanna como la gran sacerdotisa del dios sumerio de la luna, Inanna. También decía que Sargón era su padre.

Rimush - El usurpador

Cuando Sargón murió después de gobernar durante unos cincuenta y cinco años, su hijo menor, Rimush, se convirtió en el gobernante. Por qué Rimush se convirtió en el gobernante y no el hijo mayor de Sargón es un misterio. Los estados conquistados vieron en la muerte de Sargón una oportunidad para recuperar su autonomía, por lo que estallaron rebeliones en todo el imperio.

Rimush reunió a las fuerzas de su padre y aplastó brutalmente a los rebeldes. Trató con dureza a las ciudades-estado sumerias. Las deportaciones masivas y la confiscación de tierras estaban a la orden del día. Las tierras de los templos, que eran la principal fuente de ingresos de los sacerdotes, fueron confiscadas y entregadas a los acadios. Según los registros recuperados de Umma, los supervivientes de las rebeliones y otros deportados fueron internados en campos de trabajo y obligados a trabajar hasta la muerte. ¿Podrían contarse los campos de concentración como otra primicia sumeria?

Se han encontrado estelas de victoria de Rimush en varios lugares, incluido Elam. Se hacía llamar «rey del mundo» y «rey del universo». Y al igual que su padre, inscribió el número exacto de soldados y civiles muertos, deportados y esclavizados. Una inscripción, por ejemplo, en la ciudad de Kazallu, donde había estallado una rebelión, registraba que doce mil personas habían muerto en la batalla y que cinco mil habían sido tomadas como esclavas. Las inscripciones también registraban los tipos y cantidades de botín confiscado por las fuerzas del rey.

Rimush gobernó solo nueve turbulentos años antes de ser asesinado en su palacio. Según la leyenda, fue estrangulado con sellos cilíndricos, que probablemente estaban atados con una cuerda. Nunca se identificó a los culpables, pero las especulaciones incluyen a su hermano mayor, Manishtushu.

Manishtushu, ¿heredero legítimo de Sargón?

Manishtushu declaró que Enlil, una de las deidades principales sumerias, lo había llamado a la realeza. Tras las continuas guerras del corto reinado de su hermano, organizó un banquete en Agadé para representantes de varias ciudades y regiones. Cuenta la leyenda que un total de 964 gobernantes se reunieron en Agadé para celebrar un fastuoso banquete, en el que corrió abundante cerveza. Los guardias y soldados de Manishtushu vigilaban para evitar que estallaran escaramuzas. Manishtushu consiguió convencerlos de que aceptaran un acuerdo sobre tierras. Los detalles no están claros, pero fue muy favorable para Manishtushu. Probablemente la cerveza ayudó.

No obstante, Manishtushu intentó promover la paz, a diferencia de su hermano antes que él. Parece que mantuvo relaciones comerciales pacíficas con ciudades y estados del desierto iraní, Anatolia, la región mediterránea, el valle del Indo, Arabia, Egipto y quizá Etiopía.

Los registros recuperados en Tell Brak, en Siria, detallan reformas agrarias a gran escala, que se hicieron bajo la supervisión del ejército. La estela más importante de este periodo es el obelisco de Manishtushu. Este magnífico objeto se fabricó con piedra diorita negra importada de la antigua Magan (Omán). En él se detalla el regalo del rey a cuatro funcionarios. Una inscripción afirma que Manishtushu envió una flota de barcos a Magan y luchó con éxito contra treinta y dos ciudades que se habían reunido para combatir a sus fuerzas. Destruyó sus ciudades «llegando hasta las minas de plata».

Manishtushu, al igual que su hermano Rimush, fue asesinado en Agadé por miembros de su corte.

Naram-Sin - periodo Clásico

El tercer gobernante de Acad fue el hijo de Manishtushu, Naram-Sin. El Imperio acadio alcanzó su apogeo durante su reinado. Fue una figura bastante controvertida según fuentes posteriores, y en *La maldición de Agadé* se lo culpó de ser el responsable de la caída del imperio. Al igual que su abuelo, Sargón, Naram-Sin fue despiadado en ocasiones, pero también la personificación de un verdadero rey guerrero.

Naram-Sin registró una inscripción sobre una revuelta de ciudades sumerias liderada por Uruk y Kish. La inscripción relata que Naram-Sin libró nueve batallas al principio de su reinado. La diosa Ishtar lo ayudó a salir victorioso, y su pueblo le pidió que se convirtiera en el dios de la ciudad de Agadé, donde se construyó un templo. Las murallas protectoras fueron derribadas, las ciudades inundadas y muchos de los cautivos fueron brutalmente asesinados y esclavizados.

El reinado de Naram-Sin se conoce como el periodo Clásico del Imperio acadio debido a su magnífico arte, y a la magnitud y logros alcanzados durante esta época. Expandió el imperio hasta incluir los montes Zagros y sus ricos recursos minerales y también posiblemente Chipre. Una capa de destrucción en Ebla (Siria) data del reinado de Naram-Sin.

Un sello cilíndrico representa escenas de caza con Naram-Sin, lo que puede indicar que no acompañaba a sus tropas a todas partes o que las guerras y conflictos disminuían ocasionalmente.

A Naram-Sin se le atribuyen muchos proyectos de construcción. Demolió el templo de Enlil en Nippur y lo sustituyó por otro más grande y elaboradamente decorado. El majestuoso proyecto fue supervisado por su hijo. Hay un relato detallado de los materiales de construcción, la progresión de la obra y el número de artesanos, como carpinteros, escultores, trabajadores del metal y otros. Los mejores artesanos fueron reclutados de todos los rincones del imperio para completar este templo.

En algún momento de su reinado, Naram-Sin empezó a verse a sí mismo como un semidiós y se lo representa con el casco con cuernos que antaño se reservaba para representar a las deidades. Esto puede verse, por ejemplo, en la famosa Estela de la victoria de Naram-Sin, de piedra caliza rosa, originaria de Sippar, pero descubierta en Susa. Hoy se expone en el Louvre de París.

Generalmente se cree que un antiguo tratado entre los egipcios y los hititas tras la batalla de Kadesh fue el primer tratado del mundo. Sin embargo, es posible que el tratado de paz fuera otra primicia para Mesopotamia. Se firmó entre Acad y Elam durante el reinado de Naram-Sin. Al parecer, este firmó un tratado de paz con un rey elamita llamado Khita. El rey de Elam declaró que el enemigo de Naram-Sin sería su enemigo y que el amigo de Naram-Sin sería también su amigo. El tratado se selló con el matrimonio de Naram-Sin con la hija de Khita.

Naram-Sin gobernó durante treinta y seis años, y murió de causas naturales alrededor del 2218 a. C.

Sharkalisharri

Tras la muerte de Naram-Sin, su hijo, Sharkalisharri, se convirtió en rey. Una vez más, la transición de poder brindó a las ciudades-estado sumerias la oportunidad de recuperar su independencia. Sharkalisharri sofocó estas revueltas, y los eruditos a menudo se ven obligados a reconstruir fragmentos de su reinado de veinticinco años a partir de registros de nombres de años. Entre ellos figuran referencias como el año en que Sharkalisharri capturó a Sarlagab, el rey guti, o el año en que Sharkalisharri sentó las bases del templo.

Está claro que los nómadas gutis, procedentes de las estribaciones de los montes Zagros, intensificaron sus incursiones en los territorios acadios. Fueron una amenaza durante el reinado de Naram-Sin. Sharkalisharri cobraba elevados impuestos al imperio para mantener a sus ejércitos equipados y listos para luchar contra estas incursiones. Esto provocó un aumento de los levantamientos en los estados bajo su dominio. Era un círculo vicioso, y no pudo someter todas las revueltas, lo que llevó al otrora poderoso Imperio acadio a perder el control sobre gran parte de su territorio.

El fin de un imperio

Llegados a este punto, conviene citar al autor de la Lista Real Sumeria: «Entonces, ¿quién era rey? ¿Quién no era rey? Igigi, Nanum, Imi y Elulu, los cuatro fueron reyes, pero gobernaron un total de solo 3 años».

Sargón y su dinastía conectaron todo el antiguo Oriente Próximo, permitiendo a estas regiones comerciar e intercambiar ideas. Parece que los acadios y sumerios viajaban en persona a muchas partes del mundo habitado sin hacer de intermediarios como en la época presargónica. De la época acadia se recuperaron importaciones de fuera del antiguo Oriente Próximo, y se importaron caballos por primera vez, lo que podría significar que tuvieron contacto con pueblos de la estepa euroasiática.

La lengua acadia siguió siendo la lengua franca, sobre todo para la correspondencia internacional, durante milenios.

Estudios más recientes muestran que hay indicios de graves sequías y otros cambios climáticos, como el descenso del nivel de los ríos vitales, que contribuyeron a la desaparición del Imperio acadio. Es lógico que un descenso en la producción de alimentos hubiera incrementado las revueltas internas y el malestar general en gran parte del antiguo Cercano Oriente a partir del 2200 a. C.

Los gutis aprovecharon su oportunidad.

Se cree que esta máscara es de Sargón el Grande[10]

Capítulo 5: El periodo guti

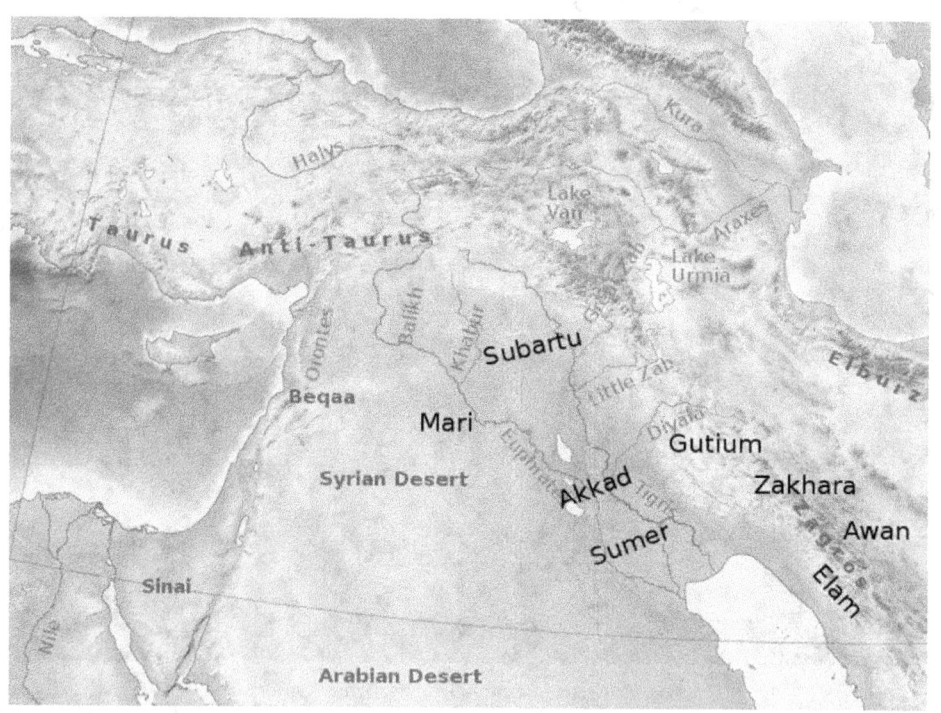

Mapa que muestra la región montañosa de Oriente Próximo[11]

¿De dónde procedían los gutis?

Los gutis eran tribus no cultas procedentes de los montes Zagros, al menos según los sumerios. Desde muy pronto tuvieron la costumbre de realizar rápidas incursiones en ciudades y pueblos de la antigua

Mesopotamia. Los registros de la época son escasos, y gran parte de los disponibles se escribieron antes y después del periodo guti. Dado que siempre fueron una espina clavada en el costado de las ciudades civilizadas de Sumer y Acad, así como de otros pueblos asentados en gran parte de Mesopotamia, debe aplicarse un cierto escepticismo a la información a menudo sesgada de estos textos.

Según el conocido sumerólogo Thorkild Jacobsen, los gutis gobernaron durante unos cien años. No parece que dejaran mucha huella en la cultura, la lengua o el desarrollo sumerios. El periodo fue descrito por escribas posteriores como la «edad oscura». Los incultos gutis no tenían ni idea de cómo dirigir una sociedad avanzada y se les culpó de la desintegración de los sistemas de irrigación, el hambre, las grandes penurias y el declive de toda la región.

Muchas de las acusaciones vertidas sobre los gutis pueden deberse, en realidad, a una grave sequía. Las primeras invasiones de los gutis consistían en incursiones rápidas para obtener lo que querían. Luego regresaban a su tierra natal en las estribaciones de los montes Zagros. Sin embargo, su patrón cambió de repente. Sus motivos habían cambiado. Bajaron a Sumer sin intención de volver a marcharse. Es posible que otros factores los empujaran a Mesopotamia. Además, la inestabilidad del Imperio acadio les proporcionó el impulso adecuado para una invasión a gran escala.

¿Cuál era la estrategia de los gutis?

Las incursiones gutis se habían convertido en conquistas, destruyendo mucho a su paso. Ahora ocupaban las zonas que invadían e instalaban a sus propios gobernantes.

Las pruebas confirman la existencia de sequías y cambios climáticos generalizados, graves y seculares en gran parte del antiguo Próximo Oriente; aún no se ha podido explicar por qué se produjeron. Esto podría haber sido el instigador de la invasión guti: pastores en busca de pastos más verdes. Se cree que el cambio climático se produjo aproximadamente entre el 2200 y el 1900 a. C. Es posible que se produjera una gran erupción volcánica, pero no se ha identificado al culpable. Lo que sí está claro es que se produjo una desertización de zonas antaño fértiles y una importante disminución de las precipitaciones en el resto del antiguo Próximo Oriente, con escasez generalizada de alimentos, disturbios, revueltas, guerras y desplazamientos masivos de población. La grave sequía está confirmada por muestras de sedimentos de fondos marinos, lechos fluviales e incluso antiguos registros egipcios de la época del faraón Pepy II.

Algunas de las ciudades-estado sumerias parecen haber conservado cierta autoridad, aunque como subordinadas de los gobernantes gutis. Así, siguieron adelante con ciertos proyectos en sus ciudades al tiempo que reconocían su estatus inferior al no autodenominarse reyes. Por ejemplo, en Umma, una inscripción afirma que el príncipe o gobernador (*patesi* en sumerio) construyó un templo en tiempos de S'ium (o Ba-s'ium), rey de los gutis.

La ciudad-estado sumeria de Lagash (la actual Telloh) prosperó hacia 2144, durante la llamada «edad oscura». Su gobernante, Gudea, se hacía llamar *ensi* y se creía el pastor de su pueblo más que su rey. Las inscripciones lo llaman el *ensi* del dios Ningirsu. Construyó numerosos templos en varias ciudades sumerias, incluida la ciudad-estado de Lagash. El más famoso de estos templos se llama E-ninnu, en la ciudad de Girsu, que Gudea reconstruyó tras haber soñado que los dioses le ordenaban hacerlo. Gudea profesaba que dedicaba su vida a complacer a los dioses, especialmente a Ningirsu, la deidad patrona de Lagash.

Durante el reinado de Gudea, se repararon y volvieron a utilizar el riego, las carreteras y otros antiguos sistemas sumerios. Tenía relaciones comerciales con varios países extranjeros, como demuestran los materiales utilizados en la construcción y decoración de los templos, que incluían ébano del valle del Indo, piedra de Omán y madera de cedro del Líbano.

La Lista Real Sumeria existente contiene los nombres de entre veintiuno y veinticinco gobernantes gutis, de los cuales muy pocos pueden verificarse. Fue sin duda una época oscura con pocos logros culturales, salvo los producidos en ciudades semiautónomas por restos de las culturas anteriores. Algunos expertos creen que, con el tiempo, los gutis se mezclaron con las culturas sumeria y acadia. Llegaron a adorar a las mismas divinidades y adoptaron nombres acadios.

Las ciudades-estado semiautónomas consiguieron su libertad parcial pagando tributo al estado guti. Continuaron con sus actividades habituales y algunos gutis localizados adoptaron sus prácticas. Al igual que sus predecesores, los acadios, los gutis fueron incapaces de mantener el control sobre la vasta zona geográfica que una vez estuvo bajo el control del Imperio acadio.

Uruk también parecía prosperar bajo una sucesión de sus propios reyes, aunque era un estado vasallo de los gutis. Está claro que en algunas ciudades-estado sumerias se estaba consolidando el poder y la independencia, ya que los ineptos gutis no lograban mantener el control. Era solo cuestión de tiempo que cayeran.

Tabla con una inscripción del gobernador de Umma en la que declara haber erigido un templo durante el reinado del rey S'ium o Ba-s'ium de Gutium[12]

¿Dejaron los gutis su huella en Sumer?

A medida que el control de los gutis disminuía, un poderoso rey llegó al poder en la ciudad-estado de Uruk. Su nombre era Utu-hengal (también deletreado como Utu-hegal). Tras hacer ofrecimientos y súplicas a los dioses, inició una revuelta contra el dominio guti. Los gutis reunieron sus fuerzas para atacar a Utu-hengal, pero este triunfó. El rey de los gutis, Tirigan, huyó a los montes Zagros. Él y su familia fueron hechos prisioneros por el enviado de Utu-hengal. Fue devuelto a Utu-hengal con los ojos vendados y las manos atadas.

Tirigan suplicó clemencia. Utu-hengal respondió poniendo su pie sobre el cuello de Tirigan. La realeza sumeria fue restaurada en Uruk. Utu-hengal murió siete años después en un accidente. Su yerno, Ur-Nammu, que ya era rey de Ur, se convirtió también en rey de Uruk. Así comenzó el siguiente periodo de la historia de Sumeria, la dinastía Ur III.

El rey Ur-Nammu sentado en un sello cilíndrico[18]

Capítulo 6: El renacimiento sumerio

Se conocen más de 120.000 tablillas cuneiformes del siguiente periodo de la historia sumeria, de las que aún quedan por descifrar muchos miles. Gran parte de la información descifrada hasta ahora se refiere a asuntos administrativos, registros de transacciones, asuntos económicos, comercio y alimentación.

El reinado de Ur-Nammu

Ur-Nammu se convirtió en rey de Ur alrededor del año 2112 a. C. Tras heredar el trono de Uruk de su suegro, Utu-hengal, Ur-Nammu fundó la dinastía Ur III (también conocida como Imperio neosumerio). Unió las ciudades-estado de Ur, Uruk y Eridu y se dispuso a liberar a las demás ciudades-estado sumerias de los gutis. Era un gobernante ilustrado, y se presentó como un libertador más que como un conquistador cuando atacó estas ciudades-estado. En consecuencia, los habitantes estaban más que dispuestos a unirse al Imperio neosumerio después de que Ur-Nammu expulsara a los gobernantes gutis de sus ciudades.

Incorporó el resto de Sumeria y pasó a conquistar el centro y el norte de Mesopotamia derrotando al rey de Elam, Puzur-Inshushinak. Este rey elamita, o su padre antes que él, se había apoderado de los territorios del centro y norte de Mesopotamia, ya que los gutis estaban perdiendo poder. Ur-Nammu también puso bajo control sumerio territorios elamitas como Susa.

Durante el reinado de Ur-Nammu, las ciudades-estado de Sumer se unieron por primera vez como un todo cohesionado bajo un gobernante sumerio. Habían aprendido del Imperio acadio que un gobierno y una administración centralizados podían ser un poderoso elemento disuasorio y una sólida defensa contra los ataques enemigos. Ur-Nammu reclamó el título de rey de Sumer y Acad, así como el de rey de los cuatro puntos cardinales. Su propaganda incluía un retorno a las viejas costumbres, a los viejos tiempos de libertad antes de que el Imperio acadio gobernara a los sumerios con puño de hierro.

Ur-Nammu restableció el uso del sumerio como lengua oficial y promovió el crecimiento cultural en el arte y la literatura. Las antiguas epopeyas, himnos y poemas sumerios se aprendían y recitaban en público.

Ur-Nammu es el primer gobernante cuyas leyes y castigos se conservan por escrito. Su código legal incluía leyes públicas y civiles. Para sorpresa de los eruditos, muchos de los castigos incluían multas para compensar a las víctimas. Sin embargo, los delitos graves, como el asesinato y la violación, se castigaban con la pena de muerte.

Tras gobernar durante dieciocho años, Ur-Nammu murió en una batalla contra los gutis invasores. Al parecer, sus tropas lo abandonaron. Las alabanzas a Ur-Nammu se siguieron cantando, y sus hazañas probablemente fueron exageradas por las generaciones posteriores. Fue honrado como un dios después de su muerte.

Un poeta describió la muerte y el funeral de Ur-Nammu. Relata cómo el cuerpo de Ur-Nammu fue llevado de vuelta a Ur en un féretro y depositado en su palacio mientras sus soldados y su viuda lo lloraban. También lamenta la actuación de los dioses, que insensiblemente lo dejaron morir. Otros dioses solo pudieron mirar y lamentarse. Según el poeta, en el cortejo fúnebre se rompió y hundió una barca para llevar a Ur-Nammu al inframundo.

El rey Shulgi

El hijo de Ur-Nammu, Shulgi, se convirtió en su sucesor. Bajo su reinado, la dinastía Ur III alcanzó su apogeo. El gobierno funcionaba a la perfección y los impuestos sobre la distribución de bienes y servicios estaban perfectamente planificados y administrados. Cada ciudad era responsable de pagar impuestos una vez al año, cada una en un mes diferente, para mantener la administración estatal, los servicios públicos y el ejército. Los impuestos se pagaban en forma de suministros, que se entregaban en un punto central de redistribución.

Gracias al corpus de documentos existentes que datan del periodo Ur III, los eruditos supieron que se construyó una ciudad entera para albergar la administración central. Esta ciudad fue descubierta cerca de Nippur, considerada la capital religiosa de Sumer. Esta ciudad de almacenamiento y distribución se llamaba Puzrish Dagan. Los arqueólogos descubrieron allí gran cantidad de tablillas, y parece como si cada artículo que entraba o salía de la ciudad fuera registrado y archivado.

Las campañas militares de Shulgi incluyeron zonas del norte, este y oeste de Sumer, aunque estas campañas fueron a menudo el resultado de rebeliones. Todas ellas se registraban detalladamente en tablillas de arcilla y en inscripciones en estatuas y estelas.

Las autoridades locales administraban cada ciudad según las normas establecidas por el gobierno central de Ur. El jefe o príncipe de una localidad funcionaba de forma similar a los actuales primeros ministros. Dependía del rey de Ur.

El jefe de la autoridad local estaba asistido en sus funciones por un *ensi* o gobernador, así como por un general (*shagina* en sumerio), que era el jefe del ejército local. Cada ciudad era responsable de su propia planificación, presupuesto, funciones administrativas y operaciones de distribución, que se realizaban de acuerdo con las instrucciones del gobierno central.

Todos los funcionarios debían asistir a una escuela, donde aprendían su trabajo, que incluía teneduría de libros, pesas y medidas, el calendario y otros conocimientos de escribanía.

Las autoridades centrales estandarizaban los tipos y tamaños de los ladrillos e incluso proporcionaban planos de construcción en algunos casos. Los reyes pagaron la construcción de enormes zigurats en casi todas las ciudades.

El reinado de Shulgi estuvo plagado de incursiones y batallas contra vecinos, nómadas e inmigrantes ilegales. Lo mismo podría decirse de casi todos los estados del antiguo Oriente Próximo. Existen pruebas de este periodo que proporcionan indicios sobre las grandes sequías, la escasez de alimentos y sus inevitables consecuencias, entre las que se incluían las migraciones masivas.

También hay suficiente confirmación en los registros para demostrar que se forjaron relaciones y tratados comerciales y diplomáticos a lo largo del periodo Ur III. Algunos se rompieron o cambiaron unilateralmente antes incluso de que la arcilla estuviera seca. Las relaciones se vieron reforzadas por matrimonios y otras conexiones familiares.

Los gobernantes de Ur III también tuvieron que reprimir revueltas internas. Shulgi gobernó durante cuarenta y siete años antes de morir en batalla. Los expertos han encontrado todos los nombres de los años del reinado de Shulgi, y a partir de ahí se puede extrapolar mucha información. Escribió o encargó muchos himnos de alabanza y poemas sobre sí mismo. A partir de su vigésimo tercer año de reinado, se le añadió un signo de divinidad delante de su nombre, lo que significaba que a partir de entonces se consideraba un dios.

Los relatos posteriores no fueron tan amables con Shulgi como él mismo. La *Crónica de Weidner* —correspondencia de un gobernante posterior de Isin a un rey de Babilonia— afirma que los gutis triunfaron sobre Ur III porque Shulgi y su padre habían faltado al respeto al dios babilonio Marduk y a otras deidades. Shulgi no siguió correctamente los ritos religiosos al aplacar a las divinidades, lo cual era un grave pecado en aquella época. Según esta crónica, Shulgi, su padre y su hijo cambiaron algunas reglas religiosas, lo que resultó ofensivo para los dioses.

Descendientes del rey Shulgi

El hijo de Shulgi, Amar-Sin, le sucedió y reinó desde 2046 hasta 2037 a. C., aproximadamente. También reivindicó su estatus divino cuando era rey. Su nombre significa incluso «dios lunar inmortal» (Sin era el nombre del dios lunar de Sumeria).

Amar-Sin se ocupó de los mismos asuntos y proyectos que su padre antes que él. Existen registros de todos los nombres anuales de Amar-Sin. De ellos se desprende que participó en acciones militares casi todos los años, incluso más de una vez en algunos años.

Al parecer, Amar-Sin murió de una infección en el pie o de una picadura de escorpión y fue sucedido por su hijo, Shu-Sin. Este reinó durante nueve años, todos ellos conocidos a través de los nombres de los años. En el cuarto año de su reinado, se vio acosado por los amorreos. Hizo construir un muro entre los ríos Éufrates y Tigris para impedir que se acercaran más al sur.

Se han desenterrado muchos artefactos con el nombre o inscripciones de Shu-Sin. El poema de amor dedicado a Shu-Sin es probablemente el más conocido. Fue descubierto en las ruinas de Nippur y traducido por el conocido sumerólogo Samuel Noah Kramer. Los expertos lo asocian con la antigua celebración anual del matrimonio divino entre Dumuzi e Inanna, en la que el rey representa a Dumuzi como el novio, y una gran sacerdotisa toma el papel de Inanna como la novia. Hay poemas de amor similares en todo el Próximo Oriente antiguo, y también se compara con el Cantar de los Cantares de la Biblia cristiana.

El largo reinado de Ibbi-Sin, hijo y sucesor de Shu-Sin, duró desde 2028 hasta 2004 a. C. Fue el último gobernante de Ur III. La dinastía estuvo en declive durante la mayor parte de su reinado, y al final, el imperio solo consistía en Ur y sus alrededores.

Los implacables amorreos

Los principales culpables fueron los amorreos. La muralla construida por Shu-Sin a lo largo de la divisoria entre el Tigris y el Éufrates resultó totalmente inadecuada para mantener alejados a los amorreos. El malestar interno, los disturbios y las declaraciones de independencia de los estados previamente conquistados se extendieron por toda Mesopotamia y más allá. Los invasores contaron con la ayuda de sus parientes que ya habitaban en las tierras de Sumer y Acad.

Hacia 2004 a. C., los implacables elamitas, junto con otras tribus montañesas de la cordillera de los Zagros, atacaron la ciudad de Ur. Destruyeron gran parte de la ciudad y se llevaron prisionero a Ibbi-Sin a Elam, donde murió más tarde. La desaparición de la ciudad y la dinastía se lamenta en una elegía de autor desconocido.

Capítulo 7: El declive de Sumeria

El origen de los amorreos

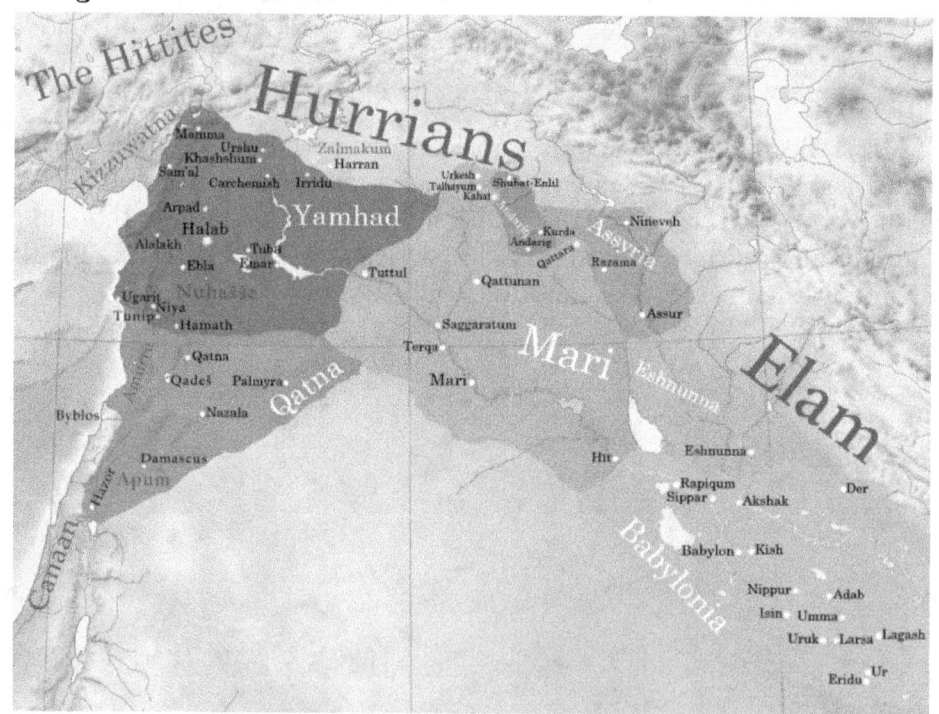

Mapa que muestra varios estados amorreos y Asiria, hacia 1764 a. C.[14]

Los expertos coinciden en que los amorreos procedían del Levante. También se admite que los amorreos eran nómadas que se infiltraban en las comunidades a medida que viajaban y amenazaban a los grupos previamente asentados. Estas tribus nómadas estaban gobernadas por jefes que decidían sus rutas, comercio e invasiones de asentamientos. En algún momento se dio el nombre de «amorreo» a un grupo específico de pueblos semitas que, aunque nómadas y a veces seminómadas, vivían de la tierra y tomaban lo que querían de los asentamientos que encontraban. A medida que esta tribu se hizo más grande, más fuerte y más experta en tomar lo que querían de los demás, adquirieron tierras y se convirtieron en una amenaza para las ciudades-estado ya desarrolladas de las regiones vecinas.

Los amorreos fueron llamados «amorreos» en tablillas del noroeste, como los archivos de Ebla, donde consta que una transacción se pagó con «plata amorrea». Las tablillas de Mari también se refieren a los amorreos. Para los primeros sumerios, todas las tierras del oeste eran conocidas como las tierras de los Martu, su nombre para los amorreos. El nombre «Amurru» era la palabra acadia con la que se designaba a este grupo perturbador. También denotaba sus orígenes geográficos y lingüísticos.

A principios del II milenio, grandes grupos tribales de los «Amurru» emigraron de Arabia y ocuparon permanentemente Mesopotamia. Se asentaron en pequeños grupos y adoptaron un modo de vida similar al de los sumerios y acadios. La mayoría de los expertos sostienen que esta infiltración estaba relacionada con las fuentes anteriores que describen a los amorreos, mientras que otros afirman que estos pueblos eran cananeos.

Una de las ciudades vinculadas a los amorreos es Mari, la actual Tell Hariri, en Siria. En este yacimiento se excavaron muchas tablillas de arcilla con la misma escritura paleocanaanita que los expertos atribuyen a los habitantes semitas. Algunos creen incluso que Mari formaba parte de un reino amorreo. Según los historiadores, el posterior rey Hammurabi de Babilonia era descendiente de los amorreos.

Tablillas de arcilla cuneiformes del reino amorreo de Mari. Fechadas a principios del segundo milenio a. C.[15]

La amenaza constante de los amorreos

Los amorreos eran conocidos por ser guerreros feroces e inquebrantables. Estaban dirigidos por sus jefes y suponían una amenaza para cualquier asentamiento o ciudad-estado que quisieran saquear. Esto incluía tomar tierras para que pastaran sus rebaños. Se dice que eran una fuerza dominante temida por los sumerios, ya que eran tan valientes como violentos en la batalla. Las tablillas de arcilla en acadio describen a los amorreos y su modo de vida como repugnantes y repulsivos.

Los amorreos eran conocidos en todo el Levante. Los sumerios los llamaban Martu, los acadios Amurru y los egipcios Amar. En los frescos egipcios se los representaba con pelo claro, piel clara, ojos azules y barba puntiaguda. Sus rasgos faciales estaban dominados por una nariz grande y curvada.

Los amorreos eran considerados bárbaros por la mayoría de las naciones con las que se cruzaban; por ello, se los suele describir en términos negativos, como el siguiente ejemplo de los sumerios:

«El MARTU que no conoce el grano... El MARTU que no conoce casa ni ciudad, los bárbaros de las montañas... El MARTU que desentierra trufas... que no dobla las rodillas [para cultivar la tierra], que come carne cruda, que no tiene casa en vida, que no es enterrado después de muerto»[i].

---

[i] *Sumerian Texts of Varied Contents*, Chiera, Edward, Publicado por University of Chicago Press, Chicago, 1954.

Los amorreos fueron una amenaza constante para las ciudades-estado acadias y sumerias. Los jefes de las tribus amorreas establecieron sus asentamientos en Mari, Qatna, Yamhad y Assur. Se urbanizaron sin dejar de ser una fuerza a tener en cuenta. Los babilonios tuvieron un rey muy famoso llamado Hammurabi, al que se suele atribuir, aunque incorrectamente, la creación del primer código legal escrito de la historia. (Ur-Nammu creó el código legal más antiguo que se conserva hasta ahora.) La estela de Hammurabi encontrada en un yacimiento de Diyarbekir afirma que Hammurabi era «El rey de los amorreos». Así pues, los eruditos han llegado a la conclusión de que Hammurabi era un amorreo que ascendió al trono de Babilonia después de Sin-Muballit, que también era amorreo.

Los amorreos no se contentaron con las ciudades que habían invadido en Mesopotamia. Continuaron su conquista hacia el norte de Canaán hasta Cades. La lengua paleosemita de los amorreos se mezcló con la lengua semítica de los acadios, que se convirtió en la lengua hablada y escrita dominante (lengua franca) del antiguo Próximo Oriente. El acadio se utilizó principalmente hasta finales del segundo milenio antes de Cristo.

Tácticas defensivas sumerias contra los amorreos

El rey Shulgi, hijo del rey Ur-Nammu, construyó una muralla defensiva en Ur para detener la invasión de las tribus bárbaras conocidas como los Martu en sumerio (los Amurru de los acadios y los Amoritas de los hebreos posteriores). Esta muralla se construyó a lo largo de la frontera oriental de su reino para defenderse de los amorreos, que ya habían tomado el control de algunas otras ciudades-estado sumerias.

Esta muralla tenía una longitud de 240 kilómetros, según los registros de su construcción. Durante el reinado de Shulgi, la muralla impidió que los elamitas invadieran el reino. Esto se debió a las fortificaciones adicionales que añadió Shulgi. Por desgracia, el diseño de la muralla no incluía torres de vigilancia ni soportes para los pies de los defensores. (Los soportes para los pies permitían a los soldados ver por encima de la muralla sin dejar de estar protegidos). Esto significaba esencialmente que cualquiera podía caminar por cualquiera de los extremos de la muralla antes de ser visto.

Tras la muerte del rey Shulgi, su hijo y heredero, Amar-Sin, reevaluó la construcción de la muralla y añadió más fortificaciones. Sin embargo, la muralla era demasiado larga y no podía ser vigilada con eficacia. Otro factor que contribuyó a la caída de Ur fue que, durante el reinado de

Shulgi, algunas tribus nómadas amorreas ya habían conseguido rodear la muralla y habían establecido asentamientos en la región.

Shu-Sin, el hermano menor de Amar-Sin, también intentó reforzar la muralla defensiva construida originalmente por su abuelo, pero las incursiones de tribus amorreas tanto externas como internas hicieron inútiles sus esfuerzos. Una vez que su hijo, Ibbi-Sin, ascendió al trono, el otrora majestuoso reino se perdió. La Tercera Dinastía de Ur fue un mero destello de su antigua gloria y quedó reducida a una ciudad-estado básica.

El debilitado Imperio sumerio atacado por los elamitas

La invasión amorrea del Imperio sumerio, sistemática y casi estratégicamente planificada, debilitó hasta tal punto este otrora gran imperio que se convirtió en un terreno propicio para el ataque de los elamitas.

Las inscripciones babilónicas confirman que los amorreos ya tenían una fuerte presencia en algunas ciudades sirias. Al saquear una ciudad tras otra en Sumer y conquistar Babilonia, que se convirtió en su capital, los amorreos consiguieron derribar una civilización que se había desarrollado durante siglos. Esta civilización tenía las mentes más innovadoras de la época y un carácter fuerte. Su pueblo desarrolló una sociedad, una religión, una cultura y un arte complejos, y fue conquistada por bárbaros incivilizados y desunidos, al menos según los textos antiguos.

La hambruna debilita aún más a Ur

El geólogo Matt Konfrist declaró en una conferencia de la Unión Geofísica Americana que los registros geológicos mostraban una prolongada sequía en la antigua Sumeria que comenzó alrededor del 2200 a. C. Según él, esta sequía se debió a los cambios en la evaporación del mar Rojo y el mar Muerto, que provocaron un descenso de las precipitaciones en toda la región. La sequía provocó hambrunas en todo el antiguo Próximo Oriente. Afectó al Imperio sumerio, ya que su población dependía en gran medida de la irrigación de los ríos crecidos, ríos que ahora no se llenaban con la nieve que se derretía anualmente en sus fuentes.

La dinastía Ur III ya estaba en decadencia debido a las invasiones generalizadas y persistentes de los amorreos. La combinación de sequía, hambruna e invasión llevó efectivamente a esta magnífica civilización al borde del colapso.

Otro factor que influyó en la decadencia y el colapso final de Ur y otras ciudades-estado sumerias es que, en épocas de sequía, hambruna o invasión, los habitantes de las ciudades periféricas más pequeñas o los agricultores gravemente afectados por estos factores emigraban inevitablemente a las ciudades más grandes en busca de trabajo y alimentos. Esto suponía una carga para la economía y las infraestructuras urbanas.

Los documentos administrativos descifrados del periodo Ur III muestran que durante el séptimo y octavo año de gobierno de Ibbi Sin, el precio del grano aumentó un 60%. Este aumento se debió, sin duda, a los factores combinados de la sequía y los ataques amorreos a agricultores y tierras.

Con el paso del tiempo, la maravilla arquitectónica de la muralla defensiva de 240 kilómetros de largo cayó en un estado de deterioro. El reino, antaño rico, se vio asolado por problemas económicos debidos a la superpoblación y a los amorreos que usurparon ciudades que antes pagaban tributo a Ur en forma de dinero, grano o ganado. Ur estaba debilitada y empobrecida durante el reinado de Ibbi-Sin, por lo que se encontraba a merced de los elamitas. Por aquel entonces, uno de los altos funcionarios del rey abandonó la corte y fundó su propio pequeño reino en la ciudad meridional de Isin.

Los elamitas, dirigidos por Kindattu, atacaron finalmente la ciudad de Ur en torno al año 2004 a. C. Según algunas fuentes, los elamitas habían formado una coalición con los amorreos. Saquearon la ciudad y capturaron al rey Ibbi-Sin, el último gobernante neosumerio. Los registros muestran que fue llevado a la ciudad de Elam como prisionero. Se desconoce qué fue de él y cómo murió. En una tablilla de arcilla conservada en el Louvre de París, la inscripción dice que el rey Ibbi-Sin sería llevado a la ciudad de Elam con grilletes y que nunca regresaría a su patria.

El funcionario que había iniciado su propia dinastía en Isin gobernó su pequeño imperio mientras las demás ciudades se separaban en sus propias ciudades-estado. Los doscientos años siguientes fueron una época tumultuosa con constantes guerras entre las ciudades-estado. Se compusieron grandes lamentos que lloraban la pérdida del apoyo de los dioses. Se creía que los dioses habían permitido o incluso ordenado a los elamitas destruir la gran ciudad de Ur y su próspero imperio.

La caída de Ur y el posterior declive de las ciudades-estado sumerias provocaron el fin de una civilización verdaderamente legendaria. Hoy en día, esta civilización se conoce como el «origen de la civilización». Los avances de los sumerios siguen afectando a nuestras vidas en la actualidad, ¡solo hay que mirar el reloj para comprobarlo!

Capítulo 8: La sociedad sumeria y los gobernantes famosos

La estructura social de la civilización sumeria evolucionó a lo largo de los siglos. Se adaptó y cambió en función del entorno, los asentamientos y las ciudades-estado. Los habitantes de las tierras situadas entre los ríos Tigris y Éufrates crearon magníficas innovaciones, como un sistema de riego. Esto también significaba que la gente tenía que trabajar junta a gran escala para que estas innovaciones se construyeran, se mantuvieran y funcionaran. Hubo que establecer un órgano de gobierno para garantizar que los canales y acequias se excavaran, repararan y dirigieran a los campos, pueblos y ciudades en un sistema que repartiera el agua equitativamente. Al mismo tiempo, había que controlar las crecidas de los ríos mediante esfuerzos comunales para garantizar la seguridad de las personas y las propiedades. Así pues, se formó un gobierno y se elaboraron leyes que había que hacer cumplir.

Desarrollo de una jerarquía social en Sumeria

Los agricultores de los primeros tiempos de Sumeria consideraban que la tierra que cultivaban era de su propiedad y no tierras comunales. La agricultura de subsistencia se transformó en sobreproducción debido al éxito de los sistemas de riego, y los excedentes de alimentos se compartían e intercambiaban. Este fue el comienzo de los sistemas de trueque y comercio. Los agricultores que tenían más tierras y mejores cosechas podían enriquecerse mediante el comercio. En el pasado, se utilizaba a la familia extensa del agricultor como mano de obra, pero la gente se dio cuenta de que podía complementarse con mano de obra externa en lugar de trabajar sus campos en solitario como empresa familiar.

Algunos agricultores tenían más éxito que otros y disponían de un excedente de semillas y alimentos. Los agricultores con malas cosechas se acercaban a los agricultores más ricos para pedirles semillas prestadas, comprometiéndose a pagar al prestamista con su próxima cosecha. Si la siguiente cosecha tampoco era buena y no podían devolver el préstamo, se veían obligados a entregar sus tierras o a trabajar en las tierras del agricultor prestamista.

El éxito y la abundancia de la producción de alimentos condujeron a la especialización de la artesanía, como la alfarería, el tejido, la fabricación de herramientas y otras industrias. Estos acontecimientos desarrollaron una jerarquía de clases sociales, en la que la clase alta estaba formada por los campesinos que empleaban a jornaleros y no trabajaban sus propias tierras, los administradores de empresas comunales, los sacerdotes y los exitosos fabricantes de bienes de primera necesidad. La clase baja estaba formada por los jornaleros, algunos de los cuales eran posiblemente antiguos terratenientes, pero habían perdido sus tierras y ahora eran jornaleros.

Los habitantes de clase alta, y los que podían permitírselo, también poseían esclavos que trabajaban en sus hogares o en sus tierras. Los esclavos eran prisioneros de guerra de otras ciudades-estado. Se vendían y compraban en los mercados o se intercambiaban entre hogares o industrias.

Distinciones de clase

Esencialmente, la jerarquía se dividía en cuatro grupos: la clase religiosa, la clase alta, la clase baja y los esclavos. Estas distinciones de clase formaban el marco de la sociedad de los antiguos sumerios.

Clase religiosa - Los sacerdotes y sacerdotisas eran poderosos. Parecían tener derecho a hacer lo que quisieran. La gente solo podía acercarse a las deidades en busca de bendiciones si se ganaba el favor de los sacerdotes, ya que solo ellos podían comunicarse con los dioses, interpretar mensajes y explicar presagios a la gente. En la antigua Sumeria, los sacerdotes también desempeñaban el papel de médicos. Si un miembro de la familia estaba enfermo, se recurría a la ayuda de un sacerdote. Se ha encontrado una tablilla cuneiforme que representa a dos sacerdotes vestidos de pez. Lo hacían para comunicarse mejor con el dios del agua y ayudar a curar a un niño enfermo. Los sacerdotes tenían que afeitarse el pelo como forma de reverencia a los dioses a los que servían.

La clase alta o élite - Los hombres de la clase alta llevaban joyas, sobre todo anillos. Llevaban el pelo largo, bigote y barba. Al principio, sus túnicas eran una especie de falda, pero con el tiempo se convirtieron en un vestido completo, que iba desde los hombros hasta los tobillos. Las mujeres solían llevar vestidos sin hombros. Llevaban el pelo largo trenzado y a veces recogido sobre la cabeza. En invierno, llevaban capas de lana de oveja para protegerse del frío.

La clase baja - Los antiguos sumerios pagaban a los obreros por realizar tareas, como trabajar en el campo o llevar una tienda. La gente de clase baja vivía cómodamente. Tenían casas, vestían ropa que podían permitirse y lucían joyas hechas de conchas o piedras. La élite, en cambio, llevaba oro. Ninguna ley impedía a los hombres de clase baja ascender en la escala social.

Esclavitud - Las ciudades-estado que conquistaban otras ciudades-estado capturaban prisioneros. Los traían de vuelta y los vendían como esclavos al rey, al templo, a las élites o a quien pudiera permitirse mantener a uno. Los esclavos se compraban y vendían entre los ciudadanos, y las transacciones se registraban en tablillas de arcilla. Los esclavos solían costar menos que los burros o el ganado.

La mujer en la sociedad

Las mujeres no tenían los mismos derechos que los hombres en la antigua Sumeria. Un ejemplo de desigualdad lo encontramos en uno de los códigos legales de Ur-Nammu, donde una mujer sorprendida en un acto adúltero sería asesinada, mientras que el hombre quedaría impune. Sin embargo, las mujeres podían comerciar, y comprar y vender bienes libremente en el mercado, poseer propiedades, trasladarse donde quisieran y gestionar asuntos legales. Las mujeres también tenían derecho a crear empresas. Algunas mujeres dirigían secciones de las ciudades-estado y otros cargos gubernamentales. Las mujeres de clase alta o miembros de la familia real podían decidir convertirse en sacerdotisas. Las mujeres de las ciudades-estado que tenían una deidad femenina como patrona eran muy respetadas.

Las mujeres sumerias podían llegar a ser escribas, sacerdotisas, médicas y juezas. Las mujeres eran las principales cerveceras, un trabajo importante. Una mujer cervecera o posadera llamada Kubaba o Ku Bau fue incluso honrada con el reinado de la importante ciudad-estado de Kish.

Gobernantes de las ciudades-estado

Los asentamientos sumerios se convirtieron en ciudades-estado, y cada ciudad-estado tenía una deidad patrona. Los templos de las ciudades-estado reflejaban la riqueza de la ciudad. Cuanto más majestuoso y magnífico era el templo, más poderoso y rico se mostraba el rey ante los demás.

Tablilla cuneiforme de arcilla de la lista de reyes sumerios[16]

La controvertida Lista Real Sumeria

Se han encontrado varias tablillas de arcilla cuneiforme en ciudades-estado sumerias de sus últimos periodos que describen a los antiguos gobernantes como seres humanos divinos. En algún momento durante la última fase de la civilización sumeria, se recopiló una lista de todos los reyes sumerios desde el principio de la realeza sumeria. La controvertida Lista Real Sumeria detalla los reyes que gobernaron durante decenas de miles de años. Los eruditos la consideran una combinación de realidad y mitología. La Lista Real Sumeria contiene una veintena de fragmentos de tablillas de arcilla. El fragmento principal se excavó en Nippur, pero se han hecho descubrimientos en otros yacimientos antiguos, como Susa, Adab, Sippar y Larsa. Estos fragmentos ofrecen relatos similares de los reyes y sus reinados y también mencionan acontecimientos como el Diluvio Universal. Algunos textos difieren, presumiblemente debido a errores de los escribas que los redactaron.

Se dice que los reyes anteriores al Diluvio gobernaron durante miles de años. Se nombran ocho reyes específicos antes del Diluvio Universal. Su reinado totalizó 241.200 años. El tiempo en la antigua Sumeria se calculaba en *sars*, que equivalía a 3.600 años; *ners*, que equivalía a 600 años; y *sosses*, que equivalía a 60 años.

El comienzo de la lista de reyes sumerios se refiere a una época en la que «la realeza descendió por primera vez del cielo» más de 266.000 años antes de que surgiera la civilización. Según estos fragmentos de arcilla, Eridu fue la primera ciudad de la Tierra.

Los gobernantes verificables que se mencionan en la Lista Real Sumeria son Gilgamesh, Mesannepada, Mebaragesi, Elulu, Meskiagnun, Enshakushanna y Lugalzagesi. Estos siete reyes dan credibilidad a la Lista Real Sumeria, aunque el orden y los plazos difieren enormemente de las pruebas arqueológicas que se han encontrado. Incluso se ha utilizado información dinástica egipcia para correlacionar estas fechas.

El primer rey de Sumeria: Alulim

Si cree que los mitos y las leyendas tienen algo de verdad, eche un vistazo al rey Alulim. Según la Lista Real Sumeria, Alulim fue el primer gobernante de Sumer. Se han encontrado más de dieciocho listas de reyes sumerios en toda la región, pero todas afirman que Alulim fue el primer rey. No hay más información sobre el rey Alulim, excepto en la Lista Real Sumeria. En ella se afirma que la realeza descendió del cielo y se estableció en Eridug (la antigua Eridu) y que el rey Alulim gobernó durante 28.800 años.

Dos notables historiadores han expuesto sus teorías sobre el rey Alulim. El difunto profesor de literatura asiria y babilónica de la Universidad de Yale, William Wolfgang Hallo, postuló que existe un vínculo entre el rey Alulim y el mito de Apkallu, el semidiós creado por el dios Enki que enseñó al antiguo pueblo de Sumer a ser culto y civilizado. Hallo también señaló que Apkallu fue consejero de los primeros reyes de Sumer y que los textos cuneiformes lo describen como uno de los hombres con forma de pez que vivieron antes del Diluvio Universal.

El arqueólogo William H. Shea, de la Universidad de Michigan, relacionó el nombre Alulim con Adapa, el hijo del dios Enki, y postuló que el nombre Adapa se correlacionaba con el nombre Adán, el primer hombre según la narración bíblica del Génesis. La teoría de Adán y Alulim cuenta hoy con el apoyo de muchas escuelas de pensamiento.

Grandes reyes de la antigua Sumeria: Meshkiangasher y Enmerkar

El nombre del rey Meshkiangasher figura en la Lista Real Sumeria, pero no se han encontrado pruebas arqueológicas de su existencia en ninguna otra fuente. En algunas versiones de la Lista Real Sumeria, este rey es conocido como Meshkiangasher, pero incluso entonces, sigue siendo históricamente inencontrable. Además, la duración de su reinado es imposible. El mito que rodea al rey Meshkiangasher afirma que gobernó durante 324 años y que era hijo del dios del sol Utu. El mito afirma que, en el momento de su muerte, descendió hacia el mar y ascendió a las montañas. Los antiguos sumerios creían que este era el camino que seguía el sol a través del cielo y que era un momento adecuado para viajar, ya que era el camino del «hijo del dios sol».

Enmerkar, el heredero del rey Meshkiangasher se convirtió en el primer rey de Uruk, lo que puede comprobarse por las pruebas arqueológicas de numerosas excavaciones. Su reinado está registrado en la Lista Real Sumeria. Al hablar de la duración de su reinado surgen algunas dudas. Según la Lista Real Sumeria, ¡fue de más de 420 años! El Enmerkar histórico reinó a finales del cuarto milenio o principios del tercero antes de Cristo.

Se han descubierto tres epopeyas sobre el rey Enmerkar. «Enmerkar y el señor de Aratta» es la epopeya más larga que se ha descifrado. Esta epopeya en particular proporciona a los historiadores una gran cantidad de información cultural y religiosa. Narra los celos del rey Enmerkar por la inmensa riqueza de piedra y metal de Aratta, que se utilizaban como materiales de construcción. El rey Enmerkar quería construir un templo en Eridu dedicado al dios Enki, y necesitaba materiales de construcción especiales. La diosa Inanna le sugirió que enviara un mensaje amenazador al señor de Aratta y le exigiera los materiales de construcción. El astuto señor de Aratta no temió al rey y le devolvió el mensaje exigiendo grano como pago.

El rey Enmerkar accedió a la petición del señor, pero el señor de Aratta incumplió el trato. La epopeya detalla muchos mensajes enviados entre el rey y el señor, pero por desgracia, el texto está gravemente dañado. La conclusión de la epopeya parece acabar a favor del rey Enmerkar.

El rey Gilgamesh de Uruk

El rey Gilgamesh luchando con dos toros[17]

El periodo generalmente aceptado por los eruditos para el reinado del rey Gilgamesh se sitúa entre el 2900 y el 2350 a. C. (periodo Dinástico Arcaico). Según la Lista Real Sumeria, el rey Gilgamesh gobernó durante un periodo imposible de 126 años. Según los textos cuneiformes, Gilgamesh era hijo del rey-sacerdote Lugalbanda y de la diosa Ninsun. Debido a su herencia de semidiós, Gilgamesh fue bendecido con una fuerza sobrehumana y un físico perfecto.

Se creía que era dos tercios dios y un tercio humano, y el pueblo lo veneraba. Esto le convirtió en un rey temible que tomaba lo que quería en riquezas, mujeres y posesiones terrenales. Su poder y control eran exagerados, lo que dio lugar a la *Epopeya de Gilgamesh* y a otros mitos y cuentos maravillosos sobre sus proezas como rey.

Los reyes posteriores lo reivindicarían como su antepasado para ganar poder y respeto de sus súbditos y de los reyes de otras regiones. Un ejemplo es el rey Shulgi de Ur, que afirmaba ser hermano de Gilgamesh e hijo de Lugalbanda y la diosa Ninsun. La mayoría de los historiadores consideran que Shulgi fue el mayor gobernante del periodo Ur III.

La infame monarca femenina: La reina Kubaba

Kubaba, también conocida como Ku Bau o Kug-Baba, es la única monarca femenina de la Lista Real Sumeria. Lo interesante es que en la lista se la nombra como la única gobernante de la Tercera Dinastía de Kish. Según los textos, gobernó alrededor del año 2400 a. C. durante un periodo de cien años. Una vez más, al igual que con todos los reyes mencionados en la Lista Real Sumeria, se dice que gobernó durante más de un siglo, lo que no es realista. La Lista Real Sumeria le da el título de *lugal*, que significa «rey», no *eresh*, que significa «reina consorte». Kubaba es la única mujer en la historia de Sumeria que recibió el título de *lugal*.

La leyenda de cómo Kubaba se convirtió en reina es inusual. Parece ser que era cervecera y tabernera en la antigua Kish. En el mundo antiguo, la fabricación de cerveza era una profesión respetada, ya que la cerveza era una bebida cotidiana de la que disfrutaban los antiguos sumerios. La reina Kubaba debió de ser una mujer de negocios independiente y de éxito.

Su legendario ascenso al trono se detalla en la *Crónica de Weidner*, que afirma que el dios Marduk vio a Kubaba pedir a un pescador que pescara un pez y lo ofreciera en el templo dedicado a Marduk en Esagila. A cambio, ella alimenta al pescador. Cuando el dios Marduk observa este acto de veneración por parte de Kubaba, queda tan impresionado por su devoción que le concede la realeza de Sumer.

El rey Eannatum: el conquistador

El rey Eannatum gobernó Lagash entre el 2500 y el 2400 a. C. Lagash era una ciudad-estado que también gobernaba Girsu, otra ciudad-estado. A estas dos ciudades-estado se les asignaron tierras fértiles en Gu-Edin o Guedena. Al norte se encontraba Umma, otra ciudad-estado que también cultivaba tierras fértiles en Guedena. Esto causó adversidades entre las ciudades-estado, sobre todo porque Lagash y Girsu se ayudaban mutuamente en forma de préstamos cuando necesitaban suministros.

Un tratado establecido por Mesilim, rey de Kish, durante la III Dinastía evitó que Lagash y Girsu entraran en guerra con Umma. Este tratado se inscribió en un pilar que se colocó en Guedena.

El rey Eannatum no rompió inmediatamente este tratado una vez que empezó a conquistar regiones. Tenía un plan de acción bien ideado para establecer un imperio. Comenzó invadiendo Elam, al este de Sumer, en el actual Irán. Elam tenía acceso al estaño, que se utilizaba para fabricar bronce. Además, Elam contaba con una red comercial establecida que aportaba riqueza a la zona.

La siguiente ciudad-estado conquistada fue Urua, en la fértil región de Susiana. Con estas dos victorias, Eannatum tuvo la confianza suficiente para invadir Umma. Tras su victoria en Umma, el rey Eannatum tenía control sobre la fértil Guedena, acceso a más soldados, materiales para armamento y la ambición de seguir expandiendo su reino.

Un dato interesante sobre el rey Eannatum es que ni su padre, el rey Akurgal, ni su abuelo, Ur-Nanshe, aparecen en la Lista Real Sumeria. El rey Eannatum es el primer rey de Sumeria históricamente verificable.

La guerra en la antigua Sumeria

La necesidad de tierras fértiles y de agua suficiente para la agricultura, así como de agua potable para animales y humanos, creaba constantes conflictos entre las ciudades-estado.

A medida que las ciudades-estado crecían y aumentaban su población, la necesidad de tierra, agua y otros recursos llevó al desarrollo de armas, tecnología, estrategia y ejércitos para conquistar las ciudades-estado vecinas y las regiones circundantes.

La primera prueba arqueológica verificable de una guerra seria y estratégica se produjo cuando el rey Eannatum de Lagash conquistó la ciudad-estado de Umma en torno al año 2525 a. C. La famosa Estela de los buitres, conservada en el Louvre, representa a buitres y leones arrancando carne de cadáveres en una llanura desértica.

El victorioso rey Eannatum era un maestro de la propaganda y ordenó la creación de esta estela pictórica que lo mostraba al frente de guerreros en un carro tirado por asnos. Esta estela muestra que los sumerios luchaban en formación de falange y que los guerreros llevaban armaduras, cascos de cobre, lanzas y hachas. El rey Eannatum fue herido en el ojo por una flecha en la batalla, lo que solo hizo que se decidiera más a ganar y conquistar más ciudades-estado.

Estela de los buitres, vista frontal y posterior[18]

Las estrategias utilizadas en esta batalla están bien detalladas en la estela y en muchas tablillas de arcilla que hablan de las victorias del rey Eannatum. Luchar en formación de falange requiere entrenamiento, disciplina y planificación, y todo ello se atribuye al rey Eannatum.

El avance tecnológico de los cascos de bronce denota el desarrollo de la primera respuesta defensiva en la guerra. Hizo de la maza, un arma con asta y cabeza de piedra, un arma inferior en el campo de batalla.

El rey Eannatum condujo a su ejército al campo de batalla en un carro con ruedas, lo que se considera una importante innovación tecnológica en la guerra. Aunque se hace referencia a él como carro, es más exacto llamarlo «carro de combate», ya que carecía de maniobrabilidad y velocidad.

También se cree que los sumerios inventaron el anillo de rienda para controlar mejor a los asnos y un eje delante de la plataforma del carro. Este eje, con toda probabilidad, no se habría utilizado durante las batallas, ya que aumentaba el peso del carro y disminuía la estabilidad cuando se desplazaba a mayor velocidad.

Más tarde se desarrollaron las jabalinas y las hachas. Los arcos y las flechas brillaban por su ausencia en estas batallas. Los expertos sostienen que la visión de un oponente montado en un carro frente a la formación de falange ahuyentaba al enemigo.

Unificación de las ciudades-estado

Se dice que el rey Etana de Cis unió por primera vez muchas de las ciudades-estado. Tras su muerte, hacia el 2800 a. C., estas ciudades-estado volvieron a separarse. Comenzaron a desafiarse y a conquistarse mutuamente, y la Sumeria anteriormente unificada se convirtió en objetivo de otras regiones, como los elamitas y los posteriores acadios.

Capítulo 9: Cultura e innovación

Los antiguos inventos sumerios son un testimonio de lo que la mente humana es capaz de hacer en condiciones extremas y adversas. La capacidad de la mente para formar pensamientos e ideas originales queda ilustrada de forma única por la civilización sumeria. Inventaron sistemas, herramientas, equipos y métodos para hacer frente a todos los aspectos de la vida cotidiana individual y comunitaria. Adaptaron sus estilos de vida y su cultura para prosperar en el entorno en el que vivían.

Inventos como la rueda, algo sin lo que hoy no podemos vivir, fueron inventados por los sumerios. Otros inventos asombrosos que seguimos utilizando hoy en día son los juegos de cosméticos, las arpas, los martillos, las hachas, las armas, el arado, el velero y el lenguaje escrito, entre otras cosas.

La forma más antigua de escritura

Se cree que la escritura cuneiforme es la forma más antigua de escritura. Se inventó para llevar un registro de las transacciones, el almacenamiento y los asuntos administrativos; en otras palabras, era una antigua forma de contabilidad. De simples dibujos se pasó a pictogramas estilizados y después a la escritura logosilábica, que podía utilizarse para expresar conceptos y pensamientos.

El primer descubrimiento de escritura cuneiforme se produjo en el yacimiento arqueológico de Jemdet Nasr. Este asentamiento data del periodo Ubaid y se prolongó hasta el Dinástico Arcaico. Estas tablillas de Jemdet Nasr datan de la segunda mitad del cuarto milenio antes de Cristo. La escritura es protocuneiforme o arcaica. La protocuneiforme es una escritura compleja, y los expertos sostienen que incluye signos numéricos y no numéricos. La escritura de las primeras tablillas aún no se ha descifrado, pero se supone que es sumeria.

Con el paso del tiempo, la escritura fue adquiriendo el aspecto icónico en forma de cuña que hoy asociamos con el cuneiforme. Los archivos de Uruk y otros yacimientos excavados conservan tablillas contemporáneas de la misma protoescritura que evolucionó hasta convertirse en verdadera cuneiforme, pasando primero a una mezcla y luego a signos logosilábicos.

Las tablillas son principalmente administrativas y detallan listas de animales, objetos y alimentos que se distribuían a los habitantes, lo que sugiere la existencia de una autoridad centralizada encargada de la distribución. Las tablillas de arcilla contienen complejos cálculos del tamaño exacto de los campos agrícolas, lo que constituye el registro más antiguo de este tipo de cálculos. Algunos textos calculan la distribución de cerveza, grano y fruta a comerciantes y jornaleros, mientras que otros presentan un detallado sistema de contabilidad del ganado.

Hacia el año 2400 a. C., el cuneiforme se adaptó para escribir la lengua acadia, y posteriormente se adaptó para las lenguas asiria y babilónica. Estas son lenguas semíticas y constituyen la base de las actuales escrituras hebrea y árabe. La escritura cuneiforme fue adoptada y adaptada con el tiempo para escribir casi todas las lenguas del antiguo Próximo Oriente. El acadio se convirtió en la lengua franca, excepto, por supuesto, la antigua lengua egipcia. Pero incluso los escribas egipcios conocían el cuneiforme. La correspondencia diplomática internacional descubierta en los archivos de Tell el-Amarna de la época del faraón Akenatón y la reina Nefertiti (c. siglo XIV a. C.) contenía varias cartas cuneiformes de varias naciones del antiguo Próximo Oriente.

La lengua sumeria y la escritura cuneiforme fueron conocidas por los escribas hasta el siglo I de nuestra era. Los lexicones sumerios y la literatura con traducciones a otras lenguas del Próximo Oriente formaban parte de la formación de los escribas. Gracias en parte a estos léxicos, los eruditos pudieron confirmar la existencia de los sumerios. Las traducciones modernas de la literatura sumeria en forma de mitos, leyendas, himnos de templos y poemas proceden en su mayoría de estas antiguas copias de escribas que se han encontrado en archivos de todo el antiguo Próximo Oriente.

Innovaciones agrícolas

Las tierras situadas entre las partes bajas de los ríos Tigris y Éufrates eran fértiles porque las inundaciones estacionales depositaban limo en las llanuras aluviales. Las lluvias eran escasas, por lo que los sumerios disponían de demasiada o muy poca agua para los cultivos. Tuvieron que inventar ideas innovadoras para regar sus cultivos y, al mismo tiempo, proteger los asentamientos y las cosechas de la destrucción causada por las graves inundaciones que se producían ocasionalmente.

Los sumerios desarrollaron sistemas de drenaje e irrigación para garantizar un suministro constante de agua para los cultivos, las personas y el ganado durante todo el año. Los antiguos agricultores utilizaban los diques naturales creados por las crecidas de los ríos para controlar el agua. Construyeron nuevos diques de tierra y diques a lo largo de las riberas de los ríos para controlar el agua durante las inundaciones. Cuando los campos se secaban, los antiguos sumerios hacían agujeros en los diques para que el agua fluyera entre los campos. Se abrían zanjas en los campos para llevar el agua a los cultivos. Los sumerios también conservaban el agua construyendo presas y embalses, desde los que los canales llevaban el agua a las ciudades y los campos.

La construcción de canales no se limitaba al uso agrícola. Se construyeron canales para desviar las aguas de las inundaciones lejos de las aldeas y ciudades. Estos mismos canales podían utilizarse para regar las tierras durante los periodos secos. También se construyeron canales para desviar el agua de los ríos hacia el interior y poder cultivar más. Los canales más grandes se utilizaban como vías fluviales para transportar mercancías y alimentos.

Los antiguos ingenieros idearon sistemas de irrigación que variaban en profundidad y diseño en función de la geografía natural de la zona. Los grandes canales se construían directamente a partir de los ríos. Se bifurcaban en canales más pequeños y luego en surcos o zanjas aún más pequeños que desembocaban directamente en los campos.

Los antiguos sumerios disponían de un intrincado sistema de irrigación y, en ocasiones, construían acueductos y canales elevados para adaptarse a los problemas topográficos. Otros avances en los sistemas de riego incluían mecanismos como el shaduf (cigoñal), que era un poste pivotante con un cubo en un extremo y un peso en el otro. El shaduf se utilizaba para elevar el agua de los ríos, presas o canales hasta los campos. Más tarde, los sumerios desarrollaron la noria. Se trataba de un dispositivo con ruedas y cubos en el borde que transportaba agua para regar las tierras.

Los sumerios no solo desarrollaron estos intrincados sistemas de riego, sino que también implantaron estructuras administrativas que programaban el dragado, las reparaciones y el mantenimiento de estos sistemas. Esto era de gran importancia, ya que garantizaba el buen funcionamiento y la distribución equitativa del agua. La construcción de los sistemas de riego, su administración general y su mantenimiento programado se registraron en tablillas cuneiformes.

La obstrucción y sedimentación de canales y vías fluviales era un problema constante, especialmente con el agua del río Éufrates, más lento y menos profundo, que arrastraba y depositaba grandes cantidades de limo. El pesado limo del Éufrates contenía cantidades considerables de minerales, incluida la sal. Los arqueólogos y otros expertos de la historia antigua están convencidos de que el profundo y pesado limo que cubre hoy la zona esconde aún muchos secretos por descubrir.

Gracias a estos innovadores sistemas de riego, los sumerios cultivaron con éxito cebada, trigo, dátiles, cebollas, pepinos, manzanas y una gran variedad de hierbas y especias.

Herramientas utilizadas en la agricultura

Al principio, se utilizaban cuernos de animales y palos para hacer surcos en la tierra, y las semillas se sembraban y regaban a mano. Esto requería mucho trabajo y los resultados eran limitados. A medida que aumentaba la población, los sumerios se dieron cuenta de que tenían que encontrar la forma de cultivar más tierra para obtener una cosecha mayor.

Los arqueólogos han descubierto pruebas de que el primer arado se remonta al menos a principios del cuarto milenio a. C. Los sumerios desarrollaron un arado de siembra a principios del periodo Dinástico Arcaico. El arado sembrador permitía a los agricultores utilizar bueyes para labrar la tierra y plantar las semillas simultáneamente. Estas innovaciones aumentaron enormemente las cosechas y proporcionaron excedentes de grano para la exportación.

Almanaque agrícola sumerio

Esta tablilla de arcilla con 111 líneas de texto cuneiforme fue descubierta en el yacimiento de Nippur. Se trata de un conjunto de instrucciones de un padre a su hijo en las que se detalla cómo debe prepararse la tierra y en qué época del año debe procederse a la siembra de los cultivos. En él se indica que se debe prever un buey adicional para tirar del arado, una prueba más de que el arado ya se utilizaba en aquella época. El manual de instrucciones también proporciona información sobre cuándo y cómo cosechar.

La invención del calendario

Es posible que el calendario lunar sumerio se inventara con fines religiosos y para actividades agrícolas. El calendario permitía a los sumerios determinar en qué fase de la agricultura debían centrarse. Les permitía conocer con antelación las estaciones y las inundaciones inminentes para que pudieran hacer los preparativos necesarios.

El calendario lunar funcionaba correctamente para periodos cortos, pero los sumerios pronto se dieron cuenta de que era inadecuado para periodos más largos. Su calendario lunar tenía un año de 354 días en doce meses, que los sumerios redondearon a 360 días.

El calendario lunisolar sumerio

A finales del periodo Dinástico Arcaico, los matemáticos, astrónomos, sacerdotes y escribas sumerios habían ideado un calendario lunisolar. Esto significaba que el calendario estaba sincronizado con los tres ciclos naturales:

1. El día y la noche se dividían en dos periodos de doce horas.
2. El mes lunar se basaba en los ciclos mensuales de la luna, y una semana podía basarse en cada fase del ciclo mensual.
3. El ciclo solar funcionaba según los cambios en la elevación del sol sobre el horizonte a lo largo de un año.

Los sumerios calculaban doce meses lunares para un año, y tardaban unos 354,36 días en completar el ciclo de un año lunar. Esto no coincidía con los ciclos del sol. Los antiguos sumerios calculaban estas diferencias y las compensaban añadiendo un mes más cada dos o tres años. Esto se hizo finalmente por decreto real, ya que en aquella época todavía no se medían las alineaciones precisas de los años lunar y solar, al menos por lo que sabemos. Los babilonios posteriores fueron los primeros en calcular estas diferencias con mayor precisión.

En general, se acepta que los meses, las semanas y los días se utilizaron por primera vez durante el periodo Ur III, y existen documentos que detallan que cuatro semanas formaban un mes. Los meses se dividían en dos mitades, que se basaban en los ciclos creciente y menguante de la luna.

Aunque los sumerios no calcularon el calendario con exactitud, sigue siendo una magnífica proeza de la astronomía y las matemáticas.

Desarrollo del sistema jurídico sumerio

Cuando los seres humanos conviven en sociedad, necesitan normas y reglamentos. Como civilización plenamente desarrollada, los sumerios tenían leyes de forma natural, incluso antes de que se registrara la historia. Puede que las leyes no fueran las mismas en todas las ciudades-estado, pero se puede suponer que eran similares porque la cultura, la lengua y los estilos de vida eran parecidos.

Se creía que los códigos inscritos por el rey Hammurabi de Babilonia (1792-1750 a. C.) eran las primeras leyes escritas. Esto es incorrecto; el rey sumerio Ur-Nammu hizo inscribir leyes alrededor del año 2100 a. C.

El primer código de leyes conocido se llamaba Código de Urukagina. Fue el último rey de la ciudad-estado de Lagash en el siglo XXIV a. C. No existen copias de este código legal preacadio; solo se tiene conocimiento de él a través de referencias en otros escritos. Se dice que el Código legal de Urukagina protegía a las viudas, los huérfanos y los pobres mediante exenciones fiscales.

El código legal de Ur-Nammu

Tabla con dos fragmentos excavados en Nippur que datan de c. 2150-2050 a. C. [19]

El primer texto del código legal más antiguo que se conserva, el Código de Ur-Nammu, fue hallado en Nippur. Este Código estaba incompleto, pero las copias posteriores encontradas en Ur permitieron a los expertos reconstruir la mayor parte del mismo. Se trataba en gran medida de un código legal del tipo «ojo por ojo» para delitos graves, aunque los expertos se sorprendieron al descubrir que muchos delitos corporales a veces conllevaban multas en lugar de castigos físicos. Una excepción era la ley por la que se castigaba a un hijo que golpeaba a su padre cortándole la mano. El código también trataba asuntos públicos y civiles.

Muchos expertos creen que las leyes deben atribuirse al hijo del rey Ur-Nammu, Shulgi, porque parece que se distribuyeron ampliamente y se expusieron públicamente durante su reinado.

La vivienda sumeria

La estratificación social parece haberse afianzado firmemente en el periodo Dinástico Arcaico. Para entonces, el modelo primitivo de familias extensas que compartían la carga del trabajo agrícola hacía tiempo que había sido sustituido por la ayuda externa y los crecientes avances tecnológicos. El resultado natural de una vasta producción de alimentos liberó manos para el desarrollo de otras industrias, y las necesidades de mano de obra pudieron satisfacerse para proyectos de construcción monumentales.

Los sumerios del periodo Ubaid vivían en casas tripartitas. Esta planta servía de base para todos los edificios. A medida que su sociedad, cultura y religión progresaban, empezaron a construir estructuras más elaboradas, como templos, zigurats y magníficos palacios. Más tarde, las casas de la clase alta a veces tenían varios pisos. Estas casas seguían utilizando la planta tripartita de principios del periodo Ubaid.

Las primeras murallas se construyeron para protegerse de las inundaciones. Más tarde se construyeron con fines defensivos. Estas murallas también tenían un elemento social. La ubicación de la casa dentro de las murallas indicaba el estatus social. Las casas se construían en los suburbios, y cuanto más cerca del zigurat estaba una casa, más alto era su estatus en la sociedad. Los funcionarios, los sacerdotes y las élites vivían en los suburbios, mientras que los comerciantes, tenderos y pescadores vivían en las afueras de la ciudad y, a veces, fuera de las murallas.

Música

En las excavaciones arqueológicas se encontraron instrumentos musicales sumerios como objetos funerarios. Los músicos y sus instrumentos aparecen representados en obras de arte. Había instrumentos de cuerda, viento y percusión.

Los músicos de Mesopotamia estaban debidamente formados y constituían una clase profesional reconocida. Los sumerios debían de encontrar la música relajante en instrumentos como liras y flautas de hueso o caña. También se han descubierto tambores de mano y sonajas. Sabemos que a los sumerios les encantaba cantar, como puede verse en las lamentaciones. En algunas de las salas de fiestas donde se excavaron platos y jarras de cerveza también se encontraron instrumentos musicales.

Sello cilíndrico hallado en la tumba con la inscripción Pu-A-Bi- Nin (reina Puabi), que muestra a sus asistentes tocando la lira[20]

Se encontraron instrumentos musicales en los enterramientos de las élites, como en la tumba de la «dama de Puabi», también llamada «reina de Puabi». Esta tumba se encontró en el cementerio real de Ur. Su tumba se consideró de élite y se cree que pudo gobernar por separado y sin marido. Su ajuar funerario era magnífico.

La cabeza de toro de la lira hallada en la tumba de la reina Puabi[21]

Arte y artesanía

El arte y la artesanía sumerios estaban limitados por los elementos naturales de su región geográfica. Recurrían a la arcilla o al barro cocido para producir cerámica, platos y estatuas. En comparación, los griegos utilizaban el mármol, que estaba fácilmente disponible, para producir enormes estatuas.

Arte sumerio

Se han descubierto enormes esculturas de la deidad patrona de cada ciudad-estado; ¡algunas son incluso de tamaño natural! Estas estatuas eran magníficas en proporciones y estaban decoradas para ganarse el favor de los dioses. Llevaban incrustaciones de conchas, piedras preciosas y mosaicos de colores con motivos geométricos. Se han encontrado representaciones en arcilla y piedra que muestran combates o cacerías, lo que nos dice mucho sobre la vida cotidiana de los hombres sumerios.

Artesanía

Se fabricaban intrincadas sillas de madera y caña con incrustaciones de conchas y mosaicos. Los arqueólogos han excavado hermosas cerámicas, estatuas y retratos de animales creados con mosaicos y conchas. La cerámica de los antiguos sumerios era tan bella que se utilizaba para pagar los bienes comerciados con las ciudades-estado vecinas.

La joyería sumeria era magnífica. Los artesanos incrustaban oro con lapislázuli y otras piedras preciosas para la élite, como indican los ajuares funerarios. Los pobres también llevaban joyas, pero se fabricaban con conchas, madera, semillas y huesos.

Collares y tocados sumerios reconstruidos hallados en la tumba de Puabi. Este conjunto se encontró en tres de sus asistentes, y esta reconstrucción se conserva en el Museo Británico[22]

Otras artesanías intrincadas son los cascos con incrustaciones utilizados por los soldados, los sellos cilíndricos y las mesas decoradas.

Telas sumerias

La ropa sumeria se confeccionaba con lino o lana. Las mujeres se encargaban de tejer. El tejido era una habilidad esencial en la que los sumerios destacaban. Las cañas abundaban en las marismas y en las orillas de los ríos. Las cañas frescas son flexibles, lo que permitía a los sumerios utilizarlas de múltiples maneras.

Por ejemplo, los antiguos sumerios llevaban sandalias hechas de juncos tejidos. También fabricaban cestas muy duraderas. Eran lo bastante resistentes como para transportar la arcilla de los adobes desde el río hasta el lugar de fabricación. También se utilizaban para transportar grano.

Las grandes cestas tejidas se colocaban a lomos de animales de carga, como los asnos. Las pruebas sugieren que las cestas sumerias eran de excelente calidad. Se exportaban y se han encontrado en yacimientos de toda la región. También se han encontrado registros de telas sumerias exportadas en varios yacimientos del Próximo Oriente.

Las cestas de junco impermeabilizadas con betún se utilizaban para transportar agua. Las cañas tratadas con betún se utilizaban para cerrar canales, de forma muy parecida a la esclusa actual.

Las casas y otros edificios tenían esteras tejidas con juncos recubiertas de betún. Formaban los cimientos y protegían los adobes.

La vida cotidiana

Hubo tiempos en que la vida de todos los habitantes de la antigua Sumeria era cómoda y segura. Todos tenían casa, comida suficiente y tiempo para el ocio. Pero los tiempos cambian. A medida que la civilización maduraba, perdía su inocencia. La riqueza personal y el poder crearon una estratificación social, y la codicia y la envidia sustituyeron a la actitud de compartir.

La vida cotidiana en Sumeria era dura para los trabajadores; se pensaba que una jornada laboral duraba diez horas. Las profesiones de los hombres incluían la enseñanza, la construcción y la agricultura, mientras que las mujeres solían quedarse en casa para ocuparse de las tareas domésticas y criar a los hijos. Las familias adineradas podían contratar tutores para educar a sus hijos en casa.

El pueblo disfrutaba de actividades recreativas, como el boxeo, las carreras, la lucha libre, la caza, la narración de cuentos, el baile y la música. Así lo atestiguan algunas de las más de 120.000 tablillas de arcilla halladas en la biblioteca de Asurbanipal, excavada en Nínive, y otros importantes yacimientos arqueológicos, como Ur, Uruk, Nippur y Larsa.

Escuela

Las escuelas estaban dirigidas por sacerdotes. Los sacerdotes pegaban a los niños si no iban bien en la escuela, ya que se creía que una lección solo podía reforzarse con una buena paliza; por lo tanto, solo los niños podían asistir a la escuela. Sin embargo, como se creía que la mayoría de los sumerios eran analfabetos, es probable que solo fueran a la escuela los chicos de las clases altas y los que buscaban ciertos puestos para ascender en la sociedad. Normalmente, solo las niñas de las clases elitistas podían tener una educación formal. Sus padres contrataban a un tutor para que pudiera aprender en casa.

Juegos y juguetes

Los antiguos sumerios eran muy trabajadores, pero comprendían que debía existir un equilibrio entre el trabajo y la vida familiar. Fabricaban juguetes para que sus hijos jugaran, como peonzas, tirachinas, pelotas, cuerdas para saltar, sonajeros y aros. Según algunas fuentes, las niñas tenían juguetes parecidos a casas de muñecas, con muebles en miniatura. Los niños tenían incluso carros y carruajes en miniatura que se tiraban con cuerdas o cordeles y barcos en miniatura que flotaban.

Juegos de mesa

El juego de mesa hallado en el cementerio real de Ur es muy complejo. El tablero data del III milenio a. C. e indica que dos jugadores opuestos utilizaban la estrategia, el tiempo y la suerte para vencer al otro jugador, de forma muy parecida a una partida de ajedrez. Se han encontrado pruebas de este juego en toda Sumeria, Mesopotamia, Creta y Sri Lanka.

Los sumerios inventaron otros juegos de mesa, uno de los cuales se conoce como veinte casillas o cincuenta y ocho agujeros. Las piezas del tablero se movían a los agujeros, pero aún no se han descubierto las reglas ni los objetivos del juego. Otros juegos utilizaban dados, y algunos juegos estaban asociados a las apuestas. Los juegos de mesa eran practicados por todas las clases sociales.

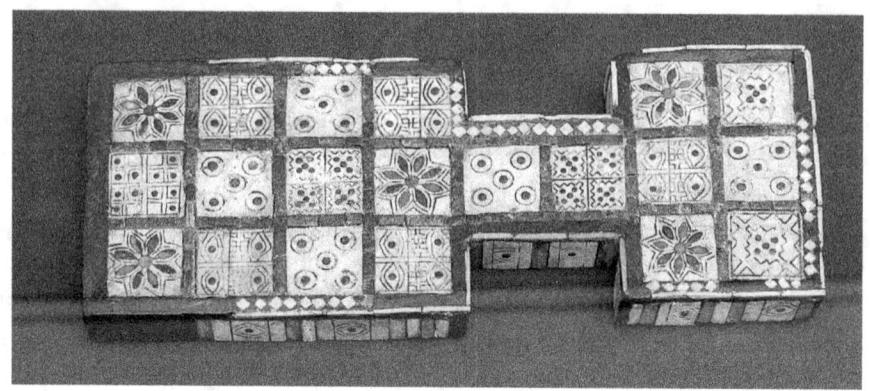

Se atribuye a los sumerios la invención del juego de mesa.[28]

El zumbido de los botones

Los sumerios jugaban a un juego llamado zumbido de los botones. Para empezar, se necesitaba un círculo hecho de arcilla. A este disco circular se ataba una cuerda o cordel. El objetivo del juego era balancear el disco con un trozo de cuerda o hierba lo más rápido posible. Una vez que iba lo suficientemente rápido, emitía un zumbido. El ganador sería la persona cuyo disco de arcilla hiciera el sonido más fuerte.

Avances tecnológicos

No cabe duda de que los sumerios eran un pueblo muy innovador. Cuando se enfrentaban a un problema, simplemente encontraban la forma de superarlo, ya fuera navegar por el agua, regar los campos, defenderse o calcular el tiempo y las ecuaciones matemáticas. Lo hicieron todo. Y lo más asombroso es que lo hicieron sin ayuda ni conocimientos previos.

Matemáticas, aritmética, geometría y astronomía

En la antigua Sumeria, la gente pronto aprendió que si iban a comerciar entre sí y con otras ciudades-estado, tenían que desarrollar un sistema que les permitiera contar, tomar medidas de la tierra y pagar salarios a los trabajadores. Las tablillas que datan del 2500 a. C. contienen mediciones detalladas de la tierra, contabilidad y registros de impuestos.

Se han descifrado cálculos de división, multiplicación, geométricos y algebraicos a partir de tablillas de arcilla que datan del 2600 a. C. Además de estos cálculos, también se han encontrado tablillas en las que se utilizaban las matemáticas y que representaban cartas astrales para la navegación y un calendario lunar detallado, así como el primer zodiaco, que estaba dividido en doce secciones.

Sistema numérico

Los sumerios crearon un sistema numérico sexagesimal. Esto significa que todos los cálculos se realizaban tomando como base el número sesenta. Este sistema ya estaba en vigor en el tercer milenio antes de Cristo. Los sumerios convirtieron este sistema numérico en sesenta segundos y sesenta minutos, que se convirtieron en una hora. También fueron los primeros en crear el círculo de 360°. El primer ábaco también fue un invento sumerio.

Astrología

Los antiguos sumerios tenían una religión politeísta y adoraban a un gran número de dioses y diosas de aspecto humano. Se creía que estas deidades controlaban el sol, la luna y los planetas, así como fenómenos naturales como el viento y la lluvia. Los antiguos astrónomos sumerios descubrieron que los planetas y las estrellas se movían siguiendo patrones específicos alrededor del sol y la luna. Para ellos, era como si los dioses enviaran mensajes codificados que debían interpretar. Así fue como se desarrolló su creencia en la astrología.

Los sumerios utilizaban sus cálculos matemáticos para determinar los ciclos del sol, la luna, los planetas y las estrellas y determinar cosas como las lunas llenas, las medias lunas y las fases creciente y menguante de la luna. También calculaban y predecían los eclipses.

Barcos sumerios

La invención del barco se atribuye a los sumerios, que utilizaban el Tigris y el Éufrates como rutas comerciales. En aquella época, la ciudad-estado de Ur también estaba situada a orillas del golfo Pérsico. Las embarcaciones se construían con juncos atados entre sí y cubiertos con pieles de animales. Los primeros ejemplos de embarcaciones de junco eran modelos de cerámica encontrados en yacimientos como Eridu, Uruk y Tell el-'Oueili. Los detalles de los modelos cerámicos son tan claros que muestran incisiones, imitando las cañas que se habrían utilizado para construir una embarcación real. Otro ejemplo representa un barco de juncos con mástiles y velas. Además, se han descubierto trozos excavados de junco con betún y percebes. Se trata de piezas de un barco real, lo que lo convertiría en la embarcación marinera más antigua del mundo.

Los barcos de junco mesopotámicos datan de alrededor del año 5500 a. C., es decir, el Neolítico temprano del periodo Ubaid. Se fabricaban con manojos de juncos atados con cuerdas e impermeabilizados con betún. Además, estas embarcaciones solían tener largas pértigas para empujarlas río abajo. Algunos tenían mástiles para las velas. Las velas eran de lino. Para izarlas se utilizaban cuerdas. Algunos descubrimientos indican que estas barcas de juncos tenían la proa hacia arriba para protegerse de las olas.

Bronce

Las pruebas demuestran que la fundición de cobre se inició ya en el año 6000 a. C. en Sumeria. Los arqueólogos dataron la fabricación del bronce, que se obtiene fundiendo estaño y cobre juntos, en torno al año 3.500 a. C.

El uso del cobre fue una de las principales innovaciones de los sumerios, y ciudades como Ur, Uruk y Tell al-'Ubaid demuestran que fabricaban herramientas, como puntas de flecha, arpones, cinceles y hachas, con cobre y que más tarde progresaron hacia el bronce. El bronce era más duro y hacía que las armas fueran más mortíferas. El cobre se utilizaba para objetos personales como navajas, jarras y elaborados recipientes para beber.

Esta águila con cabeza de león (Imdugud o Anzu), símbolo del dios Ningirsu. El águila sujeta dos ciervos, uno a cada lado. Este panel se encontró en la base del templo de Ninhursag, en Tell al-Ubaid. Está hecho de cobre y data de alrededor del 3100 a. C."

Armas

La Edad de Bronce dio lugar a armas más potentes. Las ciudades-estado podían luchar e invadir otras ciudades-estado con mayor confianza gracias a esta nueva aleación más dura. Los cuchillos, puntas de lanza y puntas de flecha de bronce hicieron que las armas fueran más duraderas y mortíferas en las batallas.

La primera forma de identificación

Los antiguos sumerios llevaban un registro escrito de todas sus transacciones, pero la mayoría no sabía leer ni escribir en cuneiforme. Los sumerios que no sabían leer ni escribir encargaban un sello cilíndrico con pictogramas únicos, como una firma. Esta forma de identificación no era solo para los que no sabían leer ni escribir. Era el método preferido para marcar mensajes, bienes comerciales o cualquier otra propiedad. Se han excavado miles de estos sellos cilíndricos. Muchos de ellos pertenecen a la clase trabajadora, aunque los más elaborados eran utilizados por la clase alta.

Sellos sumerios

Los sellos sumerios datan del año 5000 a. C. Estos objetos tienen marcas sencillas para denotar el número de mercancías vendidas. Los arqueólogos han encontrado sellos en puertas de almacenes, cestos y bolsas. Alrededor del año 3500 a. C., los sellos se convirtieron en sellos cilíndricos, que podían enrollarse sobre arcilla húmeda, dejando una marca permanente.

Sello cilíndrico de Adda[25]

Proceso de fabricación de la cerveza

Se suponía que otra interesante primicia de los sumerios era la elaboración de cerveza, hasta que se descubrieron restos de cerveza en vasijas de Göbekli Tepe. Se cree que en este yacimiento se fabricaba cerveza miles de años antes de que los sumerios la elaboraran. Sin embargo, se han encontrado pruebas de una receta sumeria de cerveza en un poema dedicado a Ninkasi que data de c. 3900 a. C. Este poema dedicado a la tutela de la diosa de la cerveza también muestra el importante papel que desempeñaban las mujeres en la sociedad, ya que eran las principales elaboradoras de cerveza en la antigua Sumeria.

Las pruebas arqueológicas de la cerveza sumeria se remontan al año 3500 a. C., ya que se encontraron restos químicos de cerveza en jarras excavadas. Las representaciones de beber cerveza muestran que se hacía con pajitas debido a la consistencia espesa del líquido. De este modo se evitaba que la gente tragara los sólidos amargos que quedaban de la fermentación.

Capítulo 10: Mitos y religión

La religión sumeria era tan compleja como el origen de su pueblo. Los textos antiguos que se han descifrado nos dicen que cada ciudad sumeria tenía una deidad principal. Aunque humanos y dioses convivían, los humanos solo estaban para servir y adorar a los dioses.

El panteón sumerio contaba con cientos de dioses y diosas e incluso algunos demonios. Todas las deidades sumerias estaban emparentadas y su comportamiento era extraordinariamente humano. Actuaban con compasión, bondad, rabia, celos, traición, rencor y todas las demás emociones de las que somos capaces los humanos, tanto las buenas como las malas.

El panteón principal de deidades eran hijos y madres, hermanas y hermanos, o padres e hijas que se casaban entre sí. El sol, la luna, los planetas, los animales y las plantas se manifestaban como dioses y diosas.

Los escribas utilizaban tablillas de arcilla para contar historias que antes se transmitían oralmente de generación en generación en cada tribu. Los descubrimientos arqueológicos de largas tablillas cuneiformes de arcilla llenas de mitos y leyendas se consideran los mitos más antiguos del mundo. Permiten a los expertos comprender la ideología y las creencias de los sumerios.

Se creía que las deidades eran responsables de todo lo que ocurría en el mundo de los cielos y de los humanos.

El desarrollo del panteón

Los sumerios creían que la Tierra era plana y estaba encerrada en una cúpula que formaba los cielos por encima y el inframundo por debajo. Este era el universo sobre el que gobernaban las deidades. Estas bendecían a los humanos con buenas cosechas o, alternativamente, con castigos si los humanos les desagradaban.

Las tablillas cuneiformes del tercer milenio a. C. atribuyen la creación del mundo a cuatro deidades principales: Enlil, Enki, Ninhursag y An. Estas deidades presidían los acontecimientos diarios, como las enfermedades, la salud, las cosechas y las inundaciones. Determinaban la riqueza, la pobreza y otras experiencias humanas. Por lo general, se consideraba que estos dioses ayudaban a los humanos, pero podían ser caprichosos, traviesos y malévolos. Así explicaba el pueblo acontecimientos y catástrofes como terremotos e inundaciones.

Enlil - El dios del aire

Enlil, el dios del aire, era la deidad más importante para los sumerios. Su aliento podía traer vientos suaves o huracanes, y era la manifestación de la energía, la autoridad y la fuerza. También era el dios de la agricultura, y el pueblo dependía de él para su sustento y riqueza. Uno de los mitos que rodean a Enlil dice que fue desterrado al inframundo después de violar a su consorte, Ninlil, la diosa del grano. Este mito se desarrolló para explicar los ciclos agrícolas: la fertilización de la tierra, la maduración de las cosechas, la recolección y la inactividad durante los meses de invierno.

An - Padre de los dioses

An, también conocido como Anu, era el jefe del panteón sumerio y considerado el padre de los dioses, el gobernante supremo que mantenía la existencia de los cielos y la Tierra. An aparece a menudo en el trasfondo de los mitos; rara vez era la figura central.

Uno de los principales centros de culto era Uruk, a la que a veces se llamaba «la ciudad de Anu». An era el padre del dios Enlil y se lo representa como un ser humano con un tocado de cuernos o como un toro con cabeza humana. Como dios principal, An daba órdenes a los demás dioses y diosas. En mitos posteriores, cedió su poder a su hijo Enlil y se volvió más lejano.

Enki - Dios de la sabiduría y la magia

Al principio, la Tierra estaba rodeada por un antiguo mar de agua salada. El agua dulce procedía de debajo de la Tierra, de un mar subterráneo llamado Abzu. Enki vivía en el Abzu y era conocido por su picardía. Según los antiguos textos sumerios, Enki era viril y encarnaba la masculinidad. Sus representaciones suelen incluir elementos sexuales, en particular las características vivificantes del semen del dios y las aguas dulces del Abzu para fines agrícolas. En el arte, aparece como un dios barbudo, con túnica y tocado con cuernos.

Las hazañas sexuales de Enki incluyen a varias diosas, como su hija Ninmu y su nieta llamada Ninkurra. Enki era hijo de An y tenía el poder de la sabiduría, la magia y los conjuros. A menudo se lo relaciona con la ciudad de Eridu. Las creencias en torno a Enki incluyen el exorcismo. Se creía que las enfermedades y los conflictos eran el resultado de una posesión demoníaca o de poderes divinos desagradables. Por ello, se utilizaban conjuros para eliminar la presencia maligna de personas o lugares.

Representación del dios Enki[26]

Ninhursag - Diosa madre

Ninhursag, conocida como la diosa madre, es una de las cuatro deidades de la creación. Una estatuilla de la diosa sugiere que fue venerada durante el periodo Ubaid, alrededor del 4500 a. C. Su nombre significa «Señora de las Colinas Sagradas». Como una de las deidades creadoras, Ninhursag es la diosa de la fertilidad, el parto y el crecimiento. También se la conoce como la madre de la Tierra. A Ninhursag se le pedía que bendijera a los niños nonatos y que asegurara la alimentación tras el nacimiento de un niño.

Era la deidad patrona de Adab, una importante ciudad-estado sumeria. Como madre de los dioses y de los hombres, Ninhursag es la deidad femenina más importante. Todos los mitos de Ninhursag afirman que tenía poder sobre la vida y la muerte. En el mito de Enki y Ninhursag, ella puede extraer o eliminar males y curar enfermedades.

Las representaciones de la diosa madre suelen mostrarla sentada frente a una montaña con una falda a capas, con el pelo al estilo del símbolo griego omega o con un tocado de cuernos. Algunas de sus representaciones incluyen íbices, ciervos, bisontes y águilas.

El motivo del jarrón Entemena representa a Ninhursag como un ciervo con leones que la saludan amistosamente [27]

Culto y festividades

Los templos de cada ciudad-estado estaban dedicados a su dios o diosa patrón. En los templos, las deidades eran veneradas y asediadas para recibir bendiciones.

Los sacerdotes y sacerdotisas vivían en los templos, lo que les permitía estar disponibles para los rituales diarios y el culto. Eran los únicos autorizados a entrar en los zigurats. Los castradores (persona que realiza ceremonias de castración) y los esclavos del templo vivían en edificios separados cerca del templo.

El pueblo debía rezar a diario o llevar sacrificios a los sacerdotes. Estos sacrificios podían ser estatuas votivas o comida, que los sacerdotes colocaban sobre y alrededor del altar del templo.

Los templos ocupaban un lugar central en la vida de los ciudadanos. El canto y la música formaban parte del culto diario, al igual que el consumo de cerveza y vino. También se celebraban fiestas anuales y mensuales.

El culto privado formaba parte de la vida de los sumerios. Cada sumerio tenía un dios personal o familiar y acudía al templo para llorar, suplicar y lamentarse mientras confesaba sus pecados cotidianos y pedía clemencia. Suplicaban a su dios familiar que interviniera en su favor.

La diosa madre era venerada en festividades por diez vocalistas, diez instrumentistas y sesenta y dos sacerdotes del lamento durante los rituales en Lagash. En general, las festividades incluían música, bailes, beber cerveza de cebada, y comer carne y verduras. Esto es evidente en todos los yacimientos de los templos, ya que los arqueólogos han descubierto platos, vasos y vasijas con restos de cerveza de cebada, así como grandes hornos. Se cocinaban y consumían grandes cantidades de carne, como demuestran los huesos de animales hallados en estos yacimientos.

Las principales salas de fiestas contaban con numerosos hogares, lo que confirma que las fiestas se celebraban durante todo el año, incluso en los fríos meses de invierno.

Festivales anuales

Dumuzi - Este festival sumerio celebraba al dios Dumuzi, el dios de la vida y la muerte. Los festejos pretendían que Dumuzi regresara del inframundo para reunirse con la diosa de la vida, Inanna. Estas celebraciones se realizaban durante el invierno para explicar por qué las cosechas y los campos morían durante el frío.

Fiesta de Inanna - Esta fiesta se centraba en el descenso inicial de la diosa Inanna al inframundo, donde fue cautiva de la diosa de la muerte y el renacimiento, Ereshkigal. Inanna estuvo prisionera en el inframundo hasta que accedió a invocar a Dumuzi para permanecer en el inframundo durante el invierno.

Matrimonio con la diosa - Se creía que esta era la fiesta más importante de la antigua Sumeria. Se celebraba anualmente y se conmemoraba cuando Dumuzi se casaba con Inanna. El rey en funciones representaba a Dumuzi, y una sacerdotisa del templo representaba a Inanna. Estas festividades siempre tenían lugar alrededor del Año Nuevo y se creía que traían prosperidad al rey y a toda Sumeria para el año.

El festival de Akitu - Durante el periodo Uruk tardío, este festival ritual tenía dos procesiones: una de ida a la casa de Akitu y otra de vuelta. Las procesiones estaban dedicadas a los dioses An e Inanna. Se describen como opulentas y ricamente decoradas, y los festejos duraban siete días. Los historiadores sostienen que el festival de Akitu probablemente se originó en Ur durante el equinoccio, ya que coincidía con la aparición del dios lunar Nanna, simbolizado por la luna creciente. Durante el festival de Akitu en Ur, se traía a la ciudad una estatua del dios de la luna Nanna en una barcaza desde la casa de Akitu, situada fuera de la ciudad. Cuando otras ciudades-estado adoptaron este festival, se cambió para venerar al dios o diosa de esa ciudad-estado. Estas representaciones tenían lugar en distintas épocas del año para evitar que coincidieran con la fiesta del dios principal de la luna, Nanna. Este festival era el principal acontecimiento del calendario de Nippur, que era el centro religioso de los sumerios.

Culto en el templo de Enlil

El templo de Enlil, excavado en Dur-Kurigalzu, era un lugar religioso donde se realizaban ofrendas de estatuas votivas, rituales acompañados de música y cantos para el dios Enlil a cambio de bendiciones. Enlil era el dios de los vientos, las tormentas, el aire y la tierra, y se creía que garantizaba que las cosechas se nutrieran lo suficiente y produjeran un buen rendimiento.

Templos dedicados a las divinidades

Antes de los primeros reyes, los dirigentes de la ciudad gobernaban en forma de consejo de ancianos. Su deber era asegurarse de que el dios o diosa patrón y los dioses en general estuvieran satisfechos con los sacrificios, ceremonias y rituales del pueblo. Si los dioses estaban satisfechos, bendecían al pueblo. Su salud sería buena y estarían libres de accidentes y enfermedades.

La arquitectura de los templos era la misma en toda Sumeria. La *cella*, una larga sala central, terminaba en un altar dedicado al dios o diosa del templo. Detrás del altar había una alcoba, donde se colocaba una estatua que representaba a la deidad. En los laterales del edificio rectangular se construían pequeñas habitaciones utilizadas por los sacerdotes y sacerdotisas para dormir. Los templos estaban magníficamente decorados con mosaicos geométricos y frescos que representaban animales y seres humanos.

El Templo Blanco - Dedicado al dios An

El padre de los dioses, An, era venerado en el Templo Blanco de Uruk. Uruk fue una importante ciudad-estado durante el IV milenio a. C. y el dios principal de la ciudad. Este espectacular templo estaba pintado de blanco y tenía cuatro esquinas orientadas en los puntos cardinales.

El templo dedicado al dios Enki

Enki era la deidad principal de Eridu. Las excavaciones arqueológicas realizadas en este yacimiento han descubierto pruebas que se remontan a principios del periodo Ubaid, alrededor del 6500 a. C. Las pruebas demuestran que este templo fue reconstruido y ampliado al menos dieciocho veces. El santuario dedicado al dios Enki tenía un estanque de agua situado en la entrada principal. En la zona del estanque, los arqueólogos han descubierto espinas de peces carpa, lo que induce a pensar que en el propio templo se celebraban banquetes. El templo fue abandonado durante la invasión persa.

Templos dedicados a la diosa madre Ninhursag

Como Ninhursag era considerada la diosa madre, se le dedicaron templos en muchas de las ciudades-estado. Antes de que el pueblo reconociera a Ninhursag como diosa madre, algunos expertos sostienen que era venerada como diosa en toda la región y, por tanto, no tenía un templo importante asociado a una ciudad específica.

En Nippur se excavaron templos dedicados a Ninhursag que databan del periodo Ur III. En Adab, Babilonia y Girsu se la veneraba con los nombres regionales de Diĝirmah, Ninmah y E-mah, respectivamente.

El templo dinástico temprano de Ur está dedicado a la diosa Ninhursag. Tiene una inscripción en el templo que dice: «Aanepada rey de Ur, hijo de Mesanepada rey de Ur, ha construido esto para su señora Ninhursag».

Gilgamesh y el mundo de las tinieblas

Gilgamesh es el conocido héroe y rey de la antigua Mesopotamia. La colección de tablillas que detallan sus hazañas ha sido bautizada colectivamente como «la odisea del rey que no quería morir».

Doce tablillas de arcilla escritas en acadio en la biblioteca de Nínive detallan la búsqueda de la inmortalidad del rey Gilgamesh. También se descubrieron en la biblioteca otros cinco poemas con mitos sobre el rey-héroe Gilgamesh. Estos poemas tenían títulos que describían su lucha con el Toro del Cielo, su muerte, sus hazañas del mundo de los muertos y mucho más.

Gilgamesh era el rey de Uruk. Fue el primer rey que construyó una muralla defensiva alrededor de su ciudad-estado. El rey Gilgamesh quería que Uruk fuera vista como poderosa y rica, y ordenó la construcción de torres templo y magníficos zigurats. Participó personalmente en la planificación y distribución de las tierras agrícolas y los huertos. Era conocido por su hermoso físico, su fuerza y su inteligencia, lo cual tiene sentido ya que la gente creía que era dos tercios dios y un tercio humano.

Al principio de su reinado, Gilgamesh era cruel y dominaba a sus súbditos. Violaba a mujeres de cualquier clase social; no importaba si eran nobles, esposas de guerreros o campesinas. Utilizaba mano de obra esclava y hacía trabajar a sus esclavos hasta la extenuación.

Cuando los dioses se enteran de las hazañas de Gilgamesh y el pueblo llora, grita y se lamenta en los templos, deciden crear un hombre tan magnífico como Gilgamesh. Los dioses llamaron a este hombre Enkidu, y le permitieron crecer en la naturaleza entre los animales. Un día, un cazador se encuentra con Enkidu. El cazador decide enviar a una prostituta del templo para domar al hombre salvaje. En la antigüedad, se creía que las relaciones sexuales podían calmar y domesticar a un hombre, incitándolo a convertirse en una persona civilizada.

Enkidu pasó a formar parte de la civilización y la prostituta le enseñó a ser un ser humano racional. Un día, Enkidu oye habladurías sobre la crueldad del rey Gilgamesh y viaja a Uruk para desafiar al rey a convertirse en un mejor gobernante. Cuando llega a Uruk, ve a Gilgamesh a punto de entrar por la fuerza en la alcoba de una nueva novia. Enkidu se coloca delante del rey y bloquea la puerta. Gilgamesh ataca a Enkidu y ambos luchan ferozmente. Al final, Gilgamesh gana. La lucha da lugar a una amistad fraternal entre los dos hombres.

Los nuevos amigos deciden que necesitan reforzar su vínculo compartiendo aventuras y buscan algo que les suponga un reto. Su primera aventura consiste en robar árboles de un bosque prohibido para los mortales. En el bosque de cedros, se encuentran con el malvado y temible demonio Humbaba. Este demonio es devoto del dios Enlil, el dios del aire, el viento y la tierra. Los dos hombres fuertes luchan con el monstruo y, con la ayuda del dios del sol Shamash, derrotan a Humbaba. Como parte de su hazaña, los dos cortan cedros y construyen una balsa. Con la madera del árbol más grande, construyen una enorme puerta, que Enkidu planea colocar a la entrada del templo de Enlil.

Finalmente, el rey Gilgamesh y su amigo Enkidu navegan de vuelta a Uruk. La diosa Ishtar mira con lujuria al magnífico Gilgamesh e intenta seducirlo para que mantenga una relación. Sin embargo, Gilgamesh no está interesado en la diosa. Enfurecida, Ishtar pide a su padre, Anu, el dios del cielo, que ordene al «Toro del Cielo» que descienda a la Tierra y mate a Gilgamesh. El Toro del Cielo trae siete años de hambruna sobre la Tierra, por lo que Gilgamesh y Enkidu tienen que luchar contra él para salvar la civilización. Estos dos fuertes guerreros matan al toro tras una espantosa lucha.

Sin embargo, el consejo de dioses se enfada y decide que ambos deben aprender una lección. Como castigo, infligen a Enkidu una enfermedad. Enkidu sufre dolores y alucinaciones. Le cuenta a Gilgamesh sus visiones del inframundo. Gilgamesh queda desolado cuando Enkidu muere y no puede evitar llorar la muerte de su amigo.

Las visiones de Enkidu sobre el mundo de las tinieblas atormentan tanto a Gilgamesh, que empieza a pensar en la posibilidad de su propia muerte. Decide deshacerse de sus vestimentas reales y vestir pieles de animales como tributo a Enkidu. Gilgamesh viaja por el desierto hasta el confín del mundo para encontrar a Utnapishtim, el equivalente mesopotámico de Noé. Se le había concedido la vida eterna tras el Diluvio Universal. Gilgamesh está decidido a aprender a engañar a la muerte y no acabar nunca en los infiernos.

A su llegada a Mashu, una montaña con dos picos, Gilgamesh se enfrenta a dos monstruos escorpión inmortales. Tras rogarles que lo dejen pasar, finalmente ceden. Gilgamesh entra en el oscuro túnel de los tormentos y, cuando emerge, se encuentra con una magnífica vista de un jardín y un mar.

Gilgamesh desciende por el paso de montaña hasta que se encuentra con una tabernera. La mujer con velo, Siduri, escucha al rey Gilgamesh y su historia. Le explica que la mortalidad es una bendición y que su búsqueda de la inmortalidad no servirá de nada. Sin embargo, no consigue convencerlo de que abandone su búsqueda.

Siduri indica a Gilgamesh dónde encontrar al barquero, Urshanabi, que le llevará a través de las «aguas de la muerte» para encontrar a

Utnapishtim. Finalmente, Gilgamesh encuentra a Utnapishtim, que le habla del diluvio universal enviado por los dioses para destruir a toda la humanidad y de cómo él se salvó.

El rey Gilgamesh insiste en que quiere ser inmortal, y Utnapishtim lo pone a prueba diciéndole que tiene que permanecer despierto durante una semana entera. Gilgamesh fracasa estrepitosamente. Utnapishtim se siente decepcionado con Gilgamesh y le dice que es una tontería pensar que puede permanecer despierto toda la eternidad si ni siquiera puede mantenerse despierto durante una semana.

Al final, Utnapishtim convence a Gilgamesh para que se ponga sus ropajes reales y se convierta en un rey al que su pueblo pueda admirar. La esposa de Utnapishtim comprende la difícil situación del rey y le pide a su marido que le muestre a Gilgamesh la planta que proporciona la eterna juventud. Gilgamesh coge un trozo de la planta y regresa a Uruk. Por el camino, se cansa y se queda dormido bajo un árbol. Una serpiente se da cuenta de que Gilgamesh se ha dormido. Se desliza hacia él y se lleva la planta. Cuando Gilgamesh despierta, se da cuenta de que la planta ha desaparecido para siempre. También ha desaparecido cualquier posibilidad de seguir siendo joven.

Gilgamesh sabe que ha viajado a los confines de la Tierra para regresar sin nada, pero se ha reconciliado con el hecho de la mortalidad. Es consciente de que no puede vivir para siempre, pero ahora sus ojos se abren a la magnificencia de la ciudad que ha construido y a los logros perdurables de su pueblo.

En última instancia, el rey Gilgamesh es venerado por sus logros constructivos y por devolver a Uruk los conocimientos perdidos de la antigüedad que aprendió de Utnapishtim. Hay muchas variaciones de la *Epopeya de Gilgamesh*, pero independientemente de la redacción exacta, se le considera el primer héroe de todos los tiempos.

El relato de la creación - El *Génesis de Eridu*

El mito de la creación se encontró en Nippur, una ciudad de la antigua Mesopotamia fundada alrededor del año 5000 a. C. Unas tablillas sumerias de arcilla relatan la creación del ser humano. Por desgracia, faltan muchas partes del texto original y los expertos han tenido que recurrir a versiones posteriores para reconstruir los fragmentos que faltaban.

Según los textos conservados del mito de la creación, al principio habitaban la Tierra dioses de aspecto humano. Cuando descendieron a la Tierra, había mucho trabajo por hacer. Los dioses trabajaron duro para hacer la tierra habitable extrayendo minerales y trabajando la tierra para hacerla cultivable. Al cabo de un tiempo, los dioses humanos se enfadaron por la enorme cantidad de trabajo que había que hacer y se quejaron al padre de los dioses, An.

An accedió y escuchó el consejo de su hijo Enki, que propuso crear humanos que pudieran trabajar la tierra en lugar de los dioses. Juntos, Enki y su hermana Ninki mataron a un dios menor y mezclaron su sangre con arcilla del fértil suelo de la Tierra para crear al primer humano.

Estos nuevos seres eran incapaces de reproducirse, pero Enki y Ninki modificaron al nuevo ser para que pudiera funcionar de forma independiente sin la ayuda de los dioses. Llamaron a este hombre Adapa. Esto enfureció a Enlil, hermano de Enki, ya que no fue consultado. Comenzó un conflicto entre los hermanos.

Enlil se convirtió en el mayor adversario del hombre. Sometió a la humanidad a sufrimientos y penurias. Como era el dios del aire, el viento y la tierra, podía crear sequías e inundaciones.

En la *Epopeya de Gilgamesh*, los dioses vivían en un hermoso jardín, similar al bíblico Jardín del Edén, entre los ríos Tigris y Éufrates. El término «Edén» es en realidad sumerio y significa «terreno llano».

Otras versiones hablan de una inundación masiva planeada por los dioses para destruir a la humanidad porque su ruido era molesto. Para preservar la vida y comenzar una nueva línea de humanidad, algunos dioses decidieron que un hombre debía ser seleccionado para salvar a su familia. También le dijeron que salvara a todo tipo de animales y plantas. El hombre fue instruido para construir un enorme barco para él, su familia, los animales y las plantas para salvarlos de ahogarse en la inundación.

Utnapishtim

En una versión de la *Epopeya de Gilgamesh*, el hombre que se salvó del diluvio se llamaba Utnapishtim.

Según este relato, el dios Enlil no puede dormir por el ruido que hacían los humanos en la ciudad de Shurupak, en el río Éufrates. Enlil consulta con los demás dioses y estos le dan la razón. El ruido constante es demasiado, así que deciden inundar la Tierra y destruir a la humanidad. Los dioses juran no avisar a los humanos y se marchan, satisfechos con el resultado.

Sin embargo, Ea visita en sueños a Utnapishtim, un hombre piadoso, y le dice que construya un barco. Le da las dimensiones exactas del barco y le ordena que ponga a su familia y a todos los animales de la Tierra para sobrevivir al diluvio.

Utnapishtim acepta, pero pregunta qué debe decir al resto del pueblo cuando le pregunten por qué construye un barco tan grande. Ea le dice que el dios Enlil está enfadado con él y que ya no puede vivir entre la gente.

El barco se construye, y justo a tiempo. Adad, el dios de las tormentas, no tarda en desatar una terrorífica tormenta de tales proporciones que incluso los demás dioses tienen miedo. La reina del cielo, Ishtar, no puede creer que aceptara este terrible acontecimiento. La tormenta dura seis días y seis noches y luego amaina.

Utnapishtim suelta primero una paloma y luego una golondrina, pero ambas regresan sin encontrar un lugar donde descansar. Finalmente, envía un cuervo. El cuervo no regresa.

Utnapishtim ofrece un sacrificio de cedro, caña y mirto, que quema en un gran caldero en la cima del monte Nisir. Ishtar llama a los demás dioses para que se reúnan en torno al agradable aroma. Cuando Enlil llega, se enfada porque Utnapishtim y su familia han sobrevivido. Pregunta cómo supieron que debían estar preparados. Ea condena a Enlil por el gran castigo que ha infligido al mundo. El castigo no se ajustaba al crimen, y Enlil lo comprende después de hablar con los otros dioses. Se dirige a Utnapishtim, bendiciéndole a él y a su esposa con la inmortalidad.

Enki y el orden mundial

El nombre del dios sumerio Enki se traduce como «En», que significa «señor», y «ki», que significa «tierra». Es comúnmente aceptado que era el «señor de la tierra». También se lo conocía por el nombre de «E-A», que significa «señor del agua». Enki era la deidad patrona de la ciudad-estado Eridu, y los orígenes de su nombre podrían estar relacionados con Abzu, no con Enki (con «Ab» que significa agua).

Los sumerios posteriores creían que Eridu era la primera ciudad del mundo. Fue el lugar donde se crearon los humanos y donde se les enseñó la ley y el orden. Más tarde, Eridu pasó a ser conocida como la ciudad de los primeros reyes. Como tal, siguió siendo un importante centro de culto y religioso durante miles de años. Dado que Enki, el dios de la sabiduría y el intelecto, era el dios patrón de esta ciudad, se pensaba que Enki otorgó originalmente el *me* (las prácticas e instituciones que los harían civilizados, como, por ejemplo, la realeza, las relaciones sexuales y las artes) a los sumerios.

El templo de Enki en Eridu, conocido como E-Abzu, Casa de Abzu, o Casa de las Aguas Subterráneas, tenía un estanque en la entrada. Este majestuoso templo fue el diseño que siguieron la mayoría de los templos sumerios, lo que ayuda a confirmar que Eridu fue la primera ciudad de Sumer.

El mito de Enki y el orden mundial es complejo y se basa en los textos sumerios conservados en antiguas tablillas de arcilla babilónicas. Estos textos describen acontecimientos ocurridos durante el tercer milenio a. C., cuando el templo de Enki en Eridu habría sido el más importante.

El altruismo y la benevolencia de Enki hacia los humanos y la Tierra se describen con gran detalle en este mito. Enki es descrito como el «señor que camina noblemente sobre el cielo y la tierra, y es amado y autosuficiente». Su padre, el dios del cielo An, y su hermano mayor, Enlil, alaban a Enki por su carácter y bondad. Es un hijo y hermano muy querido.

En el mito, Eridu se convierte en el hogar de Enki y se describe como la casa más noble, el mástil del cielo y la Tierra, y un lugar de belleza y paz. Enki obtiene sus poderes de fertilidad de las dulces aguas subterráneas de Abzu, y enseña al pueblo a servir la comida en las mesas de dioses y humanos. Enki está acompañado por siete sabios que enseñan a la humanidad la civilización, incluidas las matemáticas y el cálculo de los números de las estrellas. Enlil confía enormemente en Enki, y le otorga elogios y autoridad para organizar el mundo por el bien de los gobernantes y de la humanidad en su conjunto.

Enlil reúne todas los *me*, las medidas del poder en el cielo y en la Tierra, y las pone en manos de Enki. Enki pasa el *me* a Eridu y luego viaja a todas las ciudades-estado sumerias para compartir el *me* con ellas.

Enki establece la civilización y el orden en la Tierra. La idea detrás de todo esto es que las deidades, las ciudades-estado y los vecinos de Sumeria trabajen juntos para asegurar la paz y la continuidad de la humanidad.

Conclusión

Deje volar su imaginación hasta la zona geográfica de Mesopotamia. La mayor parte se encuentra en el actual Irak. Una gran parte es árida, con poca agua, muchos cauces secos y arena. Puede llegar a ser extremadamente calurosa en la mayoría de las zonas. En definitiva, no es el lugar perfecto para que se asiente una civilización emergente. Entonces, ¿cómo llegó a conocerse esta zona como la Cuna de la Civilización?

Hoy en día, la arqueología y otros estudios demuestran que, en la antigüedad, algunas zonas, especialmente entre los ríos Éufrates y Tigris y sus alrededores, eran muy diferentes. Los posibles asentamientos estacionales podrían haber comenzado ya en el XI milenio a. C. Los restos de palmeras datileras datan de alrededor del 10.000 a. C. Los robles, como los que aparecen en la *Epopeya de Gilgamesh*, estaban presentes en la antigüedad y probablemente desaparecieron a causa de los humanos.

Las excavaciones arqueológicas y los textos antiguos demuestran que los antiguos pueblos que crearon la primera civilización del mundo eran innovadores, enérgicos y brillantes. ¿Acaso fue la escasez de algunos recursos y la abundancia de otros lo que los obligó a desarrollar innovaciones? Es difícil imaginarlos prosperando sin superar obstáculos a medida que pasaba el tiempo y cambiaba el clima. En cualquier caso, los sumerios prosperaron durante milenios antes de desaparecer y caer en el olvido.

Corría el año 1842. Paul-Émile Botta, naturalista, era cónsul general de Francia en Mosul. Pasó un año excavando y registrando túmulos en Kuyunjik, donde descubrió alabastro y ladrillos de barro. Los lugareños que trabajaban junto a Botta en las excavaciones le hablaron de un túmulo en Khorsabad, que estaba a poco más de veinte kilómetros de distancia. Comenzó a excavar este montículo, que resultó ser las ruinas del palacio real de Sargón II del Imperio neoasirio. Botta encontró grandes relieves y esculturas que hacían referencia a la ciudad de Nínive.

Su cabeza daba vueltas. ¿Qué acababa de desenterrar? ¿Podrían ser pruebas que confirmaran la Biblia? En aquella época, muchos cazadores de tesoros y biblistas buscaban las tierras del patriarca bíblico Abraham (Ibrahim).

El gobierno francés estaba eufórico por este descubrimiento. Puso en marcha el interés arqueológico por la región, y Francia proporcionó a Botta recursos y nueve arqueólogos más. Entre ellos se encontraba Austen Henry Layard. Este es más recordado por su increíble descubrimiento de la Biblioteca de Asurbanipal en la antigua Nínive, al otro lado del Tigris desde Mosul, en Irak.

Sir Charles Leonard Woolley, arqueólogo que excavó la ciudad hitita de Carchemish entre 1912 y 1914, fue destinado a El Cairo durante la Primera Guerra Mundial. Después de la guerra, a principios de la década de 1920, él y un equipo de arqueólogos de la Universidad de Pensilvania y el Museo Británico emprendieron una misión para descubrir pruebas arqueológicas de los antiguos sumerios.

Empezaron a desentrañar los misterios de esta civilización perdida en los cementerios descubiertos en Ur y sus alrededores. Los magníficos ajuares funerarios descubiertos en el cementerio, que Woolley bautizó como Cementerio Real de Ur, convencieron a los arqueólogos de que se encontraban ante una sociedad altamente desarrollada y civilizada de gran importancia.

Se encontraron respuestas, pero estas solo parecían conducir a más preguntas. No es de extrañar que gran parte de la información descubierta sobre la civilización sumeria se denomine «el problema sumerio» en los círculos académicos. Simplemente no hay consenso, y demasiadas cosas se basan en muy poca confirmación factual, como la cuestión de aplicar la cronología de la cerámica en todo el Próximo Oriente antiguo para correlacionar fechas.

En este libro analizamos de dónde procedían los sumerios y dónde se asentaron. Hemos visto cómo sus asentamientos se convirtieron en las primeras ciudades de Eridu, Uruk, Ur y Lagash.

Aprendimos cómo desarrollaron el calendario, el riego hidráulico, los aperos agrícolas y la rueda. ¿Dónde estaríamos hoy sin la invención de la rueda?

Incluso nos encontramos con la primera prueba de guerra urbana: la batalla entre Hamoukar y Uruk. Es triste pensar en lo poco que ha progresado la humanidad en ese sentido y que aún se excaven fosas para enterramientos masivos. Pero la guerra parece ser otro aspecto del ser humano, y es otra cosa más que nos conecta con esta antigua civilización.

Hemos visto cómo se creó el primer imperio. Sargón fue un gran emperador que conquistó tierras y pueblos a su antojo. Sin embargo, su hija, Enheduanna, fue la primera poeta conocida. Era una sacerdotisa y una niña adoradora que honraba a su padre con sus palabras. Y aunque no todas las familias se llevan bien, el vínculo de una unidad familiar se sentía hace miles de años.

Un hermano usurpó el trono tras la muerte de su padre y fue asesinado después de un breve pero brutal gobierno. Cuando su hermano, Manishtushu, subió al trono, podemos ver los mismos patrones de soborno y corrupción que experimentamos hoy en día.

Es fácil pensar que estamos separados de las personas que vivieron hace mucho tiempo. Pero eso está muy lejos de la verdad. La sociedad actual se ha basado en los asombrosos avances de los pueblos antiguos, y siempre merece la pena explorar más la historia antigua para comprender mejor cómo ha progresado la humanidad a lo largo de los siglos. Esperamos que este libro le haya dado una idea de ello. Lo animamos a que siga aprendiendo sobre los pueblos que nos precedieron para que pueda comprender mejor el mundo que hoy lo rodea.

Segunda Parte: El Imperio acadio

Un fascinante recorrido por el auge y la caída de los acadios

Introducción

Akki, el jardinero, estiró sus brazos bronceados por el sol y frunció el ceño ante las hileras de cebada aún sin regar. Se dirigió resueltamente hacia el río con dos cubos. El sol centelleaba en la superficie del río, cegando momentáneamente a Akki mientras bajaba uno de los cubos al agua. ¡Bum! ¿Con qué chocó el cubo? ¡Ahí! Chocando contra la orilla había una cesta cubierta.

¡Qué curioso! Dejando el cubo a un lado, Akki se puso en cuclillas y levantó la cesta del agua. Parecía pesada. ¿Qué había dentro? Observó el betún que cubría la cesta; alguien quería que fuera impermeable. Pero, ¿por qué? Con cuidado, descorrió la tapa y miró dentro. ¡Algo se movía bajo la pequeña manta! Akki retrocedió un momento y luego oyó un quejido. Apartó con cuidado la manta y encontró a un recién nacido, cuya repentina exposición al sol brillante lo hizo gemir horriblemente.

«Ya, ya, pequeño —lo arrulló—. Estás bien. Ahora estás a salvo». Como en un sueño, Akki alzó al bebé a su hombro y comenzó a caminar por los campos, sin darse cuenta de que tenía en sus brazos al primer rey del primer imperio del mundo.

Si mencionara el Imperio acadio a un grupo de personas, lo más probable es que recibiera algunas miradas de interrogación o miradas vacías. La mayoría de la gente nunca ha oído hablar del primer imperio multinacional del mundo con un gobierno poderoso y centralizado. Precediendo en siglos a los imperios babilónico, asirio, egipcio, chino e indio, el Imperio acadio se alzó con el poder en el año 2334 a. e. c. para gobernar toda la antigua Mesopotamia... ¡y más allá!

¿Hubo algo parecido a un imperio antes del Imperio acadio? En el sur de Mesopotamia, las ciudades-estado de Sumer formaban varios mini imperios, en los que el rey de una ciudad ejercía el «reinado» sobre otras ciudades de la región. Sin embargo, estos eran más bien pequeños países, que abarcaban menos de cien millas cuadradas. Todos compartían la misma cultura, hablaban la misma lengua y rezaban a los mismos dioses. Por el contrario, el Imperio acadio abarcaba múltiples etnias y lenguas: sumerio, acadio, elamita, sirio, cananeo y otros. En su apogeo, el imperio se extendía desde el mar Mediterráneo hasta el golfo Pérsico, incluyendo Mesopotamia, Elam, Anatolia, Siria, Líbano y Canaán.

Esta historia del Imperio acadio revela muchos misterios fascinantes de este vasto reino. ¿Qué civilizaciones existían en Mesopotamia antes de que Acad obtuviera la supremacía? ¿Cuáles fueron los orígenes de los acadios? ¿Cómo consiguieron la soberanía sobre otras culturas y formaron su vasta red de poder? ¿Qué mitos impulsaban la cultura acadia y qué religión seguían? ¿Cómo reflejaban su sistema de creencias el arte y la cultura? ¿Quiénes fueron sus gobernantes más famosos y qué los hizo excepcionales? ¿Cuáles eran los rasgos distintivos de sus estrategias militares y bélicas? ¿Cómo era la vida cotidiana en el Imperio acadio? ¿Por qué se derrumbó el Imperio acadio? ¿Cómo siguió influyendo la cultura acadia en las futuras dinastías mesopotámicas? Este libro responderá a estas preguntas y a muchas otras.

Quizá se pregunte en qué se diferencia este libro de otras historias del Imperio acadio. Por un lado, pocos autores han escrito una visión global de este tema desde que el renombrado arqueólogo Leonard W. King publicara *Una historia de Sumer y Acad* en 1910. Algunas historias generalizadas de Mesopotamia contienen uno o dos capítulos sobre el Imperio acadio, pero pocas están dedicadas exclusivamente al Imperio acadio.

Del puñado de libros escritos sobre Acad, la mayoría se centran en aspectos específicos, como el fascinante estudio de Benjamin R. Foster sobre los textos cuneiformes de la época de Sargón y anteriores, la encantadora panorámica de Melissa Eppihimer sobre el legado artístico acadio y la esclarecedora introducción de Alan Lenzi a la literatura acadia. Este libro presenta una historia exhaustiva y autorizada, basada en las investigaciones académicas de King, Foster, Eppihimer, Lenzi y otros especialistas en Mesopotamia para ofrecer los estudios arqueológicos y culturales más recientes. Esta amplia panorámica pretende dar vida a

Sargón el Grande y a su apasionante Imperio acadio en un formato atractivo y fácil de entender.

Explorar las civilizaciones del pasado es enriquecedor y fortalecedor. Cuando comprendemos cómo se desarrollaron las culturas, qué las hizo extraordinarias y qué condujo a sus caídas, tenemos una comprensión más amplia de nuestro mundo actual. Las culturas del pasado informan nuestra visión del mundo y nuestros sistemas de creencias. El conocimiento exhaustivo de la historia nos proporciona una comprensión más profunda de nuestro estado de cosas global. Las victorias del pasado nos inspiran y motivan, y los fracasos del pasado nos advierten de lo que no debemos hacer.

Examinar el espectacular ascenso y caída del primer verdadero imperio del mundo es estimulante. Resulta casi abrumador imaginar cómo Sargón, un humilde jardinero, surgió aparentemente de la nada para conquistar y gobernar la tierra situada entre los ríos Éufrates y Tigris (el actual Irak). Después, él y sus descendientes siguieron adelante hasta dominar los antiguos territorios de los actuales Irán, Turquía, Siria, Líbano, Siria, Canaán y Omán. Un conocimiento profundo de la antigua Mesopotamia permite comprender las ricas culturas de Oriente Próximo y el turbulento panorama político actual.

Acompáñenos mientras exploramos la influencia de las culturas ubaíd y sumeria que precedieron a la civilización acadia, la explosión de cambios provocada por el Imperio acadio, cómo funcionaba el imperio y cómo siguió influyendo en los acontecimientos y la cultura de Oriente Próximo.

Capítulo 1: El periodo Ubaid

¿Quiénes eran los pueblos primitivos del sur de Mesopotamia, con sus figuritas de lagartijas y su fascinante cerámica? ¿Cómo vivían y qué lograron en los misteriosos milenios anteriores al comienzo de la escritura? Aunque formaron el primer verdadero imperio, los acadios no fueron la primera civilización de Mesopotamia; de hecho, fueron unos recién llegados relativos a la escena. Antes de la llegada de los acadios, los sumerios vivían en el centro y el sur de Mesopotamia, compartiendo una historia y una cultura comunes desde alrededor del 3800 a. e. c., que más tarde se entrelazaron con la cultura acadia. Antes de los sumerios, aunque se solapan un poco, la misteriosa civilización Ubaid (también llamada El-Obeid) y varias otras culturas prehistóricas cultivaban y pastoreaban el ganado en Mesopotamia.

¿Qué sabemos de estas culturas prehistóricas? Hacia el 5500 a. e. c., a mediados del Neolítico, surgieron en el norte de Mesopotamia las culturas Hassuna, Samarra y Halaf, que vivían en aldeas agrícolas con casas de barro cocido y templos circulares con cúpulas. La cultura Samarra estaba en el centro-norte de Mesopotamia, donde los historiadores creen que se encontraba Acad. La cultura Hassuna estaba inmediatamente al norte de Samarra, y la cultura Halaf al oeste. Aunque su cerámica distintiva las diferenciaba, estas tres civilizaciones se solaparon y entremezclaron.

¿Cuán avanzadas estaban estas civilizaciones? Las tres culturas prehistóricas utilizaban hachas, hoces, piedras de moler, hornos y arados sencillos. Tenían sellos de estampado, de unos dos centímetros de diámetro, con un dibujo tallado en piedra que prensaban en arcilla blanda como una especie de firma. Fabricaban cerámica de engobe pintada con diseños lineales rojizos. Cultivaban trigo esmeralda, cebada y lino, y pastoreaban ovejas, cabras y vacas.

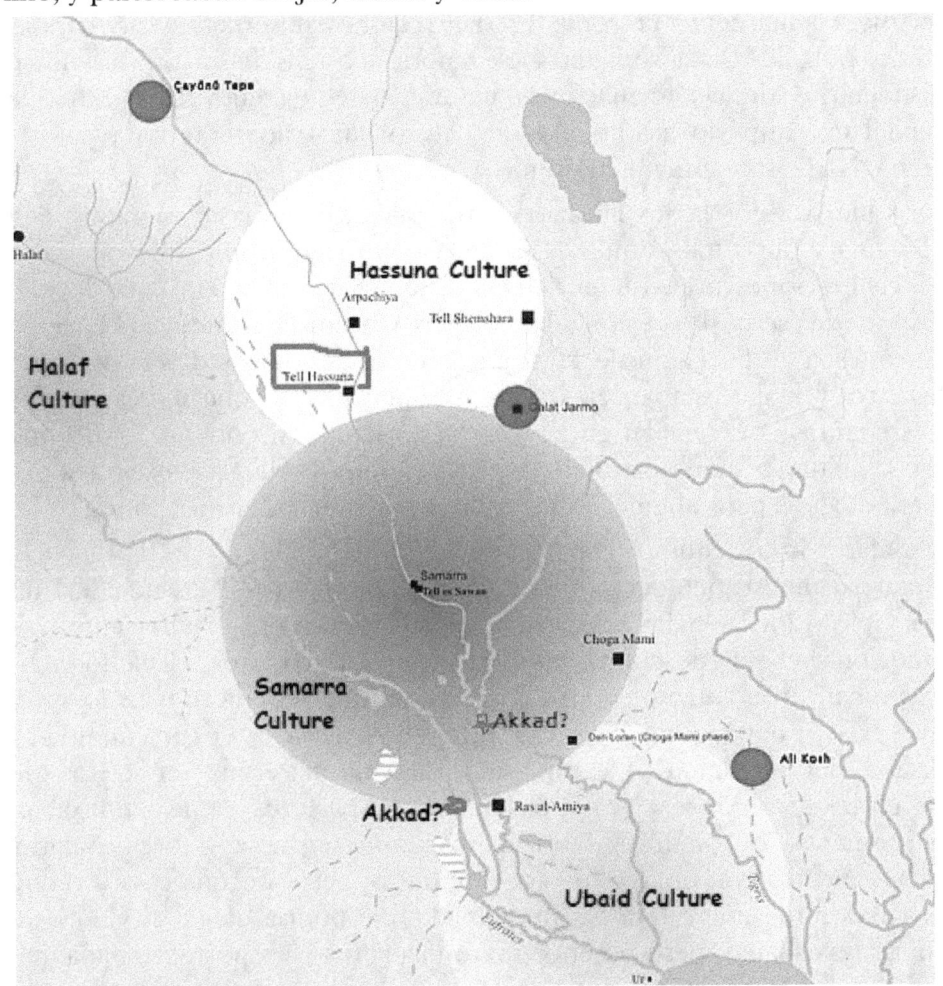

Este mapa muestra la ubicación de las culturas prehistóricas en la antigua Mesopotamia antes de la civilización sumeria y el Imperio acadio. En el mapa inferior se señalan dos posibles emplazamientos de Acad y en el superior se rodea con un círculo Tell Hassuna.[98]

En 1942, en el norte de Irak, un agricultor estaba arando la tierra para plantar lentejas en una colina cubierta de flores silvestres cuando encontró unos fragmentos de cerámica. Tras una inspección más minuciosa, el arqueólogo Sayid Fu'ād Safar determinó que esta colina, que se encontraba a veintidós millas al suroeste de la actual Mosul, era en realidad un tell, al que denominó *Tell Hassuna*. Un «tell» es una colina o montículo artificial de escombros acumulados y estratificados de edificios, basura, tumbas, vegetación y tierra, dejados por antiguas generaciones de personas que vivieron allí. Con el paso de los siglos —o de los milenios, en este caso— los edificios se desmoronan y la naturaleza recupera lentamente la zona. En las regiones desérticas y semiáridas como Irak, la arena soplada suele cubrir los tells hasta que es difícil distinguirlos de las formaciones naturales del terreno. De hecho, la capital del Imperio acadio, Agadé (Acad), aún yace enterrada bajo la arena. Nadie sabe muy bien dónde se encuentra.

¿Qué reveló la exploración arqueológica del yacimiento? Tell Hassuna y otros tells similares proporcionan valiosa información sobre las civilizaciones preexistentes de Hassuna, Samarra y Halaf en lo que más tarde sería la región del Imperio acadio. Aunque el tell se encontraba en la región de Hassuna, muchos artefactos de cerámica de Samarra y Halaf estaban en las capas superiores, lo que indica que las tres culturas coexistieron en la zona o comerciaron entre sí. Dado que estas culturas eran prealfabetas, dependemos de las excavaciones arqueológicas para obtener pistas sobre estas antiguas civilizaciones.

Safar formó equipo con Seton Lloyd, presidente de la Escuela Británica de Arqueología en Irak, para explorar Tell Hassuna. En un principio, Lloyd y Safar pensaron que la cerámica era más reciente y se emocionaron al descubrir que estaban equivocados. Cuanto más excavaban, más antiguos eran los artefactos que desenterraban. El nivel más bajo y antiguo de Tell Hassuna —6.70 metros de profundidad— databa del Neolítico[1]. La capa más antigua parecían ser restos de cazadores/recolectores o posiblemente pastores que utilizaban herramientas de piedra y fabricaban cerámica gruesa y tosca. Safar y Lloyd encontraron hogares o pozos de fuego, pero ninguna casa. Lo que sí hallaron fue una estera de junco tejida que podría haber servido para cubrir las cabañas, pero no encontraron agujeros para postes ni nada que indicara la existencia de una estructura de soporte. Tal vez la estera de juncos fueran restos de cestas o esteras para dormir. Esta gente del Neolítico, o bien vivían en tiendas, como los beduinos actuales, o bien utilizaban poco o ningún refugio.

El equipo de Lloyd descubrió puntas de lanza de obsidiana y munición de honda para la caza. Encontraron hachas con cabeza de

---

[1] Seton Lloyd, Fuad Safar y Robert J. Braidwood, "Tell Hassuna Excavations by the Iraq Government Directorate General of Antiquities in 1943 and 1944", *Journal of Near Eastern Studies* 4, nro. 4 (1945): 255-89. http://www.jstor.org/stable/542914.

piedra, que creían que podían haberse utilizado para romper el suelo para una agricultura sencilla. A los arqueólogos les intrigó encontrar un esqueleto entre dos fogones. Se preguntaron si la persona había sido enterrada en una tumba poco profunda o si había muerto en un asentamiento abandonado.

Este cuenco de loza roja Hassuna data de alrededor del 5500 a. e. c. [39]

La capa intermedia correspondía a la cultura Hassuna (5500-3800 a. e. c.). Vivían en casas de adobe. Al principio eran viviendas de una sola habitación y de construcción tosca, pero más tarde tuvieron varias habitaciones. La cerámica Hassuna estaba pintada y era más sofisticada que la de la cultura neolítica. La cultura Hassuna utilizaba morteros de piedra y hornos de barro en forma de barril con una sola abertura. Encendían un fuego en el interior para calentar el horno, luego apagaban el fuego, barrían las cenizas y metían la masa de pan. Las paredes de arcilla del horno permanecían calientes el tiempo suficiente para que el pan se cociera. Cerca de los hornos había discos de arcilla; los arqueólogos suponen que eran «calderos». Los hassuna los metían un rato en el horno y, cuando estaban calientes, los echaban en una olla con agua para calentarlos.

En las capas de los Hassuna, Safar y Lloyd descubrieron hojas de hoz de sílex y obsidiana, y bajo las casas hallaron graneros, lo que los llevó a pensar que los Hassuna eran agricultores de grano. Los huesos de animales del yacimiento revelaron que también pastoreaban ganado vacuno, ovejas y cabras. La capa superior Hassuna mostraba la sofisticada cerámica de Samarra y muchas cerámicas Halaf, lo que indica comercio u homogeneidad entre los pueblos vecinos.

Los arqueólogos encontraron esta jarra con forma de botella de hacia el 5000 a. e. c. pintada con el rostro de una mujer en la capa Hassuna de Tell Hassuna, que representa a la cultura Samarra [80]

Encontraron restos óseos de bebés enterrados en vasijas de cerámica bajo las casas y un esqueleto completo de un niño mayor o un adulto pequeño acurrucado en posición fetal en lo que parecía ser parte de una habitación de una casa sellada con piedra. Curiosamente, los asirios, cuya cultura surgió en la misma región unos mil años después, también seguían esta costumbre de enterrar a sus seres queridos debajo o dentro de sus casas.

Las capas superiores contenían restos de cerámica de estilo Ubaid y algunos artefactos de las culturas Ubaid tardía y acadia-asiria. Los edificios de estas capas estaban construidos en piedra. Safar y Lloyd no encontraron cobre en ninguno de los niveles, pero sí antimonio y malaquita, que se habrían utilizado para fabricar maquillaje kohl para los ojos. Desenterraron más esqueletos humanos adultos enterrados de forma ordenada. Dos esqueletos, sin embargo, fueron arrojados a un pozo. ¿Fueron víctimas de un juego sucio? ¿Fueron ejecutados? Misterios como este dejan a los arqueólogos rascándose la cabeza.

La cultura Ubaid (5500-3800 a. e. c.) surgió algo más tarde en el centro y el sur de Mesopotamia, pero continuó durante el mismo periodo que las culturas Halaf, Samarra y Hassuna. La cultura sumeria se desarrollaría más tarde en la región de Ubaid, y Acad probablemente se encontraba donde las culturas prehistóricas de Samarra y Ubaid conectaban geográficamente. El nombre «Ubaid» deriva de *Tell al-'Ubaid,* un yacimiento arqueológico situado justo al oeste de la antigua ciudad de Ur, en lo que entonces era la costa del golfo Pérsico. El golfo Pérsico retrocedió posteriormente hacia el sur unas 155 millas debido a los depósitos de limo de los ríos Éufrates y Tigris. Otro factor de la reducción del nivel del mar fue el enfriamiento global y el aumento de las capas de hielo en los polos norte y sur.

¿Qué nos dice la arqueología sobre la cultura Ubaid? Los ubaidíes utilizaban azuelas (algo parecido a un hacha), azadones y cuchillos, y tejían lino y lana, ya que se descubrieron pesas de telar y husos. Fabricaban ladrillos para construir casas y formaban distintivas cerámicas pintadas y figurillas. Varios hogares compartían hornos de barro para hacer pan al aire libre. Las ocupaciones incluían carpinteros, agricultores, pescadores, pastores, alfareros y tejedores.

¿Fundaron los ubaidíes la primera ciudad del mundo? La cultura Ubaid se divide en varios periodos, que giran principalmente en torno a los cambios en la cerámica. El periodo Ubaid I se centra en torno a la ciudad de Eridu, en el extremo sur de Mesopotamia. En aquella época, Eridu se encontraba a pocos kilómetros al oeste de Ur y en el golfo Pérsico (ahora sus ruinas yacen en un páramo desértico). Muchos arqueólogos creen que Eridu, que fue colonizada por primera vez hacia el 5400 a. e. c. por los ubaidíes, es la ciudad más antigua del mundo. Sin embargo, no alcanzó el estatus de verdadera ciudad hasta la época sumeria posterior, cuando creció hasta convertirse en una ciudad de tamaño considerable que cubría cien acres. En el periodo Ubaid, contaba con unos cuatro mil habitantes, lo que la convertía en una gran ciudad.

¿Cómo podían cultivar los ubaidíes en condiciones semidesérticas? Los habitantes de Eridu podían cultivar cereales a pesar de las condiciones cálidas y áridas porque el cercano río Éufrates alimentaba el lago Hammar. El asentamiento de Eridu se asentaba en dos orillas —el golfo Pérsico al sur y el lago Hammar al oeste— que, en aquella época, era de agua dulce (ahora es salina)[i]. Esta proximidad al mar y a un lago de agua dulce proporcionaba una fuente de irrigación y abundancia de marisco.

Este modelo de arcilla de un velero yacía enterrado en la tumba de un hombre en Eridu de la era Ubaid [ii]

El acceso de la cultura Ubaid al golfo Pérsico, al lago Hammar y a los ríos Éufrates y Tigris también propició el uso de embarcaciones. Y no solo simples canoas o balsas, ¡sino veleros! Los arqueólogos desenterraron modelos de barro de veleros en las tumbas de Uruk, Eridu y otras ciudades ubaidíes[ii]. Estos primeros veleros —los primeros del mundo de los que tenemos pruebas arqueológicas— eran sencillos, pero sirvieron de prototipo para diseños más sofisticados en el futuro.

---

[i] Carrie Hritz, et al. "Revisitando las tierras selladas: Report of Preliminary Ground Reconnaissance in the Hammar District, Dhi Qar and Basra Governorates, Iraq", *Iraq* 74 (2012): 37-49. http://www.jstor.org/stable/23349778.

[ii] E. Douglas Van Buren, "Discoveries at Eridu", *Orientalia* 18, nro. 1 (1949): 123-24. http://www.jstor.org/stable/43072618.

Los primeros ubaidíes de Eridu vivían en cabañas con techo de cañizo y disfrutaban de una gran variedad de alimentos. Pescaban y extraían marisco del golfo y del lago. Cazaban aves acuáticas, gacelas y otros animales salvajes, y pastoreaban cabras y ovejas, que les proporcionaban leche, carne y lana. Comían la escaña menor o trigo salvaje y más tarde empezaron a cultivarlo. En el periodo Ubaid I, llevaban agua a sus campos, pero a mediados del periodo Ubaid, habían aprendido a cavar canales para regar campos más grandes, lo que creó un excedente de grano.

Con el paso del tiempo, construyeron casas más permanentes, formando ladrillos con el barro de los humedales, que protegían mejor del sol abrasador. Las primeras casas de adobe tenían forma rectangular y disponían de varias habitaciones con suelos enlucidos y tejados planos, construidos con vigas y juncos cubiertos de yeso. Con el tiempo, la ciudad llegó a cubrir unos veinticinco acres con aproximadamente cuatro mil habitantes en una zona rodeada de aldeas más pequeñas.

¿Cuál era la religión de la cultura Ubaid? Un pequeño templo de una sola habitación, construido por primera vez alrededor del año 5300 a. e. c., se erguía en el centro de la ciudad. En un extremo había un altar de sacrificios y en el otro un nicho para la imagen de una divinidad. La pregunta es, ¿a

Esta mujer con cabeza de reptil amamantando a un bebé procede de Ur, periodo Ubaid (4500-4000 a. e. c.). Las figuras de mujeres esbeltas con cabeza de lagarto eran un motivo común en la cultura Ubaid[113]

quién adoraban? Se han encontrado múltiples imágenes de una figura femenina con cabeza de reptil en tells de la época Ubaid en el sur de Mesopotamia. ¿Se trataba de deidades ubaidíes?

¿Qué eran estas lagartijas? Eran pequeñas, solo medían entre cinco y diez centímetros, tenían los ojos rasgados, y la cabeza y la nariz alargadas. En comparación, las antiguas estatuillas femeninas de las culturas Hassuna, Samarra y Halaf eran señoras regordetas, sentadas, con grandes muslos y pechos colgantes. Las estatuillas femeninas de Ubaid son delgadas, con vientres planos y pechos más pequeños; tienen un aspecto algo andrógino. Unas pocas estatuillas son masculinas y algunas son de sexo indeterminado. Estas figurillas se encontraron a menudo en tumbas humanas de adultos, pero nunca en tumbas de niños. Los Ubaid solían enterrar a sus muertos de espaldas, con las manos apoyadas en la pelvis, que es como aparecían muchas figuras de reptiles[i]. Los eruditos aún no han determinado si tenían un significado religioso, ¡otro misterio que nos rompe la cabeza!

Eridu estuvo constantemente habitada hasta el final de la cultura Ubaid, y fue abandonada hacia el 3800 a. e. c., quizá debido a la misma inundación que asoló Ur varios kilómetros al este. Ur y Uruk fueron otras dos ciudades prominentes que surgieron en el sur de Mesopotamia en el periodo Ubaid I. Los sumerios habitarían más tarde estos dos asentamientos, que crecieron hasta convertirse en grandes ciudades que dominaban Sumer (el sur de Mesopotamia). Ur se encontraba en una posición estratégica, ya que estaba a unas doce millas al este de Eridu, donde el río Éufrates desembocaba en el golfo Pérsico. Uruk estaba a unas cuarenta millas al norte de Ur, en la orilla oriental del Éufrates. Alrededor de la época en que se establecieron Ur y Uruk, la civilización Ubaid se mezcló con la cultura Halaf del norte de Mesopotamia, formando el periodo de transición Halaf-Ubaid.

El periodo Ubaid II (4800-4500 a. e. c.) es famoso por su llamativa cerámica Hadji Muhammed y la primera agricultura de regadío con redes de canales. La construcción de los canales de irrigación requirió un trabajo coordinado y colectivo, un hito histórico. Durante este periodo, los Ubaid formaron extensas redes comerciales, que se extendían por la costa del golfo Pérsico hasta Bahréin y Omán, hacia el oeste hasta Arabia

---

[i] R. Carter y Graham Philip, *Beyond the Ubaid: Transformation and Integration in the Late Prehistoric Societies of the Middle East*, Chicago: The Oriental Institute, Universidad de Chicago, 2010, 149-161.

y el Mediterráneo. Dado que Eridu y Ur eran ciudades costeras (antes de que el golfo Pérsico se redujera), es probable que utilizaran barcos para viajar por la costa. También comerciaban con asentamientos de Turquía y Armenia para obtener obsidiana, que es un vidrio volcánico negro afilado como un cuchillo, utilizado para fabricar hojas de flechas y cuchillos.

Esta jarra de cerámica Hadji Muhammed data de la época Ubaid III, hacia 5300-4600 a. e. c. [88]

El periodo Ubaid posterior (4500-3800 a. e. c.) destaca por el progreso de una cerámica distintiva, que incluye sellos con diseños de pájaros, serpientes y humanos. En 1990, el arqueólogo Andrew Moore, del Instituto de Tecnología de Rochester, y el arqueólogo británico Tony Wilkinson descubrieron hornos de cerámica en Eridu y Ur que indicaban que la fabricación de cerámica a escala industrial tuvo lugar en estas ciudades en la época Ubaid posterior[i].

Alrededor del 4500 a. e. c., surgió la estratificación social en los pueblos, con casas más grandes en el centro de la ciudad. Es probable que estas personas tuvieran más riqueza y probablemente más poder. Además, a finales del periodo Ubaid, surgieron distinciones en la

---

[i] A. M. T. Moore, "Pottery Kiln Sites at al 'Ubaid and Eridu", *Iraq* 64 (2002): 69-77. https://doi.org/10.2307/4200519.

cerámica entre los asentamientos Ubaid del sur de Mesopotamia y del norte de Mesopotamia. En su evaluación de Khanijdal Este, un pequeño asentamiento ubaíd tardío de la llanura de Jazira, en el norte de Irak, el arqueólogo Tony Wilkinson y su equipo observaron diferencias en la forma y la decoración de la cerámica, los materiales utilizados para fabricarla y las técnicas de cocción[i]. Descubrieron varias figuritas de arcilla de ovejas y cabras; creían que no tenían un significado religioso, sino que eran juguetes infantiles. Encontraron una en la tumba de un bebé, junto con un sonajero.

La cerámica ubaíd era de calidad superior. Generalmente era de color beige, pero a veces amarillo, amarillo verdoso, rosa o naranja. La cocción a una temperatura especialmente caliente la hacía más dura y resistente. El tejido de la cerámica (características de la arcilla) contenía normalmente un rico temple vegetal y ocasionalmente arena arenosa. (En alfarería, el temple es algo mezclado con la arcilla que ayuda a evitar el agrietamiento y la contracción en el proceso de secado y cocción). Los ubaidíes solían pintarlas con formas geométricas negras u ocasionalmente con motivos florales o animales. Había cerámica de todos los tamaños y formas: cántaros, jarras, cuencos (tanto poco profundos como hondos), ollas y tazas.

Este cuenco Ubaid de fondo redondeado, circa 5000 a. e. c., presenta un color amarillo verdoso[64]

---

[i] T. J., B. Wilkinson, H. Monahan y D. J. Tucker, "Khanijdal Este: A Small Ubaid Site in Northern Iraq", *Iraq* 58 (1996): 17-50. https://doi.org/10.2307/4200417.

Un estilo distintivo de la cerámica Ubaid del sur de Mesopotamia es el *Hadji Muhammed*. El alfarero utilizaba un lavado de color púrpura oscuro sobre la cerámica, luego raspaba la vasija en diseños para revelar el color natural que había debajo. Los patrones incluían espiga, damero y curvas sinuosas. Este tipo de cerámica surgió en el periodo Ubaid I, pero se encuentra en periodos Ubaid posteriores. Harriet Crawford, del Instituto McDonald de Investigación Arqueológica de la Universidad de Cambridge, teorizó que los ubaidíes utilizaban las cerámicas especiales de Hadji Muhammed para ocasiones festivas como nosotros podríamos sacar hoy la porcelana fina para cenas especiales[i].

¿Qué les ocurrió a los ubaidíes? ¿Cuál fue la causa de su declive? Las pruebas arqueológicas demuestran que tanto Ur como Eridu fueron abandonadas alrededor del 3800 a. e. c. Una capa de cieno de tres metros en Ur indica que una importante inundación cubrió la ciudad en esa época[ii], que también pudo afectar a la cercana Eridu. El cambio climático rápido y de gran amplitud en torno al 3700 a. e. c. afectó drásticamente a los asentamientos humanos en esta parte del mundo.

El enfriamiento global provocó el avance de los glaciares y un menor deshielo, lo que habría repercutido en los niveles de agua del golfo Pérsico, el Tigris y el Éufrates que fluyen desde los montes Tauro y el lago Hammar, adyacente a Eridu. La mayor parte de Oriente Próximo, incluido el sur de Mesopotamia, experimentó una mayor aridez, lo que afectó al agua dulce disponible, complicó la agricultura y provocó un aumento de las tormentas de arena. Estos drásticos cambios climáticos provocaron desplazamientos de población en todo Oriente Próximo[iii]. Es posible que el pueblo Ubaid muriera en su mayor parte debido a las duras condiciones, y que los restos emigraran a otras zonas y se asimilaran a las poblaciones locales.

---

[i] Carter & Philip, "Beyond the Ubaid", 163-168.

[ii] C. Leonard Woolley, "Excavations at Ur", *Journal of the Royal Society of Arts* 82, nro. 4227 (1933): 46-59. http://www.jstor.org/stable/41360003.

[iii] Joanne Clarke, et al. "Climatic Changes and Social Transformations in the Near East and North Africa during the 'Long' 4th Millennium BC: A Comparative Study of Environmental and Archaeological Evidence", *Quaternary*

Capítulo 2: El periodo preacadio

¿Quiénes eran los sumerios? ¿Cuáles fueron sus orígenes? Tras las culturas prehistóricas de Hassuna, Samarra, Halaf y Ubaid, la potencia mesopotámica de los IV y III milenios a. e. c. fue Sumer, con ciudades a lo largo de los ríos Éufrates y Tigris y el golfo Pérsico. El nombre de Sumer significaba «tierra de los reyes civilizados» en lengua acadia. Algunos eruditos creen que fueron una consecuencia y continuación de la cultura Ubaid de Uruk. Otros piensan que emigraron al sur de Mesopotamia y superaron y asimilaron los restos de la cultura ubaíd.

¿Nos da la lingüística alguna pista sobre sus orígenes? Los sumerios hablaban una lengua aislada, lo que significa que no estaba relacionada con las lenguas semíticas, elamitas o cualquier otra lengua conocida. Dado que la cultura ubaíd era prealfabeta, no sabemos si su lengua fue precursora de la lengua sumeria. La poesía épica sumeria alude a una ubicación al norte de Irán para los orígenes de los sumerios. Su lengua era aglutinante (encadenamiento de varios morfemas en una palabra), como algunas lenguas de la región del mar Caspio[i]. Sin embargo, la lengua muestra complejos préstamos de otras lenguas que dificultan su rastreo[ii]. Tanto si se trataba de una continuación de los ubaidíes como de emigrantes del noreste, la población de Uruk fluyó sin interrupción desde la época ubaíd hasta el periodo sumerio. Sin embargo, alrededor del 4000 a. e. c., Uruk evolucionó hasta convertirse en una ciudad

---

[i] Jonathan R. Ziskind, "The Sumerian Problem".

[ii] Gonzalo Rubio, "On the Alleged 'Pre-Sumerian Substratum", *Journal of Cuneiform Studies* 51 (1999): 1–16. https://doi.org/10.2307/1359726.

propiamente dicha con una cultura elaborada, y comenzó una explosión de innovación.

Varias ciudades sumerias se convirtieron en formidables ciudades-estado independientes de otras ciudades política y económicamente. Cada ciudad tenía su propio rey que gobernaba la zona urbana, así como las aldeas y tierras rurales circundantes. Cada ciudad-estado era como su propio pequeño país. A veces, el poderoso rey de una ciudad asumía el «reinado» sobre varias otras ciudades. Según la antigua *Lista Real Sumeria*[i], que data al menos del III milenio a. e. c., esto ocurría cíclicamente, antes y después del Gran Diluvio.

La *Lista Real Sumeria* registra que después de que el Gran Diluvio arrasara la tierra, la ciudad de Kish ostentaba la «realeza» o soberanía sobre otras ciudades. Luego Eanna derrotó a Kish y tomó la realeza, luego Uruk, luego Ur, y así sucesivamente. La *Lista Real Sumeria* registra que los reyes anteriores al diluvio vivieron decenas de miles de años, y los reyes posteriores al diluvio gobernaron durante un siglo o más hasta Gilgamesh, después de lo cual el reinado típico duró treinta años más o menos.

¿Los largos reinados representan dinastías y no personas individuales? ¿O los reyes anteriores a Gilgamesh eran simplemente míticos? Al menos algunos reyes posteriores a Gilgamesh (y uno anterior a él) eran personas reales, ya que las inscripciones con los nombres de los gobernantes y otros datos arqueológicos avalan su existencia. Pero 385.200 años de ocho reyes antes del Diluvio Universal y 28.000 años de reyes después del diluvio y antes de Gilgamesh y el Periodo Dinástico Temprano (circa 2900-2350 a. e. c.) ponen a prueba su credibilidad.

Los pioneros sumerios se adelantaron en ingeniería hidráulica, construyendo intrincados sistemas de irrigación para los cultivos, junto con diques y acequias para aprovechar las crecidas perennes del Tigris y el Éufrates. Fueron los primeros en construir enormes murallas que rodeaban resplandecientes templos y palacios de varios pisos. Crearon imponentes torres zigurat, majestuosas columnas, decoraciones de bronce e impresionantes mosaicos y pinturas murales con figuras de asombroso realismo.

---

[i] *Lista de reyes sumerios*, Traducción de Jean-Vincent Scheil, Stephen Langdon y Thorkild Jacobsen, *Livius*. https://www.livius.org/sources/content/anet/266-the-sumerian-king-list/#Translation.

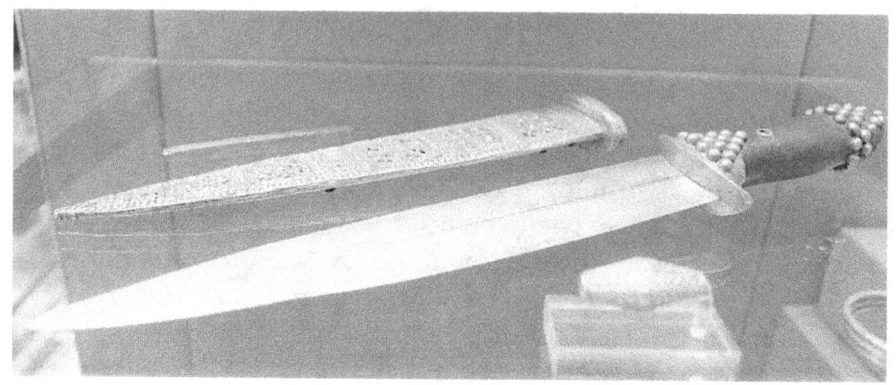

Leonard Wooley descubrió este notable cuchillo y vaina de oro con mango de lapislázuli en la tumba real de A'anepada, hijo de Mesannepada (circa 2550-2400 a. e. c.) [85]

Hablando de bronce, los sumerios fueron probablemente los primeros —alrededor del año 3300 a. e. c.— en mezclar cobre y estaño para dar paso a la Edad de Bronce. La resistencia y durabilidad del bronce produjeron armas y herramientas superiores. Astutos en metalurgia, los sumerios también trabajaron el oro y otros metales preciosos en la Edad de Bronce temprana. En la tumba real de Ur, el famoso arqueólogo Leonard Wooley descubrió la sorprendente «daga de Ur», con su vaina y hoja de oro macizo bellamente trabajadas y una empuñadura de lapislázuli del azul más intenso tachonado de oro. Otros hallazgos sensacionales fueron un casco de oro elaborado con una excelencia técnica excepcional, una copa de oro y liras recubiertas de placas de plata[i].

Los sumerios desarrollaron el primer sistema de escritura del mundo, inicialmente pictografías, hacia el 3800 a. e. c. Utilizando la punta de las cañas, rayaban símbolos infantiles en arcilla húmeda que se endurecía, preservando su escritura durante milenios. Estas tablillas de arcilla nos ofrecen una visión asombrosa de su cultura y su historia. Los primeros símbolos servían para registrar ventas y datos administrativos, pero no conceptos abstractos. Más tarde, estos símbolos evolucionaron hacia el cuneiforme, más sofisticado, en el que escribieron la primera literatura, incluida la poesía épica y los primeros códigos legales.

En lugar de rayar dibujos en la arcilla, escribían cuneiforme presionando el extremo de una caña cortada en la arcilla húmeda, haciendo impresiones estilizadas en forma de cuña. Hacia el 2900 a. e. c., disponían de unos seiscientos símbolos que representaban palabras.

---

[i] Woolley, "Excavations at Ur", 46-59.

Los sumerios abrieron las primeras escuelas para enseñar el cuneiforme. Se tardaba una docena de años en memorizar los símbolos y adquirir la destreza suficiente para convertirse en escriba. Otras civilizaciones utilizaron el sistema cuneiforme sumerio para sus propias lenguas durante los tres milenios siguientes, incluidos los acadios, elamitas, asirios, babilonios e hititas.

A la izquierda, un sello cilíndrico que data del año 3000 a. e. c. o más antiguo. A la derecha, la impresión reciente de este antiguo sello sobre arcilla húmeda. Las criaturas míticas representadas son serpopardos-leones con cuellos de serpiente. Sobre ellos vuelan águilas con cabeza de león.

Además de escribir cuneiforme sobre arcilla húmeda, los sumerios utilizaban elegantes sellos cilíndricos hacia el 3500 a. e. c., que eran similares a los sellos utilizados por los ubaidíes. Rodaban estos cilindros de cuatro pulgadas en arcilla húmeda, dejando un dibujo o una inscripción identificativa. Los cilindros eran de metal o de piedra semipreciosa, como lapislázuli o mármol, y los sumerios los llevaban en un cordón alrededor del cuello o prendidos a la túnica exterior. Todas las clases sociales utilizaban sellos cilíndricos para certificar transacciones comerciales y para «firmar» cartas.

Los sumerios no inventaron la rueda, pero descubrieron cómo utilizarla para el transporte. La rueda más antigua encontrada en excavaciones arqueológicas era un *tournette*, un torno de alfarero básico torneado a mano. Fue hallada en Irán y datada entre los años 5200 y 4700 a. e. c. Los sumerios desarrollaron el *tournette* hasta convertirlo en un torno de alfarero rápido de giro libre con un eje; en Ur se desenterró uno que databa del 3100 a. e. c. También en Ur, Leonard Wooley descubrió una tinaja con un sello de arcilla impreso con una burda representación de dos hombres en un carro o calesa tirado por un asno. Este vehículo de ruedas data de alrededor del año 3750 a. e. c. ¡Es la prueba más antigua de una rueda utilizada para el transporte![i].

---

[i] Woolley, "Excavations at Ur", 46-59.

El Estandarte de Ur, un mosaico con un fondo de lapislázuli e imágenes de caliza roja y concha que representan carros primitivos de cuatro ruedas desplazándose sobre cuerpos de guerreros muertos[87]

Las primeras ruedas de transporte sumerias eran discos macizos de madera cortados horizontalmente de un tronco de árbol. Se cincelaba un agujero en el centro del disco y, a través de él, insertaban un eje giratorio. Los primeros carros evolucionaron rápidamente hasta convertirse en carros tirados por onagros (un asno grande parecido a un caballo). Los mesopotámicos no empezaron a utilizar caballos hasta alrededor del año 2400 a. e. c. Estos primeros carros de cuatro ruedas aparecen en el mosaico del Estandarte de Ur, que data de alrededor del 2600 a. e. c.

Los sumerios estaban brillantemente avanzados en lo que se refiere a las matemáticas. Empezaron desarrollando un sistema de conteo con las dos manos, pero con su método podían llegar mucho más allá de la decena. Por un lado, contaban hasta doce con los cuatro dedos. Una vez llegados a doce, levantaban un dedo de la otra mano. Luego, volvían a contar hasta doce y levantaban el segundo dedo. Utilizando los cuatro dedos y el pulgar, podían contar hasta sesenta en sus dos manos. Los sumerios utilizaban un sistema sexagesimal para contar de sesenta en sesenta. En nuestro conteo actual, utilizamos decenas —10, 20, 30—, pero ellos hacían 60, 120, 180, y así sucesivamente.

Hacia el IV milenio a. e. c., los sumerios utilizaban pequeños objetos de arcilla para representar los números. El número uno era un cono diminuto, el número diez era una bolita y el número sesenta era un cono más grande. Utilizaron pictogramas de estos objetos para escribir los números a medida que desarrollaban la escritura. Crearon ingenuamente el concepto del tiempo, utilizando un minuto de sesenta segundos y una hora de sesenta minutos. Dividieron la noche y el día en dos secciones de doce horas. Hacia el 3800 a. e. c., utilizaban medidas sencillas y, hacia el 2600 a. e. c., multiplicaban y dividían, además de utilizar raíces cuadradas y cúbicas y geometría básica. Hacia el 2300 a. e. c., utilizaban un ábaco con el sistema sexagesimal.

Quizá no tan importante como la rueda y la escritura, pero, aun así, un elemento intrínseco de la cultura sumeria era la cerveza. En el *Himno a Ninkasi*, la diosa de la cerveza, los sumerios registraron la primera receta conocida del mundo para elaborar cerveza. La cerveza sumeria era más parecida a un batido. Era muy espesa y a menudo se bebía con pajita, pero tenía un contenido alcohólico similar al de la cerveza actual. En lugar de que cada uno tuviera su propia jarra, las obras de arte sumerias a menudo representan a varias personas utilizando largas pajitas de caña para beber de una jarra comunal de cerveza.

Aparte de su diosa de la cerveza, los sumerios adoraban a un panteón de deidades con imágenes y actividades similares a las humanas. Sus dioses se casaban, tenían hijos, rivalizaban por el poder, engañaban, robaban y se mataban entre sí. Cada ciudad-estado de Sumeria —y la mayoría de las culturas del resto de Mesopotamia— tenía un dios o diosa patrón. Adoraban a otros dioses, pero su dios patrón era el protector y campeón de su ciudad.

La tríada principal de dioses que gobernaban el cielo, la tierra y el inframundo eran An (Anu), gobernante supremo del cielo; Enlil, dios del viento; y Ea (Enki), dios de la tierra y las aguas subterráneas. Ea era el dios patrón de Eridu y protegió a los humanos del Gran Diluvio advirtiendo a un hombre (Utnapishtim) que construyera un arca para salvar la vida humana y animal. El culto a estos tres dioses impregnó la mayoría de los demás sistemas de creencias mesopotámicos, incluidos los acadios.

Esta impresión de sello cilíndrico representa al dios Ea (Enki) [88]

Inanna fue una diosa importante en toda Mesopotamia; era la deidad patrona de Uruk y la diosa de la belleza, el amor, el sexo, el poder político y la guerra. Más tarde se convirtió en la diosa patrona de Agadé, la capital del Imperio acadio, y fue adorada como Ishtar por los babilonios y los asirios. Inanna era conocida por seducir a hombres humanos para que fueran sus maridos, pero eso no les iba bien a los hombres: ¡uno de los maridos tenía que pasar la mitad del año en el inframundo!

Inanna (Ishtar) también era conocida por amenazar repetidamente con romper las puertas del inframundo, emborrachar a su padre (Anu), robar los dones de la civilización para Uruk y soltar al toro del cielo porque Gilgamesh desdeñó su propuesta de matrimonio. Ishtar ocupó un lugar destacado en los primeros años de la vida de Sargón el Grande, el fundador del Imperio acadio.

¿Cuáles fueron algunas ciudades clave de Sumeria y quiénes fueron sus principales reyes en los milenios que precedieron al Imperio acadio? Uruk y Ur fueron probablemente la segunda y tercera ciudades más antiguas. Uruk comenzó como un asentamiento ubaíd alrededor del año 5000 a. e. c. y siguió existiendo hasta la conquista islámica alrededor del año 633 e. c., ¡es decir, casi seis mil años! Uruk ostentó la «realeza» o el dominio de Sumer durante unos ochocientos años, a partir de alrededor del 4000 a. e. c.

Hacia el 3100 a. e. c., Uruk pudo haber sido la ciudad más grande del mundo, con una población estimada de cuarenta mil habitantes, más ochenta mil en las aldeas rurales y pueblos más pequeños que formaban parte de la ciudad-estado. Uruk inició la construcción en piedra de inmensos palacios y altos zigurats. En el periodo de Uruk (4100-2900 a. e. c.), Uruk dominaba a las demás ciudades del sur de Mesopotamia. Era esencialmente un pequeño imperio que servía como centro comercial.

El líder preeminente de Uruk en la época sumeria fue el rey Gilgamesh, que gobernó Uruk en algún momento entre 2800 y 2500 a. e. c. Aunque es famoso debido a su mito, fue un rey real. Apareció en la *Lista Real Sumeria*, en una inscripción de piedra en Ur, en la *Crónica Tummal* (que dice que construyó el Dunumunbura, el estrado de Enlil)[i], y en un fragmento de un texto encontrado en Tell Haddad que decía

---

[i] *La Crónica Tummal*, Livio. https://www.livius.org/sources/content/mesopotamian-chronicles-content/cm-7-tummal-chronicle.

que fue enterrado bajo el río Éufrates, que habría sido desviado temporalmente para su entierro.

El poema épico babilónico *Gilgamesh y Aga* no tiene monstruos, dioses ni otros elementos míticos; es solo un relato de cómo Aga, rey de Kish, exigió que los ciudadanos de Uruk se convirtieran en esclavos de Kish. Quería que cavaran pozos y sacaran agua[i]. La *Lista Real Sumeria* informa de que Kish tenía hegemonía (supremacía) sobre Uruk. El rey Gilgamesh convenció a los ancianos para que rechazaran las órdenes de Aga. El rey Aga y su ejército asediaron Uruk, pero el amigo de Gilgamesh, Enkidu (que también aparece en la *Epopeya de Gilgamesh*) dirigió un ataque exitoso. Capturó a Aga y la guerra terminó con la paz entre Aga y Gilgamesh.

Aunque la *Epopeya de Gilgamesh* contiene ciertamente elementos fantásticos, debemos recordar que los acontecimientos y personajes históricos adquieren a menudo cualidades mitológicas, ya que las historias se vuelven a contar y embellecen a lo largo de los siglos[ii]. Por ejemplo, ¿lanzó realmente George Washington un dólar de plata a través del Potomac? ¿No? ¿Significa eso que no fue el primer presidente de los Estados Unidos de América?

En este bajorrelieve, hacia 2255 a. e. c., Gilgamesh mata al toro del cielo [89]

---

[i] *Gilgamesh y Aga: Traducción*, The Electronic Text Corpus of Sumerian Literature, 2000. https://etcsl.orinst.ox.ac.uk/section1/tr1811.htm

[ii] *La Epopeya de Gilgamesh*, Academy of Ancient Texts. https://www.ancienttexts.org/library/mesopotamian/gilgamesh/.

¿De qué trata la *Epopeya de Gilgamesh*? Gilgamesh era un rey inmoral que desfloraba a las vírgenes de su reino antes de que pudieran acostarse con sus maridos en su noche de bodas. Sus ciudadanos descontentos enviaron a una prostituta al desierto para domar a Enkidu, un hombre salvaje que vivía con las bestias del campo y comía hierba. Después de que Enkidu mantuviera relaciones sexuales con la prostituta durante días, los animales salvajes no quisieron saber nada más de él, así que aceptó ir a Uruk para cambiar el orden de las cosas.

Tras llegar a Uruk, Enkidu impidió a Gilgamesh violar a una nueva novia, y los dos hombres, que eran los más fuertes de la tierra, se enzarzaron en una feroz lucha. Ninguno pudo vencer al otro, así que se besaron y se hicieron amigos. Olvidándose de la novia, viajaron al bosque de cedros del Líbano y mataron al monstruo Humbaba. De regreso a Uruk, la diosa Inanna (Ishtar) se enamoró de Gilgamesh, pero este rechazó su proposición.

Furiosa, Inanna exigió a su padre, el dios principal Anu, que le entregara el toro del cielo. Ella lo condujo a Uruk, donde resopló y enterró a los hombres en profundas fosas. Enkidu cogió al toro por los cuernos y Gilgamesh lo mató. Sin embargo, los dioses decretaron que uno de los hombres debía morir por matar a las dos bestias divinas: el monstruo Humbaba y el toro del cielo. El veredicto recayó sobre Enkidu, y Gilgamesh lo lloró, negándose a que lo enterraran hasta que un gusano cayó de la nariz de su amigo muerto.

Enfrentado a su mortalidad, el angustiado Gilgamesh viajó entonces en busca de Utnapishtim, la figura parecida a Noé que construyó el arca para salvar a los humanos y a los animales del diluvio y se convirtió en inmortal. Gilgamesh fracasó en su búsqueda de la inmortalidad, pero regresó a Uruk, reconociendo su humanidad y dándose cuenta de que la ciudad era su destino. Aunque moriría, todo el bien que trajera a Uruk perduraría.

La gran ciudad de Ur estaba situada estratégicamente, donde el Éufrates desembocaba en el golfo Pérsico. Debido al comercio procedente del río y del golfo, Ur era una ciudad asombrosamente rica. Los pantanos que rodeaban Ur proporcionaban tierras fértiles para la agricultura. Una gran inundación acabó con el asentamiento de los ubaidíes allí hacia el 3800 a. e. c., pero en tres siglos, los sumerios reconstruyeron Ur. Creció hasta alcanzar una población estimada de treinta y cuatro mil habitantes. La ciudad de Ur fue el hogar de los antepasados semitas del patriarca Abraham, que probablemente vivió cerca del final del Imperio acadio.

La increíble riqueza de Ur quedó patente en la «fosa de la muerte» descubierta por Leonard Wooley en 1926. Alrededor del año 2600 a. e. c., una gran reina o sacerdotisa llamada Puabi fue enterrada con más de cien soldados y asistentes, que habían sido sacrificados para acompañarla al inframundo. Un espectacular tesoro compartía su tumba. Los arqueólogos encontraron un tocado y una vajilla de oro, collares de oro y lapislázuli, cinturones, liras y un carro de plata.

El notable rey Mesanepada de Ur derrocó a Lugal-kitun de Uruk, rompiendo el dominio de Uruk sobre Sumer e inaugurando la primera dinastía de Ur (2500-2445 a. e. c.). La *Lista Real Sumeria* dice que gobernó durante ochenta años. También gobernó la ciudad de Kish, según la documentación del Cementerio Real de Ur. Su hijo Meskiagnun estaba casado con la reina Gan-saman, que probablemente era acadia. El cuenco de Gan-Saman, encontrado en Ur tenía una inscripción de la reina a su marido; estaba escrito en lengua acadia utilizando la escritura cuneiforme al menos un siglo antes que Sargón el Grande.

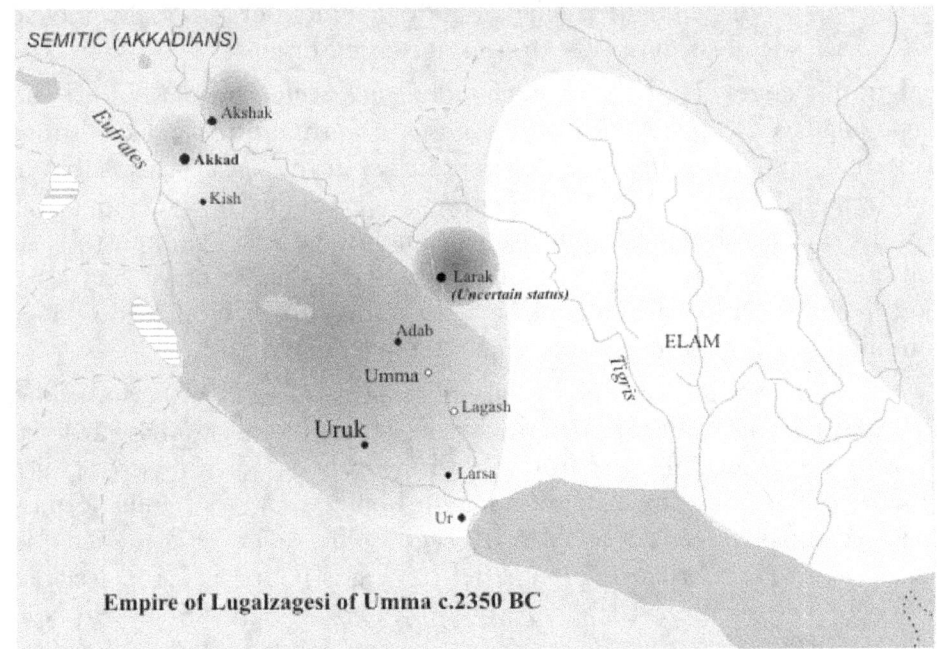

Este mapa muestra algunas de las ciudades clave de Mesopotamia justo antes del Imperio acadio⁶⁰

La ciudad sumeria de Lagash fue un centro artístico clave en el río Tigris, a unas catorce millas al este de Uruk. Alrededor del 2500 a. e. c., en su primera dinastía, Lagash fue primero una ciudad tributaria de Uruk y luego alcanzó la independencia hasta que los acadios la conquistaron. El rey Eannatum fue un rey sensacional que construyó un mini imperio. Aplastó los asentamientos elamitas en el golfo Pérsico, obtuvo ascendencia sobre la mayoría de las ciudades de Sumer y extendió las fronteras de su territorio hacia el norte hasta Akshak, abarcando la región de Acad.

Kish era una ciudad principal a orillas del Éufrates en el centro de Mesopotamia, al sur de la supuesta ubicación de Acad. Sargón el Grande creció como hijo de un jardinero en Kish y sirvió como copero del rey Ur-Zababa. La *Lista Real Sumeria* dice que Kish fue la primera ciudad en tener «realeza» tras el Gran Diluvio, y recuperó la «realeza» varias veces, una de ellas por la reina Ku-Baba, una tabernera. Los nombres de sus primeros monarcas insinúan una influencia semítica-acadia desde sus inicios. Debido a su ubicación en el norte de Sumer, los reyes sumerios más poderosos declaraban que eran el «rey de Kish» además de ser el rey de su propia ciudad; estaban dando a entender que su reino se extendía desde el sur hasta el extremo norte de Sumer.

Umma, en el Tigris, era una ciudad sin pretensiones. Nunca fue mencionada en la *Lista Real Sumeria* como afirmando su realeza sobre las demás ciudades sumerias. Pero entonces, el rey Lugalzagesi subió al trono, y todo cambió. Lugalzagesi comenzó a conquistar una ciudad tras otra: Uruk, Lagash, Ur, Nippur, Larsa y finalmente Kish. Conquistó Kish con la ayuda de Sargón, que un día se convertiría en su mayor némesis. Toda Sumeria cayó bajo su control y, según una inscripción, pudo haber conquistado tan al oeste como el mar Mediterráneo.

Aparte de Sumer, otra potencia emergente antes del Imperio acadio fue Assur. Estaba situada en el norte de Mesopotamia, y más tarde se alzaría para formar el feroz Imperio asirio después del Imperio acadio. Los pastores semitas de habla acadia —probablemente parientes lejanos de los acadios— colonizaron Assur hacia el 2600 a. e. c. La Torá dice que Assur estaba en la orilla occidental del río Tigris (Génesis 2:14). Recibió el nombre de su fundador Assur, que era hijo de Sem y nieto de Noé (Génesis 10:22). Assur se convirtió en una ciudad-estado antes del Imperio acadio, junto con otras ciudades asirias, como Nínive, Arbela y Gasur. Los acadios llamaron a esta región Azubinum.

Las ciudades-estado rivales de Sumeria y del resto de Mesopotamia luchaban incesantemente por el poder, los bienes y el territorio. Formaron pequeños imperios y se turnaron para dominarse mutuamente. Pero pronto se enfrentarían a los acadios, un poder más allá de su comprensión.

Capítulo 3: El auge del imperio acadio

¿De dónde procedía? ¿Quién era este hombre que usurpó el trono de Kish y luego conquistó audaz y dramáticamente toda Mesopotamia y más allá? ¿No era Sargón solo el hijo del jardinero? ¿Cómo hizo este oscuro expósito para engullir partes de la actual Turquía, Irán occidental y Siria en una época en la que el imperialismo era un concepto novedoso? De algún modo, este joven aparentemente insignificante ascendió a un poder increíble y reinó desde el golfo Pérsico hasta el mar Mediterráneo. Exploremos el ascenso sin precedentes del Imperio acadio y de su primer rey, Sargón el Grande, que reinó entre los años 2334 y 2279 a. e. c.

Un tema recurrente en la literatura antigua es la historia de un bebé abandonado en una cesta flotando río abajo, un bebé que crecería para convertirse en el líder revolucionario de un nuevo reino. Rómulo y su gemelo Remo bajaron a la deriva por el Tíber para ser amamantados por una loba y luego pasaron a fundar Roma. Moisés flotó por el Nilo para ser adoptado por una princesa egipcia y más tarde lideró la nueva nación israelita. Pero antes que Rómulo, Remo y Moisés, Sargón fue abandonado al río, o al menos eso dice una «autobiografía» escrita probablemente más de mil años después de su muerte.

Una tablilla de arcilla que data del año 1200 a. e. c. o posterior revela supuestamente la historia del nacimiento de Sargón con sus propias palabras. No sabemos si se trata de una copia de un original más antiguo o si es un relato ficticio. Muchos eruditos lo llaman «pseudoautobiografía». Hablaremos más de esta historia en el capítulo 9, pero dice que la madre de Sargón era una gran sacerdotisa. Nunca conoció a su padre, pero de algún modo sabía que la familia de este vivía en las tierras altas, en Azupiranu (palabra acadia que significa «Ciudad del Azafrán»), a orillas del Éufrates.

La madre de Sargón lo concibió y dio a luz en secreto. La historia no dice por qué tuvo que ocultar el nacimiento; presumiblemente, no estaba casada con el padre. Lo puso en una cesta de juncos y lo echó al río, que lo llevó río abajo hasta donde un hombre llamado Akki estaba sacando agua para el riego. Akki lo sacó del agua, lo crio como su hijo adoptivo y lo puso a trabajar en un bosquecillo de dátiles, donde la diosa Ishtar lo «amaba».

Sargón y su padre adoptivo Akki vivían en Kish, y es posible que cuidaran el jardín del palacio o que vendieran sus productos al palacio. La *Lista Real Sumeria* dice que el padre de Sargón era jardinero y que Sargón era copero de Ur-Zababa, rey de Kish. Sargón debió de ser un joven excepcional para ascender de humilde jardinero a copero del rey. Un copero servía las bebidas del rey, probándolas primero para asegurarse de que el vino no tenía veneno. Un copero estaría en presencia del rey casi todo el tiempo. Sería una persona de confianza que vería y oiría todo lo que ocurría alrededor del rey. Probablemente, sería una caja de resonancia informal y confidente del rey.

La tablilla de Sargón y Ur-Zababa relata cómo Sargón se convirtió en copero del rey Ur-Zababa y lo que ocurrió poco después[i]. Debido a que la tablilla estaba fragmentada, faltan algunas líneas, lo que deja que uno adivine lo que ocurrió en algunos lugares. Comienza diciendo que Kish había sido como una ciudad embrujada, pero bajo su «pastor», el rey Ur-Zababa, se había convertido de nuevo en un asentamiento vivo. Los canales de irrigación fluían, las azadas de los campesinos labraban la tierra, los hornos producían cerámica y metalistería, y Kish prosperó.

---

[i] "Sargon and Ur-Zababa", *The Electronic Text Corpus of Sumerian Literature,* Oxford: Facultad de Estudios Orientales, Universidad de Oxford, 2006. https://etcsl.orinst.ox.ac.uk/cgi-bin/etcsl.cgi?text=t.2.1.4#.

Este mosaico del Estandarte de Ur representa a un rey sumerio con sus asistentes[41]

Sin embargo, los dioses Enlil y An decidieron poner fin al reinado de Ur-Zababa y elevar a Sargón al trono. Una noche, Sargón llevó al palacio las entregas habituales (presumiblemente productos agrícolas, ya que Sargón y su padre eran jardineros). El rey estaba durmiendo y tuvo un sueño inquietante, pero no lo comentó con nadie. Sin embargo, a raíz de la visión, Ur-Zababa nombró a Sargón su copero, poniéndolo a cargo de la despensa de las bebidas. Su ascenso fue el resultado del favor de la diosa Inanna sobre Sargón.

Al cabo de una semana, ocurrió algo que aterrorizó al rey Ur-Zababa. Aquí, faltan líneas en la tablilla, por lo que se especula sobre lo que lo asustó. Sabemos que el rey Lugalzagesi de Uruk, que había estado conquistando sistemáticamente todas las ciudades de Sumer y dejando a los sumerios horrorizados por su brutal ferocidad, se dirigía hacia él. O posiblemente Ur-Zababa temía por su salud. La tablilla dice que el rey se orinó y que había sangre y pus en su orina, lo que sugiere una grave infección renal.

En ese momento, Sargón tuvo un sueño horrible en el que la diosa Inanna ahogaba a Ur-Zababa en un mar de sangre. Sargón se agitó en su sueño, gimiendo. Cuando llegó a oídos del rey la noticia de que Sargón había tenido un sueño perturbador, el rey Ur-Zababa llamó a Sargón. Le preguntó: «¿Qué has soñado?». Sargón se lo contó y Ur-Zababa se mordió el labio de miedo. Entendió que el sueño significaba que Sargón lo asesinaría. El rey creyó que debía atacar preventivamente, ¡así que tramó matar a Sargón antes de que Sargón lo matara a él!

El rey Ur-Zababa hizo que Sargón entregara sus vasos de bronce para beber al herrero jefe, Beliš-Tikal, aparentemente para fundirlos. Pero el rey había ordenado en secreto a Beliš-Tikal que arrojara a Sargón al molde de la estatua y lo cubriera con el metal fundido. ¡Sargón se convertiría en una estatua de bronce! Afortunadamente, la diosa Inanna bloqueó el camino de Sargón al templo donde trabajaba Beliš-Tikal. «¡Este es un templo puro y sagrado! ¡Nadie manchado de sangre puede entrar!».

Al parecer, Sargón creyó que la diosa se refería a su sueño de sangre, así que se detuvo ante la puerta. Llamó al herrero para que saliera a la calle y le entregó los recipientes para beber, que el maestro herrero cogió y fundió para llenar el molde. Al cabo de una semana, Sargón regresó al palacio del rey —como un hombre sano y no como una estatua— y Ur-Zababa tembló de miedo al verlo. Con su primer plan frustrado, Ur-Zababa conjuró un nuevo complot.

En esta época, la gente enviaba mensajes escribiendo en tablillas de arcilla, pero aún no utilizaban sobres para las tablillas. Más tarde, los «sobres» eran una capa exterior de arcilla. La persona que recibía la carta rompía la fina capa exterior, revelando el mensaje de la capa interior. El rey de Uruk, Lugalzagesi, marchaba hacia el norte para conquistar Kish, y el rey Ur-Zababa despachó a Sargón con un mensaje en tablilla de arcilla para Lugalzagesi. La carta contenía un complot para asesinar a Sargón; aquí faltan líneas de la historia que podrían explicar por qué Ur-Zababa pidió a su enemigo que matara a su copero. Tal vez Ur-Zababa estaba ofreciendo términos de rendición a Lugalzagesi y advirtiéndole de que Sargón sería un insurgente peligroso si se le permitía vivir.

La tablilla solo tiene unas pocas líneas más, con espacios entre ellas. Como antes mencionaba que el mensaje que Sargón llevó a Lugalzagesi no tenía sobre, podemos deducir que Sargón leyó la carta. Ur-Zababa probablemente supuso que Sargón, el hijo del jardinero, no sabía leer (y se tardaban años en aprender a leer cuneiforme), pero tal vez Sargón hizo que alguien le leyera el mensaje. En cualquier caso, parece que Sargón manipuló de algún modo los asuntos para unir fuerzas con Lugalzagesi contra Ur-Zababa y Kish.

Sabiendo que estaba condenado si continuaba sirviendo a Ur-Zababa, Sargón probablemente cambió de alianzas, ofreciendo su conocimiento interno de los asuntos de palacio a Lugalzagesi. De algún modo, Ur-Zababa quedó fuera y Sargón se convirtió en gobernante de Kish, probablemente como gobernante vasallo bajo Uruk y Lugalzagesi. Cuando Sargón usurpó el trono de Kish, pudo ser cuando tomó el nombre del trono «Sargón», que provenía de la palabra acadia *Sarru-kin*, que significa «verdadero rey». Se desconoce el nombre de infancia de Sargón.

En algún momento, probablemente poco después de conquistar Kish, la *Lista Real Sumeria* dice que Sargón construyó la ciudad de Agadé (Acad). ¿Pero ya estaba allí? Y si es así, ¿dónde? ¿Y quiénes eran los acadios? Los acadios eran una tribu semita que muy probablemente procedía de la península arábiga. Emigraron al centro y sur de Mesopotamia a principios del III milenio o quizá antes. El asentamiento semita de Agadé (Acad) puede haber existido ya en el 2900 a. e. c.[i]. Los estudios lingüísticos de I. J. Gelb revelaron que escribas con nombres acadios aparecían en tablillas e inscripciones del *sur* de Mesopotamia ya en el 2700 a. e. c. (casi cuatro siglos antes de Sargón). Gelb creía que los acadios ya habían poblado el norte de Mesopotamia y emigraron gradualmente hacia el sur[ii]. Los acadios adoptaron la escritura cuneiforme sumeria para producir la primera lengua semítica escrita documentada.

La ciudad de Agadé (Acad) pasó de la oscuridad a un prestigio tal que siguió siendo nombrada en proclamaciones reales mucho después de que el Imperio acadio se plegara. De hecho, fue mencionada hasta Ciro el Grande. A pesar de su renombre, sus ruinas yacen bajo las arenas en algún lugar del centro de Mesopotamia, a la espera de ser descubiertas. Algunos eruditos creen que si Acad fue donde nació Sargón —y si su madre realmente lo puso en una cesta en el río— Acad estaría río arriba del Éufrates desde Kish. Pero ninguna de las dos premisas es cierta. La *Geografía de Sargón* decía: «desde Damru hasta Sippar está la tierra de Acad»[iii]. Sippar está al norte de Kish, donde el Éufrates y el Tigris casi se

---

[i] D. D. Luckenbill, "Akkadian Origins", *The American Journal of Semitic Languages and Literatures* 40, nro. 1 (1923): 1-13. http://www.jstor.org/stable/528139.

[ii] Jerrold S. Cooper, "Sumerian and Akkadian in Sumer and Akkad", *Orientalia* 42 (1973): 239. http://www.jstor.org/stable/43079390.

[iii] *La geografía de Sargón*, traducida por Wayne Horowitz, *Mesopotamian Cosmic Geography*

juntan, y por los documentos babilónicos, Damru parece haber estado cerca de Kish.

El experto de la semántica Christophe Wall-Romana rastreó más de 160 citas de Agadé (Acad) en documentos cuneiformes, intentando cotejar las referencias geográficas para circunscribir con la mayor precisión posible dónde se encontraba la capital del Imperio acadio. Su investigación revela una ubicación en el Tigris o cerca de él, en la frontera sureste de la actual Bagdad. En su opinión, dado que Sargón era rival de Lugalzagesi cuando construyó Agadé, eligió su capital en una región más allá del ámbito de poder de Lugalzagesi[i].

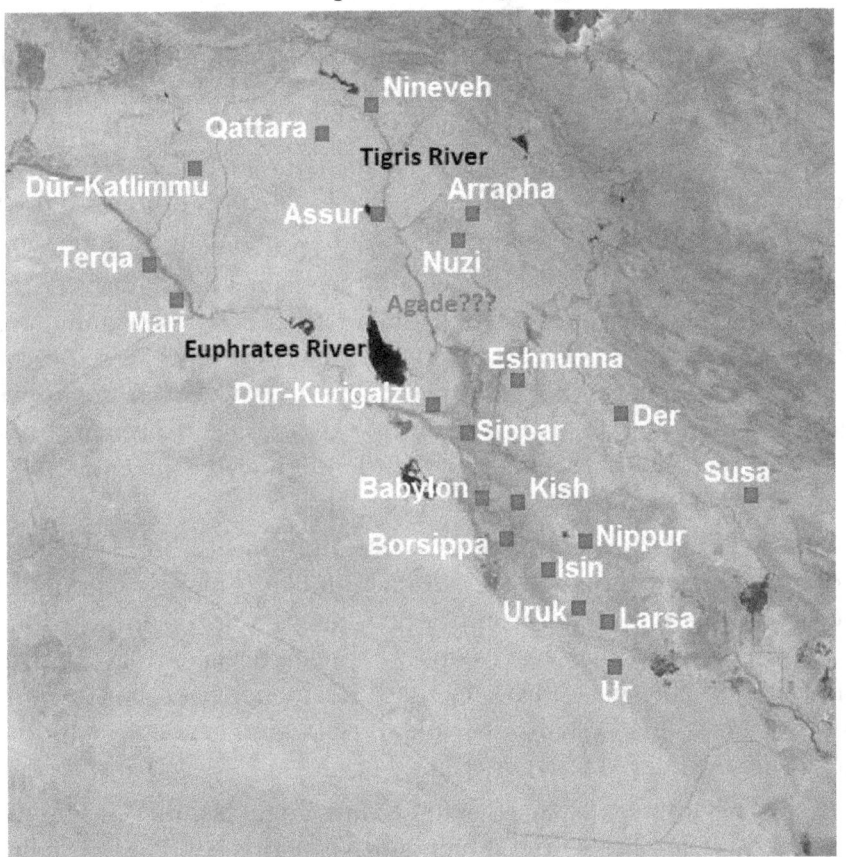

Este mapa representa una posible ubicación de Agadé (Acad) en el río Tigris, entre Eshnunna y Assur, al sureste de la actual Bagdad

Mapa modificado: localización de los ríos Éufrates y Tigris y posible ubicación de Agadé[a]

---

[i] Christophe Wall-Romana, "An Areal Location of Agade", *Journal of Near Eastern Studies* 49, nro. 3 (1990): 205-45. http://www.jstor.org/stable/546244.

En el relato sumerio *La maldición de Agadé*, del que hablaremos en el capítulo 5, la ciudad de Agadé (Acad) era una ajetreada ciudad portuaria. «Su puerto, donde atracaban los barcos, estaba lleno de agitación»[i]. El prólogo del Código de Hammurabi enumera muchas ciudades mesopotámicas en orden geográfico, y nombra a Eshnunna, Agadé, Assur (Aššur o Assur) y Nínive en secuencia[ii]. Dado que las otras tres ciudades se encuentran en el río Tigris que va hacia el norte desde Eshnunna, quizás Agadé se encontraba en el Tigris, entre Eshnunna y Assur, lo que encaja con la estimación de Wall-Romana.

La civilización acadia existía en el norte y centro de Mesopotamia desde cientos de años antes de que Sargón llegara al poder, por lo que es posible que Agadé ya existiera. Tanto si Sargón simplemente restauró una ciudad más antigua, amplió una ciudad existente o construyó una nueva ciudad desde los cimientos, Agadé se convirtió en la capital del imperio de Sargón. El término *Acad* también designa la región septentrional de la antigua Babilonia; por ello, algunos eruditos utilizan la palabra *Agadé* para referirse a la ciudad y *Acad* al hablar de la región.

Aunque Sargón y Lugalzagesi colaboraron en la conquista de Kish, más tarde se enemistaron. La tablilla de arcilla con la historia de Sargón, Ur-Zababa y Lugalzagesi está muy dañada en esta sección, pero menciona a la esposa de Lugalzagesi aparentemente en referencia a Sargón. ¿Tenían un romance o algún tipo de intriga? También dice que Lugalzagesi recibió noticias tan terribles de un enviado que gritó: «¡Ay! — y se dejó caer en el polvo— ¡Sargón no cede!».

Mientras Lugalzagesi consolidaba su dominio sobre las ciudades sumerias del sur, Sargón había estado acumulando fuerzas y poder en el norte de Mesopotamia. Es probable que uniera a las dispersas tribus de habla acadia. Ahora marchaba con su ejército hacia Uruk. Lugalzagesi reunió rápidamente un enorme ejército de cincuenta *ensis*. Un *ensi* era el rey de una ciudad-estado, así que Lugalzagesi convocó a todos los príncipes de Sumer para luchar contra Sargón.

En dos acaloradas batallas, Sargón arrolló a las fuerzas sumerias. Quizá los *ensis* sumerios no estaban entusiasmados con la idea de luchar por su feroz señor, Lugalzagesi. Sargón sitió Uruk, demolió sus murallas

---

[i] *La maldición de Agade*, traducido por Jerrold S. Cooper, Baltimore: Johns Hopkins University Press, 1983.

[ii] *El Código de Hammurabi*, traducido por L.W. King, *The Avalon Project: Documents in Law, History*.

y capturó a Lugalzagesi. Colocó un yugo en el cuello de Lugalzagesi y lo arrastró hasta Nippur, obligándolo a atravesar avergonzado la puerta de Nippur. ¿Por qué Nippur? Era el santuario sagrado del dios Enlil, y Enlil era el dios patrón de Lugalzagesi. Sargón demostró que Lugalzagesi había perdido el patronazgo de Enlil y estaba agotado de su poder.

En el pedestal del ídolo de Enlil, Sargón inscribió:

> «Sargón, rey de Acad, supervisor de Inanna, rey de Kish, ungido de Anu, rey de la tierra, gobernador de Enlil. Derrotó a la ciudad de Uruk y derribó sus murallas; en la batalla de Uruk, venció, tomó a Lugalzagesi, rey de Uruk, en el transcurso de la batalla y lo condujo con un collar hasta la puerta de Enlil».

La tierra de Sumer estaba ahora libre de su cruel amo, Lugalzagesi, que había incendiado las ciudades de Sumer, se había apoderado de sus metales preciosos y joyas, había destruido las estatuas de sus dioses, derribado sus hogares y cortado las manos a cualquiera que lo desafiara. Los sumerios creían que los dioses habían juzgado a Lugalzagesi por sus pecados[i].

Esta cabeza de cobre —posiblemente de Sargón— marcó un cambio en la expresión artística de la realeza con rasgos realistas y una artesanía precisa [48]

---

[i] Marvin A. Powell, "The Sin of Lugalzagesi", *Wiener Zeitschrift Für Die Kunde Des Morgenlandes* 86 (1996): 307–14. http://www.jstor.org/stable/23864744.

El auge del Imperio acadio marcó un momento decisivo en la historia de Mesopotamia, no solo por la parte del imperio, sino también por el dominio de los semitas acadios sobre los sumerios. A partir de ese momento, los pueblos semitas —acadios, asirios y babilonios— mantuvieron el dominio durante la mayor parte del resto de la historia de la antigua Mesopotamia, hasta la invasión de los persas. ¿La pugna de Sargón con Lugalzagesi nació de una disputa racial largamente fraguada, o se trataba simplemente de dos reyes que se disputaban el poder, como había sucedido a lo largo de la historia de Sumer?

Lo más probable es que se tratara simplemente de un encuentro de poder sin trasfondo racial. Ninguno de los dos reyes se identificaba como sumerio o semita, solo como rey de las ciudades y de la tierra. Gobernaban unidades políticas, no facciones raciales. La *Lista Real Sumeria* revela que las familias reales de Sumer cambiaban de nombres sumerios a semitas y viceversa. Sumerios y semitas parecían convivir pacíficamente y asimilaban mutuamente sus culturas. El propio Sargón rezaba a los dioses sumerios[1].

Las ampulosas inscripciones reales de Sargón y otros relatos contemporáneos a su vida están fragmentados; fueron reescritos y probablemente alterados por escribas posteriores. Los pocos materiales disponibles que datan de la vida de Sargón o poco después son demasiado escasos para formar una imagen compuesta. Muchos relatos de la vida de Sargón estuvieron disponibles un siglo más tarde, pero para entonces ya habían degenerado en mitos, por lo que queda la tarea de comparar los relatos con lo que Sargón dijo de sí mismo y tratar de rastrear lo que realmente sucedió. Quizá cuando la ciudad de Agadé sea finalmente descubierta y resucitada de las arenas del desierto, podamos unir más piezas del rompecabezas sobre Sargón y sus sucesores.

---

[1] Thorkild Jacobsen, "The Assumed Conflict between Sumerians and Semites in Early Mesopotamian History", *Journal of the American Oriental* Society.

Capítulo 4: La edad de oro del imperio acadio

En los siglos que siguieron al gobierno de Sargón sobre el Imperio acadio, los mesopotámicos —incluso los que no eran acadios— lo llamaron su Edad de Oro. Aunque otros gobernantes con nombres semíticos, como Ur-Zababa, habían gobernado Kish, Sargón trascendió a sus predecesores. Sargón continuó donde lo había dejado Lugalzagesi: consolidando el control de toda Sumer y expandiéndose después hacia el norte, hacia el centro y el norte de Mesopotamia. Conquistó al este del gran Éufrates y al oeste del Tigris, y luego extendió el imperio tan al este como el Mediterráneo y al norte hasta la actual Turquía. Sargón estableció una tradición militar y un estilo de gobierno que sirvieron de prototipo para otras dinastías e imperios mesopotámicos. Dejó tras de sí un sólido legado, que sus hijos y su nieto mantuvieron firme.

Después de que Sargón, rey de Kish y Agadé, derrotara a Lugalzagesi y tomara Uruk, inició exitosas campañas contra las ciudades vecinas para expandir su imperio y adquirir más recursos. Dado que Lugalzagesi ya había consolidado todo Sumer bajo su dominio, técnicamente, Sargón heredaría su reino. Pero aunque las ciudades-estado sumerias agradecieron que Sargón las liberara de Lugalzagesi, no estaban muy dispuestas a someterse al yugo de otro señor, especialmente de un advenedizo sin linaje real.

Sargón se vio obligado a sitiar cada ciudad-estado de Sumer, una tras otra, empezando por Ur, Lagash y Umma. La conquista de Ur, estratégicamente situada donde el Éufrates desembocaba en el golfo Pérsico, dio a Sargón poder sobre el tráfico fluvial y el golfo. Umma era la ciudad natal de Lugalzagesi; había gobernado allí durante siete años antes de hacer de Uruk su centro de operaciones. Umma y Lagash habían estado en guerra constante entre sí durante siglos, ya que se disputaban la línea fronteriza entre las dos ciudades-estado hasta que Lugalzagesi llegó al poder en Umma. Ahora, ambas ciudades cayeron bajo el dominio de Sargón, que puso fin a la primera dinastía de Lagash (2500-2300 a. e. c.).

En la estela de la victoria de Sargón, un soldado conduce a los prisioneros sumerios"

Una vez que Sargón obtuvo el predominio sobre toda Sumeria, dirigió su atención hacia el norte de Mesopotamia. Para tener éxito en esta empresa, invocó a un nuevo dios. Hasta entonces, Sargón solo había mencionado a los dioses sumerios en sus inscripciones. Señalaba especialmente que Inanna lo había amado de joven y había manipulado los acontecimientos para salvarlo de los complots de Ur-Zababa y colocarlo en el trono. Pero ahora, se dirigió al dios semítico Dagan.

A veces se considera a Dagan la versión semítica del Enlil de Sumeria, el dios creador de reyes. Dagan fue el padre de Baal, que fue adorado en Canaán (se convirtió en un fuerte competidor del dios israelita YHWH) y puede ser el Bel de Babilonia (o Marduk). Dagan era el dios semita principal en el centro y el norte de Mesopotamia (incluida Agadé), y los filisteos de Canaán lo convirtieron más tarde en su dios patrón. Fue el dios al que se le cayó la cabeza cuando los filisteos pusieron en su santuario el Arca de la Alianza israelita robada (Tanaj, I Samuel 5).

Pero eso estaba muy lejos en el futuro. Sargón necesitaba el apoyo de Dagan para conquistar el norte de Mesopotamia y tener legitimidad para gobernar sobre los semitas. Tras postrarse ante la imagen de Dagan, Sargón domesticó al pueblo mari al este del Éufrates y a sus rivales, los ebla, al sur de Alepo, en Siria. Sargón atribuyó a Dagan el mérito de haberle otorgado las tierras superiores del Éufrates, que probablemente incluían parte de Anatolia (Turquía).

El «Rey de la batalla» es un relato épico acadio sobre cómo los mercaderes acadios de Purushanda (actual Turquía) se disputaban al despótico gobernante de la región, Nur-Dagan[1]. Tras pedir a Sargón que interviniera, este atacó a Nur-Dagan antes de que supiera lo que estaba ocurriendo y puso esa región bajo control acadio, lo que facilitó el lucrativo comercio con Turquía. Sargón se dirigió entonces hacia el este, realizando incursiones en Canaán (Israel), Líbano y Siria cuatro veces. El «Rey de la batalla» registra que navegó por el Mediterráneo hasta «Kuppara», que probablemente sea Chipre o Creta.

---

[1] Joan Goodnick Westenholz, *Legends of the Kings of Akkade: The Texts*, Winona Lake: Eisenbrauns, 1997.

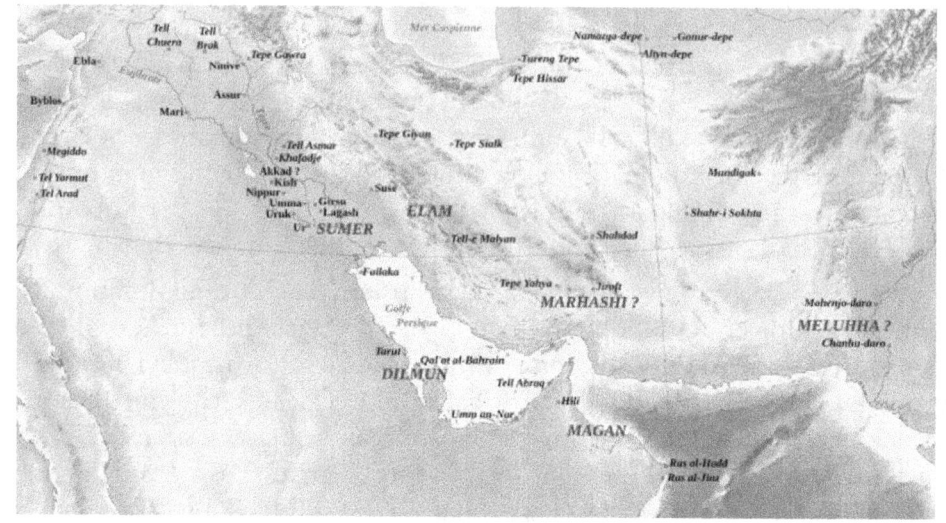

Este mapa muestra la posible extensión del Imperio acadio bajo Sargón"

Sargón invadió los desiertos de Elam y los montes Zagros (en el actual Irán) y conquistó la capital elamita de Susa, en la parte baja de los montes Zagros. Para celebrar su extraordinaria victoria en Elam, Sargón erigió una enorme estela de victoria de diorita, en la que se representaba a sí mismo y a sus fuerzas militares. Conquistó el Awan al norte de Susa y afirmó su control sobre el Marhashi (posiblemente en la región de Kerman, en el centro-sur de Irán), accediendo al comercio de vasos de alabastro y piedras valiosas.

En la *leyenda de* Sargón —su supuesta autobiografía descubierta en las ruinas de la Biblioteca de Asurbanipal de Nínive— Sargón relata una rebelión cuando estaba en su «vejez».

> «En mi vejez de 55 años, todas las tierras se rebelaron contra mí y me sitiaron en Agadé [Acad], pero el viejo león aún tenía dientes y garras, salí a la batalla y los derroté: Los derribé y destruí su vasto ejército. Ahora, cualquier rey que quiera llamarse mi igual, dondequiera que yo haya ido, ¡que vaya!».

El «Reinado de Sargón» detalla cómo el «viejo león» luchó contra los rebeldes[i].

---

[i] "The Reign of Sargon", George W. Botsforth, ed., *A Source-Book of Ancient History*, Nueva York: Macmillan, 1912. 27-28.
http://www.thelatinlibrary.com/imperialism/readings/sargontablet.html

«Después, en su vejez, todas las tierras se rebelaron contra él, y lo sitiaron en Acad; y Sargón salió a la batalla y los derrotó; logró su derrocamiento y destruyó su amplio ejército.

»Después, atacó con su poderío la tierra de Subartu, que se sometió a sus armas, y Sargón resolvió esa revuelta y los derrotó; logró su derrocamiento y destruyó su extenso ejército, e introdujo sus posesiones en Acad. Quitó la tierra de las trincheras de Babilonia, y los límites de Acad los hizo como los de Babilonia».

Sargón y su esposa, la reina Tashlultum, tuvieron al menos cuatro hijos: Manishtushu, Rimush, Shu-Enlil e Ilaba'is-takal. Sargón reinó durante un total de cincuenta y cinco años. Rimush sucedió a Sargón a su muerte, y Manishtushu sucedió a Rimush. La hija de Sargón, la sacerdotisa Enheduanna, era poetisa y escritora de himnos. Un himno famoso fue la «Exaltación de Inanna», que se cantó en el culto a la diosa durante cientos de años.

¿Hasta qué punto perpetuaron los descendientes de Sargón su legado? ¿Tuvieron éxito en continuar la notable expansión del Imperio acadio? Curiosamente, Rimush ascendió al trono en 2279 a. e. c., a la muerte de su padre, aunque Manishtushu era su hermano mayor, según la *Lista Real Sumeria*. Algunos historiadores aventuran que Rimush pasó por encima de Manishtushu porque no dejaban de surgir rebeliones, algo que la naturaleza más despiadada de Rimush podía gestionar mejor. Rimush se enfrentó inmediatamente a una insurrección sumeria. Durante cinco décadas, habían cocido a fuego lento el resentimiento bajo el gobierno de Sargón. Quizá pudieran vencer al hijo con el «hombre fuerte» muerto.

En los primeros años de Rimush como rey, seis ciudades-estado se sublevaron: Adab, Der, Kalasa, Lagash, Umma y Ur. Rimush sofocó brutalmente a las ciudades subversivas. Se jactó de haber arrasado poblaciones masivas, arrasado ciudades e incluso desarraigado sus subestructuras. En una serie de tres guerras despiadadas en Sumer, envió ondas de choque a través de la tierra con la masacre masiva de 110.000 hombres, que era la mayor parte de la población masculina adulta de las seis ciudades rebeldes.

Exilió a otras veinticinco mil personas y esclavizó a veintinueve mil, enviándolas a cortar piedra en las minas de Elam. Las ciudades conquistadas quedaron prácticamente vacías, por lo que confiscó 134.000 hectáreas de tierras de cultivo ancestrales alrededor de Umma y

Lagash, repartiéndolas entre la nueva élite terrateniente acadia. Los desolados supervivientes de Umma y Lagash solo podían recordar los años que habían pasado en lucha por la línea fronteriza que las separaba; ahora, la tierra estaba perdida a manos de extraños.

Babilonia también se rebeló, y Rimush golpeó la ciudad con la misma violencia despiadada que extinguió la insurrección sumeria. Fue igualmente duro contra los acadios, su propio pueblo. Un ejemplo fue Kalasa, que estaba situada cerca de Kish en el Éufrates. Kalasa se había resistido a Sargón y cosechó su venganza. «Contra Kalasa marchó, y convirtió a Kalasa en montículos y montones de ruinas; destruyó la tierra, y no dejó lo suficiente para que un pájaro se posara en ella»[i].

Los habitantes of Kalasa reconstruyeron su ciudad arrasada y luego tuvieron la audacia de rebelarse contra Rimush. Repitiendo la dura reacción de su padre, masacró a doce mil rebeldes acadios, esclavizó a cinco mil y volvió a convertir Kalasa en un «montón de ruinas».

Una vez que Rimush recuperó los territorios de su padre en Mesopotamia, lanzó campañas militares en Elam, consolidando allí las conquistas de su padre. Mientras él había estado ocupado masacrando sumerios, los elamitas habían formado una coalición bajo el rey de Marhashi para resistirse a una mayor expansión en sus territorios. Rimush sometió a la alianza y volvió a tomar Elam y su capital Susa bajo la hegemonía acadia.

Aunque Rimush no amplió el imperio de su padre, recuperó algunas zonas que habían intentado recuperar su independencia. Terminó su reinado de nueve años con aproximadamente las mismas fronteras que en tiempos de su padre, pero Acad era mucho más próspera. Rimush había traído asombrosas riquezas de Elam. En el santuario de Enlil en Nippur, dedicó ingentes cantidades de cobre y oro. Erigió una estatua de sí mismo en estaño, que era un metal raro en aquella época. La inscripción en su escultura, que se alzaba ante la imagen de Enlil, decía que se contaba a sí mismo entre los dioses[ii].

Rimush dejó de encargar inscripciones pomposas e imágenes de sí mismo uno o dos años antes de morir. ¿Qué ocurrió? ¿Se lo tomó simplemente con calma tras recuperar el territorio de su padre? ¿Estaba

---

[i] "The Reign of Sargon", Botsforth, ed., págs. 27-28.
[ii] Benjamin R. Foster, *The Age of Agade: Inventing Empire in Ancient Mesopotamia*, (Nueva York: Routledge, 2016), 6-8.

enfermo o deprimido? ¿Estaba lidiando con un conflicto interno? Esto último puede haber sido cierto, ya que sus propios estadistas lo apalearon hasta la muerte con sus sellos cilíndricos. Dado que los sellos eran solo de siete a doce centímetros de metal o mármol que colgaban de un cordón, habría sido una muerte larga y despiadada para un hombre que no mostraba piedad por sus rivales.

Esta cabeza de aleación de cobre es probablemente de un rey acadio, pero se desconoce su identidad "

¿Por qué fue asesinado? Si había caído en un estado de letargo o sufría una enfermedad mental o física, sus cortesanos podrían haber pensado que el imperio necesitaba un gobernante sano y activo. Además, estaban sus atrocidades. Acabar con la mayor parte de la población masculina de las principales ciudades sumerias y acadias fue terrible para el imperio. Si las ciudades eran arrasadas, dejaban de producir alimentos y otros bienes necesarios para la supervivencia de todo el imperio.

Con los asentamientos civilizados clave a lo largo del golfo Pérsico o de los ríos Éufrates o Tigris diezmados, los bandidos y piratas podrían interrumpir las caravanas comerciales y los barcos que traían mercancías a Agadé. El efecto desmoralizador habría sido espantoso, especialmente con las ciudades más cercanas a Agadé como Kalasa y Babilonia. Por lo que sabemos, algunos de sus asesinos podrían haber sido de Kalasa o Babilonia en busca de venganza.

Después de que Rimush fuera apaleado, su hermano mayor Manishtushu le sucedió en 2279 a. e. c. Gobernó durante catorce años. Manishtushu fue un rey ambicioso y enérgico que expandió el imperio a través de la diplomacia y las conquistas militares, e implementó importantes cambios internos. Teniendo en cuenta el asesinato de su hermano, Manishtushu se empeñó en formar un nuevo consejo administrativo de hombres en los que pudiera confiar. Así pues, ideó un plan de tierras, basándose en la anterior reasignación de tierras de su hermano.

Compró las granjas ancestrales de 964 hombres en la región de Acad. Probablemente no tuvieron mucha elección en el asunto; el precio que recibieron valía solo lo que las granjas habrían producido en dos años. Pero los campos lindaban con las tierras reales, y Manishtushu planeaba destinar esta propiedad a recompensar a aquellos que le habían servido fielmente, como sus administradores, líderes militares, escribas y sacerdotes. Sus devotos servidores procedían de todos los puntos del imperio, no solo de Agadé. Deseaba establecer una nueva élite acadia con una lealtad indivisa hacia él[1].

---

[1] Foster, *The Age of Agade*, 1.

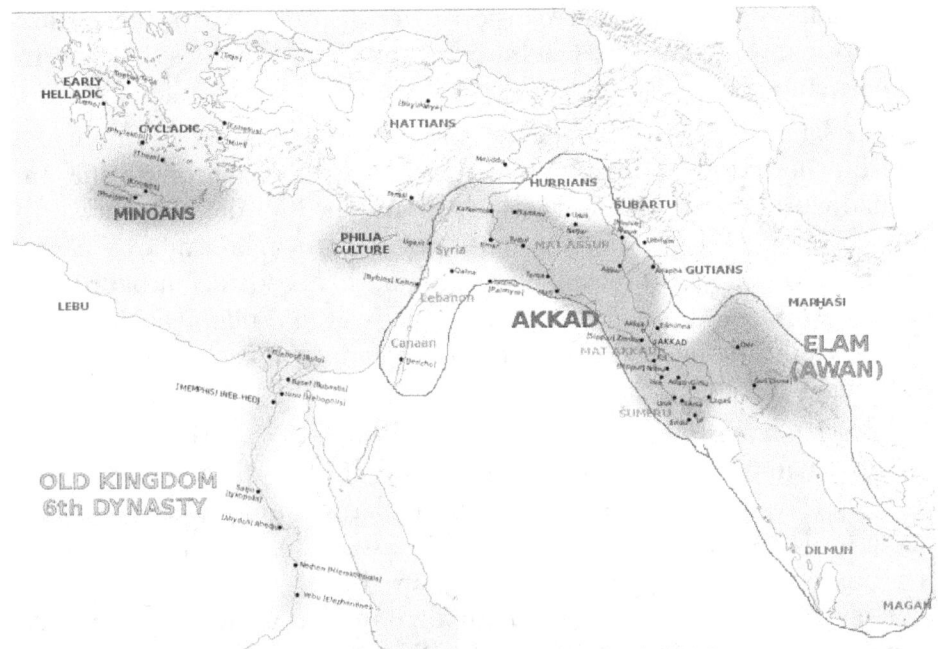

Este mapa representa la posible extensión del Imperio acadio durante el reinado de Manishtushu desde donde se encontraba al final del reinado de su padre Sargón[47]

Manishtushu se benefició del férreo sometimiento de las rebeliones dentro del imperio por parte de su hermano. Con una paz relativa establecida, Manishtushu pudo lanzar nuevas campañas de expansión hacia regiones estratégicas para el comercio. Su primera expansión consistió en subyugar o establecer astutas alianzas con treinta y dos reyes para controlar todo el golfo Pérsico. Navegó de puerto en puerto, negociando con reyes amigos y conquistando a cualquiera que se resistiera, manteniendo las aguas del golfo Pérsico libres de invasores y piratas. Manishtushu invadió entonces Elam —por tercera vez desde el reinado de su padre— esta vez desde el golfo Pérsico. Saqueó las minas de plata de Susa y estableció gobernadores acadios en ciudades elamitas clave. Negoció el comercio con otros treinta y siete estados remontando el río Tigris hasta su cabecera en los montes Tauro del este de Turquía.

A medida que expandía su imperio, Manishtushu erigió imágenes duplicadas de sí mismo por todos sus territorios, con cada inscripción honrando a la deidad patrona de la ciudad específica. Estaba especialmente orgulloso de su expedición al golfo Pérsico y nunca perdía la oportunidad de mencionarla en sus inscripciones. Manishtushu fue un maestro diplomático al reconocer a los dioses de sus ciudades-estado conquistadas y celebrar su expansión exterior, que aportó una riqueza asombrosa a Mesopotamia. Esto contrastaba con los alardes de su padre y su hermano sobre su cruel represión de las rebeliones locales.

A pesar de sus habilidades diplomáticas y sus éxitos militares, Manishtushu corrió la misma suerte que su hermano, ya que fue asesinado por sus propios oficiales. Naram-Sin, hijo de Manishtushu y nieto de Sargón, fue coronado cuarto rey del Imperio acadio, y el que elevaría el imperio a su mayor poder. Siguió los pasos de su padre y de su abuelo, con conquistas triunfantes del pueblo Lullubi en la región montañosa de Elamite-Zagros. Firmó un tratado y se casó con la hija del rey elamita Khita.

La prueba más importante de Naram-Sin llegó a principios de su reinado, cuando se enfrentó a la gran revuelta de dieciocho ciudades sumerias clave. Esta estaba liderada por el rey Iphur-Kish de Kish, e incluía Uruk, Adab, Cutha, Isin, Kish, Lagash, Nippur, Sippar, Umma y Ur. Los sumerios incluso unieron sus fuerzas con los nómadas amorreos, a los que solían considerar una amenaza funesta. Iphur-Kish atacó directamente Agadé, pero Naram-Sin reunió sus fuerzas y marchó a defender Agadé. Con la primera batalla ganada, persiguió a los restos de los rebeldes hasta Kish, llenando el Éufrates de cadáveres.

El rey Amar-girid de Uruk reunió al resto de la coalición sumeria. Invitó a los asirios del norte a unirse, pero estos se contuvieron. Naram-Sin atacó primero a los amorreos, luego se enfrentó a la enorme fuerza de Amar-girid y los derrotó, capturando a Amar-girid. Tras esta victoria, Naram-Sin cortó una hilera a través de Sumer, y bajó y rodeó el golfo Pérsico, saqueando y amasando un gran botín de guerra. Tras ganar nueve batallas en un año contra los mesopotámicos, el pueblo de Agadé le pidió que fuera el dios patrón de su ciudad, igualándolo a Inanna, Enlil, Enki y el resto del panteón. Les permitió construir su templo en Agadé, lo que muchos creyeron que fue su perdición.

Naram-Sin continuó con sus brillantes campañas militares en Omán, Ebla (norte de Siria), los montes Tauro, los montes Amanus (Nur) del centro-sur de Turquía y la región de Ararat en Armenia. Siguió el río Tigris hacia el norte de los montes Tauro, trazándolo hasta el lago Hazer, un lago de fisura a 1150 metros sobre el nivel del mar. Siguió asimismo el Éufrates hasta el río Karasu, y luego hasta su nacimiento en el monte Dumlu.

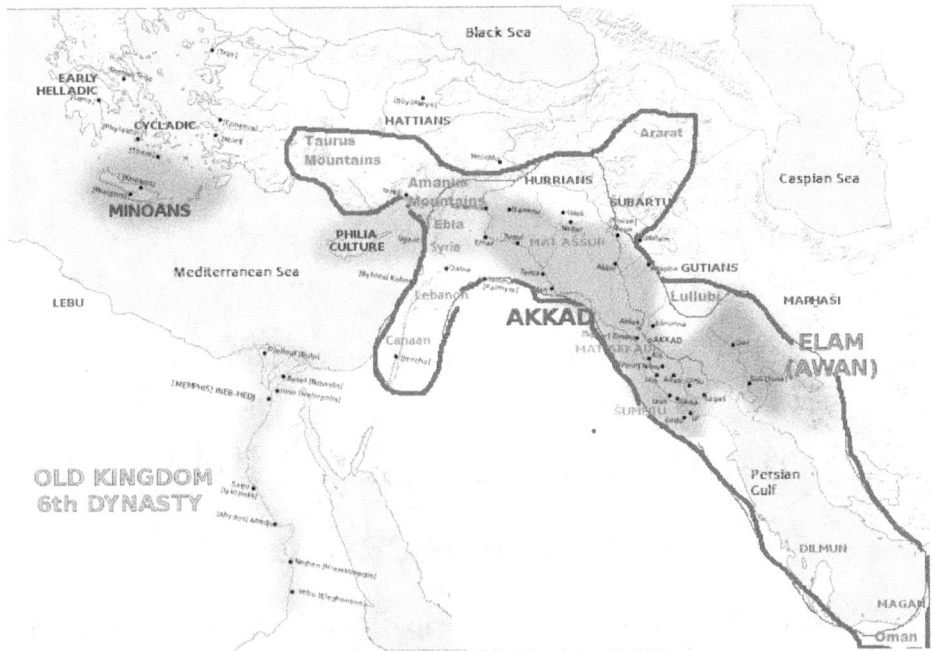

Este mapa representa la posible mayor extensión del Imperio acadio bajo Naram-Sin. Es posible que se redujera considerablemente antes de su muerte.⁴⁸

Naram-Sin se autodenominaba con orgullo el «gobernante de las Cuatro Esquinas del Universo», pero los problemas se avecinaban. *La Maldición de Agadé*, que se escribió siglos más tarde, decía que Naram-Sin provocó de algún modo la ira del dios Enlil, que se vengó trayendo hambruna, peste y una invasión de las tribus Guti del este. Aunque Naram-Sin expandió el Imperio acadio hasta su máxima extensión, es posible que perdiera partes importantes antes de su muerte en el 2217 a. e. c.

La conquista por Sargón de toda Sumeria y luego de toda Mesopotamia unió a acadios y sumerios bajo una misma lengua y un mismo gobierno. El Imperio acadio se extendía miles de kilómetros en su cenit, abarcando múltiples grupos étnicos desde el golfo Pérsico hasta tan al norte como Ararat y al oeste hasta el Mediterráneo. Estableció una visión para los futuros conquistadores de lo que podía lograrse en una vida. Nadie antes que él había conquistado un territorio tan vasto. Fue verdaderamente el primer emperador del mundo.

Capítulo 5: Declive y caída del Imperio acadio

El reinado de Naram-Sin fue el principio del fin del Imperio acadio. Pronto entraría en decadencia y acabaría desmoronándose en el olvido. El final no parecía cercano, no cuando Naram-Sin ganaba una brillante conquista tras otra. Pero entonces ocurrió algo que cambió las tornas, cerrando finalmente el capítulo del Imperio acadio tras solo 180 años de existencia. Los mesopotámicos creían que Naram-Sin había lanzado una maldición sobre Agadé y toda Mesopotamia.

La Maldición de Agadé es un relato casi histórico escrito durante la tercera dinastía de Ur (2047-1750 a. e. c.), pero probablemente se basa en historias más antiguas. Es un ejemplo de la literatura naru mesopotámica, que presenta a un rey u otro héroe en un relato moralista sobre las relaciones humanas con lo divino. La *Epopeya de Gilgamesh* y la *Leyenda de Sargón* son otros dos ejemplos de literatura naru.

La Maldición de Agadé cuenta cómo Naram-Sin ofendió al dios Enlil y provocó la devastación de toda Mesopotamia. ¿Qué hizo Naram-Sin para ofender a Enlil? La historia no divulga esta información, pero pudo ser que recibiera la adulación de su pueblo como dios de Agadé. Todo comenzó cuando varios puntos de su extenso imperio se levantaron simultáneamente en rebelión. Una inscripción en la base de una estatua dejó constancia de la victoria de Naram-Sin:

> «Naram-Sin el poderoso, rey de Agadé, cuando las cuatro cuartas partes de la tierra lo atacaron juntas, el amor de

Ishtar lo llevó a la victoria en nueve batallas en un solo año y capturó a los reyes que habían levantado contra él».

Esta talla muestra a Naram-Sin en lo alto de su estela de la victoria, de pie sobre los cuerpos de los guerreros lullubis conquistados⁴⁰

Tras este espléndido triunfo, Naram-Sin se autodenominó «poderoso dios de Agadé» en una inscripción, afirmando esencialmente ser el dios patrón de la ciudad. Sin embargo, la diosa Inanna, patrona de Sargón, había establecido su santuario en Agadé, al menos según *La maldición de Agadé*. Decía que Inanna pasaba noches en vela, asegurándose de que la gente de Agadé tuviera abundante comida y buena bebida y se alegraran juntos en las fiestas. Inanna era la patrona de la ciudad, pero Naram-Sin anuló el orden divino.

La Maldición de Agadé decía que Inanna incluso trajo monos, elefantes y otros animales exóticos para divertir a los ciudadanos en la plaza pública[i]. Inanna trajo oro, plata, cobre, estaño y lapislázuli a la ciudad, llenando los graneros de metales y piedras preciosas. Dio a las ancianas el don del sabio consejo, a los ancianos el don de la elocuencia, a las jóvenes el don del entretenimiento, a los jóvenes el don del poderío militar y a los niños el don de la alegría.

Pero después de cuidar de Agadé con tanta ternura, Inanna recibió noticias inquietantes. El relato no dice cuál era la inquietante noticia; tal vez se tratara de algún espantoso pecado de la ciudad o de su rey Naram-Sin. El dios Enlil redujo a Agadé a un estado de temblor e incluso aterrorizó a Inanna, que abandonó su santuario y se marchó de Agadé, llevando consigo el don de la batalla y entregándoselo al enemigo de Agadé. Uno a uno, los demás dioses retiraron las bendiciones que habían concedido a Agadé. Ninurta recuperó la corona real y el trono de la realeza, Utu recuperó la elocuencia de la ciudad, Enki recuperó su sabiduría y arrancó su poste de amarre, y An (Anu) le quitó el miedo que la ciudad ejercía sobre los demás.

Una noche, el rey Naram-Sin tuvo la visión de que el dios Enlil ya no permitiría que Agadé fuera una ciudad agradable y perdurable; en cambio, sus templos temblarían y sus tesoros se dispersarían. El rey no contó a nadie su sueño, pero se vistió de luto y regaló su parafernalia real. Estuvo de luto durante siete años. «¿Quién ha visto jamás a un rey que oculte la cabeza entre las manos durante siete años?». Realizó una adivinación sobre las entrañas de una cría de cabra, intentando descubrir la fuente del disgusto de Enlil, pero no recibió ningún presagio, ni siquiera después de dos intentos.

Exasperado con el dios Enlil, Naram-Sin movilizó a sus tropas, marchó a la ciudad santa de Nippur y demolió el templo de Enlil. Lo taló con hachas y excavó sus cimientos con palas. Amontonó toda la madera del templo y encendió una gran hoguera, para luego saquear el oro, la plata, el cobre y las piedras preciosas del templo. Mientras saqueaba y destruía el templo de Enlil, el sentido común y la inteligencia abandonaron a Agadé.

---

[i] *La maldición de Agadé*, Trans. Jerrold S. Cooper, (Baltimore: Johns Hopkins University Press, 1983). https://etcsl.orinst.ox.ac.uk/section2/tr215.html.

Los arqueólogos desenterraron el templo de Nippur en 1893. El hijo de Naram-Sin, Sharkalisharri, reconstruyó el templo, y Ur-Nammu de la tercera dinastía de Ur y otros reyes lo renovaron.[50]

Ahora, el dios Enlil era como un tifón rugiente que diezmaba toda la tierra, como un maremoto que lo aplasta todo ante sí. Contempló las montañas orientales y llamó a los guti, «un pueblo desenfrenado, con inteligencia humana, pero instintos caninos y rasgos de mono». Los guti arrasaron Acad como grandes bandadas de pájaros. «Nada escapó a sus garras». Expulsaron a los rebaños de cabras y vacas de sus corrales y desalojaron las puertas de la ciudad de Agadé.

La región se volvió como en la prehistoria, antes de que se establecieran las ciudades. Los campos estaban desatendidos, no había peces en los descuidados canales y los huertos no daban fruto sin riego. Las lluvias cesaron y no crecieron plantas. «La gente se retorcía de hambre». Pasaban hambre y morían en sus casas sin que nadie los enterrara. Los perros vagabundos atacaban y mataban a cualquiera en la calle.

Durante siete días y siete noches, los ancianos y las ancianas de las ciudades elevaron un lamento a Enlil. Los otros dioses —los patronos de las otras ciudades asoladas junto con Agadé— rezaron a Enlil, enfriando su corazón como si fuera agua. Maldijeron a Agadé y pidieron a Enlil que derramara su ira sobre esa ciudad y perdonara a las demás. Y así, a pesar de la devastación anterior de toda Mesopotamia, el Imperio acadio cayó por completo. No fue algo que ocurriera de repente, sino que comenzaron los problemas que traerían su destrucción definitiva. En tres décadas, el imperio se marchitaría, pero las ciudades sumerias —Ur en particular— volverían a alcanzar la gloria.

No tenemos otros relatos históricos que indiquen que Naram-Sin hubiera llegado a atacar Nippur y a destruir su templo a Enlil. Sin embargo, los «Nombres Anuales» grabados correspondientes a su hijo Sharkalisharri informan de que, entre el cuarto y el décimo año de su reinado, nombró a un general para que supervisara la construcción del templo de Enlil en Nippur. Colocó los cimientos y cortó maderas de cedro para construir el templo. En Nippur ya existía un templo desde hacía siglos, pero esta fue una reconstrucción completa desde los cimientos. Como se relata en la historia, los guti invadieron, las lluvias cesaron realmente y un gran número de personas murieron o fueron desplazadas por toda Mesopotamia.

El peso de la doble maldición de la sequía y la invasión recayó sobre el hijo de Naram-Sin, Sharkalisharri, que ascendió al trono a la muerte de su padre en 2217. Gobernó durante veinticuatro años. Fue un estratega militar ejemplar, pero se vio obstaculizado por una terrible sequía que provocó la pérdida de tres cuartas partes de los asentamientos del norte de Mesopotamia. Luchó contra las feroces incursiones de las tribus guti del este hasta que capturó a su rey, Sharlag. Los elevados impuestos a los estados tributarios provocaron rebeliones, pero repelió las invasiones amorreas.

¿En qué consistió esta sequía masiva que provocó un grave descenso de la producción agrícola y debilitó el imperio? Uno de los cambios climáticos más devastadores de la historia de la humanidad —el acontecimiento de aridificación de 4,2 mil años a. e. c.— azotó la tierra entre el 2200 y el 2000 a. e. c., con temperaturas más frías y una reducción de las precipitaciones de entre el 30 % y el 50 % en Mesopotamia, Siria y Turquía[1]. Aunque la sequía extrema terminó en unos dos siglos, las investigaciones sobre los lagos de Irán y el mar Muerto demuestran que las precipitaciones en Oriente Próximo nunca

---

[1] Harvey Weiss, *Megadrought and Collapse*. Nueva York: Oxford University Press, 2017, 94-183.

volvieron a las cantidades anteriores a la sequía.

Los cambios en el viento y las corrientes oceánicas provocaron patrones meteorológicos erráticos. Esto provocó la espantosa sequía, y también se produjo una terrible serie de erupciones volcánicas al norte, en la actual Turquía. Las pruebas arqueológicas y los análisis del suelo muestran que el repentino cambio climático indujo una calamitosa degradación de las tierras cultivables. Ciudades y regiones enteras quedaron abandonadas, lo que provocó el colapso del Imperio acadio.

Leilan era una pequeña ciudad de veinte mil habitantes situada en la frontera de Siria e Irak, en el granero del Imperio acadio. Las investigaciones arqueológicas y geológicas indican que Leilan y dos ciudades cercanas fueron evacuadas repentina y completamente, y una cuarta ciudad perdió el 80 % de su población. La fortaleza de Naram-Sin en Tell Brak quedó abandonada, con los muros y suelos inconclusos. En Leilan, el edificio administrativo acadio que había estado almacenando, procesando y redistribuyendo grano durante un siglo quedó abruptamente desierto[i].

Nagar (Tell Brak), en el norte de Mesopotamia, incluida la fortaleza de Naram-Sin, fue abruptamente abandonada en medio de un proyecto de construcción hacia el 2200 a. e. c.[51]

---

[i] Weiss, *Megadrought and Collapse*, 94-183.

Los arqueólogos encontraron en Tell Leilan una capa de ceniza volcánica de medio centímetro que data del año 2200 a. e. c. y que probablemente procedía de la lluvia radiactiva de las erupciones volcánicas de Turquía. La ceniza y los gases volcánicos pueden permanecer suspendidos en la atmósfera durante años, bloqueando el sol y enfriando las temperaturas. Sin embargo, eso por sí solo no podría explicar la sequía tan extendida por todo Oriente Próximo (y otros territorios) que duró al menos dos siglos. Incluso antes de los volcanes, los análisis del suelo mostraban un marcado contraste en los depósitos de arena y polvo, lo que apuntaba a una mayor aridez y tormentas de polvo, mientras que en épocas anteriores el suelo era rico y húmedo.

La sequía y el enfriamiento global no solo devastaron el Imperio acadio, sino que afectaron a todo Oriente Próximo. Es posible que colapsara el Antiguo Reino de Egipto y quizás incluso la cultura de Liangzhu de China y la civilización del valle del Indo, aunque no todos los científicos están convencidos de que fuera un acontecimiento global. Algunos científicos también sostienen que Mesopotamia experimentó un enorme crecimiento demográfico —probablemente debido a la relativa paz y a la mayor riqueza que trajo el Imperio acadio— que era insostenible en la tierra semiárida, incluso sin cambio climático[i].

Mientras el imperio seguía expandiéndose, vastas regiones del norte de Mesopotamia se vaciaron repentinamente hacia el 2200 a. e. c. ¿Dónde fueron? Al parecer, las poblaciones supervivientes de estas ciudades formaron parte de una migración hacia el sur de Sumer. ¿Por qué al sur? ¿No se vio también Sumer afectada por la sequía? Sí, lo hizo, pero Sumer podía gestionar los déficits de precipitaciones.

Antes de la sequía, el norte de Mesopotamia tenía más precipitaciones que el sur (todavía las tiene) y dependían principalmente de la lluvia para sus cultivos. No habían desarrollado el avanzado sistema de riego de los sumerios que se había utilizado en el centro y el sur de Mesopotamia durante dos milenios. Sumeria nunca dependió mucho de la lluvia para sus cultivos. Aunque el Tigris y el Éufrates sufrieron una reducción del caudal de agua de entre el 30 % y el 50 %, los sumerios reconstruyeron sus sistemas de canales para adaptarse al cambio.

---

[i] D. Lawrence, A. Palmisano y M. W. de Gruchy, "Collapse and Continuity: A Multi-proxy Reconstruction of Settlement Organization and Population Trajectories in the Northern Fertile Crescent during the 4.2kya Rapid Climate Change Event", *PLoS One*. 16 (1) (2021). https://pubmed.ncbi.nlm.nih.gov/33428648/.

Continuaron como de costumbre con sus labores agrícolas.

La desecación de los pastos en el norte de Mesopotamia y Siria desplazó a los pastores amorreos. Emigraron hacia el sur, a las regiones situadas a lo largo del delta del Éufrates, donde aún crecía la hierba. Esto condujo a la construcción de una muralla «repelente de amorreos» de 110 millas en Sumer. Los amorreos nunca abandonaron el centro de Mesopotamia y más tarde formaron el Imperio babilónico. Este desplazamiento masivo de la población entre los agricultores del norte de Mesopotamia y los pastores nómadas provocó la caída del Imperio acadio, la duplicación de la población de Sumer y el auge de la tercera dinastía de Ur[i].

¿Qué hay de la otra parte de la maldición, la invasión guti? ¿Quiénes eran los guti, la «serpiente colmilluda de las cordilleras»? Eran de orígenes misteriosos y no eran alfabetizados, por lo que rastrear lingüísticamente a este pueblo es todo un reto. Solo tenemos los nombres de algunos de sus reyes registrados en documentos acadios y sumerios. Vivían al este del río Tigris, en los montes Zagros del actual Irán, y pagaban tributo al rey sumerio Lugal-Anne-Mundu de Adab antes de la era del Imperio acadio.

También estaban bajo el señorío de Sargón el Grande, pero cuando su nieto Naram-Sin subió al trono, ya no pagaban dócilmente sus tributos. En una de sus estelas de victoria, Naram-Sin registró una batalla en la que los guti mataron a una cuarta parte de su ejército de 360.000 hombres antes de que finalmente conquistara a su rey, Gula'an. La *Crónica de Weidner* —una historia babilónica escrita alrededor del año 1800 a. e. c.— dice que el dios Marduk, el dios patrón de Babilonia, convocó a los guti contra Naram-Sin porque este había atacado y demolido Babilonia[ii]. Pero los guti no sabían mostrar reverencia a los dioses y ofendieron a Marduk, por lo que este los expulsó de la tierra.

Los guti se habían ido filtrando lentamente en Mesopotamia durante el reinado de Naram-Sin. Tras su muerte, su hijo, el rey Sharkalisharri, luchó amargamente contra las hordas guti que aumentaron repentinamente justo cuando Mesopotamia cayó en su período de sequía de doscientos años. Los guti eran famosos por sus incursiones. Lanzaron ataques de guerrilla, devastaron ciudades y despojaron a los campos de

---

[i] Weiss, *Megadrought and Collapse*, 94-183.

[ii] *Crónica Weidner (ABC 19)*, Livio, 2020. https://www.livius.org/sources/content/mesopotamian-chronicles-content/abc-19-weidner-chronicle/.

sus productos. Sharkalisharri finalmente capturó a su rey, Sharlag, al año siguiente de terminar de construir el templo de Enlil en Nippur, lo que sometió a los guti durante un tiempo.

Este fragmento de jarrón representa a un prisionero de los acadios tirado por una nariguera y con una trenza característica. Puede que fuera guti [53]

Sharkalisharri pasó los tres años siguientes luchando victoriosamente contra los nómadas amorreos que habían emigrado repentinamente a la región del río Éufrates a causa de la sequía. Dos años después, Sharkalisharri llevó la batalla contra los guti a su territorio, luchando en Elam y llevándolos «bajo el yugo» en su decimoséptimo año como rey. Sharkalisharri murió en 2193 a. e. c. como último rey del Imperio acadio. La *Lista Real Sumeria* resume la anarquía que siguió a su muerte, cuando cuatro usurpadores se disputaron el poder a medida que el imperio menguaba: «Entonces, ¿quién fue el rey? ¿Quién no fue rey? Igigi, Imi, Nanum, Ilulu: cuatro de ellos gobernaron solo tres años».

Las ciudades sumerias, una a una, declararon su independencia de Acad. Ahora tenían la sartén por el mango. Agadé ya no era la sede de un temible señor supremo. La sequía no afectaba a Sumer tanto como en el norte: no se morían de hambre y sin nadie que los enterrara. La región de Acad estaba experimentando un descenso precipitado de su población, mientras que Sumer crecía, ya que era capaz de mantener a la gente mediante la irrigación.

Durante este periodo de inestabilidad, las tribus merodeadoras guti volvieron a bajar de las montañas hacia Acad y Sumer. Esta vez, los acadios no pudieron defenderse de las catastróficas incursiones; los ataques guti al tráfico fluvial y a las caravanas de camellos destruyeron las rutas comerciales. La sequía ya había causado una escasez letal de alimentos, y ahora, los guti despojaron de todo lo que aún crecía, sumiendo a Acad en una espantosa hambruna.

Los guti no fueron los únicos invasores. Los elamitas, los hurritas y los lullubis formaron una coalición oriental de dieciséis reyes hostiles, aprovechando la debilidad de Agadé. Aunque inicialmente fueron rechazados, volvieron a atacar, asestando a los acadios un golpe aplastante. La *Leyenda Cutaha de Naram-Sin* también menciona al misterioso pueblo Umman-Manda como otro adversario. Posiblemente, procedían del centro de Turquía.

Finalmente, en 2189 a. e. c., Dudu se apoderó de la corona de Acad, pero el imperio ya no existía. Se había desmoronado, dejando solo a Agadé, Kish y Eshnunna. ¿Formaba Dudu parte de la dinastía sargónica o era un usurpador más? La *Lista Real Sumeria* no dice quién era, solo que gobernó veintiún años. Los únicos registros disponibles dicen que el rey Dudu hizo campaña contra Umma y Lagash, trayendo a casa botín de guerra.

El hijo de Dudu, Shu-turul, subió al trono en 2168 a. e. c. Fue el último rey de las tres ciudades y gobernó durante quince años. Después de esto, Acad y gran parte de Mesopotamia cayeron en la «edad oscura» bajo el poder de los feroces guti. Los nómadas guti parecían desinteresados en la agricultura, salvo en pequeñas parcelas de huerta dentro de las ciudades. Dejaban que las ovejas, las cabras y el ganado salieran de sus corrales para vagar por la tierra. La hambruna se agravó en las regiones que controlaban y el comercio se paralizó. Los canales se llenaron de sedimentos y la hierba cubrió las carreteras.

Mientras tanto, hacia 2091 a. e. c., surgió el «Renacimiento sumerio» con la tercera dinastía de Ur. El poder se desplazó hacia el sur, a medida que la población huía de la hambruna y la invasión, vaciando el norte de Mesopotamia. Ur no llegaría a ser un imperio como Acad, pero controló el sur de Mesopotamia durante el siglo siguiente. Restauró la lengua sumeria, aunque el acadio siguió utilizándose en el comercio y la diplomacia durante los siguientes mil años.

El cambio climático y las invasiones borraron la civilización acadia, pero el imperio había unido múltiples culturas en su inmenso crisol, compartiendo una lengua común. Mostraron al mundo cómo era un imperio y establecieron el punto de referencia para futuros imperios. Ese legado perduraría.

Capítulo 6: La sociedad y la vida cotidiana acadias

La propia Acad y todas sus tierras conquistadas representaban a gente real. ¿Cómo era la vida cotidiana en el Imperio acadio? ¿Qué comía y bebía la gente, cómo vestían, cómo eran sus casas y cuál era su estructura marital y social? Este capítulo examinará la literatura y los artefactos de la época del Imperio acadio, abriendo una ventana al pasado sobre cómo vivía la gente su vida.

El Imperio acadio abarcaba numerosas nacionalidades y culturas. ¿Pudieron los pueblos conquistados conservar sus culturas? Aunque el imperio era una unidad política, las regiones conquistadas fuera de Mesopotamia continuaron con sus tradiciones étnicas y sociales. La mayoría de las zonas dentro de Mesopotamia continuaron siguiendo la cultura sumeria, asimilada por los acadios, incluyendo la oración a un panteón de dioses similar. Cuando utilizamos la palabra «acadio» para referirnos a las personas, no significa necesariamente la etnia semítica de los hablantes acadios originales. Ni siquiera podemos estar seguros de si Sargón era étnicamente acadio, ya que se desconoce quiénes eran sus padres biológicos. En un sentido amplio, el término para pueblo acadio significa aquellos de diversos orígenes que abrazaron la visión del mundo y la cultura del rey acadio[1].

---

[1] Foster, *The Age of Agade,* 30-33.

Hablando de acadio y sumerio, ¿tuvieron que aprender los sumerios la lengua acadia? ¿Qué lengua utilizaba el imperio para la literatura, la administración y los asuntos gubernamentales? Durante siglos, los sumerios y los acadios semíticos convivieron en el centro y el sur de Mesopotamia. Cuando el Imperio acadio ascendió al poder, la mayoría de los mesopotámicos ya eran bilingües en sumerio y acadio. Las dos lenguas, aunque eran totalmente diferentes, se prestaron mutuamente con total libertad hasta el Imperio acadio y a lo largo de este, hasta que se convirtieron en un *sprachbund,* una encrucijada lingüística. La lengua acadia sustituyó a la sumeria hablada a finales del imperio.

Sin embargo, los mesopotámicos del sur siguieron utilizando el sumerio en las ceremonias religiosas y en la literatura durante los dos mil años siguientes, de forma similar al latín en épocas más recientes. Los acadios adoptaron la escritura cuneiforme sumeria, por lo que en sus asuntos administrativos y gubernamentales utilizaban el acadio hablado y escrito. Tras el colapso del Imperio acadio, la lengua acadia se dividió en dos dialectos semíticos: El asirio (utilizado en el norte de Mesopotamia) y el babilonio (utilizado en el centro y sur de Mesopotamia).

¿Y fuera de Mesopotamia? La lengua acadia era similar a las lenguas semíticas que se hablaban en las zonas más orientales del imperio: Siria, Líbano y Canaán. Así, los pueblos semitas conquistados pudieron aprender rápidamente la lengua acadia hablada. Aprender la escritura cuneiforme habría sido mucho más difícil. Lo más probable es que las lenguas semíticas fuera de Mesopotamia fueran preliterarias, ya que la escritura protosinaítica (el alfabeto más antiguo) no surgió hasta aproximadamente el 1900 a. e. c.

Cuando los británicos y los franceses iniciaron las primeras excavaciones arqueológicas en Mesopotamia en el siglo XIX, desenterraron veinticuatro mil tablillas en la región acadia de Nínive. Descubrieron tantos bajorrelieves (esculturas que sobresalen ligeramente de una losa de piedra) que se extenderían casi tres kilómetros si se colocaran uno al lado del otro. Estos fascinantes bajorrelieves registraban las guerras y los logros de los grandes reyes. Pero para entender lo que decían estas tablillas y relieves, los arqueólogos tuvieron que descifrar la escritura cuneiforme, algo que aún no se había hecho[i].

---

[i] Karen Rhea Nemet-Nejat, *Daily Life in Ancient Mesopotamia*, (Westport, Connecticut: Greenwood Press, 1998), 4.

Así pues, los expertos lingüistas se pusieron manos a la obra y tardaron unos diez años en descifrar los textos. La escritura cuneiforme contiene aproximadamente seiscientos caracteres. Algunos de ellos representaban palabras enteras (como ocurre hoy en día con el chino, el coreano o el japonés), mientras que otros representaban sílabas. Cada carácter o signo podía representar tanto una sílaba como una palabra o incluso varias palabras. Todo dependía del contexto.

Como cada símbolo cuneiforme escrito podía representar múltiples valores, algunos detractores creían que nunca podría traducirse. Se burlaban de la exactitud de las primeras traducciones. Para abordar esta cuestión, la Real Sociedad Asiática envió copias de una inscripción recién descubierta a cuatro lingüistas de renombre en 1856. Cada lingüista debía traducir la inscripción sin consultar a ninguno de los otros. Seis semanas después, el comité examinó las cuatro traducciones, ¡y eran notablemente uniformes![i].

Los acadios y otros mesopotámicos llevaban registros meticulosos mediante escritura cuneiforme, que abarcaban las minucias de la vida cotidiana, como ventas, información sobre propiedades, transacciones comerciales e incluso sus historias. En la época acadia no tenían años numerados, por lo que recordaban las fechas por los nombres de los años o por el año de mandato de un gobernante. Por ejemplo, una inscripción podía decir: «En el quinto año de Naram-Sin», y los acontecimientos notables describían diferentes años del gobierno de un rey, como «el año en que se pusieron los cimientos del templo» o «el año en que Elam fue sometida al yugo».

Una fuente sorprendentemente abundante de archivos y cartas familiares cuneiformes nos permite vislumbrar cómo era la vida familiar y el papel de la mujer en el Imperio acadio. Los hombres jóvenes solían casarse a los veinte años, pero sus novias eran adolescentes; podían tener tan solo catorce años. Los padres podían concertar un matrimonio para sus hijas cuando aún eran niñas. Así, una niña de seis o siete años podía ser llamada «esposa» en un matrimonio *incipiente* una vez que su padre recibía el precio de la novia[ii].

Un matrimonio incipiente significaba que una pareja contraía matrimonio gradualmente por etapas y no en una sola ceremonia. Una

---

[i] Nemet-Nejat, *Daily Life*, 4-5.

[ii] M. Stol, "Women in Mesopotamia", *Journal of the Economic and Social History of the Orient* 38, nro. 2 (1995): 125. http://www.jstor.org/stable/3632512.

muchacha vivía en casa de sus padres tras los esponsales en la etapa prenupcial, que podía prolongarse durante una década. Si cualquier otro hombre intentaba mantener relaciones sexuales con ella, podía recibir la pena de muerte como violador de una mujer casada. La palabra acadia *batultu* significaba virgen, y se esperaba que una mujer fuera virgen hasta que empezara a vivir con su marido, aunque los besos y toqueteos íntimos parecían estar permitidos.

Cuando la joven empezaba a vivir con su marido en la etapa conyugal, traía una dote. Su marido no podía hacer nada con ese dinero ni con sus propiedades: eran para la mujer y sus futuros hijos. Si ella moría sin hijos, la dote volvía a su familia y el marido recuperaba el precio de la novia. Una vez que la mujer tenía un hijo con su marido, el matrimonio estaba completo, es decir, ya no era incipiente. Si moría con hijos, el dinero era la herencia de sus hijos; no volvía a su familia biológica.

La mayoría de los contratos matrimoniales eran orales, no escritos. Los contratos escritos se utilizaban si la novia o el novio poseían propiedades considerables o si estaba en juego un precio sustancial por la novia o una dote. Sin embargo, el padre de la novia y el novio podían negociar cuestiones como si el novio podía tomar una segunda esposa o concubina, si la esposa no podía concebir. ¿Cuál sería el estatus de la novia en el hogar si entraba en escena una segunda esposa o concubina?[i].

La mayoría de los matrimonios eran de un marido con una esposa, a menos que la esposa no pudiera concebir o padeciera una enfermedad crónica. Entonces el marido solía tomar una segunda esposa, pero la primera a veces podía elegir a la segunda esposa o concubina. El Abraham bíblico vivió en Ur, Harran (Turquía) y Canaán hacia el final de la era acadia o poco después. Su primera esposa, Sara, no podía concebir, así que *ella* le dio a su criada como concubina; esto volvió a suceder con Jacob, nieto de Abraham.

Sargón el Grande destacó por proteger a las viudas y a los huérfanos. Las mujeres solían estar casadas con hombres unos diez años mayores, y los hombres acadios eran llamados a menudo a servir en las guerras. Esto significa que el imperio contaba con muchas viudas y «huérfanos» (que normalmente tenían una madre viva, pero no un padre que los protegiera y mantuviera). Una mujer podía utilizar su dote para mantenerse a sí misma y a sus hijos, pero si no era suficiente, podía venderse a sí misma o a sus hijos como esclavos, o alguien podía

---

[i] Stol, "Women in Mesopotamia", 125.

adoptarlos. Los niños eran adoptados para trabajar gratis en el campo, y las niñas podían ser adoptadas como criadas domésticas o convertirse en prostitutas. Las prostitutas de culto estaban asociadas a los templos de la diosa Inanna, y algunos historiadores creen que la madre de Sargón era una prostituta de culto.

Esta escultura es de una joven de Umma de la época acadia.[ss]

¿Cómo vestía la gente del imperio? La mayoría de las prendas estaban hechas de lino o lana. Dos esculturas femeninas de Assur y Umma que datan de la época acadia muestran a mujeres jóvenes con el pelo ondulado peinado hacia atrás en un moño en la nuca y una banda decorativa alrededor de la cabeza: eran sencillas pero elegantes. El vestido de cuello alto de la mujer umma cae en capas, cada una de ellas de unos cinco centímetros. Esta parecía ser una tendencia de la moda mesopotámica tanto para hombres como para mujeres. Varias representaciones de la época acadia de la diosa Inanna la muestran con un vestido de manga corta y cuello cuadrado que cae en capas hasta los tobillos; a veces, una abertura en el lateral del vestido deja al descubierto la pierna desde el muslo hacia abajo.

Las obras de arte de la época muestran a hombres con largas barbas, que suelen estar elaboradamente trenzadas o rizadas. Llevan el pelo largo recogido en un moño y a veces llevan casco o gorro. Los hombres suelen ir con el torso desnudo (debido al caluroso clima mesopotámico), pero a veces llevan un abrigo abierto por delante o una capa sobre un hombro. Llevan una sencilla falda de línea A hasta las rodillas o los tobillos. La escultura de Naram-Sin en su estela de la victoria (véase el capítulo 5) lo retrata con un casco con cuernos (que significa semejanza a un dios), una larga barba, su espada a la espalda en un baldaquino (cinturón) que le cruza el pecho y un taparrabos que deja al descubierto los muslos, pero que cae por debajo de las rodillas por delante y por detrás. Sus soldados con el torso desnudo llevan cascos sencillos y una falda hasta la rodilla con un dobladillo diagonal. Los zapatos con los dedos vueltos aparecen en obras de arte que comienzan en la época de Sargón. Los prisioneros de guerra masculinos aparecen desnudos en varias estelas de victoria.

Esta estatua de diorita de un hombre acadio presenta una larga barba rizada, el pecho desnudo y una sencilla falda larga en forma de A ⁶⁴

El medioambiente definía la vida cotidiana en el Imperio acadio. El clima era principalmente árido o semiárido en Mesopotamia, con montañas, estribaciones, estepas cubiertas de hierba en el norte y desiertos y vastas regiones pantanosas en el delta meridional del río. Acad y Sumer eran extremadamente calurosas en verano, con temperaturas de hasta 49 °C y precipitaciones anuales de no más de 25 centímetros, que se producían principalmente en invierno. El Tigris y el Éufrates se desbordaban regularmente entre abril y junio, por lo que los acadios y sumerios disponían de sistemas hidráulicos como diques para regular las inundaciones.

La arcilla era un recurso natural esencial en Acad y en toda Mesopotamia. Formó las losas de la forma más primitiva de escritura. También era el material principal para la construcción de casas. La arcilla era fácil de conseguir en las llanuras de tierras semiáridas alimentadas por el Éufrates y el Tigris, y las casas de adobe o ladrillo de barro datan del Neolítico en Mesopotamia. Los árboles no eran tan comunes, por lo que los constructores solo solían utilizar la madera para enmarcar los tejados o las puertas.

La mayoría de las casas de la gente corriente tenían de una a tres habitaciones, con un patio para cocinar y llevar a cabo otras actividades. Los tejados eran planos y a menudo estaban cubiertos de grano, fruta o pescado, que se extendían para que se secaran. La gente también disfrutaba sentándose en sus tejados con la brisa de la tarde e incluso durmiendo en la azotea. Las personas de clase media y alta tenían casas más grandes centradas alrededor de un patio.

Generalmente, los constructores utilizaban ladrillos secados al sol para las viviendas, que sufrían daños con las lluvias invernales, por lo que en ocasiones tenían que extender nuevas capas de arcilla sobre las casas. Los palacios o templos se construían con ladrillos secados al horno o piedra (que normalmente había que importar, excepto en el norte de Mesopotamia, que disponía de yeso). La gente tiraba la basura a la calle; al cabo de un tiempo, se mezclaba con la arena hasta formar una capa más alta que los umbrales de las casas, lo que permitía que la lluvia y las aguas residuales se filtraran en las viviendas. Ocasionalmente, era necesario elevar los suelos por encima del nivel de la calle.

Un recurso natural era el betún, que se filtraba desde los lechos del suelo cerca del Éufrates. El betún era una sustancia negra y pegajosa —algo así como el alquitrán— que se utilizaba para pegar ladrillos o como recubrimiento impermeable de tejados u otros objetos. En la leyenda del nacimiento de Sargón, su madre selló su cesta con betún antes de hacerla flotar río abajo (como hizo la madre del Moisés bíblico).

En Acad (y en el resto de Mesopotamia), la dieta era similar a la actual de Oriente Medio. Cultivaban el trigo autóctono einkorn, que molían en harina y utilizaban para cocer el pan en hornos de barro comparables a los actuales hornos de tannour de Oriente Medio. Los hornos solían estar en el patio o en un lugar céntrico compartido con varios vecinos. La masa se leudaba o no, se aplanaba y luego se presionaba contra la pared interior del horno para cocerla. Era similar al pan naan, lavash o pita de hoy en día. El suelo de Mesopotamia se volvió cada vez más salino con el tiempo, por lo que muchas zonas pasaron de cultivar trigo a cebada, que toleraba mejor el suelo salino. Utilizaban la cebada para hacer pan, gachas y una espesa cerveza, esta última se consumía a diario y a menudo se bebía con pajita.

Cultivaban legumbres, incluidos garbanzos y lentejas. Podían tener cordero o cerdo que asaban o cocinaban en una cazuela de barro con verduras de temporada en los días festivos. Cultivaban frutas y verduras como ajos, puerros, cebollas, cominos, pepinos, albaricoques, dátiles, higos, uvas, melones, granadas y berenjenas. Los acadios consumían huevos y carne de aves acuáticas y pescado asado o seco. ¡Comían mucho pescado! Bebían leche de cabra y hacían yogur, queso, mantequilla y *ghee*. Cuando no estaban soportando una terrible sequía, la dieta acadia era rica en proteínas con una gran variedad de productos saludables.

Las ocupaciones de los acadios influían en su jerarquía social. Tenían un sistema de clases de cinco niveles. En la cima estaba la nobleza: el rey, sus gobernadores y otros líderes políticos. Muchos gobernadores u otros cargos de la administración superior pertenecían a la familia del rey. Los gobernadores acadios eran los principales administradores en los territorios conquistados que se extendían desde el mar Mediterráneo hasta el golfo Pérsico, y los militares acadios velaban por su cumplimiento.

El segundo estrato lo formaban los sacerdotes y sacerdotisas, que a menudo también eran miembros de la familia real. La casta sacerdotal —tanto hombres como mujeres— solía saber leer y escribir en la escritura cuneiforme. No solo organizaban el culto en los templos, sino que también ejercían de médicos y dentistas en los patios de los templos. Algunos eran astrólogos, observaban el movimiento de las estrellas, los planetas y los cambios celestes para predecir el futuro y descifrar presagios. Sargón estableció una biblioteca con lo que puede haber sido la primera colección de estudios astrológicos.

Los ciudadanos de clase alta constituían el tercer estrato social. Eran los contables, los comerciantes acomodados, los arquitectos, los oficiales del ejército, los escribas y los maestros. Muchas personas de esta clase estaban alfabetizadas, ya que la lectura y la escritura eran necesarias para su oficio. De lo contrario, tenían que contratar a un escriba. Se necesitaban nueve años para formar a un escriba en la lectura y escritura cuneiforme. El imperio contaba con escuelas para enseñar a leer y escribir a las clases media y alta, y algunas familias ricas contrataban a tutores.

El cuarto estrato social englobaba a las clases bajas, fundamentales para el crecimiento del imperio. Estas eran los agricultores, pastores y pescadores, y trabajaban para alimentar a la enorme población. Los dos recursos naturales más importantes de Mesopotamia eran los sistemas fluviales gemelos del Éufrates y el Tigris y el depósito anual de limo de estos ríos que cubría la tierra durante las inundaciones de primavera. Con abundante agua y fertilización natural, la agricultura o la ganadería era la ocupación de al menos la mitad de la población del Imperio acadio.

Algunos granjeros eran propietarios de sus tierras, normalmente de unas doscientas hectáreas. Otros eran arrendatarios y cultivaban unas doce hectáreas, pero tenían que entregar hasta dos tercios de la cosecha a los terratenientes y para la «porción del rey». No obstante, la cosecha restante era suficiente para mantener a una familia. La porción de la cosecha destinada al rey se cargaba en barcazas y se enviaba a Agadé para alimentar a la casa del rey y a su ejército[1].

Los mesopotámicos habían sido pastores de ovejas y cabras mucho antes de asentarse en ciudades y cultivar. Esta ocupación consagrada por el tiempo siguió proporcionando lana, leche y carne; algunos pastores se enriquecieron con la venta de lana. Criar burros y bueyes también era una ocupación rentable, ya que estos animales tiraban de carretas para el transporte. Los bueyes también tiraban de las barcazas para remontar los ríos y canales.

Los pescadores y acuicultores proporcionaban la fuente de proteínas más importante para el imperio, puesto que la población consumía

---

[1] Foster, *The Age of Agade*, 143-46.

cantidades asombrosas de pescado, lo que sabemos por los documentos de entrega. Pescaban con redes en los ríos y en el golfo Pérsico y los criaban en estanques alimentados por irrigación. Los patos y los gansos proporcionaban huevos, plumas y carne, y criaban pequeñas cantidades de cerdos para banquetes especiales. Los búfalos de agua aparecían en los sellos de la época acadia y eran vistos allí por los comerciantes. Es posible que fueran importados del valle del Indo.

Otras clases inferiores incluían a los tejedores de cestas, los trabajadores de la construcción, los artesanos y los militares alistados que no eran oficiales. Los trabajadores de la construcción para proyectos estatales como la limpieza de canales, la fabricación o colocación de ladrillos o la construcción de carreteras recibían raciones de comida, aceite de cocina y lana. En el Imperio acadio era totalmente posible ascender a niveles sociales más altos gracias a unas excelentes habilidades, ética laboral y alianzas matrimoniales estratégicas.

El empleo de las mujeres solía ser en el hogar. Molían el grano en harina para hacer pan, tejían telas, cosían prendas, cuidaban a los niños, traían agua del pozo comunitario, cortaban juncos para tejer esteras, cocinaban y limpiaban. Sin embargo, las mujeres podían adquirir tierras y administrarlas, lo que hacían comúnmente las mujeres de clase alta. También eran propietarias de tabernas. Las mujeres no tenían el mismo estatus elevado y la misma protección legal que en la cultura sumeria, pero era mayor que en el siguiente Imperio asirio. La posición más elevada para una mujer era servir como gran sacerdotisa, como hizo Enheduanna, la hija de Sargón. Las mujeres sacerdotisas también trabajaban como médicas y dentistas, ya que las artes médicas implicaban prácticas religiosas.

La clase más baja eran los esclavos. Normalmente, eran prisioneros de guerra y algunos tenían estudios o eran artesanos altamente calificados. Unos pocos esclavizados eran criminales que habían recibido la servidumbre como condena. Un hombre con deudas abrumadoras podía vender a sus hijos, a su mujer y a sí mismo como esclavos. Las personas esclavizadas eran caras de comprar y mantener, por lo que no solían desempeñar trabajos agrícolas. Era más barato adjudicar tierras a agricultores arrendatarios que se mantenían a sí mismos y entregaban al menos la mitad de la cosecha al terrateniente[i]. La mayoría de los esclavos eran criados domésticos de las familias ricas. Los esclavos calificados o

---

[i] Foster, *The Age of Agade*, 149.

educados servían como contables, artesanos, administradores de granjas, escribas y maestros.

El Imperio acadio desarrolló el primer servicio postal conocido del mundo, aprovechando el sistema de carreteras que se extendía por todo el imperio. Las «cartas» que entregaban los carteros en aquella época eran tablillas de arcilla con la escritura cuneiforme. El «sobre» comenzó con el reinado de Sargón; era una capa exterior de arcilla estampada con el sello del remitente. El destinatario abría la fina capa exterior para leer el mensaje.

¿Cómo hizo posible un imperio fuerte las redes comerciales? El comercio ya estaba bien establecido en Mesopotamia, remontándose al Neolítico. Sin embargo, el sistema de calzadas del imperio, su relativa seguridad, sus fuertes alianzas y su territorio más amplio propiciaron un próspero comercio con regiones lejanas, vertiendo riqueza en Agadé y trayendo bienes necesarios y artículos de lujo de tierras lejanas. También propició asombrosos desarrollos en la comprensión matemática, la metalurgia, el arte y la arquitectura, ya que las innovaciones y las técnicas podían compartirse y seguir desarrollándose.

¿Dónde estaban las redes comerciales y con qué comerciaban? Mesopotamia tenía escasez de árboles, por lo que comerciaban con el Líbano por sus cedros y con las montañas del Cáucaso de Turquía por otras maderas. El este de Turquía (Anatolia) también era una rica fuente de plata, estaño y cobre. El Imperio acadio no tenía monedas planas, pero utilizaba «siclos» de plata, que eran pequeños trozos de plata que pesaban unos 8,4 gramos. Estos siclos mejoraron exponencialmente el comercio como medio de intercambio.

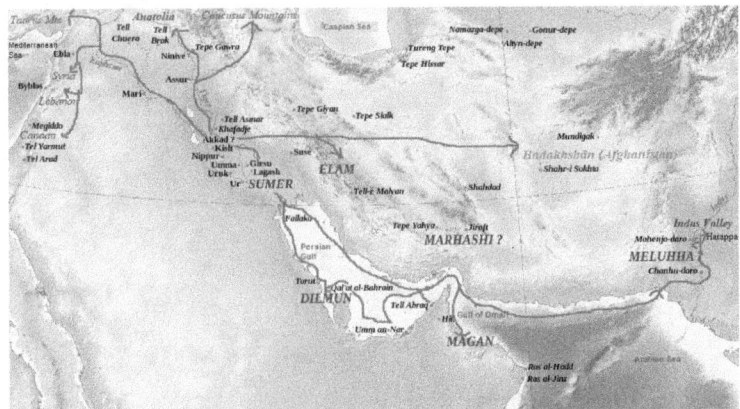

Las rutas comerciales del Imperio acadio se extendían desde el Mediterráneo hasta Anatolia, en el norte, hasta el valle del Indo, en el sureste, y alrededor del golfo Pérsico[55]

Sargón el Grande envió barcos al valle del Indo, comerciando con las ciudades de Mohenjo-Daro y Harappa (en el actual Pakistán) para obtener clavo, conchas únicas, cuentas de cornalina, marfil, madera y tejidos de algodón. Los barcos acadios también navegaron por el golfo Pérsico, comerciando con cobre, perlas, piedras semipreciosas y lino. Los acadios comerciaban con Badakhshān (Afganistán) por lapislázuli. Los acadios exportaban grano, betún, tejidos de lana, aceite de cocina, frutos secos, pescado seco, artículos de cuero, cerámica y cestas.

La mayoría de las exportaciones del imperio eran bienes necesarios como los alimentos, mientras que las importaciones, excepto la madera, eran lujos, lo que apunta a la asombrosa riqueza del Imperio acadio[i]. Disponía de alimentos en abundancia (hasta la gran sequía), por lo que el comercio no era estrictamente necesario; más bien reflejaba el prestigio y la estratificación social de la sociedad acadia, así como la estima y el dominio del imperio sobre las zonas circundantes.

---

[i] Christopher Edens, "Dynamics of Trade in the Ancient Mesopotamian 'World System'", *American Anthropologist* 94, nro. 1 (1992): 122. http://www.jstor.org/stable/680040.

Capítulo 7: La guerra y los militares

¿Qué caracterizaba a la potencia militar acadia? ¿Cómo hizo esta fuerza marcial para conquistar como nunca antes? Sargón el Grande dijo que ganó 34 guerras. Su fuerza principal de 5.400 hombres fue el primer ejército permanente de la historia, y fue la primera vez que las campañas militares involucraron regiones distantes en lugar de las ciudades-estado vecinas. El recién desarrollado arco compuesto que utilizaba puntas de flecha de bronce fue uno de los secretos del éxito, ya que supuso una revolución armamentística.

¿Cómo reclutaban Sargón y otros reyes acadios a sus soldados? Una forma principal era a través de la conquista. Los estados conquistados normalmente tenían que hacer dos cosas: pagar tributo (dinero o bienes) a Acad y proporcionar hombres para el ejército del imperio. La mayoría de los imperios que siguieron al Imperio acadio emplearon este método de reclutamiento. Pero Sargón también inició cuerpos de voluntarios llamados *niskum*, que recibían beneficios por alistarse, raciones regulares de pescado y sal, y parcelas de tierra como recompensa cuando dejaban el servicio. Aproximadamente uno de cada cinco soldados del ejército acadio eran estos leales profesionales militares.

Sargón organizó su ejército de tiempo completo en nueve batallones de 600 hombres. Voluntarios o reclutados, los soldados del imperio pronto adquirirían experiencia en la batalla, ya que las guerras de conquista y defensa se sucedían la mayoría de los años, junto con la tarea continua de aplastar las rebeliones esporádicas de los estados conquistados. Sargón también desplegó soldados *nim, en acadio, nim significaba moscas*. Enviaba a estos soldados por delante del cuerpo principal de guerreros como escaramuzadores para acosar y distraer al enemigo como un enjambre de moscas[i].

Esta estela de la victoria celebra la conquista de los lullubis por Naram-Sin [56]

---

[i] "The Akkadians". *Weapons and Warfare: History and Hardware of Warfare*, 2019. https://weaponsan,dwarfare.com/2019/07/29/the-akkadians/.

El rey acadio era el comandante en jefe del ejército, y bajo él estaban los generales, los máximos comandantes de campo de los lanceros, hacheros, arqueros y otras unidades. La estela de la Victoria de Naram-Sin lo muestra en la parte superior, más grande que la vida, con un casco con cuernos, frente a los conquistados lullubis. Frente a él, un soldado lullubi agoniza a causa de una lanza que le atraviesa el cuello. Detrás del hombre mortalmente herido, el rey lullubi, Satuni, suplica clemencia, y debajo de él, un general lullubi levanta la mano, suplicando por sí mismo y por sus hombres.

Bajo el rey y sus generales se encontraban los *laputtum* o comandantes de batallón. Los militares parecían utilizar el sistema sexagesimal (sesenta); un batallón tenía seiscientos hombres, mientras que un pelotón estaba formado por sesenta hombres. Estaban dirigidos por un *waklum* o capitán. Sargón tenía una fuerza de reserva de hombres entrenados en Agadé; mencionó haber reunido nueve contingentes de la ciudad. Es probable que llevaran a cabo trabajos regulares como nuestras reservas actuales, pero estaban entrenados y listos para desplegarse en cualquier momento[i].

Un ejército tan grande que cubría miles de kilómetros de territorio requería una organización superior para la logística y la administración. Como el imperio se extendía de mar a mar y el ejército seguía creciendo, Sargón necesitaba desesperadamente administradores capaces para su ejército. Repartió estas tareas burocráticas entre hombres de su confianza. Se aseguraban de que los soldados recibieran el pan y la cerveza diarios, y de que los suministros y las máquinas de asedio fueran transportados al lugar correcto. Estos burócratas requerían un buen conocimiento de las tierras por las que viajaba el ejército.

Por ejemplo, necesitaban saber de qué fuentes de agua locales disponían, a qué distancia se encontraban y qué cantidad habría que transportar. Sabían con precisión cuánto tiempo se tardaría en marchar de un punto a otro del imperio. Las ciudades conquistadas a lo largo del camino proporcionaban alimentos al ejército; los documentos de Umma enumeran las provisiones que suministraban al ejército acadio. Los escribas viajaban con el ejército, llevando registros de bajas y suministros, relatos que describían a sus adversarios y detalles distintivos de las nuevas tierras. Un sacerdote acompañaba a las tropas y practicaba la adivinación

---

[i] "Akkadian Military", *Weapons and Warfare: History and Hardware of Warfare*, 2019. https://weaponsandwarfare.com/2019/09/21/akkadian-military/.

para determinar las tácticas más propicias. Los correos llevaban las órdenes y otros mensajes de ciudad en ciudad.

Los bajorrelieves y otras obras de arte representan el arsenal militar, incluyendo el hacha de combate, el arco y la flecha, la jabalina, la lanza, la maza y la lanza. Varios cuerpos llevaban armas específicas; por ejemplo, habría un pelotón de arqueros para el asalto a larga distancia y pelotones de lanceros y portadores de hachas para el combate más cercano. Los lanceros solían llevar también un hacha, ya que con frecuencia perdían sus lanzas tras arrojarlas o empalar a alguien y no poder recuperarlas. Los soldados solían llevar una honda o un garrote para lanzar (como un bumerán) en el cinturón.

Este relieve rupestre en Darband-i Gawr de la montaña Qaradagh muestra a Naram-Sin sosteniendo un hacha de batalla en una mano con un arco colgado del hombro⁸⁷

En su estela de la victoria, Naram-Sin sostiene lo que parece ser un arco compuesto, que otorgaba al ejército acadio una clara ventaja sobre sus enemigos. Un arco simple «propio» está hecho de una sola pieza de madera, mientras que un arco compuesto tiene varias piezas pegadas con cuerno de buey o de íbice y tendón animal, lo que proporciona una mayor flexibilidad. La velocidad del arco compuesto era de dos a tres veces mayor que la de un arco simple; las flechas podían viajar al menos el doble de lejos y atravesar armaduras de cuero. Como el letal arco compuesto era más ligero, resultaba más fácil dispararlo desde un caballo o un carro.

¿Qué hay de la armadura? La mayoría de las obras de arte de la época del Imperio acadio no muestran ninguna protección corporal en los soldados, excepto cascos, a veces con alpartaz de cuero para proteger el cuello. En la estela de la Victoria de Rimush, el soldado que sostiene el arco lleva lo que parece ser una prenda de cuero. El soldado que mata al prisionero lleva una faja sobre el hombro sujeta por un cinturón. Si el material era cuero, podría haber sido una especie de armadura. La mayoría de las obras de arte acadias no muestran a soldados sosteniendo escudos, pero los militares acadios probablemente utilizaban «escudos torre» como los soldados de Lagash representados en la estela de los Buitres.

¿Qué tácticas utilizaban los militares acadios? ¿Tenían caballería? ¿Utilizaban carros en la guerra? Los sumerios utilizaron un engorroso carro de cuatro ruedas tirado por uno o dos asnos durante siglos antes que Sargón, y el arte acadio representa varios tipos de vehículos de carro en combate. Los eruditos creyeron inicialmente que los caballos no aparecieron en Mesopotamia hasta unos quinientos años después de Sargón el Grande, basándose en la falta de obras de arte acadio y sumerio que representaran a una persona a caballo. Sin embargo, en 1992, los arqueólogos desenterraron un modelo de arcilla de un caballo en Tell es-Sweyhat (Siria), a orillas del río Éufrates, que data del año 2300 a. e. c., es decir, durante el reinado de Sargón. Los modelos de carros encontrados en el mismo yacimiento implican que eran tirados por caballos. Los textos hallados en Ebla indican que había caballos en Mesopotamia, incluso antes del reinado de Sargón. Esto significa que el uso de la caballería y de carros tirados por caballos pudo haber contribuido al auge sin precedentes del Imperio acadio[1].

Los soldados de infantería (soldados a pie) servían en unidades de lanceros, arqueros y hacheros. Los lanceros podrían haber desplegado en primer lugar munición con hondas antes de acercarse lo suficiente para empalar a sus enemigos con lanzas. La caballería y los carros probablemente apoyaban a la infantería, quizá lanzando una carga inicial cuando los dos ejércitos se acercaban el uno al otro. Si los caballos y los carros más rápidos eran nuevos en Mesopotamia y el Levante, el mero valor de choque podría haber hecho huir al enemigo.

---

[1] John Noble Wilford, "Ancient Clay Horse is Found in Syria", *The New York Times*, 3 de enero de 1993. https://www.nytimes.com/1993/01/03/world/ancient-clay-horse-is-found-in-syria.html.

Esta estela de la Victoria, que se cree que es de Rimush, retrata la masacre de enemigos desarmados. El soldado de la izquierda empuña lo que parece ser un arco compuesto[58]

Sin embargo, algunos combates no se habrían prestado ni a los carros ni a la caballería. Por ejemplo, el terreno habría sido demasiado accidentado y escarpado para los carros cuando los acadios lucharon en los montes Zagros contra los guti, lullubis y elamitas. A los caballos les habría ido un poco mejor, pero la ventaja de la caballería era el ataque rápido, que habría sido difícil en campos de batalla accidentados y boscosos.

Las inscripciones acadias mencionan a menudo los asedios, pero no incluyen muchos detalles de en qué consistía su guerra de asedio. Sargón mencionó «derribar» los muros de las ciudades que se le resistían, pero no dijo *cómo* lo hizo. Sabemos por pruebas textuales que Siria utilizaba arietes (*yašibu* en lengua acadia) en la época del Imperio acadio. Algunos sellos cilíndricos representan carros o carretas; algunos eran tirados por caballos (o asnos) y otros eran propulsados por personas. Una rama de los acadios asentó la ciudad de Nabada en Siria (el yacimiento arqueológico es Tell Beydar) aproximadamente un siglo antes que Sargón el Grande. Durante el Imperio acadio, Nabada fue un puesto avanzado del imperio. Las impresiones de sellos cilíndricos de las excavaciones arqueológicas de Tell Beydar muestran prototipos de máquinas de asedio.

Una impresión del sello muestra varios carros de cuatro ruedas de diferentes formas. El vehículo de la parte superior derecha (y superior izquierda) de la escena parece un carro de cuatro ruedas tirado por un caballo. En la parte inferior de la imagen aparecen dos carros sin caballos. Ambos están frente a una estructura parecida a una torre que podría representar un edificio alto (quizá la muralla de una ciudad). El carro situado a la izquierda de la estructura elevada tiene tres palos que se extienden desde él y que podrían ser una especie de ariete triple empujado desde atrás para derribar la estructura.

Esta impresión de sello de la ciudad acadia de Nabada muestra lo que parece ser un ariete con ruedas en la parte inferior izquierda y una torre de asedio rodante en la parte inferior derecha.[59]

A la derecha de la estructura alta, otra carreta con un hombre dentro tiene una pared delantera y trasera, altas y está siendo empujada desde atrás por otro hombre. La función de este carro no está clara; sin embargo, otra fotografía muestra un carro similar a este con los laterales casi tan altos como las paredes. Parecen ser torres de asedio sobre ruedas para proteger a los soldados y elevarlos lo suficiente para disparar flechas contra la estructura. Estas imágenes sugieren que los militares acadios disponían de arietes y otras máquinas de asedio algo sofisticadas.

¿Cuáles eran las estrategias ofensivas y defensivas del ejército acadio? La formación de batalla de falange se utilizaba en Sumeria aproximadamente un siglo antes de Sargón el Grande, por lo que es de suponer que el ejército acadio la utilizara. La estela de los Buitres, que celebra la victoria del rey Eannatum de Lagash sobre Umma, muestra una fila de ocho soldados de pie, hombro con hombro, con cuatro grandes escudos que les cubren el cuerpo desde el cuello hasta los tobillos. En una formación típica de falange, cada soldado tiene su propio escudo, pero la talla parece representar un escudo por cada dos soldados, lo que habría sido posible con escudos más grandes y dobles empuñaduras.

La formación de falange se utilizaba tanto defensiva como ofensivamente. Los hombres sostenían los escudos hasta tocar los de alado; incluso podían superponerse ligeramente. Mientras los soldados mantuvieran una intensa disciplina y se mantuvieran firmes, la falange presentaba un muro de defensa casi impenetrable. Las únicas partes del cuerpo expuestas eran las cabezas y los cuellos con yelmo y los pies.

Pero la falange era también una formidable herramienta ofensiva. Una falange típica no consistía en una sola fila de soldados, sino en varias filas, una detrás de otra. Las filas de soldados con escudos marchaban con paso firme hacia el enemigo, manteniendo filas inmaculadas. Mientras tanto, los arqueros disparaban flechas con sus arcos compuestos al aire, por encima de las cabezas de los soldados acadios y hacia las filas enemigas. Con una lluvia de flechas cayendo sobre ellos, el enemigo comenzaría a romper filas mientras la falange marchaba constantemente hacia ellos.

La sección de la estela de los Buitres muestra una formación de falange.[60]

Una vez que la falange se encontraba a unos diez o quince metros de distancia, los soldados se lanzaban de repente a la carrera, golpeando al enemigo con sus escudos. Los soldados de la segunda, tercera y demás filas empujaban con sus escudos a los soldados que tenían delante, de modo que era como una gigantesca apisonadora humana que surcaba las filas enemigas. En la estela de los Buitres, los soldados caídos yacen a los pies de los soldados, aplastados por la embestida de los escudos.

A veces, una falange fuerte y cerrada conseguía atravesar las filas enemigas. Por lo general, la falange acababa rompiéndose, quizás al tropezar con los cuerpos de los hombres que tenían debajo o cuando el bando contrario también tenía una falange cerrada. Cuando la falange se desmoronaba, los soldados cogían sus hachas de batalla y sus mazas para el combate cuerpo a cuerpo. La formación de falange funcionaba muy bien en un campo de batalla razonablemente llano, sin árboles ni otros obstáculos en el camino. Pero cuando luchaban en las montañas o en terreno boscoso, tenían que aplicar estrategias alternativas. Utilizaban escudos más pequeños y redondeados, enfrentándose más con sus hachas y lanzas.

Varias estelas representan a tropas derrotadas desnudas. Algunas están encadenadas, lo que significa que probablemente se enfrentaron a la esclavitud, mientras que otras están empaladas con lanzas o golpeadas en la cabeza con un hacha o una maza. Cuando vencían al enemigo, los soldados acadios los despojaban de sus armas y ropas. Los acadios amontonaban a los soldados enemigos muertos —a veces por miles— en un gran montículo cubierto de tierra. Esta colina de soldados muertos podía tener una estela monumental erigida en la cima, celebrando la victoria y planteando una sombría advertencia a otras ciudades que pudieran resistirse a la maquinaria bélica acadia.

El rey acadio necesitaba ser un gran guerrero para ganarse el respeto de su pueblo como líder. Sargón marcó la pauta que los demás debían seguir. Conquistó enormes extensiones de territorios, trajo cantidades asombrosas de botín y abrió nuevas rutas comerciales que condujeron a una riqueza inimaginada para Acad. El rey acadio ideal estaba intrépidamente dispuesto a saltar a los conflictos violentos para ampliar las fronteras del imperio, proteger a su pueblo contra las invasiones y someter las insurrecciones.

Este concepto supuso un cambio de paradigma en la teología. Antes, los sumerios se sentían dependientes de los dioses para tener éxito en la batalla. No era culpa suya si perdían: los dioses habían ordenado el triunfo para el otro bando. Sin embargo, especialmente con Naram-Sin, lo vemos atribuirse el mérito de sus victorias en lugar de reconocer la intervención divina. Cuando se produjeron múltiples catástrofes cerca del final de su reinado, que finalmente condujeron a la caída del imperio en las reglas de sus sucesores, los mesopotámicos se aferraron a la idea de que su falta de piedad trajo una maldición sobre Agadé.

Sargón creó el primer imperio multinacional del mundo con el primer ejército permanente del mundo. ¿Qué hacía ese ejército permanente cuando no estaba invadiendo nuevas tierras? El ejército acadio se dedicaba a menudo a salvaguardar los dominios que ya habían sido capturados de insurrecciones internas e invasiones externas. A las insurrecciones se respondía con la matanza masiva de poblaciones y el arrasamiento de ciudades, incluso ciudades acadias. Los militares acadios combatieron ferozmente a los guti, elamitas y otros invasores, aniquilando a sus prisioneros o esclavizándolos.

El ejército a tiempo completo también garantizaba la paz y la estabilidad en todo el imperio. Se apostaron batallones en las provincias conquistadas, desalentando las rebeliones y manteniendo seguras las rutas comerciales. Esta relativa seguridad provocó un aumento del comercio, enriqueciendo a todo el imperio. La ley y el orden potenciaron la construcción de un sistema de carreteras en todo el imperio, el sistema postal, el apasionante intercambio de desarrollos científicos y artísticos, así como los avances en irrigación y construcción.

Los acadios afrontaban los conflictos y las guerras de forma diferente a sus vecinos sumerios. Sargón y sus sucesores tuvieron que adaptarse a gobernar pueblos con culturas y lenguas diversas. Aunque en general dejó intactas las prácticas religiosas y culturales autóctonas, Sargón descubrió que un enfoque «suave» era inadecuado. Recurrió a colocar guarniciones tripuladas con soldados y gobernadores acadios en las tierras conquistadas.

Cuando las guarniciones y los gobernadores acadios fracasaban a la hora de mantener a raya a una ciudad-estado —sobre todo en Sumer— Sargón y sus descendientes (especialmente Rimush) mataban, esclavizaban o exiliaban a casi toda la población y repoblaban la tierra con acadios. Los sumerios consideraban esto un sacrilegio contra los dioses. Una vez más, la teología acadia entraba en conflicto con las creencias sumerias de que un dios patrón poseía y protegía cada ciudad y que la realeza descendía del cielo.

Los acadios eran más humanistas, creían que la gente poseía la tierra y gobernaba las ciudades y que los hombres, y no los dioses, determinaban la realeza[1]. Por supuesto, los acadios eran religiosos y creían que eran

---

[1] "Akkadian Military", *Weapons and Warfare*.

guiados y ayudados por los dioses; de hecho, eran los mismos dioses que los sumerios. Sin duda consultaban los presagios a cada paso, pero no pensaban que todo fuera propiedad u ordenado por los dioses.

El ejército desempeñó un papel crucial en el éxito del Imperio acadio. El ejército permitió a los acadios unir toda Mesopotamia bajo un solo gobernante y luego extender el imperio en todas direcciones. La visión del mundo de los acadios condujo a una nueva teología de la guerra. La competición era un valor esencial, ya que era más importante vivir según el propio ingenio y hacer alianzas clave y tomar decisiones inteligentes que confiar en la intervención divina[i].

Sargón creía que tenía un derecho divino a conquistar. Pensaba que estaba reflejando el panteón celestial al reunir a todas las ciudades-estado de Mesopotamia y más allá bajo un gobierno centralizado. Él y los acadios creían que los humanos dirigían el universo. La teología de la guerra de los acadios era triple: 1) lucha dentro del reino divino de los dioses, 2) competición entre las fuerzas militares, que dependían del favor divino, y 3) orden y equilibrio aportados por el rey humano. El papel principal del ejército era permitir al rey poner orden para que el gobierno de la tierra reflejara el de los cielos[ii].

---

[i] Foster, *The Age of Agade*, 236.

[ii] Michael Cserkits, "The Concept of War in Ancient Mesopotamia: Reshaping Carl von Clausewitz's Trinity", *Expeditions with MCUP*, United States Marine Corps University Press, (2022). https://doi.org/10.36304/ExpwMCUP.2022.01

Capítulo 8: Cultura y arte

¿Qué diferenciaba el arte y la cultura acadios de los de otras civilizaciones? Benjamin Foster, catedrático de asiriología y literatura babilónica en Yale, resume el arte acadio como «un capítulo brillante en el desarrollo de la iconografía y la técnica»[i]. Los acadios llevaron el arte visual a nuevas cotas. Renovaron las estructuras sumerias en su propio e imponente estilo arquitectónico e introdujeron el primer autor de poesía, himnos y oraciones con nombre propio del mundo. Los innovadores logros culturales de la civilización acadia estuvieron a la altura de su asombroso éxito en la construcción de imperios.

La literatura acadia es enriquecedora y fascinante, ya que trata temas como los orígenes humanos, las razones o la falta de razones del sufrimiento y la intervención de los dioses en la historia. Los temas recuerdan a los relatos y la poesía bíblicos, reflejando las luchas, frustraciones y preguntas de la humanidad. El registro textual acadio abarca una amplia gama, incluyendo documentos administrativos mundanos, cartas personales, contratos legales, recetas, guías de «cómo hacer», tablas matemáticas y prescripciones medicinales. Pero las joyas de la literatura acadia son los sofisticados poemas, relatos e himnos que nos ayudan a comprender la vitalidad y complejidad de la vida acadia[ii].

La literatura naru fue un género literario mesopotámico que surgió hacia finales del Imperio acadio. Eran relatos moralistas en los que intervenía un héroe humano —generalmente un rey— y su relación con

---

[i] Foster, *The Age of Agade*, XVI.

[ii] Alan Lenzi, *An Introduction to Akkadian Literature* (University Park: The Pennsylvania State University Press, 2019), 5-6.

los dioses. Dos ejemplos predominantes de literatura naru son inscripciones escritas varias generaciones después del final del imperio, pero trataban sobre acontecimientos de la época acadia: La *Leyenda de Sargón*, de la que hablaremos en el capítulo 9, y *La maldición de Agadé*, de la que ya hablamos en el capítulo 5. Estos dos relatos mezclan acontecimientos de la vida real (como la gran sequía y la invasión guti) con la interpretación de los autores sobre la intervención divina y, en ocasiones, ficción fantasiosa. La literatura naru no es tanto relatos históricos reales como un intento de extraer significado de la historia o de la pseudohistoria[i].

Otro ejemplo de literatura naru en el que interviene un rey acadio es la *Leyenda de Cutha*, protagonizada por Naram-Sin, el cuarto rey de Agadé. Es un cuento con moraleja sobre seguir la voluntad de los dioses en lugar de confiar en el propio poder. La historia comienza con Naram-Sin lamentándose del destino de Enmerkar de Uruk, que sufrió la ira de los dioses sin ninguna razón real, a pesar de sus intentos de adivinación. Naram-Sin se lanza entonces a su propia historia de la inexplicable ira divina provocada por un enorme ejército de 360.000 guerreros aparentemente sobrenaturales, amamantados por Tiamat, la diosa del caos. Uno a uno, este ejército diabólico destruyó civilizaciones como Subartu, Guti, Elam, Dilmún y otras.

Naram-Sin envió a su soldado armado con una daga a apuñalar a uno de los guerreros. Si salía sangre, eran humanos, pero si no, eran demonios del inframundo. El soldado regresó para informar de que salía sangre; eran mortales. Naram-Sin sacrificó entonces siete corderos, y siete adivinos que representaban a siete dioses le prohibieron ir contra el ejército. Pero Naram-Sin decidió seguir el consejo de su propio corazón, diciendo: «¡Déjenme asumir la responsabilidad por mí mismo!».

En su primer año de campaña militar contra el ejército infernal, envió 120.000 hombres, y todo el ejército murió a manos del enemigo. En el segundo año, envió 90.000 soldados, y el ejército infernal aniquiló a todos los hombres. El tercer año envió a 60.700 guerreros, y ningún hombre regresó con vida. Naram-Sin estaba consternado y desconcertado. ¿Cómo pudo ocurrir esto? Profundamente angustiado, se dio cuenta de que era un pastor que había fallado a su pueblo. ¿Cómo podía salvar a su país?

---

[i] Joshua J. Mark, "The Legend of Cutha", *Enciclopedia de Historia Mundial*, 2021. https://www.worldhistory.org/article/1869/the-legend-of-cutha/.

Tras humillarse ante los dioses, Naram-Sin capturó a doce hombres del abominable ejército y los llevó de vuelta a Agadé. Los dioses le ordenaron que perdonara a estos hombres porque el dios Enlil ya había planeado la destrucción de la ciudad de estos soldados. Naram-Sin se dio cuenta de que debía ejercer el autocontrol, mantenerse a raya y permitir que los dioses actuaran. Aprendió que no podría salvar a su país con sus propios esfuerzos, sino solo con la protección divina[i].

Otro género dominante de la literatura acadia es la poesía religiosa, que fue escrita por la hija de Sargón. Estratégicamente, Sargón colocó a sus hijos y otros parientes en puestos administrativos clave en Acad y sus territorios conquistados. Nombró a su hija Enheduanna en Ur como suma sacerdotisa del dios de la luna Nanna. Su presencia real ayudaría a crear estabilidad en el sur de Sumer. Enheduanna fue una prolífica escritora de himnos y oraciones petitorias. Es la primera autora literaria de la historia de la que tenemos un nombre. La poesía de Enheduanna ayudó a sincretizar el concepto sumerio de las divinidades con la teología acadia.

El nombre de Enheduanna era sumerio y probablemente se trataba de un título sacerdotal, no de su nombre de nacimiento. Literalmente significaba «sacerdotisa principal, el ornamento del cielo». En su poema, *Reina de todos los poderes cósmicos*, relata su lucha con el rey de Ur, Lugal-Anne-Mundu. Fue el mismo rey que se unió a los reyes de Uruk y Kish en una revuelta contra su sobrino, Naram-Sin. Acosada sexualmente, obligada a abandonar su puesto de gran sacerdotisa y a exiliarse, y sintiéndose abandonada por Nanna, suplicó a la hija de esta, la diosa Inanna:

> «Reina de todos los poderes cósmicos, luz brillante que brilla desde lo alto,
>
> mujer firme, vestida de esplendor, amada de la tierra y del cielo...
>
> Sí, ocupé mi lugar en la morada del santuario,
>
> fui suma sacerdotisa, y yo, Enheduanna.
>
> Aunque llevé la cesta de las ofrendas, aunque entoné los himnos,
>
> una ofrenda de muerte estaba lista; ¿es que yo ya no vivía?
>
> ... Oh dios de la luna Suen, ¿es este Lugal-Anne mi destino?
>
> ... Yo soy Enheduanna; permíteme que te hable de mi oración,

---

[i] Mark, "The Legend of Cutha".

mis lágrimas fluyen como un dulce embriagante...
Me gustaría que juzgara el caso...
Ese hombre ha desafiado los ritos decretados por el santo cielo
¡le ha robado a An su propio templo!
... ¡Ha convertido ese templo en una casa de mala reputación!
Forzando la entrada, como si fuera un igual,
¡se atrevió a acercarse a mí en su lujuria!
...Oh preciosa, preciosa reina, amada del cielo,
tu sublime voluntad prevalece; ¡que sea para mi restauración!»[i].

Enheduanna recibió una respuesta favorable a sus plegarias y recuperó su puesto como suma sacerdotisa. Sirvió durante más de cuarenta años y escribió al menos cuarenta y dos poemas sobre sus sentimientos de frustración por sus circunstancias y su devoción a Nanna e Inanna. Los himnos de Enheduanna y otros poemas acadios estaban claramente destinados a la interpretación, lo que significa que eran cantados o hablados. Aunque no se utilizaba la rima, salvo accidentalmente, la métrica y el patrón rítmico son agradables de escuchar, con agrupaciones de dos a cuatro versos y repetición de pareados. Las propias obras tienen a menudo versos como «cantaré» o llaman al público a «escuchar».

Sin embargo, la métrica no siempre era predecible. Normalmente, los poemas tenían cuatro picos acentuales por línea, pero luego divergían repentinamente hacia un ritmo diferente de tres o cinco (o incluso más) picos. M. L. West, un erudito británico de la lingüística y la música, teorizó que la poesía acadia se cantaba, quizá con el acompañamiento de un arpa o una lira, y los intérpretes disponían de un repertorio elástico de entonaciones, pausas e inflexiones. De este modo, los ritmos irregulares podían llegar a ser uniformes, lo que, en su opinión, hipnotizaría al público[ii].

El arte acadio tiene varias categorías, rebosantes de innovación y energía. Lamentablemente, las ruinas de Agadé siguen ocultas bajo la arena, y es casi seguro que, cuando se descubran, arrojarán un tesoro en temas artísticos, literarios y arquitectónicos acadios. Pero los escasos

---

[i] Foster, *Age of Agade*, 331-336.
[ii] M. L. West, "Akkadian Poetry: Metre and Performance". *Iraq* 59 (1997): 175-87. https://doi.org/10.2307/4200442.

ejemplos de esculturas, monumentos y otros logros artísticos recuperados en otros yacimientos nos dan una idea del ingenio y la habilidad de los artistas acadios.

Este sello cilíndrico de Kalki, el escriba (cuarto por la izquierda,) lo muestra con el hermano del rey y otros dignatarios y sirvientes[61]

Un tipo de arte delicado, que fue utilizado por escribas y administradores en toda Mesopotamia durante siglos antes del Imperio acadio, eran las impresiones de sellos cilíndricos. Debido a que estos pequeños cilindros eran tan resistentes —se han descubierto cientos de ellos—, aún pueden rodarse sobre arcilla para obtener una nueva imagen, lo que permite comprender mejor la vida de la época. Los acadios parecían preferir la roca serpentina para sus sellos, en comparación con la civilización sumeria anterior a Sargón y la tercera dinastía de Ur posterior[i]. Aunque a menudo prevalecían los temas mitológicos, como las luchas con criaturas míticas y entre los dioses, las escenas eran más naturalistas. El dios del sol Shamash aparece representado con frecuencia, junto con otras deidades, como Ea (Enki) e Inanna (Ishtar). Los héroes humanos exhiben músculos ondulantes y espesa cabellera rizada.

El sello de diorita en blanco y negro del escriba Kalki muestra una imagen de Ubil-Eshtar, que probablemente era hermano de Sargón, en el centro de cinco hombres. Un arquero al frente y un dignatario barbudo miran hacia atrás, hacia Ubil-Eshtar. Con la cabeza y el rostro afeitados y sosteniendo una tablilla, Kalki camina inmediatamente detrás de Ubil-Eshtar, seguido por otro dignatario barbudo. Dos sirvientes, que

---

[i] Foster, *Age of Agade*, 202-205.

son solo la mitad de altos que los cinco hombres, lo que denota su estatus inferior, llevan una red y un taburete en la parte trasera de la procesión. La escritura cuneiforme identifica a Ubil-Eshtar como hermano del rey y a Kalki como su sirviente.

El sello de Ibni-Sharrum, escriba del rey Sharkalisharri, muestra a unos hombres abrevando búfalos junto a un arroyo que fluye⁶³

El arte glífico acadio (impresiones de sellos cilíndricos) destaca por la representación realista de seres humanos y animales, pero los acadios también desarrollaron el arte paisajístico hasta nuevas cotas. A veces, los árboles, las rocas, los arroyos y las montañas forman toda la composición, mientras que otras veces se utilizan como fondo o para separar escenas de hombres o animales. En el Sello de Ibni-Sharrum, un riachuelo de agua forma un borde en la parte inferior, mientras los búfalos de agua beben contentos de las vasijas que fluyen.

Las figuras masculinas muestran la típica complexión musculosa y la melena alborotada, habituales en el arte acadio. Están desnudos, lo que a menudo implica esclavitud, pero sus barbas y peinados elaboradamente rizados indican que son de clase superior. Los artistas acadios plasmaron una representación asombrosamente realista de los músculos, los tendones y la estructura ósea. La perfección idealizada de los cuerpos recuerda a las esculturas griegas clásicas que llegaron unos 1.500 años más tarde.

Los restos de escultura acadia que han sobrevivido a lo largo de los últimos cuatro mil años muestran unas habilidades notables y sorprendentemente avanzadas para la Edad del Bronce temprana y media. Los artesanos acadios formaron esculturas de diorita, alabastro y cobre. La artesanía metalúrgica prosperó en la época acadia. El metal se conseguía fácilmente a través de las rutas comerciales y los reyes crearon talleres para que los artesanos ejercieran su oficio. El cobre era barato y abundante en aquella época, ya que se extraía en el norte de Mesopotamia y se enviaba desde Omán. El bronce, que está hecho de cobre y estaño, se utilizaba con menos frecuencia porque el estaño se hizo más raro por razones desconocidas.

Esta cabeza de cobre exquisitamente elaborada es de un rey acadio no identificado [68]

Los rasgos faciales de una llamativa cabeza de cobre, que tal vez represente a Sargón el Grande o a Naram-Sin, son de un realismo sobrecogedor, mostrando una belleza y un poder sobrecogedores. Hallada en Nínive, la cabeza de fundición hueca formaba parte de una estatua completa, y el cabello, recogido en un moño, junto con la elaborada barba, muestran el peinado masculino de la época o, al menos, de la élite. El hijo de Sargón, Manishtushu, dedicó un templo a Ishtar en Nínive, por lo que es posible que instalara la cabeza (y el resto de la estatua) en el templo. En ese caso, sería la imagen de Manishtushu.

Otra escultura de cobre de gran realismo es la estatua Bassetki, llamada así por el pueblo del norte de Irak donde fue encontrada. La escultura es la entrañable figura de un joven. La parte superior se ha roto a la altura de su cintura, por lo que solo podemos imaginar su rostro, su pelo y su torso. Está sentado sobre una superficie plana con las piernas dobladas hacia un lado, con la rodilla izquierda tocando la parte posterior del tobillo derecho. Entre sus piernas hay un recipiente que probablemente sostenía un estandarte.

La estatua de Bassetki fue robada del museo iraquí en la invasión de 2003 y recuperada ese mismo año, escondida en un pozo negro[64]

Una inscripción cuneiforme en acadio antiguo en la base de la escultura dice que protegía la entrada del palacio de Naram-Sin. Dice que los ciudadanos de Agadé rezaron a los dioses para que hicieran de Naram-Sin el dios patrón de su ciudad, y le construyeron un templo después de que este venciera una importante rebelión. La escultura destaca por sus representaciones asombrosamente realistas del cuerpo humano, que una vez más prefiguran la época griega clásica en más de un milenio. La inscripción sobre hacer de Naram-Sin un dios es lo que los mesopotámicos posteriores creen que hizo caer la maldición de Agadé.

Los metalúrgicos acadios fabricaban recipientes para comer, beber o decorativos, pero principalmente fabricaban herramientas y armas. Mesopotamia ya tenía un sofisticado conocimiento de la metalurgia con bronce, cobre, oro y plata antes del auge del Imperio acadio, pero los acadios desarrollaron nuevas formas, como una copa para beber con pie. Los artesanos también inscribían con frecuencia sus nombres u otra información en los utensilios de metal.

La mayoría de las civilizaciones considerarían la piedra útil, pero no especialmente valiosa. Sin embargo, los acadios apreciaban la piedra, principalmente porque Mesopotamia no tenía mucha más que algo de caliza, arenisca y basalto en el norte. Cuando invadían otras tierras como Elam o Anatolia, acarreaban alegremente piedras de vuelta como trofeos de guerra, utilizándolas para sus palacios, templos y estelas. Rara vez utilizaban la piedra para esculturas (aparte de los bajorrelieves), pero favorecían el alabastro y la diorita importados cuando lo hacían. Un ejemplo exquisito es una cabeza de alabastro hallada en Adab (Bismaya), en el sur de Mesopotamia, que los eruditos creen que representa a un rey o gobernador.

La época acadia destaca por las estelas que conmemoran victorias militares, monumentos tallados en grandes losas de arenisca o piedras más preciosas a distancia. Una estela acadia solía tener una escultura en bajorrelieve elevada que sobresalía de la piedra con escritura cuneiforme que describía la victoria. Sargón era conocido por colocarlas en las tierras que conquistaba, pero el viento, la arena, el vandalismo y el tiempo han erosionado o cubierto la mayoría de lo que podrían haber sido cientos de estelas de los reyes acadios. Estas estelas formaban parte de la campaña de propaganda de Sargón para legitimar su derecho a gobernar[i].

Una estela temprana de Sargón lo muestra con una larga barba que le llega casi hasta la cintura, seguido de un sirviente que sostiene una sombrilla. La vestimenta de Sargón parece estar hecha de piel de oveja

---

[i] Lorenzo Nigro, "The Two Steles of Sargon: Iconology and Visual Propaganda at the Beginning of Royal Akkadian Relief", *Iraq* 60 (1998): 85. https://doi.org/10.2307/4200454.

sujeta con un cinturón y con un hombro al descubierto. Sostiene una red de batalla, símbolo de los prisioneros capturados; una hilera de prisioneros se encuentra en la sección de la estela situada encima de Sargón. En la estela sumeria de los buitres, un dios sostenía la red de prisioneros, pero ahora la tiene Sargón, lo que significa un cambio teológico[i].

Sargón (izquierda) lleva una red de prisioneros capturados en esta estela. Un hombre con una sombrilla y dignatarios siguen al rey[65]

La arquitectura acadia implementó el estilo sumerio con algunos giros nuevos. Los acadios continuaron la tradición sumeria de un patio central rodeado de varias habitaciones en sus casas privadas. Desde la cultura Ubaid, se habían utilizado en la construcción ladrillos plano-convexos secados al sol con una parte superior en forma de cúpula —con un aspecto similar al de una barra de pan. En cambio, los constructores acadios utilizaron ladrillos rectangulares con la parte superior plana y de diversos tamaños.

Los edificios administrativos y los templos eran mucho más imponentes; se hacían a mayor escala y tenían gruesos muros y una marcada simetría. Los acadios construyeron nuevas estructuras y renovaron edificios más antiguos para reflejar el estilo formidable y colosal que preferían. Un ejemplo impresionante fue el templo de Abu en Eshnunna —una ciudad del centro de Mesopotamia— que está cerca de una posible ubicación de Agadé.

---

[i] Foster, *The Age of Agade*, 195.

El pequeño santuario original dedicado al dios Abu data de alrededor del 3100 a. e. c. Fue reconstruido en forma rectangular y reconstruido de nuevo en un patio cuadrado, rodeado de varias estructuras rectangulares. De esta época se desenterró una serie de estatuillas que representaban a adoradores. Finalmente, los acadios reconstruyeron el santuario en una forma masiva, conocida como el «Templo del santuario único». Esta estructura tenía una forma rectangular alargada, con paredes tres veces más gruesas y dos veces más altas que la que sustituyó. Presentaba una única gran entrada en un extremo, una plataforma para las divinidades de culto en el otro y un pequeño rincón a un lado con una pila para las abluciones.

El hijo de Naram-Sin, Sharkalisharri, supervisó la reconstrucción de Ekur, el templo de Enlil en la ciudad sagrada de Nippur. El templo no ha sobrevivido, aunque gobernantes posteriores lo reconstruyeron, pero sí los registros de los constructores y los materiales. Una asombrosa cantidad de metal precioso adornaba el templo: toneladas de cobre y más de mil libras de oro, plata y bronce. Cientos de artesanos —carpinteros, grabadores, orfebres, escultores y ebanistas— produjeron una ornamentación exquisita: bisontes bañados en oro, dragones de cobre y oro, estatuas de reyes bañadas en oro y muchas más obras de arte encantadoras[1].

El arte acadio reflejaba el poder y la ideología del imperio. El mecenazgo de los reyes acadios a los talleres artísticos de metales, piedras y otros elementos fomentó la brillantez creativa. Los artistas acadios condujeron a Mesopotamia a una nueva era de arte realista. Aunque el arte y la arquitectura acadios reflejaban la influencia sumeria, también eran un tipo de propaganda para comunicar poder y dominio. Así, la arquitectura tendía a ser formidable y grande, y las escenas de los reyes representaban su ascendencia.

---

[1] Foster, *The Age of Agade*, 14-16.

Capítulo 9: Gobernantes famosos

A menudo pensamos en los cuatro primeros reyes acadios como brillantes militares que invadieron y conquistaron numerosos reinos y aplastaron insurrecciones. Pero cuando estos hombres no estaban en campañas militares, ¿qué lograron? ¿Qué cualidades de liderazgo mostraban? ¿Cuáles eran sus puntos fuertes y débiles?

¿Qué sabemos de Sargón aparte de sus conquistas? ¿Es la *Leyenda de Sargón* simplemente un relato ficticio del hombre que apareció de la nada? Examinar la extraordinaria vida de Sargón, sus hazañas militares y la fundación del Imperio acadio es como intentar encajar las piezas de un rompecabezas solo para descubrir que proceden de múltiples cajas. Los relatos tienden a ser poco claros y poco fiables. Disponemos de una supuesta autobiografía, pero incluso si Sargón la escribió él mismo, este hombre estaba obsesionado con establecer su identidad y legitimidad.

Sargón estaba consumido por demostrar su derecho a gobernar. No tenía linaje real o al menos ninguno que pudiera probar. Se desconocía quiénes eran sus padres. Fue llamado el hijo del jardinero en la *Lista Real Sumeria*, pero él dijo que nunca conoció a su padre biológico en su supuesta autobiografía. Su madre pudo haber sido una sacerdotisa de la diosa Inanna, pero lo abandonó en el río. Creció en circunstancias humildes, y de repente recibió el honorable cargo de copero del rey. En pocas semanas, por instinto de conservación, expulsó al rey y usurpó su trono.

Sargón afirmó enérgicamente su derecho a la realeza, no por su filiación, sino por el patrocinio de los dioses. En Sumeria, reclamó el favor de la diosa Inanna y el apoyo del dios Enlil. Enlil formaba parte de la tríada sumeria de dioses principales, y se creía que otorgaba la realeza a quien él elegía. Un rey no era legítimo sin su aprobación. Los reyes viajaban a su templo de Nippur en busca de legitimidad, y él llevaba abundantes ofrendas. Tras conquistar las ciudades de Sumer, Sargón escribió esta inscripción:

> «Sargón, rey de Agadé, emisario de Ishtar, rey del mundo, asistente de Anu, señor de la tierra, gobernador de Enlil, salió victorioso de Uruk en la batalla y conquistó a cincuenta gobernadores con la maza de Ilaba y destruyó sus murallas y capturó a Lugalzagesi, rey de Uruk, y lo llevó a la puerta de Enlil en un cepo de cuello.
>
> Sargón, rey de Agadé, salió victorioso de Ur en la batalla, conquistó la ciudad y destruyó sus murallas.
>
> Conquistó Eninmar y destruyó sus murallas y conquistó su tierra y Lagash hasta el mar. Lavó sus armas en el mar.
>
> Salió victorioso de la Umma en la batalla y conquistó la ciudad y destruyó sus murallas.
>
> Enlil no dio rival a Sargón, rey de la tierra. En efecto, Enlil le dio el mar superior y el mar inferior».
>
> — *Inscripción de Sargón*, copia babilónica antigua de Nippur[i].

Al lavar sus armas en el mar, Sargón simbolizaba su supremacía sobre el «mar inferior», el golfo Pérsico. El «mar superior» era el Mediterráneo. Sargón presumió de treinta y cuatro campañas militares exitosas en sus numerosas inscripciones. Un documento útil que describe la extensión de su dominio es la *Geografía de Sargón*, probablemente escrita por un escriba babilonio en el I milenio a. e. c. basándose en textos del III milenio. Parece ser una recopilación de varios textos antiguos, ya que el autor ofrece relatos que no siempre coinciden.

La *Geografía de* Sargón revela una faceta diferente de Sargón: un hombre sistemático y ordenado, que calculaba cuidadosamente las medidas de los territorios conquistados y definía sus fronteras. Por ejemplo, documentó las fronteras de una tierra como extendiéndose desde «el puente de Baza en el borde del camino a la tierra Meluhha a la

---

[i] Foster, *Age of Agade*, 321-22.

montaña de cedro: la tierra Khana». La *Geografía de Sargón* da dos ubicaciones para la tierra de Acad.

1. «De Hizzat a Abul-Adad: la tierra de Acad».
2. «De Damru a Sippar: la tierra de Acad»[i].

Aparentemente, estas dos ubicaciones nombradas de la tierra Acad con diferentes puntos de referencia para sus fronteras, proceden de dos documentos originales citados por el autor/editor de la *Geografía de Sargón*. La ubicación de Hizzat es desconocida. Abul-Adad, o «Puerta de Adad», era el nombre de una de las puertas de la ciudad de Babilonia (Adad era una deidad mesopotámica). Sabemos dónde estaba Sippar: en el Éufrates, en el centro de Mesopotamia, al norte de Babilonia y Kish, y cerca de la actual Bagdad. La ubicación de Damru es un misterio. Pero parece que tenemos dos puntos que definen lo que podría ser la frontera occidental de la tierra de Acad (que incluiría la ciudad de Agadé).

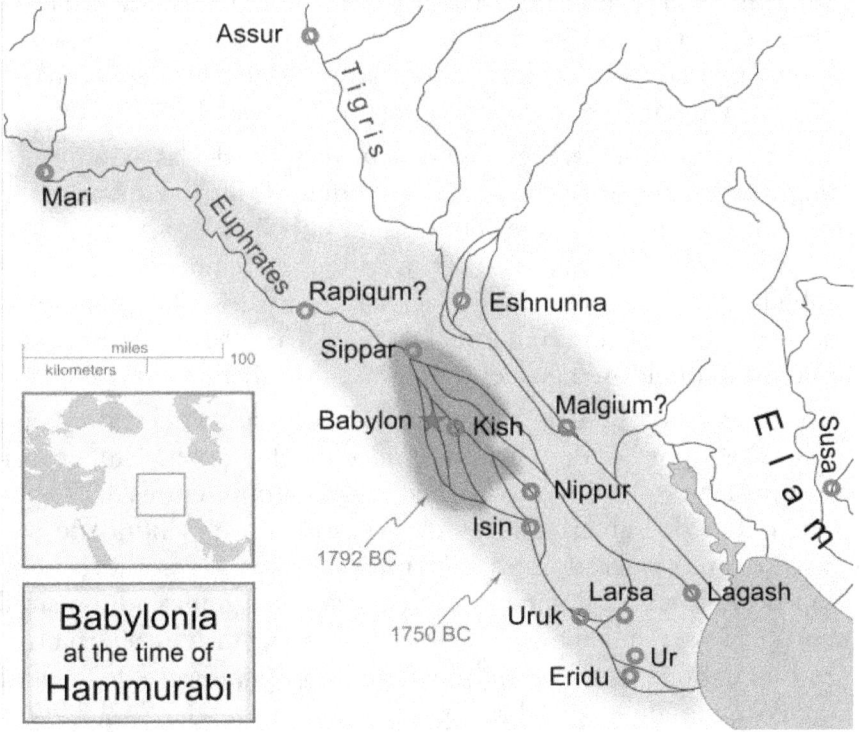

Según la *Geografía de Sargón*, Sippar y Babilonia, ambas en el Éufrates, podrían ser las fronteras orientales de la región de Acad.[66]

---

[i] A. K. Grayson, "The Empire of Sargon of Akkad", *Archiv Für Orientforschung* 25 (1974): 56-64. http://www.jstor.org/stable/41636304.

Sargón colocó gobernadores acadios en sus tierras conquistadas y Agadé se hizo fabulosamente rica gracias al comercio con todos los territorios sometidos. Era lo suficientemente rico como para alimentar a su ejército permanente de 5.400 hombres. Gobernó un vasto imperio desde el «mar superior» (el Mediterráneo) hasta el «mar inferior» (el golfo Pérsico). Erigió múltiples autoimágenes desde Canaán hasta Siria y decoró sus templos y palacios con el botín de sus tierras conquistadas.

¿Fue Sargón de Acad el Nemrod bíblico? La Torá habla del descendiente de Noé que estableció su dominio sobre Shinar (Sumer) y luego se expandió hasta Assur, en el norte de Mesopotamia:

> «Cus fue el padre de Nemrod, que se convirtió en el primer guerrero poderoso de la tierra. Fue un poderoso cazador ante el Señor; por eso se dice: "Como Nemrod, un poderoso cazador ante el Señor". Los primeros centros de su reino fueron Babilonia, Uruk, Acad y Kalneh, en la tierra de Sinar [Sumer]. De esa tierra pasó a Asiria [Assur], donde construyó Nínive, Rehobot Ir, Calah y Resen, que está entre Nínive y Calah, que es la gran ciudad» (Génesis 10:8-12).

El relato bíblico sí parece seguir la trayectoria de las conquistas de Sargón. Comenzó en el norte de Sumer (Mesopotamia central), conquistando Uruk y estableciendo o desarrollando las ciudades de Acad (Agadé) y Babilonia hasta convertirlas en ciudades prestigiosas. Una tablilla que data del reinado de Sargón lo describe poniendo los cimientos de templos en Babilonia. Desde el centro de Mesopotamia, continuó expandiéndose hacia el norte, hacia el territorio asirio.

Pero si fuera hijo de Cus, el momento no sería el adecuado. Cus era nieto de Noé, por lo que habría vivido mucho antes. Sin embargo, Nemrod no figura entre los cinco hijos de Cus en Génesis 10:7, por lo que Cus debió de ser el «padre» de Nemrod en el sentido de ser su antepasado remoto. El nombre «Nemrod» no es un nombre hebreo; puede proceder del babilónico *Namra-uddu*, que significa «dios-estrella». Incluso podría ser un apodo peyorativo. Un significado alternativo de Nemrod (el hebreo צַיִד o *tsayid*), puede llevar el significado de «matarife» con un cognado de la palabra ugarítica del norte de Siria *dbḥ*. No tenemos relatos de que Sargón fuera un cazador prolífico, aunque

---

[1] Douglas Petrovich, "Identifying Nimrod of Genesis 10 with Sargon of Akkad by Exegetical and Archaeological Means", *Journal of the Evangelical Theological Society* 56, nro. 2 (2013): 273-305. https://www.etsjets.org/files/JETS-PDFs/56-2/JETS_56-2_273-305_Petrovich.pdf

ciertamente podría haberlo sido. Naram-Sin habló de una cacería de toros salvajes. Pero Sargón fue, sin duda, un gran matarife de hombres.

Antiguas inscripciones en tablillas cuneiformes proporcionan dos partes de la «autobiografía» de Sargón. La *Leyenda de Sargón* cuenta cómo su madre lo abandonó en el río y un hombre llamado Akki —un regador o extractor de agua— lo encontró y lo educó para ser jardinero. El arqueólogo Austen Layard descubrió dos copias parciales de esta historia en tres fragmentos de tablillas de arcilla en Nínive en 1867 e. c., en la Biblioteca de Asurbanipal. Más de dos décadas después, el asiriólogo aficionado George Smith encontró un cuarto fragmento en Nínive, que ayudó a completar la segunda parte de la historia.

Smith creía que estas tablillas eran copias de una inscripción mucho más antigua que se remontaba a la época de Sargón. Sin embargo, no se han encontrado tablillas de la historia que daten del periodo acadio y ni siquiera del milenio siguiente. Por supuesto, la ciudad de Agadé de Sargón, donde probablemente estarían dichas tablillas, sigue oculta bajo la arena. Muchos eruditos creen que la leyenda fue escrita en tiempos de Sargón II del Imperio neoasirio, que reinó del 722 al 705 a. e. c. Los asirios admiraban a Sargón I de Acad como antiguo héroe y rey ejemplar; por ello, Sargón II tomó su nombre de trono del antiguo rey.

La historia del nacimiento de Sargón (tal como se relata en el capítulo 3) dice que su madre cubrió una cesta con betún, luego puso al bebé Sargón en ella y lo hizo flotar río abajo. Los eruditos señalan a menudo cómo esta historia se repite más tarde en la historia del nacimiento del Moisés bíblico, cuya madre también cubrió una cesta con betún y lo hizo flotar río abajo. Pero, ¿qué historia fue la primera? Si la historia de Sargón fue una pseudoautobiografía escrita durante el Imperio neoasirio, la historia de Moisés, registrada en la Torá (Éxodo 1 y 2) hacia 1446 a. e. c., sería anterior a la historia de Sargón en siglos.

Si la historia del nacimiento de Sargón se escribió en la época neoasiria, habría sido cerca de la época de la fundación de Roma, que contiene otra historia de una cesta en el río. La leyenda del fundador de Roma, Rómulo, dice que su madre —una virgen vestal— dio a luz a gemelos. Su malvado tío, que había usurpado el trono de su padre, ordenó a su sirviente que matara a los bebés. En lugar de eso, el criado metió a Rómulo y Remo en una cesta, que navegó río abajo hasta ser encontrada por una loba. Veinte años después, hacia el 753 a. e. c., Rómulo fundó Roma.

La historia del nacimiento de Sargón contiene varias incoherencias. ¿Cómo iba a saber Sargón que su madre era sacerdotisa y que lo había metido en una cesta? ¿Cómo supo de dónde venía si no fue río arriba desde donde lo encontró Akki el jardinero? ¿Cómo sabía que los hermanos de su padre «amaban las colinas»? A menos que se reuniera más tarde con su familia biológica, lo que podría ser posible, no sabría nada más, aparte de que su padre adoptivo lo encontró en una cesta en el río.

En el caso de Moisés, su hermana siguió la cesta río abajo hasta que la princesa egipcia la encontró. Moisés permaneció en contacto con su familia biológica. Rómulo y Remo se reunieron más tarde con su abuelo, sumaron dos más dos y averiguaron su identidad. Pero Sargón nunca menciona el reencuentro con su familia biológica ni cómo conoció estos detalles. Ni siquiera explica por qué su madre tuvo que dar a luz en secreto y abandonarlo. Si Sargón fue el autor real, ¿intentaba establecer la legitimidad de un nacimiento ilegítimo? Su historia parece engendrar más preguntas que respuestas.

El único elemento de la historia confirmado por la *Lista Real Sumeria* es que su padre era jardinero. Varias copias de la *Lista Real Sumeria* han sobrevivido hasta nuestros días; al menos el escriba de una tablilla la firmó y fechó al rey Utukhegal de Uruk, lo que la sitúa en torno al año 2125 a. e. c., menos de tres décadas después del colapso del Imperio acadio. Incluso si la *Leyenda de Sargón* fuera una historia ficticia escrita más de mil años después, Sargón definitivamente se abrió camino hasta la cima desde humildes comienzos. Además, La *Leyenda de Sargón* concuerda con la segunda historia, la «Leyenda sumeria de Sargón», que cuenta cómo Sargón ascendió de jardinero a copero y luego a rey.

También conocida como la tablilla de Sargón y Ur-Zababa, la «Leyenda sumeria de Sargón» es una biografía de Sargón de Acad (compartida en el capítulo 3). La *Lista Real Sumeria* confirma varios elementos de la historia. Sargón era hijo de un jardinero y se convirtió en copero del rey. Ascendió a la «realeza» de Sumer al derrotar a Uruk. La *Crónica de Weidner*, escrita varios siglos después de la caída del Imperio acadio, también menciona a Sargón como copero del rey Ur-Zababa. Las inscripciones de los monumentos de Sargón registran su interacción con el rey Lugalzagesi de Uruk. Otros registros históricos confirman los elementos esenciales de la historia.

Se han encontrado dos manuscritos distintos de la historia: un fragmento de la historia en Uruk y una tablilla de arcilla de Nippur casi completa. Curiosamente, la «Leyenda sumeria de Sargón» está en lengua sumeria, que se estaba extinguiendo a finales del Imperio acadio. El uso del sumerio sugiere que fue escrita durante el Imperio acadio o poco después. Sargón pudo o no haber flotado río abajo como un bebé en una cesta, pero casi con toda seguridad fue ascendido de jardinero a copero y luego usurpó el trono de Kish.

¿Qué hay de los sucesores de Sargón? ¿Qué sabemos de sus cualidades y logros no militares? El hijo de Sargón, Rimush, que le sucedió, parecía excepcionalmente orgulloso. Rimush se llamaba a sí mismo «rey del mundo» incluso cuando sabía que partes del mundo, como Egipto y la India, no estaban claramente bajo su dominio.

Conocido por su sanguinaria matanza de una gran franja de la población insurgente del sur de Sumer, Rimush registraba diligentemente el número de personas que mataba, esclavizaba o metía en «campos». En aquella época, el estaño era un metal escaso en Mesopotamia y las regiones circundantes. Pero el orgulloso Rimush hizo fabricar una estatua de sí mismo en estaño, que colocó frente al ídolo de Enlil. Luego se contó a sí mismo entre los dioses en su inscripción. A pesar de encontrarse en la plenitud de su vida, Rimush pareció decaer en los últimos años de su reinado, con escasas inscripciones alabando sus logros. Después de nueve años, sus cortesanos pusieron fin a su reinado, matándolo con sus sellos cilíndricos.

Estos fragmentos de la estela de la Victoria de Rimush pueden representar la derrota de Lagash[67]

Aunque en un principio fue descartado para el trono, Manishtushu asumió el reinado del Imperio acadio tras el asesinato de su hermano Rimush. ¿Estuvo Manishtushu implicado en el asesinato de su hermano? No tenemos pruebas de que lo estuviera, pero sin duda salió beneficiado. Manishtushu era un militar astuto, que expandió aún más las fronteras del imperio, pero también poseía astutas habilidades diplomáticas. Estas parecían ayudarlo a mantener el orden en Sumer y en otras tierras conquistadas, ya que no tenemos constancia de los levantamientos sumerios coordinados que perturbaron los reinados de su padre, su hermano y su hijo.

Manishtushu era concienzudo a la hora de honrar a los dioses sumerios, lo que puede haber formado parte de su estrategia diplomática. Por toda Sumer y Acad colocó estatuas duplicadas de diorita negra, en las que aparecía de pie con las manos entrelazadas reverentemente. Parecía apuntar especialmente a las «ciudades natales» de los dioses más poderosos, como Enlil en Nippur y Anu en Uruk. Manishtushu también se centró en deidades astrales asociadas con el sol, la luna, los planetas y las estrellas, como el dios del sol Shamash en Sippar y el dios de la luna Sin (o Nanna) en Ur. Por supuesto, Inanna (Ishtar), la diosa patrona de su padre Sargón, era muy honrada en Agadé.

La colocación de estas estatuas en ciudades sumerias clave parecía ser una forma de apaciguar a los ciudadanos después de que su hermano y su padre hubieran aplastado despiadadamente sus rebeliones y diezmado sus poblaciones. Las figuras de Manishtushu no alababan tanto sus logros como honraban a los diversos dioses de las ciudades, declarando su lealtad a ellos y reconociendo que solo tenía el poder de gobernar las ciudades a través de la bendición de los dioses protectores[i]. Por desgracia, solo han llegado hasta nuestros días fragmentos de estas estatuas.

---

[i] Melissa Eppihimer, "Assembling King and State: The Statues of Manishtushu and the Consolidation of Akkadian Kingship". *American Journal of Archaeology* 114, nro. 3 (2010): 365-80. http://www.jstor.org/stable/25684286.

Esta estatua de diorita negra de Manishtushu, a la que le falta la parte superior del cuerpo, lo muestra con las manos juntas en señal de adoración[68]

Después de que Manishtushu sufriera el mismo destino que su hermano —asesinado por sus cortesanos—, su hijo Naram-Sin recibió la corona. Junto con magníficos triunfos militares, Naram-Sin revisó y estandarizó la escritura cuneiforme utilizada para escribir la lengua acadia. En lugar de leer y escribir una tablilla a lo largo, se le daba la vuelta, como leemos una página hoy en día. Se mejoró la ortografía, por lo que las palabras eran más fáciles de leer y escribir. Incluso cuando los sumerios siguieron escribiendo en su propia lengua, utilizaron la escritura cuneiforme revisada.

Al igual que su padre y su abuelo, Naram-Sin logró un éxito asombroso en la conquista y expansión del imperio. Sin embargo, Naram-Sin no parecía poseer la modestia y la diplomacia de su padre con los territorios conquistados. Esto probablemente condujo a la Gran Revuelta que se vio obligado a sofocar. Su éxito al derrotar a los lullubis y a otros pueblos lo llevó a autoproclamarse dios. Los sumerios señalaron su orgullo y falta de piedad como la razón del colapso del imperio.

Capítulo 10: Mitos y religión

¿Qué tipo de religión seguían los acadios? Como la mayoría de las civilizaciones, la cultura acadia incluía un concepto de un mundo que trascendía el ámbito terrenal tangible, humano. Tenían una idea definida de las fuerzas sobrenaturales similar, aunque distinta, a la religión sumeria. Los templos, rituales, oraciones e himnos acadios eran intrínsecos a sus vidas y reflejaban su visión del mundo. Eran politeístas, creían en múltiples dioses, pero pensaban que ciertos dioses estaban más implicados en sus vidas.

Antes del surgimiento del Imperio acadio, el pueblo acadio vivió en Mesopotamia durante siglos. Aunque tenían una creencia distinta en un dios todopoderoso, supremo y personal, que compartían con otros semitas, asimilaron gran parte de la cultura sumeria. Para cuando Sargón se convirtió en rey, adoraban a las deidades sumerias y seguían su religión, mitología, ritos y cosmología. Sin embargo, los acadios incluyeron sus propias innovaciones y variaciones locales.

Los antiguos mesopotámicos creían que el mundo sobrenatural estaba compuesto por dioses y un vasto surtido de seres suprahumanos («por encima» del ser humano) con poderes que excedían las capacidades humanas. Entre ellos se incluían demonios, fantasmas, espíritus protectores, sabios primordiales semidivinos y brujas. Los humanos podían comunicarse con estos seres suprahumanos mediante discursos rituales. Tanto los dioses como los seres suprahumanos podían ser benévolos o malévolos con los humanos[i]. Por lo general, la misma

---

[i] Alan Lenzi, ed., *Reading Akkadian Prayers and Hymns: An Introduction*, (Atlanta: Sociedad de Literatura Bíblica, 2011), 9-10.

deidad o ser suprahumano podía ser una combinación de bondad y crueldad, ¡incluso hacia el mismo humano! Lo vemos claramente en las oraciones a la diosa Inanna y en los relatos sobre ella.

Esta estatuilla chapada en oro de la Edad de Bronce Tardía representa a El (Il), el dios creador supremo semítico [69]

Aunque los sumerios y los acadios adoraban a muchos de los mismos dioses, a veces sus conceptos de los dioses individuales diferían. Los acadios también tenían varios dioses que no eran adorados en Sumeria. Un ejemplo es «Il», «El» o «Ilum», el dios supremo de los semitas del norte de Mesopotamia con el que se podía tener una relación personal. Los semitas creían que Il vivía en el cielo, pero los sumerios creían que el propio cielo era el dios An, que estaba distante y remoto y al que había que acercarse a través de otro dios. Los acadios sincretizaron a Ilum y An en un solo dios —Anum (o Anu)— y lo convirtieron en el jefe de su panteón[i].

El concepto politeísta acadio era que había miles y miles de dioses, igual que había miles de humanos, y cada uno era diferente. Algunos tenían un rango superior a otros, y todos tenían funciones específicas. Los acadios eran flexibles con sus dioses, ya que aceptaban fácilmente en su panteón a otros nuevos procedentes de los sumerios o de otras civilizaciones.

Los acadios tenían tres dioses principales del cielo. Shamash (Utu sumerio), el dios del sol, era el juez que todo lo veía y no se podía engañar. Su hermano Sin (Nanna sumeria), el dios de la luna, era un misterioso dios de la adivinación y las decisiones. Los acadios introdujeron en Mesopotamia la espantosa práctica de abrir en canal a los corderos y otros animales sacrificados para leer los presagios que Sin había escrito en sus entrañas. Sargón instaló a su hija Enheduanna como gran sacerdotisa de Sin (Nanna para los sumerios) en Ur. La tercera deidad celeste de los acadios era Ishtar, diosa de la estrella de la mañana y de la tarde, que se mezcló con la diosa sumeria Inanna. Era la diosa de la guerra, pero también la diosa del amor familiar.

---

[i] Foster, *The Age of Agade*, 135-138.

Shamash, el dios del sol, era una deidad principal tanto para los sumerios como para los acadios. En el arte acadio, el tamaño denotaba estatus. Los dioses se representaban a menudo varias veces más grandes que los hombres, los reyes eran más grandes que sus dignatarios y los sirvientes tenían aproximadamente la mitad del tamaño de sus amos [70]

La diosa madre de los acadios y sumerios era Mama o Mami, y vigilaba los partos y curaba las enfermedades. Ea (el Enki sumerio) era el dios del agua dulce, una deidad importante en una tierra mayoritariamente desértica o semiárida. Ea era el dios que solucionaba problemas y, en todas las culturas mesopotámicas, fue el dios que salvó a los humanos de la ira de los dioses durante el Gran Diluvio. Addu o Adad (sumerio Iškur) era el dios de la tormenta; en su estado benévolo, traía la lluvia que daba vida. En su faceta malévola, traía feroces tormentas e inundaciones.

Algunos dioses introducidos por los acadios y los mesopotámicos del norte que no formaban parte del panteón sumerio incluían a Bel y Dagan (Dagón). Una deidad llamada Ilaba parecía ser específica de Agadé y desapareció tras el fin del Imperio acadio. La palabra acadia *Bēlu* o Bel y la semítica noroccidental *Baal* significaban todas «Señor» y no se referían necesariamente a la misma deidad. Los babilonios utilizaban Bel como título del dios patrón de su ciudad, Marduk. Los cananeos adoraban a Baal como dios de la lluvia y la fertilidad, y los fenicios asociaban a Baal con El (Ilum) o Dagan. Dagan era el padre sirio de los dioses, el señor de la tierra y de la prosperidad. Al igual que el sumerio Enlil, concedía la realeza; así, Sargón se inclinaba ante él antes de hacer campaña en el Levante (Siria, Líbano y Canaán).

Sargón estableció el culto a Ilaba, «dios de los padres», dios de la guerra y esposo de Ishtar (al menos uno de ellos). Dios importante para los acadios, Ilaba portaba una maza que había recibido de Enlil. Según una inscripción de Sargón, «El dios Ilaba, poderoso de los dioses, el dios Enlil le dio su arma». Otra inscripción se refería a Ilaba como el «dios personal» de Sargón. ¿Qué era un dios personal? Este dios era importante en la vida cotidiana de una persona, ya que cuidaba de ella. Si el dios personal de alguien lo abandonaba, estaba sujeto a terribles calamidades. Un dios personal acompañaba a una persona en la otra vida, y una inscripción de Rimush prescribía la maldición de *no* presentarse ante el dios personal de uno después de la muerte[i].

Ilaba parecía ser un dios familiar para la dinastía sargónica, que se transmitía de padres a hijos. Una interpretación de su nombre es una combinación de *Il* o *Ilum* (el dios supremo semítico) con *abum* (padre), lo que lo convierte en el «dios de los padres» o un dios ancestral. Todos los descendientes de Sargón mencionaron a Ilaba en sus inscripciones. Tras derrotar una región a lo largo del río Éufrates, Naram-Sin dio crédito a Dagan por la victoria, pero ordenó que el pueblo conquistado adorara a «su dios», Ilaba. Naram-Sin parecía estar preparando el escenario para la elevación de Ilaba de un dios familiar aparte del panteón de dioses acadios. Su hijo Sharkalisharri construyó un templo para Ilaba en Babilonia. Esta fue la primera mención de que Ilaba tuviera un templo, lo que indica que ahora formaba parte del panteón oficial[ii].

Las oraciones acadias no consistían únicamente en peticiones y ruegos a los dioses. Normalmente, la mayoría de las oraciones —y desde luego los himnos— consistían más en alabar a las deidades, enumerar sus acciones benévolas y hablar de su carácter y poder. Esta alabanza que

---

[i] Stefan Nowicki, "Sargon of Akkade and His God: Comments on the Worship of the God of the Father among the Ancient Semites", *Acta Orientalia Academiae Scientiarum Hungaricae* 69, nro. 1 (2016): 63-69. http://www.jstor.org/stable/43957458.

[ii] Nowicki, "Sargon of Akkade and His God", 69-71.

primaba en la oración era el protocolo social para un inferior que acudía a la presencia de un superior. Incluso las oraciones de petición comenzaban con una adoración abyecta, y la petición solía añadirse al final en solo una o dos líneas. Sin embargo, las quejas sobre algún problema podían insertarse en algún punto intermedio[i].

Nergal era el esposo de Ereshkigal y el dios del inframundo [71]

Esta oración al dios Nergal, que era el dios de la muerte y del inframundo, es un ejemplo clásico de invocación cortés y alabanza al dios. Incluye una descripción del problema, pide al dios que perdone el pecado y ayude con el asunto, y promete honor cuando el dios responda favorablemente:

---

[i] Lenzi, *Reading Akkadian Prayers*, 12-13.

«Poderoso señor, exaltado hijo de Nunamnir,
principal entre los Anunnakki, señor de la batalla,
descendiente de Kutushar, la gran reina, Nergal,
todopoderoso entre los dioses, amado de Ninmenna.
Te manifiestas en los cielos brillantes; tu estación es exaltada.
Eres grande en los bajos fondos; no tienes rival.
Junto con Ea, tu consejo es preeminente en la asamblea de los dioses.
Junto con Sin, observas todo lo que hay en los cielos.
Enlil, tu padre, te dio los de cabeza negra, todos los seres vivos, [y]
los rebaños, las criaturas, en tus manos los confió.
Yo, fulano de tal, hijo de fulano de tal, tu servidor:
La ira de dios y de la diosa me ha acosado para que
gastos y pérdidas recaigan sobre mi patrimonio [y]
dar órdenes, pero no ser escuchado me mantiene despierto.
Porque eres indulgente, mi señor, me he vuelto hacia tu divinidad,
porque eres compasivo, te he buscado,
porque eres misericordioso, me he presentado ante ti,
porque tienes una inclinación favorable, he contemplado tu rostro.
Mírame favorablemente y escucha mi súplica,
que tu corazón furioso se calme hacia mí,
perdona mi crimen, mi pecado y mi fechoría,
que la indignación de su gran divinidad... se apacigüe por mí,
que el dios y la diosa ofendidos, enfadados e iracundos se reconcilien conmigo.
Entonces contaré tus maravillas y cantaré tus alabanzas»[1].

Los acadios hablaban con frecuencia a sus dioses como si fueran miembros de su familia, llamándolos padre, hermano o antepasado. En lugar de implorar a sus deidades basándose en sus poderes

---

[1] Lenzi, *Reading Akkadian Prayers*, 339-348.

sobrenaturales, hablaban a y de ellas en términos más humanos, como «protector», «defensor», «sabio» o «mi reina». Los acadios rezaban a sus deidades sobre cualquier predicamento o problema, ¡incluso sobre la impotencia! Curiosamente, en las oraciones relativas a enfermedades o problemas físicos, los acadios se referían a sus cuerpos como sus «templos», de forma similar a las enseñanzas de san Pablo en el Nuevo Testamento.

Los mesopotámicos tenían un tipo de oración y ritual que llamaban *šà-zi-ga* en sumerio y *nīš libbi* en acadio. Era algo así como un conjuro contra el mal o la enfermedad; no era realmente una plegaria a una divinidad, aunque podían invocar a una criatura suprahumana. O bien se pedía ayuda a uno benévolo o se ordenaba a uno maligno que se marchara. Cuando pronunciaban *nīš libbi*, los acadios decían «šiptu ul yuttun», o «este conjuro no son mis palabras», lo que significaba que era alguna deidad la que hablaba a través de ellos[i].

Para los acadios y los mesopotámicos en general, el culto incluía mucho más que cantar o entonar himnos y oraciones. Las acciones corporales eran intrínsecas, como arrodillarse, postrarse boca abajo en el suelo, levantar ambas manos por encima de la cabeza, juntar las manos a la altura de la cintura o del pecho, o mantener la mano en una especie de saludo delante de la cara. Si estaban en un templo, miraban de frente a la imagen o ídolo de culto. Si estaban en casa o en otro lugar de la ciudad, se volvían hacia el templo del dios al que rezaban; los templos solían sobresalir por encima de las casas y otros edificios, por lo que podían verse desde lejos. El culto también incluía acciones como levantar altares y ofrecer sacrificios.

Ningún mito acadio registrado ha sobrevivido hasta nuestros días, o al menos aún no han sido desenterrados[ii]. Sin embargo, un macabro mito babilónico de la creación —el *Enuma Elish*— podría remontarse a la época acadia, cuando se construyó Babilonia. Sargón estableció Babilonia «frente a Acad», según la *Crónica de Weidner*. Las inscripciones acadias mencionan que Sharkalisharri puso los cimientos de los templos babilónicos, y un documento acadio especificaba Babilonia como frontera de la tierra de Acad. En la actualidad existen múltiples tablillas cuneiformes con el *Enuma Elish*, que datan de alrededor del año 1200. Sin embargo, los escribas que escribieron las

---

[i] Lenzi, *Reading Akkadian Prayers*, 14-20.
[ii] Foster, *The Age of Agade*, 211.

tablillas señalaron que estaban copiando una historia de tablillas más antiguas escritas siglos antes. La primera parte del mito también es paralela al relato sumerio del diluvio, el *Génesis de Eridu*.

La historia comienza antes de la creación de los cielos y la tierra, cuando nada existía, salvo Apsu (agua dulce) y Tiamat (agua de mar) arremolinándose en el caos. Apsu y Tiamat crearon a los dioses mezclando sus aguas. Se arrepintieron inmediatamente de su creación cuando los jóvenes dioses resultaron ser molestamente ruidosos. Los bailes y juegos de los jóvenes mantuvieron despiertos a Apsu y Tiamat todas las noches. No tenían paz.

Apsu y Tiamat se reunieron para discutir la situación, y Apsu juró que mataría a los dioses para que pudieran tener algo de paz. «¡No! —gritó Tiamat—. ¡No podemos matar lo que hemos creado!». Pero Apsu estaba decidido. Cuando los jóvenes dioses oyeron que su padre planeaba matarlos, sus rodillas cedieron y se derrumbaron, aullando de horror. El dios Ea (Enki) estaba decidido a detener a su padre. Realizó un conjuro, sumió a su padre en un profundo sueño, mató a Apsu y construyó su casa en el cuerpo de Apsu. La esposa de Ea dio a luz a su hijo Bel (Marduk para los babilonios) en su nueva casa. Era un niño hermoso con cuatro orejas, cuatro ojos y fuego que salía de su boca.

Bel mató a Tiamat y derrotó a sus demonios en este bajorrelieve de Nínive [73]

Tiamat estaba decidida a vengar la muerte de Apsu, aunque eso significara matar a sus hijos. Del caos, formó once horribles demonios y los envió a masacrar a sus vástagos. Ea intentó vencer a Tiamat con hechizos mágicos, pero era demasiado poderosa. El dios Anu intentó apaciguarla, pero fracasó. El resto de los dioses temían demasiado a Tiamat como para hacer nada. Pero entonces Bel salió a enfrentarse a Tiamat. Hizo estallar un ciclón en su boca, la empaló con su lanza y le rompió el cráneo. Luego venció a los demonios y los aplastó bajo sus pies.

Al igual que su padre, Ea había creado un hogar a partir del cuerpo de Apsu, Bel decidió crear uno a partir del cuerpo de Tiamat. Fileteó su cuerpo como un pez, y una mitad se convirtió en el cielo y la otra en la tierra. Asignó a todos los dioses sus funciones en el universo. Los dioses estaban extasiados de que Apsu y Tiamat hubieran muerto y de que estuvieran a salvo. Decidieron matar al nuevo marido de Tiamat, Qingu, porque había animado a Tiamat a matarlos. Los dioses crearon a los humanos a partir de la sangre de Qingu para que cultivaran alimentos y cuidaran del mundo, de modo que los dioses pudieran dedicar su atención a luchar contra el caos. Los dioses celebraron su obra terminada, sentándose a un espléndido banquete y repartiéndose jarras de cerveza.

La dinastía de Dunnum, también conocida como el *Mito de Harab*, fue encontrada en Sippar en una única tablilla de arcilla, que estaba escrita en lengua acadia. La tablilla en sí data del periodo babilónico tardío; sin embargo, su colofón (firma y notas del escriba) dice que copió tablillas cotejadas de Asur y Babilonia. El mito narra las sucesivas generaciones de dioses que obtuvieron el poder matando a sus padres. El parricidio recuerda al de Ea matando a su padre Apsu en el *Enuma Elish*, salvo que en lugar de matar a sus madres, ¡se casaron con ellas! La historia puede haber dado origen a la tragedia de Sófocles *Edipo rey* hacia el año 429 a. e. c.

El mito comienza con Harab (o Ha'in) —el arado— casándose con la Tierra y creando a Mar en los surcos que araron. Esta pareja dio a luz a Sakkan (Sumuqan), el dios de las criaturas cuadrúpedas. La Tierra se enamoró de su hijo y le llamó: «¡Ven aquí! Quiero amarte». Entonces, Sakkan mató a su padre y se casó con su madre. También se casó con su hermana, Mar, que mató a su madre, Tierra. Entonces Ewe, el hijo de Sakkan, lo mató y se casó con su madre, Mar, que dio a luz a Río. Ewe también se casó con su hermana U-a-a-am. La historia continúa durante varias generaciones de matrimonios incestuosos y padres asesinados[i]. ¡Imagínese intentar trazar un árbol genealógico!

Este bajorrelieve de la reina de la Noche puede representar a Ereshkigal, la diosa del inframundo[78]

Una tercera historia es el mito de Nergal y Ereshkigal. Los arqueólogos descubrieron por primera vez el mito épico acadio en una tablilla del periodo medio babilónico, pero luego el arqueólogo inglés O. R. Gurney lo identificó en una tablilla asiria. Ereshkigal era la reina del inframundo y hermana de Ishtar, y era una diosa sumeria de la antigüedad, anterior al Imperio acadio. Nergal era un dios del norte y centro de Mesopotamia de los acadios, babilonios y asirios a partir de la época acadia.

---

[i] Marten Stol, ed., *The Theology of Dunnum*.

Al principio de la historia, los dioses estaban planeando un festín y querían dar la bienvenida a su hermana Ereshkigal, pero las leyes del universo le prohibían acercarse a ellos, aunque podían enviarles mensajes. Anu envió un mensaje a Ereshkigal, invitándola a que enviara a su mensajera para que recogiera la comida del festín y se la llevara. Entonces, su mensajero Namtar abandonó el inframundo y subió las escaleras hacia el cielo, pero, una vez allí, se enfadó con el dios Nergal. Namtar informó a su señora del comportamiento ofensivo de Nergal. Ea ordenó a Nergal que fuera al inframundo para disculparse, pero le advirtió que no recibiera la hospitalidad de Ereshkigal mientras estuviera allí.[1]

Nergal descendió al inframundo para disculparse, pero se enamoró de la bella Ereshkigal. Durmió con ella durante siete noches y luego regresó al cielo. Ereshkigal envió un mensaje al cielo, suplicando que Nergal volviera a ella como su esposo. Sin embargo, los dioses habían transformado a Nergal en una criatura horrible para disfrazarlo de Namtar, el mensajero. Cuando Namtar informó a Ereshkigal, esta se dio cuenta de lo que habían hecho los dioses y amenazó con abrir las puertas del inframundo y liberar a los espíritus muertos para que inundaran la tierra si los dioses no le devolvían a Nergal.

Nergal llegó al inframundo, se acercó a Ereshkigal y la agarró por el pelo. La arrojó de su trono; presumiblemente, se trataba de unos rudos juegos preliminares como preludio de otro largo periodo de hacer el amor. Anu permitió entonces que Nergal permaneciera como esposo de Ereshkigal y rey del inframundo. Nergal y Ereshkigal llegaron a un acuerdo por el que él permanecía con ella seis meses al año y regresaba al cielo los otros seis meses.

Aunque los acadios asimilaron la cultura y la religión de los sumerios, también conservaron algunos de sus dioses anteriores. La teología acadia difería de la sumeria, incluso cuando adoraban a los mismos dioses. Los sumerios creían que toda fortuna y calamidad provenía de los dioses; los acadios humanistas creían que las acciones de uno determinaban su vida, aunque los dioses podían guiarlas. La cosmología acadia les dio «permiso» para invadir las ciudades-estado sumerias (y otras regiones) porque creían que reflejaban el orden del cielo al reunir a todas las ciudades bajo un gobierno central.

---

[1] O. R. Gurney, "The Sultantepe Tablets: VII. The Myth of Nergal and Ereshkigal", *Anatolian Studies* 10 (1960): 105-06. https://doi.org/10.2307/3642431.

Conclusión

¿Cuáles fueron las aportaciones del Imperio acadio a la historia antigua y a los futuros imperios de Mesopotamia? Fue un momento decisivo en la historia de Mesopotamia, ya que las civilizaciones pasaron de ciudades-estado independientes a múltiples estados bajo un gobierno centralizado. Sargón continuó donde Lugalzagesi había empezado con la unificación de toda Sumeria, y luego reunió a toda Mesopotamia bajo un mismo sistema político. Continuó conquistando grandes extensiones del mundo conocido. Sargón y sus descendientes marcaron la pauta para los futuros imperios de Mesopotamia y de todo el mundo antiguo.

Benjamin Foster resumió el impacto del Imperio acadio como una mezcla de innovación y mantenimiento de la tradición:

> «La conquista acadia, por tanto, tendió a sustituir el gobierno basado en la comunidad y la oligarquía basada en el parentesco por la explotación centralizada de los recursos, el despotismo y la burocracia. Para lograrlo, Sargón adoptó una política de "doble filo", tanto de promoción del cambio como de vinculación selectiva con el pasado. Utilizó títulos antiguos y restauró Kish como centro del poder político durante mucho tiempo, pero fundó una nueva capital en Agadé»[1].

Considere el colosal impacto de un único aspecto de la cultura: la lengua y el sistema de escritura. La dinastía sargónica hizo del acadio —la

---

[1] Foster, *The Age of Agade*, 433.

primera lengua semítica conocida— la lengua franca hablada de toda Mesopotamia y el Levante. Una lengua común unió a las civilizaciones desde el Mediterráneo hasta el golfo Pérsico. Esta lengua unificada provocó un enorme aumento del comercio y el intercambio de técnicas artísticas, tácticas militares y conocimientos científicos y matemáticos. Durante los milenios siguientes, los dialectos babilónico y asirio de la lengua acadia continuaron siendo las lenguas oficiales del antiguo Próximo Oriente.

Los acadios también adaptaron la escritura cuneiforme sumeria a la lengua acadia, preservando el primer sistema de escritura del mundo y difundiendo una lengua escrita común. La mayor parte del medio millón o más de tablillas cuneiformes conservadas están en lengua acadia (aunque la mayoría aún no están traducidas). El sistema de escritura cuneiforme acadio continuó durante dos mil años tras el colapso del imperio. Fue modificado por los babilonios y asirios y adaptado por los hititas, elamitas, hurritas y otras civilizaciones. Influyó en los alfabetos persa antiguo y ugarítico.

Otra contribución vital de los acadios que dio forma a la antigua Mesopotamia y a sus futuros imperios fue asumir el control de los templos y sus tierras. En Sumeria, los templos eran la entidad más poderosa, ya que controlaban a los reyes, la economía y la tierra. Los acadios, de tendencia humanista, mantuvieron los templos antiguos y construyeron otros nuevos, pero ahora los reyes controlaban al sacerdocio, muchos de los cuales eran miembros de la familia real. El gobierno controlaba más tierras, distribuyendo algunas a propietarios privados.

Sargón fue el primer rey que formó un ejército permanente. En el pasado, los hombres sanos eran llamados a filas para luchar contra sus vecinos, pero tenían que regresar a casa para las temporadas de siembra y las cosechas. El primer ejército profesional podía luchar en cualquier momento y en cualquier lugar, incluso a miles de kilómetros de Agadé. Un ejército a tiempo completo podía luchar mejor, al haber tenido tiempo de perfeccionar las habilidades armamentísticas y las tácticas. Sargón y sus sucesores también reclutaron soldados de las tierras conquistadas. Esta mezcla étnica de combatientes formó un crisol de culturas sin precedentes —acadios, cananeos, elamitas, libaneses, sumerios y sirios— que luchaban codo con codo. Este modelo militar de un ejército a tiempo completo procedente de todos los rincones del imperio continuó a lo largo de la historia mesopotámica.

¿Cómo influyó el Imperio acadio en las civilizaciones de nuestro mundo? El asiriólogo danés Aage Westenholz admiraba el mestizaje de las culturas sumeria y acadia, con su intercambio y asimilación equivalentes entre el norte y el sur, sin que una civilización borrara a la otra[i]. El Imperio acadio proporcionó un modelo para que las sociedades futuras mezclaran culturas con éxito, compartiendo su forma de vida, ideas y tecnologías con otras como iguales. A medida que las culturas aprenden unas de otras, logran avances asombrosos en todos los aspectos de la vida. Las civilizaciones que aceptan la mezcla de culturas pueden adaptarse, cambiar y sobrevivir.

¿Cuál es el legado del Imperio acadio? ¿Cómo perduraron su cultura, su arte y su modelo de construcción de imperios? El arte acadio que ha llegado hasta nuestros días presenta a menudo estelas de victoria y bajorrelieves que ensalzan las conquistas de los reyes. Para la realeza acadia, el arte se utilizaba con fines propagandísticos, como la celebración del poder y la expansión divinamente ordenados[ii]. Las escenas de los relieves acadios realistas representan una narración, lo que demuestra que, desde el principio, el arte y la arquitectura se han utilizado poderosamente para manipular las emociones y transmitir un punto de vista ideológico.

Elementos de la metodología acadia de construcción de imperios han persistido a lo largo de los milenios en los imperios babilónico, asirio, romano, otomano, francés, español y británico, por nombrar solo algunos. Un componente crítico era la burocracia. La mano de obra y los recursos servían al reino más que a personas o ciudades individuales. La mejora de los sistemas de carreteras y de las rutas comerciales facilitaba los desplazamientos y los hacía más seguros. Los impuestos sostenían a los administradores burocráticos, al ejército y a la familia del rey al. Los escribas mantenían registros meticulosos de los logros, los impuestos y los asuntos cotidianos.

¿Cuál es el legado del Imperio acadio en la actualidad? Un gran número de cosas que damos por sentadas nacieron o se desarrollaron ampliamente durante la época acadia. Algunos ejemplos son la red de carreteras que conectaba Agadé con los puntos más alejados del imperio y el eficaz transporte fluvial de los ríos Éufrates y Tigris. Podemos

---

[i] Foster, *The Age of Agade*, 443-44.

[ii] Lorenzo Nigro, "The Two Steles of Sargon: Iconology and Visual Propaganda at the Beginning of Royal Akkadian Relief", *Iraq* 60 (1998): 85-102. https://doi.org/10.2307/4200454.

agradecer a los acadios el primer sistema postal, completo con sobres; afortunadamente, ¡ahora utilizamos papel en lugar de arcilla! Los acadios fomentaron una lengua común hablada y escrita que unificó a personas de diversas culturas, de manera similar al inglés, el chino y el español, que sirven como *lingua franca* para millones de personas hoy en día. La mayoría de las naciones del mundo tienen un ejército profesional —innovación de Sargón— y utilizan componentes del modelo administrativo burocrático acadio.

En realidad, solo hemos arañado la superficie de la historia del Imperio acadio. Aún faltan muchas piezas del rompecabezas que nos ayudarían a comprender plenamente esta gran civilización y sus logros. Es necesario traducir más de un cuarto de millón de tablillas cuneiformes en lengua acadia desenterradas. Los disturbios en Oriente Próximo han obstaculizado los estudios arqueológicos que podrían revelar nuevas pistas. Algún día, alguien descubrirá las ruinas de Agadé; ¡qué emocionante será eso! Solo podemos imaginar los tesoros de información histórica que saldrán finalmente a la luz, una vez que se haya explorado la antigua Agadé.

Tercera Parte: El Imperio babilónico

Una apasionante visión de Babilonia y los babilonios

Introducción

Los gritos atravesaban la noche. Dentro de los relucientes muros de Babilonia, el joven rey Nabucodonosor II yacía gimiendo en su palacio. Su inquietante sueño le impedía dormir, pero no podía recordar el sueño. Llamando a sus escribas, astrólogos y hechiceros, exigió: «¡Debo saber qué significa!».

«¡Larga vida al rey! Contadnos vuestro sueño y os lo interpretaremos».

«¡No! —dijo Nabucodonosor—. ¡Díganme *vosotros* lo que he soñado! ¡Si no podéis, haré que los hagan pedazos! Pero si pueden decirme mi sueño y su interpretación, los colmaré de regalos y honores».

Los astrólogos caldeos se miraron horrorizados. «¡Ningún rey de la tierra ha pedido nunca algo así! Solo los dioses pueden deciros vuestro sueño».

Furioso, Nabucodonosor ordenó la ejecución de todos los sabios, astrólogos y hechiceros de Babilonia. El comandante de la guardia del rey llegó a la casa de Belsasar, uno de los consejeros del rey, para arrestarlo. Cuando Belsasar escuchó la orden del rey, dijo: «No matéis a los sabios. Llevadme ante el rey y le diré el significado de su sueño».

«¿Es esto cierto? —Nabucodonosor le preguntó a Belsasar—. ¿Puedes decirme lo que he soñado e interpretarlo?»

«El Dios del cielo que revela los misterios os ha mostrado el futuro», respondió Belsasar.

»En vuestra visión, visteis una enorme y brillante estatua de un hombre. La cabeza de esta espantosa imagen era de oro, su pecho y sus brazos eran de plata, su vientre y sus muslos eran de bronce, sus piernas eran de hierro y sus pies una mezcla de hierro y arcilla. De repente, se vio cómo una enorme roca golpeaba los pies de la estatua, haciéndolos pedazos. Toda la imagen se desmoronó, pero la roca creció hasta convertirse en una magnífica montaña que cubrió la tierra.

»Ahora, esta es la interpretación de vuestro sueño. Tú eres el rey de los reyes, la cabeza de oro. Después de ti, surgirá un reino inferior. Luego, un tercer reino de bronce gobernará la tierra. El cuarto reino de hierro destrozará y aplastará a todos los demás reinos. Este reino será entonces dividido. Como los pies de la estatua eran en parte de hierro y arcilla cocida, será en parte fuerte y en parte frágil.

»El peñasco que se convirtió en una montaña que cubre la tierra es un reino inconmovible que acabará con todos los demás reinos, pero se mantendrá en pie para siempre. Dios os ha dicho lo que sucederá en el futuro»[i].

Nabucodonosor asintió. Era su sueño. Promovió a Belsasar como gobernante de la provincia de Babilonia y jefe de sus consejeros eruditos y magos. Luego reflexionó sobre los orígenes de Babilonia y hacia dónde llevaría su reino de oro.

Aunque el Imperio babilónico era indiscutiblemente una fuerza formidable en el escenario del mundo antiguo, ¡era mucho más! Cuando una terrible sequía se apoderó de Oriente Próximo hacia el año 2200 a. C., los nómadas semitas invadieron Mesopotamia, la tierra situada entre los ríos Éufrates y Tigris, en busca de pastos para sus rebaños. Nunca se fueron. En cambio, estos pastores amorreos se establecieron, convirtieron Babilonia en una ciudad impresionante y conquistaron el resto de Mesopotamia. Eso fue solo una parte de la metamorfosis de Babilonia.

Después de que los hititas saquearan Babilonia, los casitas, de misteriosos orígenes, tomaron posesión de Babilonia; luego, Babilonia cayó bajo control asirio. Finalmente, los caldeos condujeron a Babilonia al impresionante Imperio neobabilónico, con un dominio que se extendía desde el golfo Pérsico hacia el norte hasta Turquía y bajaba por toda la costa oriental del Mediterráneo hasta el mar Rojo. Los caldeos transformaron Babilonia en una ciudad impresionante, con enormes murallas que brillaban al sol, cubiertas de ladrillos azules y mosaicos de

---

[i] *Daniel 2*, Tanaj: Ketuvim. Biblioteca Virtual Judía, 1997. https://www.jewishvirtuallibrary.org/the-tanakh-full-text.

dragones, toros y leones. Un imponente zigurat se alzaba en el centro de la ciudad, cerca del palacio con sus brillantes muros amarillos y azules.

Los babilonios eran ingeniosos en las ciencias y las matemáticas. Observaban los cielos nocturnos, registrando el movimiento de los planetas y catalogando las constelaciones. Estudiaban la rotación de la Tierra mediante modelos matemáticos y predecían los eclipses lunares y solares. Los babilonios llevaron las matemáticas a cotas asombrosas, comprendiendo las raíces cuadradas, las fracciones, el álgebra, la trigonometría y la geometría y resolviendo ecuaciones cúbicas, lineales y cuadráticas. Sabían medir el diámetro y la circunferencia de un círculo y calculaban pi (π) hasta un valor de 3,125. Utilizaron el teorema de Pitágoras más de un milenio antes de que naciera Pitágoras. Los babilonios fueron una potencia en innovación y desarrollo científico-matemático.

Este libro desvela la espectacular historia de Babilonia y los babilonios. ¿Qué civilizaciones los precedieron en Mesopotamia? ¿Cómo ascendió Babilonia a la cima? ¿Cómo influyeron la religión y la cosmovisión babilónicas en su estilo de vida y sus logros? ¿Qué tenían de excepcional sus renombrados líderes, como Hammurabi y Nabucodonosor II? ¿Cómo se alzaron, se derrumbaron y volvieron a levantarse dos veces más?

Esta historia desvelará las respuestas a estas preguntas y a muchas más en una narración exhaustiva, investigada y fácil de entender. Tanto si es un aficionado a la historia como si simplemente siente curiosidad por el Imperio babilónico, este libro dará vida a los extraordinarios babilonios, revelando cómo se desarrolló su historia. Comprenderá en profundidad cómo Babilonia dejó su huella en la cultura y la historia de Mesopotamia. Y no solo en Mesopotamia, sino en todo el mundo.

¿Qué sentido tiene leer historia? Aprender historia es fascinante: todo gira en torno al cambio. Examinar el ascenso y la caída de Babilonia en tres ocasiones es realmente una exploración del cambio. ¿Qué líderes emprendedores impulsaron a su pueblo hacia conquistas aparentemente imposibles? ¿Qué acontecimientos desencadenaron las tres caídas cataclísmicas de Babilonia? ¿Cómo fue que la colaboración estimuló la explosión del conocimiento matemático y científico? Comprender la historia del cambio en Babilonia nos ayuda a analizar cómo podría producirse el cambio político, económico y cultural en nuestra propia sociedad.

Capítulo 1: El periodo prebabilónico

¿Qué tienen en común la primera ciudad del mundo, los primeros barcos de vela y las estatuillas de mujeres reptiles? Todos ellos fueron producidos por la cultura Ubaid de la era neolítica (5500-3800 a. C.) que precedió a las civilizaciones sumeria y acadia. Un poco antes que la cultura Ubaid, el pueblo Samarra se estableció en el centro y el norte de Mesopotamia alrededor del 6000 a. C. Las culturas de Samarra y Ubaid se solaparon y compartieron innovaciones en cerámica y técnicas de riego sencillas; comerciaban con alabastro, cornalina, cobre, obsidiana y turquesa. Unos 3.700 años más tarde, la ciudad de Babilonia surgió aproximadamente en el lugar donde se cruzaban las culturas de Ubaid y Samarra.

Las culturas neolíticas de Samarra y Ubaid eran preliterarias, pero las pruebas arqueológicas arrojan luz sobre cómo vivían estos pueblos. Los primeros pobladores de Mesopotamia eran cazadores-recolectores que cazaban rebaños salvajes, recogían peces y otros alimentos de los ríos y recolectaban el trigo silvestre einkorn, frutas y verduras sin cultivar. Con el tiempo, domesticaron cabras, ovejas y ganado, pero continuaron con un estilo de vida nómada. Vivían en tiendas de campaña o sin ningún tipo de cobijo, ya que en las primeras excavaciones arqueológicas del Neolítico no apareció nada que se pareciera a una casa, solo fogones, herramientas de piedra y cerámica tosca.

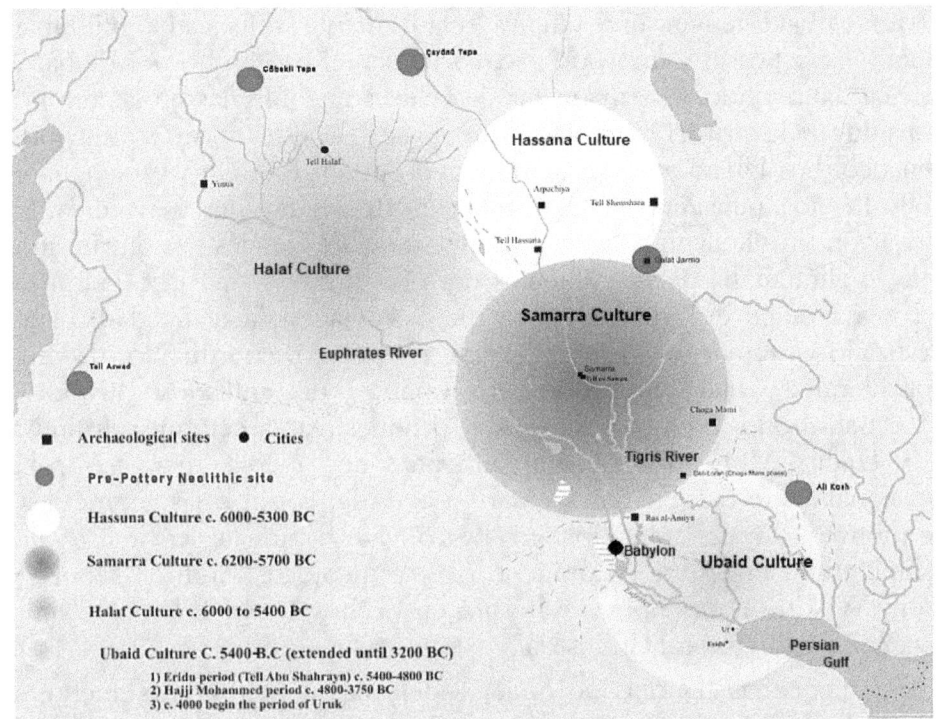

Este mapa muestra la ubicación de las culturas de Samarra y Ubaid en la región donde se encontraba Babilonia unos tres mil años después[74]

Luego, hacia el 6000 a. C., surgió la cultura de Samarra, con aldeas agrícolas de casas de arcilla; cultivaban cebada, lino y trigo y criaban ganado vacuno, caprino y ovino. Su tecnología incluía arados, hachas, hoces, hornos de barro y piedras de moler. Aunque no estaban alfabetizados, utilizaban sellos de una pulgada con una imagen de piedra tallada que dejaba una firma cuando se presionaba en la arcilla. Eran más famosos por su distintiva cerámica, con un engobe de color crema y diseños rojizos.

La cultura Ubaid apareció unos cinco siglos más tarde que la Samarra en el sur de Mesopotamia, la región que luego sería Sumer. Al principio vivían en casas de paja, pero más tarde construyeron casas de ladrillo de arcilla o de piedra y fueron los primeros pobladores de las antiguas ciudades de Eridu, Ur y Uruk. Eridu (quizás la ciudad más antigua del mundo) y Ur tenían vistas al golfo Pérsico, pero con el paso de los milenios, el golfo se llenó de limo de los ríos Éufrates y Tigris, y el enfriamiento global hizo que el nivel del mar bajara, dejando a estas ciudades varadas en un desierto.

Los Ubaid tenían una cultura relativamente sofisticada: utilizaban veleros para pescar y transportarse, cocinaban el pan en hornos de barro y tejían lana y lino. Las maquetas de veleros encontradas en las tumbas constituyen la primera prueba arqueológica de este tipo de transporte acuático. Los Ubaid comerciaban hasta el sur, en Bahrein y Omán, en el golfo Pérsico, quizá en velero, y hasta el norte, en Turquía y Armenia. La irrigación simple evolucionó hacia un sistema de canales más intrincado, que se alimentaba de los afluentes del río Éufrates y del lago Hammar (de agua dulce en aquella época, pero salina en la actualidad)[i]. Este avanzado sistema de riego requería el trabajo coordinado de una considerable mano de obra: un punto de inflexión histórico. Al igual que los Samarra, los Ubaid producían una cerámica distintiva de Hadji Muhammed, generalmente de color marrón, pero ocasionalmente rosa, naranja, amarillo o verde, con formas geométricas o motivos florales pintados en negro. La cerámica, cocida a alta temperatura, era dura y duradera. Los arqueólogos Andrew Moore y Tony Wilkinson descubrieron hornos en Eridu y Ur en 1990, revelando una fabricación a escala industrial[ii].

Las pequeñas figuritas de mujeres delgadas con hombros anchos y caras de reptil descubiertas en tumbas de adultos eran aún más intrigantes. No se encontraron en las sencillas estructuras de los templos de Ubaid, y es un misterio si tenían un significado religioso. Existen pruebas de que en Mesopotamia, Turquía e Irán se ataban los cráneos de los niños para producir cabezas alargadas[iii]; sin embargo, eso no explicaría los ojos largos e inclinados.

---

[i] Carrie Hritz, et al., "Revisiting the Sealands: Report of Preliminary Ground Reconnaissance in the Hammar District, Dhi Qar and Basra Governorates, Iraq", *Iraq* 74 (2012): 37-49. http://www.jstor.org/stable/23349778.
[ii] A. M. T. Moore, "Pottery Kiln Sites at al 'Ubaid and Eridu", *Iraq* 64 (2002): 69-77. https://doi.org/10.2307/4200519.
[iii] A. Deams and K. Croucher, "Artificial Cranial Modification in Prehistoric Iran: Evidence from Crania and Figurines", *Iranica Antiqua* 42 (2007):1-21.

No está claro el significado de las figuras de mujeres reptiles, como esta que amamanta a un bebé[75]

¿Qué pasó con la cultura Ubaid? Una enorme inundación cubrió Ur alrededor del año 3800 a. C., dejando una capa de cieno de tres metros. Los Ubaid abandonaron Eridu más o menos en la misma época, ya que el enfriamiento global y el aumento de la aridez provocaron la desertización, las tormentas de arena y el agotamiento del agua dulce. La ciudad ubaid de Uruk siguió floreciendo en la orilla oriental del Éufrates y acabó convirtiéndose en una ciudad sumeria. Algunos estudiosos sostienen que los sumerios originales eran el remanente de la cultura Ubaid.

Independientemente de que los sumerios fueran el remanente de los Ubaid o sus conquistadores, tomaron el control del sur de Mesopotamia (Sumer) alrededor del año 4000 a. C. Fue entonces cuando Uruk experimentó una explosión de crecimiento demográfico y una increíble innovación. Hablaban una lengua no semítica aislada, sin relación con ninguna otra, y se llamaban a sí mismos el «pueblo de los cabellos negros».

Después de que una inundación sumergiera completamente Ur, los sumerios construyeron una ciudad sobre las ruinas de la antigua ciudad de Ubaid. La nueva Ur se convirtió en una ciudad poderosa y fabulosamente rica, como demuestra el «pozo de la muerte»: la tumba de una reina enterrada con un tesoro fenomenal y más de cien asistentes que fueron sacrificados para acompañarla en el más allá. Los sumerios también reconstruyeron Eridu hacia el 2900 a. C., y la nueva ciudad contaba con un palacio del tamaño de un campo de fútbol.

Kish fue otro asentamiento ubaid que los sumerios ocuparon más tarde, hacia el 3100 a. C. Situada cerca del Tigris, al este del lugar donde más tarde se levantaría Babilonia, Kish fue la primera ciudad en ostentar la «realeza», o el dominio regional, tras el Diluvio Universal, según la *Lista Real Sumeria*[i]. Este documento, que se remonta al menos al año 2100 a. C., recoge la crónica de los reyes del sur y el centro de Mesopotamia antes y después del «diluvio». La primera parte de la *Lista Real* es probablemente mítica, pero las pruebas arqueológicas y literarias apoyan a muchos de los reyes posteriores. Además de Uruk, Ur, Eridu y Kish, surgieron otras ocho grandes ciudades-estado en Sumer.

---

[i] *Lista Real Sumeria*, trans. Jean-Vincent Scheil, Stephen Langdon y Thorkild Jacobsen. Livio. https://www.livius.org/sources/content/anet/266-the-sumerian-king-list/#Translation.

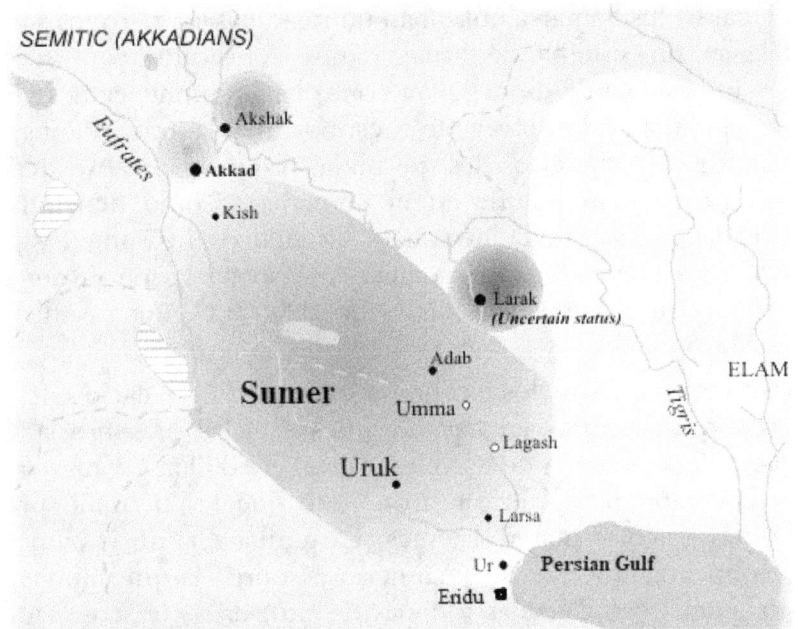

Este mapa muestra las principales ciudades de Sumer justo antes del Imperio acadio[76]

Los sumerios fueron los primeros en construir gruesas y altas murallas alrededor de sus ciudades para protegerlas de los invasores. Una ciudad-estado era la propia ciudad amurallada rodeada de campos agrícolas, pastos para los rebaños, pequeñas aldeas y pueblos. Cada ciudad-estado era políticamente independiente de las demás y autónoma: podía mantener a su población con lo que podía cultivar o cosechar localmente. De vez en cuando, una ciudad se alzaba con el «reinado», lo que significaba algún tipo de dominio sobre las demás ciudades-estado.

Los sumerios mostraron un celo sin precedentes por inventar cosas nuevas, experimentando increíbles avances en todos los aspectos de la civilización. Hacia el 3500 a. C., habían desarrollado el primer sistema de escritura del mundo, una técnica que utilizaba pictogramas (dibujos sencillos) trazados en arcilla blanda, que se endurecía para formar una tablilla duradera. Las pictografías se fueron estilizando hasta convertirse en cuneiformes, una técnica en la que se presionaba el extremo de una caña sobre la arcilla para hacer marcas en forma de cuña. Este nuevo lenguaje escrito proporcionó una fascinante visión de la cultura mesopotámica una vez que los lingüistas descubrieron cómo leerlo. Por supuesto, un sistema de escritura requería las primeras escuelas; se necesitaban doce años para alcanzar el nivel de competencia de un escriba en la lectura y la escritura.

Los Ubaid y los Samarra utilizaban un riego básico, pero los sumerios desarrollaron un sistema de canales muy sofisticado para regar sus cultivos y un sistema de diques para controlar las inundaciones anuales. A pesar del clima árido del sur de Mesopotamia, la avanzada ingeniería hidráulica de los sumerios les permitía producir un excedente de cosechas, que podían utilizar en el comercio. Como dependían del sistema fluvial en lugar de la lluvia para sus cultivos, los sumerios podían sobrevivir a las condiciones de sequía. Incluso prosperaron durante la terrible sequía que comenzó alrededor del 2200 a. C., que casi diezmó el norte de Mesopotamia.

Los sumerios fueron los primeros en construir palacios de varios pisos y enormes zigurats en terrazas que se elevaban sobre la ciudad como parte de su sistema de templos. Hacia el 3300 a. C., mezclaron el cobre y el estaño para fabricar bronce, lo que les permitió producir armas y herramientas más resistentes. La tumba real de Ur muestra el astuto conocimiento de los sumerios sobre la metalurgia, con impresionantes liras plateadas y copas de oro, dagas, cascos y tocados. Sus coloridos murales y mosaicos representaban figuras excepcionalmente realistas.

Los Samarra y los Ubaid utilizaron sellos, pero los sumerios dieron un paso más al desarrollar sellos cilíndricos. Estos cilindros de piedra de diez centímetros tenían imágenes talladas, de modo que, al rodar en arcilla húmeda, surgía una imagen que representaba la «firma» de su propietario. Cientos de sellos cilíndricos han sobrevivido y, aún hoy, se pueden hacer rodar en arcilla para crear una impresión. Tienen un valor incalculable para mostrar el nivel de arte de aquella época y revelar aspectos de la historia y la cultura sumerias.

Este antiguo sello cilíndrico de lapislázuli (izquierda) produjo la impresión en arcilla (derecha), una escena mítica de héroes musculosos en combate cuerpo a cuerpo con un león y una gacela. En cada lado hay un ejemplo de escritura cuneiforme[77]

Los sumerios inventaron la primera rueda de transporte hacia el año 3750 a. C.: un antiguo sello muestra a dos hombres remolcados por un burro en un carro con ruedas. Estas primeras ruedas eran de madera maciza con un agujero en el centro para el eje. Los carros básicos se convirtieron rápidamente en carros de cuatro ruedas, representados en el mosaico del *Estandarte de Ur* hacia el 2600 a. C. Un gran asno llamado onagro tiraba de los carros, que eran incómodos de dirigir.

Los sumerios utilizaban el sistema de conteo sexagesimal, contando por sesenta (60, 120, 180, etc.) en lugar de por decenas como hacemos nosotros. Podían contar hasta sesenta usando ambas manos. Contaban con los tres nudillos de cada dedo de una mano (excluyendo el pulgar), lo que les llevaba hasta el doce. Cuando llegaban al doce, levantaban un dedo de la otra mano. Una vez que tenían los cuatro dedos y los pulgares en alto, llegaban a sesenta. Los sumerios también desarrollaron la hora de sesenta minutos y el minuto de sesenta segundos, y dividieron el día y la noche en doce horas cada uno.

El año 2334 a. C. fue un punto de inflexión en la historia de Mesopotamia cuando los acadios formaron el primer imperio multinacional del mundo. ¿Quiénes eran los acadios que lideraron la Edad de Oro de Mesopotamia? Eran una tribu semita que emigró desde la península arábiga al norte y centro de Mesopotamia hacia el 2700 a. C., pero quizás siglos antes: los primeros reyes de Kish tenían nombres semitas. Poco a poco se fueron extendiendo por el sur de Mesopotamia, asimilando la cultura sumeria. Muchos sumerios y acadios eran probablemente bilingües, y los acadios adaptaron la escritura cuneiforme a su propia lengua.

Los acadios y los sumerios compartían muchos de los mismos dioses, como el dios del sol Utu (Shamash acadio), el dios de la luna Nanna (Sin acadio) e Inanna, la diosa de la guerra y la sexualidad (Ishtar acadia). Más tarde, los babilonios adorarían a estos dioses y a otros del panteón tradicional mesopotámico. Aunque los acadios y los sumerios tenían lenguas y etnias diferentes, sus estilos de vida eran similares. Vivían en casas de tejados planos y ladrillos de barro, y la mayoría de la población trabajaba como agricultores, pastores o en la construcción y mantenimiento de sistemas de riego.

Los acadios se hicieron con el poder bajo el liderazgo de Sargón, un hombre de orígenes desconcertantes y humildes. Supuestamente hijo de una sacerdotisa que lo abandonó cuando era recién nacido, un jardinero lo rescató del río y lo crio como su hijo en Kish. El rey de Kish elevó repentina e inexplicablemente a Sargón a ser su copero, pero casi inmediatamente empezó a sospechar de la traición de Sargón e intentó matarlo. Sargón escapó del palacio, reunió apoyo y usurpó el trono de Kish.

Esta llamativa escultura de cobre es Sargón o uno de sus descendientes[78]

El siguiente paso de Sargón fue enfrentarse al poderoso rey Lugalzagesi, que ya había conquistado todo el sur de Sumer. Con la velocidad del rayo, el emprendedor Sargón derrotó al temible Lugalzagesi y triunfó sobre las ciudades de Sumer. Sargón se dirigió entonces al norte de Mesopotamia y más allá, extendiendo el primer imperio del mundo a Siria, Turquía, Líbano, Canaán (Israel) y las tierras al este del Éufrates y al oeste del Tigris. A continuación, se dirigió al sureste para conquistar Elam (Irán). La enorme franja de territorio conquistada por los acadios abrió las rutas comerciales, vertiendo fabulosas riquezas en Agade (la capital de Acad).

El hijo menor de Sargón, Rimush, asumió el trono a su muerte y pasó la mayor parte de sus años sofocando sin piedad las rebeliones que habían surgido en Sumer. Aplastó ciudades, mató a la mayor parte de la población del sur de Sumer y reubicó al remanente en la esclavitud o el exilio. Rimush solo reinó nueve años antes de que sus propios cortesanos se volvieran contra él, golpeándolo hasta la muerte con sus sellos de cilindro.

Tras el asesinato de Rimush, su hermano mayor Manishtushu ascendió al trono y se centró en consolidar más tierras extranjeras, poniendo todo el golfo Pérsico bajo su poder. También amplió las rutas comerciales de su padre por el río Tigris hasta su cabecera en los montes Tauro. Tras quince años de reinado, Manishtushu también fue asesinado por sus hombres y el trono pasó a manos de su hijo, Naram-Sin.

Naram-Sin fue un conquistador despiadado que supuestamente ofendió a los dioses[79]

Naram-Sin fue otro brillante conquistador, como su abuelo Sargón, que expandió el imperio hasta su más amplio alcance. Sin embargo, según la opinión popular, su orgullo provocó la caída del imperio. Aceptó la adoración de su pueblo como un dios, incluso construyendo un templo para sí mismo. Poco después, Mesopotamia se vio afectada por el evento de aridificación del kiloaño 4-2 BP (2200 a 2000 a. C.), con un cincuenta por ciento menos de precipitaciones en una tierra ya semiárida. La agricultura del norte de Mesopotamia, que dependía de la lluvia, no pudo sobrevivir, lo que provocó una hambruna masiva y un éxodo hacia el sur, a Sumer, donde las avanzadas técnicas de riego habían permitido a la población resistir[1].

Para colmo de males, las tribus bárbaras guti de los montes Zagros de Elam (Irán) irrumpieron en Mesopotamia con ataques de guerrilla a las ciudades, despojando a los campos de los productos que había dejado la sequía, liberando a los animales domésticos de sus corrales y devastando las rutas comerciales. La gente murió de hambre sin que nadie los enterrara. El poderoso Imperio acadio cayó después de solo un siglo y medio de poder.

La caída del Imperio acadio y el cambio de población provocado por la sequía, impulsaron el ascenso al poder de Sumer, liderado por la ciudad de Ur, en lo que se conoce como el Imperio neosumerio o la Tercera Dinastía de Ur. Tuvo una vida corta, al igual que el Imperio acadio, durando solo un siglo. Fue conocido por su fundador, Ur-Nammu, quien escribió uno de los primeros códigos legales conocidos del mundo. En esta época, Ur fue también el hogar del patriarca Taré, cuyo hijo Abraham emigró más tarde a Canaán para fundar la nación israelita.

Utu-hengal, rey de Uruk, expulsó finalmente a los guti de Mesopotamia. Ur-Nammu, que había servido como general bajo su mando, ascendió al poder a su muerte, dando paso a la Tercera Dinastía de Ur (2112-2004 a. C.). Ur-Nammu derrotó a un rey rival en Lagash y unificó toda Sumer, restaurando la lengua sumeria, que casi se había extinguido. Construyó el Gran Zigurat de Ur y numerosos complejos de templos. Su código legal escrito, conservado hasta hoy en tablillas cuneiformes, trataba del secuestro, el asesinato, las relaciones sexuales prematrimoniales, los derechos de los esclavos, la brujería, etc.

Bajo el mandato de Ur-Nammu, Ur creció hasta alcanzar los sesenta y cinco mil habitantes, siendo la mayor ciudad del mundo de su época y un importante centro comercial en el golfo Pérsico e incluso con la India. Después de su muerte, su hijo Shulgi afirmó haber corrido cien millas en un día: de Nippur a Ur. Independientemente de que eso ocurriera realmente, Shulgi construyó una muralla de 155 millas de largo para mantener fuera de Sumer a los pastores amorreos que habían estado emigrando desde la gran sequía.

---

[1] Harvey Weiss, *Megadrought and Collapse* (New York: Oxford University Press, 2017), 94-183.

Puede que la muralla mantuviera a raya a los amorreos, pero los elamitas invadieron Sumer desde el suroeste, rodeando el extremo oriental de la muralla. Saquearon Ur y capturaron a Ibbi-Sin, el último rey de la dinastía neosumeria, poniendo fin a la última dinastía de Ur. Los elamitas gobernaron Ur y la mayor parte de Sumer durante las dos décadas siguientes. Aunque Ur nunca volvió a dominar la escena política, siguió siendo una ciudad comercial rica y estratégicamente situada durante otros mil años.

Capítulo 2: Los primeros babilonios

¿Cuándo se fundó Babilonia? ¿Y quién construyó primero la ciudad? La fundación de la que un día sería la mayor ciudad del mundo está rodeada de misterio. Dos curiosos pasajes sobre Sargón el Grande y Babilonia se encuentran en la *Crónica de los primeros reyes* (escrita hacia el año 1500 a. C.) y en la *Crónica de Weidner* (escrita hacia el año 1800 a. C.). La *Crónica de los primeros reyes* dice lo siguiente sobre Sargón en su vejez:

«Desenterró la tierra de la fosa de Babilonia e hizo una contraparte de Babilonia junto a Agade. A causa del mal que había hecho, el gran señor Marduk se enfadó y aniquiló a su familia mediante el hambre. De este a oeste, los súbditos se rebelaron contra él, y Marduk lo afligió con insomnio»[i].

La *Crónica de Weidner* expuso el mismo tema de Sargón desenterrando Babilonia (los corchetes y las elipsis indican daños en la tablilla, que la hacen ilegible):

«Ur-Zababa ordenó a Sargón, su copero, que cambiara las libaciones de vino de Esagila. Sargón no cambió, sino que tuvo la precaución de ofrecer [...] rápidamente a Esagila. Marduk, el rey del mundo, lo favoreció y le dio el gobierno de los cuatro rincones del mundo. Se ocupó de Esagila. Todo el que se sentaba en un trono traía su tributo a

---

[i] *Crónica de los primeros reyes (ABC 20)*, Livius. https://www.livius.org/sources/content/mesopotamian-chronicles-content/abc-20-chronicle-of-early-kings.

Babilonia. Sin embargo, ignoró la orden que le había dado Bêl. Excavó la tierra de su fosa, y frente a Acad construyó una ciudad a la que llamó Babilonia. Enlil cambió la orden que había dado, y desde el este hasta el oeste, la gente se le opuso. No pudo dormir. Naram-Sin destruyó al pueblo de Babilonia, así que dos veces Marduk convocó las fuerzas de Gutium contra él»[i].

Ur-Zababa era el rey de Kish, bajo el cual Sargón sirvió como copero. El Esagila era un complejo de templos en Babilonia, que no se construyó hasta siglos después de Sargón, por lo que esa parte de la crónica es incorrecta. Estos dos pasajes hacen pensar que Babilonia ya existía antes de que Sargón se convirtiera en un rey poderoso (posible, pero habría sido una ciudad pequeña) y que su complejo de templos ya era de importancia (poco probable). Al parecer, la orden de Ur-Zababa de cambiar las libaciones de vino al templo fue un sacrilegio, y al negarse a hacerlo, Sargón recibió el favor de Marduk, dios de Babilonia (también conocido como Bêl). Sin embargo, Marduk fue inicialmente solo un dios menor de la «ciudad» de Babilonia, sin influencia sobre Kish hasta mucho después.

Ambos relatos dicen que Sargón «cavó tierra» de la fosa de Babilonia, sea lo que sea que eso signifique, y luego construyó una segunda Babilonia frente a Agade (Acad), la capital del Imperio acadio. ¿Cavar tierra implicaba que Babilonia había sido demolida? ¿O simplemente Sargón tomó parte de la tierra de la ciudad sagrada? El significado no está claro, pero de alguna manera, Sargón incurrió en la ira de Enlil: el dios creador de reyes. Ambos pasajes dicen que Sargón sufrió insomnio como resultado de su pecado.

La *Crónica de Weidner* dice que el nieto de Sargón, Naram-Sin, destruyó al pueblo de Babilonia y recibió dos invasiones de Gutium como castigo. Babilonia existía definitivamente en la época del Imperio acadio, ya que una tablilla cuneiforme que data de la época de Sargón menciona la ciudad. Además, los registros anuales del hijo de Naram-Sin, Shar-kali-si, dicen que este puso los cimientos de los templos de la diosa Annunitum y del dios Aba en Babilonia en su undécimo año. En aquellos tiempos antiguos, los mesopotámicos no nombraban ni numeraban sus años; en su lugar, marcaban los años identificando algo que el rey hacía en ese año.

---

[i] *Crónica de Weidner (ABC 19)*, Livius. https://www.livius.org/sources/content/mesopotamian-chronicles-content/abc-19-weidner-chronicle.

Los propios babilonios no parecían tener una historia sobre la fundación de Babilonia, pero los griegos tenían varias versiones sobre el establecimiento de Babilonia en el Éufrates, justo al sur de la actual Bagdad. El médico griego del siglo V a. C., Ctesias, dijo que la reina Semíramis construyó Babilonia. Pero Semíramis fue una reina asiria que reinó del 811 al 806 a. C., más de 1.400 años después de que Babilonia existiera definitivamente. El historiador griego Hecateo dijo que Babilonia era una colonia egipcia fundada por Belos (hijo de Poseidón y Libia). Abideno y Diodoro Sículo dijeron que Belos la construyó, pero Belos (Belus) era mesopotámico, no egipcio[i]. Diodoro incluso dio una fecha para la fundación de Babilonia, 2286 a. C., y dijo que Belo gobernó allí durante cincuenta y cinco años. Su fecha es plausible, ya que sería hacia el final del reinado de Sargón. El nombre de Belus o Belos se asocia con el dios principal babilónico Marduk. Sin embargo, la palabra «Bel» o «Baal» en lenguas semíticas significa simplemente «señor».

La *Torá* hebrea dice que Nimrod, descendiente de Cush, estableció su reino en Sumer con Babilonia, Acad, Uruk y Calneh. Luego, en Asiria, construyó Nínive, Rehoboth Ir, Calah y Resen[ii]. Varios eruditos creen que Nimrod era Sargón el Grande, y por lo tanto Sargón construyó Babilonia. Esto funcionaría cronológica y geográficamente. Un documento acadio enumeraba que Babilonia era una frontera de la tierra de Acad (que existía durante el Imperio acadio), y los registros indicaban que el bisnieto de Sargón construyó templos allí.

Esta figura de un adorador amorreo procede de Mari, en Siria, hacia el año 2500 a. C.[80]

---

[i] Menko Vlaardingerbroek, "The Founding of Nineveh and Babylon in Greek Historiography". *Iraq* 66 (2004): 235. https://doi.org/10.2307/4200577.
[ii] *Génesis 10:10-12*, Tanaj: Torá, Libro de Bereishit.

Mientras el Imperio acadio agonizaba, los pastores amorreos que hablaban un dialecto semítico del noroeste llegaron al centro y sur de Mesopotamia desde Siria, desesperados por conseguir pastos para sus rebaños. Los sumerios construyeron rápidamente una muralla de 110 millas para mantenerlos alejados del sur, pero los amorreos se asentaron a lo largo del delta del río Éufrates e hicieron de Babilonia su hogar hacia 1984 a. C. Estos amorreos adoraban a un dios de las montañas llamado Amurru o Belu Sadi. Los sumerios describieron a los amorreos como «el poderoso viento del sur que desde el remoto pasado no ha conocido ciudades»[i].

Un antiguo poema sumerio llamado el *Matrimonio de Martu* cuenta la historia de un joven amorreo que se instaló en una ciudad llamada Inab y la discriminación que sufrió[ii]. Martu vivía en la ciudad, pero se quejaba a sus padres de las raciones del templo. Los hombres solteros solo tenían que dedicar una ración al templo, los casados daban una ración doble y los hombres con hijos daban una ración triple. Sin embargo, Martu tenía que aportar una ración triple, a pesar de no tener esposa ni hijos.

Martu decidió que, si tenía que pagar el impuesto del templo de un hombre casado y con hijos, también podía estar casado. Fue a casa de su madre y le pidió que le buscara una esposa. Su madre le dijo que tenía que elegir una esposa por sí mismo, pero lo animó a casarse porque su mujer podría ayudarla con todas las tareas de la casa. En ese momento, Inab celebraba un festival, y Martu y sus jóvenes amigos solteros fueron a disfrutar de la diversión.

El dios Numucda participó en el festival y trajo a su bella esposa Namrat y a su querida hija Adjar-kidug. Mientras retumbaban los tambores de bronce, los fuertes campeones competían en combates de lucha, y la ciudad se llenaba de curiosos. Martu compitió en el combate de lucha, y la gente de la ciudad no dejaba de buscar luchadores fuertes que lo desafiaran, pero todos los hombres más musculosos cayeron ante Martu. Lleno de temor, Numucda ofreció a Martu una recompensa de plata, pero Martu la rechazó. Le ofreció joyas, pero Martu no las aceptó. «Prefiero casarme con tu hija Adjar-kidug».

Numucda le dijo a Martu que tenía que traer vacas lecheras con sus

---

[i] *Year Names of Ibbi-Suen*, CDLI Wiki, University of Oxford. https://cdli.ox.ac.uk/wiki/doku.php?id=year_names_ibbi-suen

[ii] *Matrimonio de Martu* (The Electronic Text Corpus of Sumerian Literature, Oxford: Universidad de Oxford). https://etcsl.orinst.ox.ac.uk/section1/tr171.htm

terneros y ovejas con sus corderos como precio de la novia, y entonces Numucda le daría a Martu su hija. Pero Martu se excedió en la petición de Numucda. Trajo anillos de oro para el cuello de los ancianos de Inab y chales de oro para las ancianas. Incluso trajo regalos para los esclavos. Mientras se negociaba el matrimonio, la amiga de Adjar-kidug se enfrentó a ella. ¿Realmente quería casarse con este joven tan poco agraciado? Le contó todo lo malo que tenían los hombres amorreos:

«Sus manos son destructivas y tienen rasgos de mono. Come alimentos prohibidos por Nanna y no muestra ninguna reverencia. Estos amorreos siempre están vagando; tienen ideas confusas y solo crean disturbios. Se viste de cuero y vive en una tienda de campaña, expuesto al viento y a la lluvia. No sabe recitar oraciones ni doblar la rodilla. No tiene casa y come carne cruda. Amiga mía, ¿por qué quieres casarte con Martu?».

Pero la princesa se mantuvo firme: «¡Me casaré con Martu!».

Ibbi-Sin, el último rey de la Tercera Dinastía de Ur, es recibido por una diosa[81]

Mientras los amorreos se infiltraban en Mesopotamia y se imponían, la Tercera Dinastía de Ur comenzaba a desmoronarse en el sur. Cuando la Tercera Dinastía de Ur estaba en el poder, gobernadores nombrados por Ur gobernaban Babilonia, y la ciudad pagaba impuestos a Ur. Ibbi-Sin fue el último rey de la Tercera Dinastía de Ur, y durante su reinado, las ciudades sumerias bajo su control desaparecieron, dejando solo a Ur. Entonces los elamitas atacaron, navegando por el extremo oriental de la muralla amorrea. Capturaron a Ibbi-Sin, lo llevaron con grilletes a Elam y gobernaron Ur durante veintiún años.

En un giro irónico, los rescatadores de Ur resultaron ser los mismos pueblos para los que habían construido una muralla de 110 millas. El rey amorreo de la dinastía de Isin, Ishbi-Erra, procedente de Mari, en Siria, expulsó a los elamitas y reconstruyó Ur. Su hijo y sucesor, Shu-Ilishu, recuperó de Elam la imagen robada del dios de la luna Nanna y la instaló en su templo de Ur. Shu-Ilishu adoptó rápidamente la cultura sumeria y sus dioses e incluso luchó contra los inmigrantes amorreos más recientes. Se llamó a sí mismo «rey de Ur», «rey de Sumer y Acad» y «amado de los dioses Anu, Enlil y Nanna».

La poderosa dinastía Amorrea-Isin gobernó parte de Sumer durante varias generaciones, mientras llegaban más inmigrantes amorreos en busca de pastos para sus rebaños. Se extendieron por toda Sumer, manteniendo un estilo de vida seminómada de pastoreo al principio, pero que gradualmente se volvió más sedentario. El quinto rey de Isin, Lipit-Ishtar, escribió un código legal más de un siglo antes que el famoso *Código de Hammurabi*.

¡Pero la desgracia nos encontrará, aunque intentemos escondernos! Eso es lo que descubrió un rey de Isin, demasiado tarde, cuando los astrólogos de Isin predijeron un eclipse, que pensaron que era un presagio de que el rey moriría. El rey Erra-Immiti puso a su jardinero Enlil-bani en su trono y le colocó la tiara en la cabeza, con la esperanza de que la maldición cayera sobre el jardinero. Sin embargo, el presagio encontró al verdadero rey mientras se escondía en un rincón del palacio comiendo gachas, y murió. El jardinero conservó el trono y la corona y gobernó durante veinticuatro años, iniciando una nueva dinastía. Enlil-bani, el rey jardinero, escribió que eliminó el pesado yugo del pueblo, redujo el impuesto sobre la cebada y evitó que el ganado del palacio corriera por los campos cultivados del pueblo.

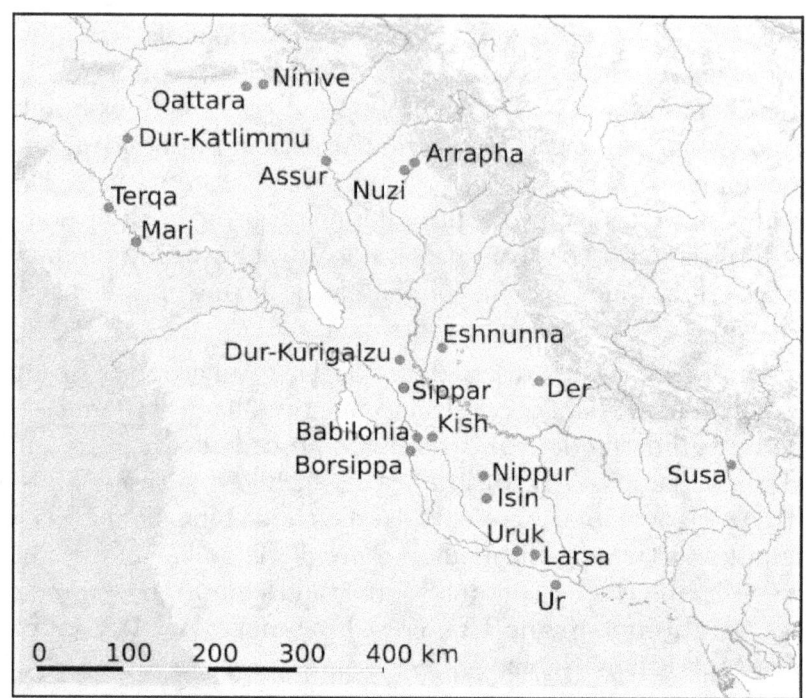

Este mapa muestra las ciudades importantes de Mesopotamia durante los primeros años de Babilonia[33]

En la época en que el rey jardinero gobernaba Isin, la ciudad de Babil, llamada Babil por los sumerios y Bab-ilim en acadio, estaba cobrando importancia. En 1897 a. C., muchos de los amorreos se pusieron bajo el mando de un dinámico líder tribal llamado Sumu-Abum (Su-abu), considerado el primer rey de la Primera Dinastía de Babilonia. Sumu-Abum conquistó Kish, Dilbat y Elip, inició la construcción de una muralla alrededor de Babilonia y erigió templos. También construyó murallas para sus nuevas ciudades de Kish y Dilbat. Sumu-Abum adoraba a un dios local llamado Marduk o Amar, el dios de las tormentas eléctricas que se convertiría en el dios de la dominación, el poder, el sexo y la guerra. Marduk sustituyó al dios sumerio Enlil como principal deidad amorrea.

Una intrigante carta escrita a Sumu-Abum hace referencia a un viaje de Ishtar (Annunitum) para visitar el templo de Marduk en Babilonia. El escritor quería llevar la estatua de la diosa a Babilonia para que Ishtar pudiera consultar con Marduk sobre un asunto concreto. El escritor pidió permiso a Sumu-Abum para llevar la estatua de la diosa y dijo que se pondría en marcha en cuanto tuviera noticias del rey. También mencionó que estaba preocupado por el temperamento de la diosa durante el viaje (Ishtar era conocida por su temperamento)[i].

Sumu-Abum liberó a los babilonios del dominio de Kazallu (Kasala) en el río Éufrates, que había vivido una historia horrible en el Imperio acadio. Kasala se había rebelado, y Sargón el Grande marchó al encuentro de los insurgentes. Sargón no tuvo piedad, arrasó la ciudad e incluso cortó todos los árboles, por lo que no había lugar «para que descansara un pájaro». Cuando el hijo de Sargón, Rimush, fue rey, los ciudadanos de Kasala reconstruyeron su ciudad, pero luego se atrevieron a desafiar a Rimush. Rimush fue inhumanamente cruel, matando a doce mil ciudadanos de Kasala, esclavizando a cinco mil y arrasando la ciudad una vez más. Los irreductibles habitantes de Kasala reconstruyeron su ciudad por tercera vez, manteniendo el dominio de la región hasta que Sumu-Abum se convirtió en el líder de Babilonia.

La conquista de Kasala por Sumu-Abum parece ser un esfuerzo conjunto de Babilonia e Isin, ya que los registros de Erra-Immiti, el malogrado rey de Isin que murió comiendo gachas, dicen que conquistó Kasala aproximadamente al mismo tiempo. Sumu-Abum dominó triunfalmente Kasala, pero la ciudad de Kish, que había conquistado, se rebeló y su líder Manana obligó a Sumu-Abum a exiliarse.

Este busto es probablemente de un rey amorreo anterior a Hammurabi[88]

---

[i] Rients de Boer, "Beginnings of Old Babylonian Babylon: Sumu-Abum and Sumu-La-El", *Free University of Amsterdam,* American Schools of Oriental Research, 62. https://www.jstor.org/journal/jcunestud.

El vigoroso sucesor de Sumu-Abum, Sumu-la-El, gobernó desde 1880 hasta 1845 a. C. Había servido como lugarteniente de Sumu-Abum y probablemente era su hijo. Saqueó Kish y Kasala (de nuevo) y puso bajo su mando a otros jefes amorreos. Construyó fortalezas defensivas alrededor de la región de Babilonia, completó la gran muralla alrededor de Babilonia que su padre había comenzado, y obtuvo el control temporal de Nippur. Excavó un canal de riego llamado Utu-hegal y construyó o profundizó otros canales. Erigió un templo a Adad y un magnífico trono para Marduk recubierto de plata y oro.

Sumu-la-El tuvo un aliado resistente en Uruk, cuyos reyes tenían nombres amorreos en esta época. Una de sus hijas, Sallurtum, se casó con Sîn-kāšid de Uruk, «rey de los Amnānum» (una tribu amorrea)[1]. Sumu-la-El consolidó las ciudades del norte de Babilonia en un estado amorreo unificado que supuso un reto intimidatorio para reinos como Larsa o Eshnunna. Sustituyó a los reyes locales por líderes amorreos leales a él. Sumu-la-El dirigía la «Asamblea amorrea» de ancianos tribales leales a él, que lo consideraban su jefe.

El hijo de Sumu-la-El, Sabum, gobernó Babilonia durante al menos catorce años. Fue el primero en construir el templo Esagila a Marduk, que albergaba la estatua del dios rodeada de ídolos de las ciudades que habían caído en Babilonia. La Esagila, la «casa que levanta la cabeza», era el complejo de templos más importante de una ciudad considerada sagrada para todos los babilonios, incluso para toda Mesopotamia. Le sucedió Apil-Sin, que gobernó durante diecisiete años.

El industrioso Apil-Sin erigió una magnífica muralla nueva para Babilonia, reluciente con brillantes piedras de lapislázuli. Al igual que sus predecesores, cavó nuevos canales de riego y mejoró los que ya existían. Tras la gran sequía que destruyó el imperio acadio, los babilonios se dieron cuenta de la urgencia de contar con un excelente sistema de riego. Apil-Sin construyó un estupendo templo a Inanna (Ishtar) en Babilonia y construyó o restauró otros templos en la ciudad.

El agresivo hijo de Apil-sin, Sin-muballit, fue rey durante diecinueve años, contendiendo triunfalmente contra Larsa y tomando cautiva la ciudad de Isin. Extendió implacablemente las fronteras de Babilonia venciendo (o manteniendo) Borsippa, Dilbat, Kasala, Kish y Sippar. Creció en poder, construyendo los pueblos y ciudades del centro-sur de Mesopotamia, que habían quedado bajo el dominio de Babilonia; sin

---

[1] de Boer, "Beginnings of Old Babylonian Babylon", 67-8.

embargo, cayó enfermo y abdicó su trono en su famoso hijo Hammurabi.

La mayoría de los reyes nunca ven los logros de sus hijos, pero Sin-muballit vivió parte del reinado de su hijo. ¿Vivió para ver cómo Hammurabi unía casi toda Mesopotamia bajo su autoridad? ¿Tenía alguna recomendación para el código legal de su hijo? ¿Pensó alguna vez que su hijo sería estimado como un gobernante modelo en toda la historia de Oriente Medio? Si vivió lo suficiente como para ver solo una fracción de los logros de su hijo, Sin-Muballit debió sentirse extraordinariamente orgulloso.

Capítulo 3: El auge de Babilonia

Venerado como un dios en vida, el excepcional conquistador y legislador Hammurabi elevó la modesta ciudad-estado de Babilonia a alturas asombrosas. Cuando subió al trono en 1792 a. C. (cronología media), Babilonia estaba rodeada por cuatro feroces reinos que amenazaban su propia existencia. El antiguo Elam, al este, un reino próspero y vigoroso de dos mil años de antigüedad situado en el actual Irán, había invadido el sur de Sumer. Asiria, al norte, estaba construyendo un inmenso imperio que abarcaba Siria, Líbano y Canaán y presionaba en el centro de Mesopotamia. La antigua ciudad-estado sumeria de Larsa protegía el delta del río en el sur, y la ciudad-estado sumeria-acadia de Eshnunna, en la frontera noroeste de Babilonia, controlaba la parte superior del río Tigris.

El padre de Hammurabi, Sin-Muballit, ya había comenzado a expandir Babilonia, poniendo a Kish, Sippar y Borsippa bajo jurisdicción babilónica. Hammurabi sería relativamente joven cuando subió al trono, quizás un adolescente, ya que gobernó durante cuarenta y tres años. Siguiendo los pasos de su ambicioso padre, Hammurabi avanzó y expandió Babilonia hasta convertirla en un próspero reino que engulló a los reinos competidores, transformando a Babilonia en el amo de Mesopotamia.

El extraordinario reinado de Hammurabi, sexto rey amorreo que gobernó Babilonia, la convirtió en uno de los reinos más dinámicos e influyentes de Oriente Medio. Su primer desafío surgió cuando los elamitas de los montes Zagros se adentraron en el centro de Mesopotamia, derrotando a Eshnunna, vecina de Babilonia, y envolviendo salvajemente otras ciudades bajo su dominio.

Esta estatuilla de un adorador amorreo de Amurru procede de Larsa[84]

Los elamitas intentaron desestabilizar aún más la región instigando el conflicto entre Babilonia y Larsa. En cambio, Hammurabi se alió con Larsa y las dos ciudades se comprometieron a luchar juntas contra Elam. Sin embargo, cuando llegó el momento de entrar en guerra, los babilonios aportaron la mayor parte de los militares, pero el rey de Larsa no lo hizo. Aunque derrotó a los elamitas sin mucho apoyo de Larsa, a Hammurabi le molestó la reticencia de Larsa a luchar.

Una vez que expulsó a los elamitas de Mesopotamia, Hammurabi subyugó a Larsa embalsando el Éufrates y liberándolo repentinamente, cubriendo Larsa con una inundación épica. La victoria sobre Larsa le dio el dominio sobre Sumer, incluyendo Ur, Uruk, Isin y Eridu, mientras que ya tenía Kish, Sippar y otras ciudades sumerias como herencia de su padre. Su triunfo supuso el fin de la soberanía de los sumerios en el sur de Mesopotamia. Los reyes acadios habían diezmado la población sumeria, pero Sumer se había hecho fuerte en la Tercera Dinastía de Ur. Pero ahora, la invasión elamita y la toma de posesión amorrea pusieron de rodillas a esta revolucionaria civilización. Su lengua hablada se extinguió, excepto en contextos religiosos, ceremoniales y científicos.

Hammurabi había unido fuerzas con sus parientes amorreos ancestrales en Siria, las dinastías Mari y Yamhad; juntos, aplastaron a Elam y anexionaron Sumer. Sin embargo, los Mari formaron a traición un ejército de coalición con Eshnunna contra Babilonia, intentando restringir el poder de esta en el norte. El intento fracasó: Eshnunna cayó ante las fuerzas de Hammurabi, y entonces el río Tigris se desbordó, cubriendo la ciudad.

Una vez dominada Eshnunna, Hammurabi se vengó de Mari. A pesar de que el pueblo era su antiguo pariente, no solo conquistó la ciudad, sino que la destruyó por completo. Normalmente perdonaba la mayoría de sus ciudades conquistadas e incluso las mejoraba una vez que tenía el control, pero arrasó Mari. Tal vez fuera la indignación por su traición, o que no quería que la lujosa Mari eclipsara a Babilonia.

A continuación, Hammurabi dirigió su atención hacia Asiria. Al igual que los acadios y los amorreos, los asirios de habla semítica fueron en su día pastores que vivían en tiendas en el norte de Mesopotamia, pero que acabaron convirtiéndose en habitantes de ciudades. Habían caído bajo el dominio acadio; cuando este imperio se desmoronó, el antiguo Imperio asirio independiente se alzó con el dominio del norte de Mesopotamia bajo el poderoso rey Puzur-Ashur I. El usurpador Shamshi-Adad expandió el territorio asirio hacia el norte de Mesopotamia y parte de la actual Turquía. Su hijo Ishme-Dagan entabló una prolongada guerra con Babilonia.

Aunque Asiria y Babilonia compitieron ferozmente por la ventaja, Hammurabi finalmente triunfó. Destronó a Ishme-Dagán y obligó a su sucesor Mut-Ashkur a reconocer el dominio de Babilonia; Hammurabi permitió a Mut-Ashkur gobernar Asiria como rey vasallo siempre que pagara fielmente el tributo a Babilonia. Hammurabi extendió su dominio hacia el norte hasta Anatolia (Turquía) y hacia el oeste hasta la mayor parte del Levante (Siria, Líbano y Canaán). A diferencia de los acadios, una vez que Hammurabi conquistó inicialmente toda Mesopotamia, mantuvo su control, sin que se produjeran levantamientos significativos durante su vida.

Una vez conquistada Mesopotamia e incluso parte de Anatolia y el Levante, Hammurabi se dirigió hacia el oeste. Los elamitas, lulubíes y guti de los montes Zagros de Irán habían sido amenazas persistentes para Mesopotamia durante más de un siglo, y ahora los casitas también se estaban convirtiendo en una potencia amenazante en el oeste. Hammurabi invadió Irán, sometiendo a todas las tribus problemáticas.

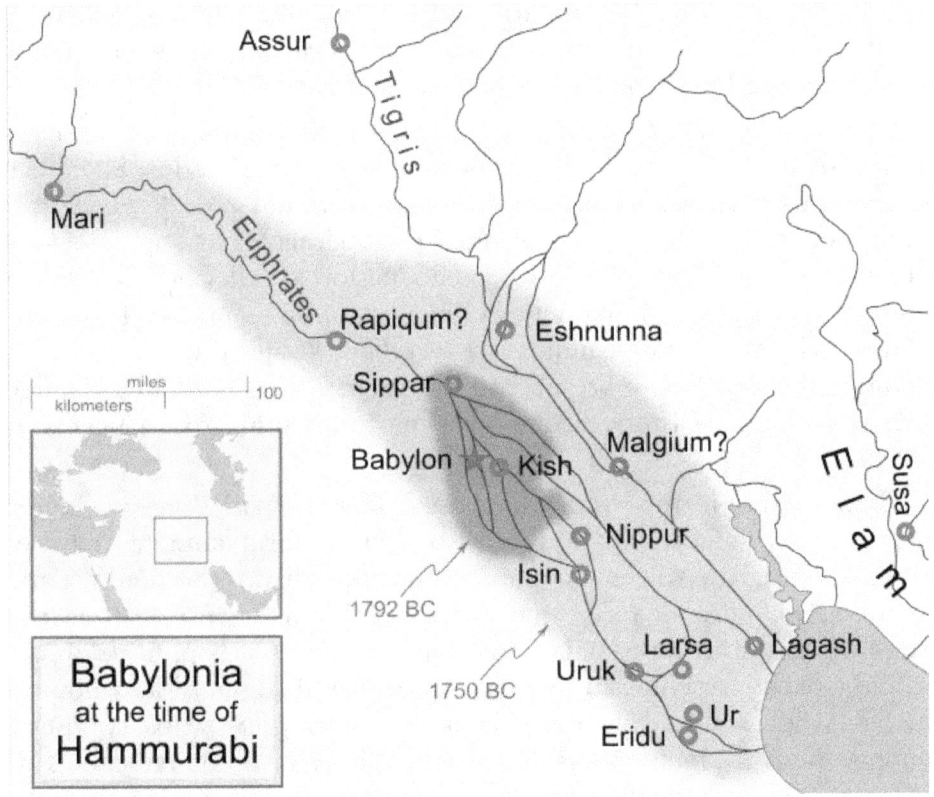

La estrella muestra la ubicación de Babilonia. El sombreado oscuro es donde estaba la región de Babilonia, y el sombreado claro es la extensión del Imperio babilónico bajo Hammurabi, que se extiende desde el golfo Pérsico hasta Siria[85]

Aunque Hammurabi era un conquistador contundente, parecía realmente preocupado por el bienestar de los habitantes de su reino, con la notable excepción de Mari. Tuvo la suerte de comenzar su reinado en una época relativamente pacífica para poder centrarse en ambiciosos proyectos de construcción, transformando Babilonia en una ciudad deslumbrante con una burocracia bien ordenada y racionalizada, además de un gobierno central fuerte.

Elevó las murallas de la ciudad a alturas aún mayores, y amplió y embelleció los templos. Hammurabi era un líder muy implicado, que supervisaba personalmente la gestión de las inundaciones, cambiaba el problemático calendario e incluso supervisaba el cuidado de los enormes rebaños de la ciudad. Una vasta colección de sus cartas y cuentas administrativas han sobrevivido en tablillas de arcilla y retratan a un rey absorto en la construcción de canales, asegurando una eficiente distribución de alimentos, involucrado en proyectos de embellecimiento, construyendo edificios públicos y luchando en guerras.

Hammurabi era un microgestor, pero parecía centrado en satisfacer las necesidades de su pueblo y garantizar la justicia para todos. Su código de leyes ilustra su preocupación por la gente común y su deseo de que todos reciban un trato justo y decente. Los gobernantes mesopotámicos a menudo se referían a sí mismos como pastores, reflejando sus raíces pastorales y su deseo de velar por el bienestar y la seguridad de los que estaban bajo su control. Aunque varios códigos legales precedieron al de Hammurabi, sus leyes sobresalieron por estar escritas con tanta claridad y ser tan extensas: casi trescientas leyes que cubrían diversos aspectos de la vida.

Hammurabi formó repetidamente alianzas para luchar contra enemigos formidables, para luego romperlas abruptamente una vez pasado el peligro y volverse contra sus antiguos aliados. Se unió a Larsa contra Elam, pero una vez que derrotó a Elam, formó alianzas con Nippur y Lagash contra Larsa y más tarde traicionó a Nippur y Lagash. Se alió con sus parientes ancestrales, Mari y Yamhad, en Siria, y una vez que lo ayudaron, se volvió rápidamente contra ellos y los conquistó (aunque Mari lo apuñaló por la espalda primero). A los habitantes de estas ciudades-estado nunca se les ocurrió no confiar en Hammurabi. Irónicamente, el hombre conocido por defender la justicia con su código de leyes era injusto en el arte de la guerra.

De todos los reyes mesopotámicos del segundo milenio, Hammurabi destaca por ser honrado como una deidad incluso en vida. El título *Hammurabi-ili* significaba «Hammurabi es mi dios» y se utilizaba comúnmente para honrarlo. Sus súbditos lo recordaban por ser un conquistador victorioso, mantener la paz en su enorme reino y promover la justicia para todos los ciudadanos.

Esta imagen del dios Marduk procede de un antiguo sello cilíndrico[86]

Hammurabi promovió el culto al dios de la ciudad de Babilonia, Marduk, a una escala mucho mayor, situándolo a la cabeza del panteón mesopotámico de dioses. Entre sus incentivos para conquistar vastos territorios estaba la difusión del culto a Marduk; consideraba que sus campañas contra otras ciudades-estado eran una guerra santa: difundir el conocimiento de Marduk, someter el mal y llevar la civilización a todos los pueblos. Una estela de victoria que Hammurabi instaló en Ur declaraba:

«A los pueblos de Elam, Gutium, Subartu y Tukrish, cuyas montañas son lejanas y cuyas lenguas son oscuras, los puse en manos de Marduk. Yo mismo seguí enderezando sus mentes confusas»[i].

Al igual que su padre, Hammurabi cayó enfermo y no pudo continuar con todas las minucias de gobernar un imperio. Sin embargo, dado que reinó durante cuarenta y dos años, debía tener entre sesenta y setenta años. Delegó cada vez más los asuntos administrativos en su hijo Samsu-iluna, y en el último año de su vida, su hijo era el rey de facto. En menos de un año después de la muerte de Hammurabi, en 1750 a. C., el gran imperio que había construido comenzó a desmoronarse.

El hijo de Hammurabi, Samsu-iluna, gobernó durante treinta y ocho años, pero su reinado estuvo marcado por la pérdida de control sobre Asiria y Elam y las rebeliones en otros territorios previamente conquistados. A los nueve años de su reinado, Larsa dirigió un levantamiento masivo de veintiséis ciudades, entre ellas Eshnunna, Isin, Ur y Uruk. Samsu-iluna experimentó un éxito inmediato contra las fuerzas de la coalición cuando dirigió una campaña demoledora contra Eshnunna y ejecutó a su rey Iluni. Samsu-iluna luchó enérgicamente contra el resto de los rebeldes durante cuatro años, conquistando Ur, Uruk, Isin y finalmente Larsa en rápida sucesión, derribando las murallas defensivas y saqueando las ciudades. Sus triunfos pusieron fin temporalmente a la rebelión sumeria.

Sin embargo, el extremo sur de Sumer no estaba dispuesto a ceder. La provincia de Sealand se encontraba en las marismas del extremo sur de Mesopotamia, donde el Tigris y el Éufrates habían vertido suficiente limo como para que la costa se extendiera hasta el golfo pérsico kilómetros más allá de su litoral original. Los habitantes de lengua acadia de Sealand, liderados por Ilum-ma-ili, que afirmaba descender del último rey de Isin, fueron los siguientes en liberarse del antiguo Imperio babilónico, formando la Primera Dinastía de Sealand. Samsu-iluna luchó sin éxito contra los rebeldes, que mantuvieron el dominio de Sumer durante tres siglos.

---

[i] Marc Van De Mieroop, *King Hammurabi of Babylon: A Biography* (Hoboken: Blackwell Publishing, 2005), 126-7.

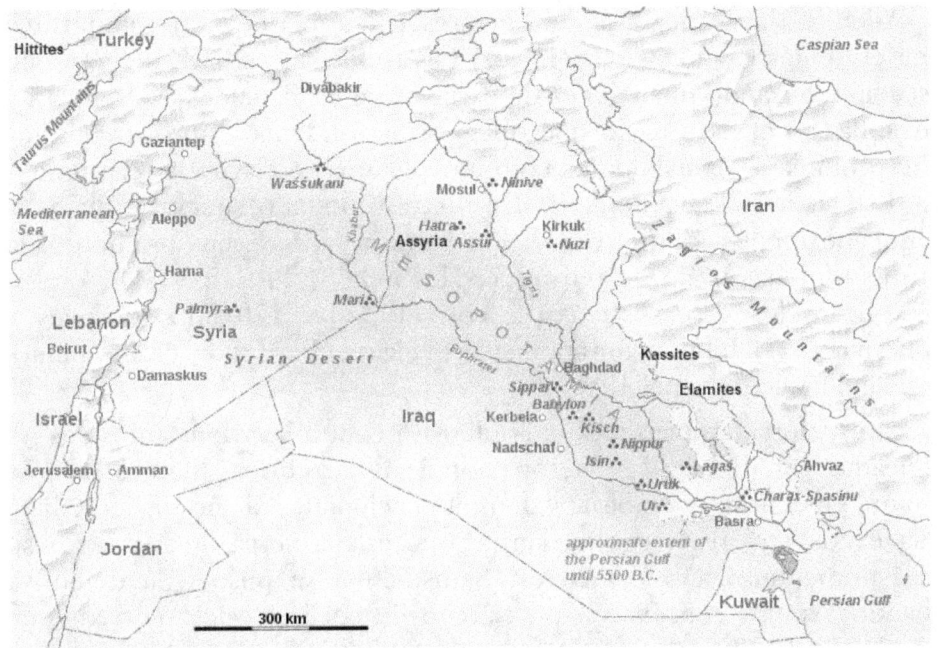

Este mapa muestra algunos de los reinos rivales de Babilonia: los hititas, los casitas, los elamitas y los asirios. Mapa modificado: se han añadido los nombres de los reinos rivales[87]

A los veinte años del reinado de Samsu-iluna, Eshnunna se rebeló de nuevo, pero el rey triunfó una vez más. Sin embargo, Elam y Asiria se aprovecharon del caos en Sumer. Samsu-iluna había derribado las murallas de Uruk, dejando la ciudad indefensa. El rey elamita Kuturnahunte I saqueó Uruk, robando valiosos artefactos, entre ellos el ídolo de Inanna; pasarían más de mil años antes de que la estatua fuera devuelta.

A continuación, el virrey de Asiria, Puzar-Sin, dio un golpe de estado en Asiria, desterrando a su rey amorreo Asinum, un rey vasallo de Babilonia. En el caos, el asirio Ashur-dugal robó el trono de Asiria, pero esto condujo a una revolución de los asirios contra el usurpador, que era un «hijo de un don nadie, que no tenía ningún título para el trono»[i], según la *Lista Real Asiria*. Durante su breve reinado de seis años, también reinaron otros seis «hijos de don nadie», fragmentando aparentemente Asiria en seis regiones dirigidas por usurpadores. Nadie en Asiria pagaba el tributo requerido a Babilonia a lo largo de los disturbios, y Samsu-iluna parecía no poder hacer nada.

---

[i] *Lista Real Asiria,* Livius. https://www.livius.org/sources/content/anet/564-566-the-assyrian-king-list

Además de perder grandes sectores del imperio, Samsu-iluna tuvo que enfrentarse a nuevos enemigos. Las tribus suteas del Mediterráneo estaban realizando incursiones de esclavos en las ciudades de Idamara y Arrapha, en el noreste, lo que obligó a Samsu-iluna a aprobar una ley que prohibía a los babilonios comprar personas esclavizadas capturadas en los territorios babilónicos. En su noveno año, mientras luchaba simultáneamente contra la coalición sumeria, los casitas invadieron: la primera mención de esta tribu en los relatos históricos. De origen misterioso, los casitas se harían con el poder 170 años después y gobernarían Babilonia durante cuatro siglos. Pero por el momento, Samsu-iluna logró repelerlos.

Samsu-iluna también pasó a la ofensiva contra las tribus amorreas no alineadas con Babilonia y se anexionó sus territorios. Mató al rey de Apum, en el noreste de Siria, y demolió la ciudad, y al año siguiente hizo una exitosa campaña contra Terqa, que estaba cerca de Mari. En su trigésimo quinto año como rey, Samsu-iluna se puso a la defensiva cuando expulsó con éxito a un ejército de coalición de amorreos que invadía desde Siria.

Al final del reinado de Samsu-iluna, Babilonia se había reducido a casi lo que era antes de que Hammurabi se convirtiera en rey. No obstante, conservó el control del comercio vital del río Éufrates hasta el noroeste de Mari. Otra cosa que conservó Babilonia fue su estatus sagrado. Hammurabi había nombrado a Babilonia «ciudad sagrada», convirtiéndola en la ciudad sagrada de Mesopotamia en lugar de Nippur. A pesar de toda la pérdida de tierras, Babilonia mantuvo su reputación de destino sagrado.

Además de defender a Babilonia contra las revoluciones internas y las invasiones externas, Samsu-iluna instituyó el calendario babilónico basado en un calendario sumerio anterior de la Tercera Dinastía de Ur. El calendario tenía doce meses lunares, más un mes extra que se introducía cuando era necesario. Cada siete días era un «día sagrado», durante el cual los ciudadanos debían abstenerse de ciertas actividades.

El hijo de Samsu-iluna, Abi-Eshuh, gobernó después Babilonia durante veintiocho años. Repelió con éxito una segunda invasión casita en su cuarto año como rey, intentó sin éxito capturar al gobernante de Sealand mediante la construcción de una presa en el río Tigris, y fracasó en su intento de repeler las invasiones elamitas en Babilonia bajo el rey Kutir-nahhunte I. En sus incursiones en treinta ciudades babilónicas, los elamitas robaron la enorme piedra de diorita en la que estaba tallado el código de leyes de Hammurabi. La llevaron a Susa, donde permaneció durante más de tres mil años hasta que fue descubierta en unas excavaciones arqueológicas en 1901.

El hijo de Abi-Eshuh, Ammi-Ditana, y su nieto, Ammisaduqa, fueron los dos siguientes reyes babilónicos, bendecidos con reinados largos y pacíficos, sin que se registraran guerras ni invasiones. Los eruditos babilónicos compilaron la *tabilla de Venus de Ammisaduqa* durante el reinado de este: registros cuidadosos de las salidas y puestas del planeta Venus, con otras observaciones astronómicas como los eclipses.

El rey Samsu-Ditana reinó entonces como último rey amorreo de Babilonia. Los hititas acabaron con sus esperanzas de disfrutar de los pacíficos reinados de su padre y su abuelo; sin embargo, sus propias acciones contribuyeron a la caída de Babilonia. En lugar de mantener un importante ejército permanente, había permitido que los hombres sanos hicieran pagos por no servir en el ejército.

El reino hitita de Hatti se encontraba en el extremo noroeste, entre el Mediterráneo y el mar Negro. Dirigidos por el rey Mursili I, los hititas invadieron primero Alepo (en Siria) y trajeron cautivos. A continuación, el rey Mursili se adentró en el corazón de Mesopotamia, saqueando Babilonia y llevándose a los cautivos y el botín, pero dejando la destrozada ciudad abandonada. Los babilonios anotaban y registraban cuidadosamente los presagios, como los eclipses lunares y solares, que creían que predecían la muerte de un rey. En este caso, su superstición resultó ser correcta. Los eclipses gemelos, primero uno lunar y luego uno solar, se produjeron con dos semanas de diferencia, justo antes del ataque de los hititas[i].

¿Por qué los hititas invadieron desde tan lejos y luego se fueron? Una de las teorías es que una enorme erupción volcánica en la isla de Thera alteró los patrones climáticos y las cosechas de trigo en la patria hitita. Los hititas podrían haber incursionado en una tierra lejana en busca de trigo[ii].

Quizá lo más devastador para lo que quedaba de la civilización babilónica fue que los hititas robaron la imagen del dios Marduk. Marduk era el dios patrón de Babilonia, pero Hammurabi también lo

---

[i] Peter J. Huber, *Astronomical Dating of Babylon I and Ur III*. (Cambridge: Harvard University, 1982).
[ii] William J. Broad, "It Swallowed a Civilization", *New York Times*, October 21, 2003. https://www.nytimes.com/2003/10/21/science/it-swallowed-a-civilization.html

había promovido como el nuevo líder del panteón mesopotámico. La gente peregrinaba a Babilonia desde toda Mesopotamia solo para adorar a Marduk en la ciudad sagrada y buscar presagios de él. Los antiguos mesopotámicos creían que el dios habitaba en su imagen. ¿Cómo podría Babilonia esperar revivir sin Marduk? Lo que nadie sabía entonces era que este era solo uno de los muchos viajes que Marduk haría mientras su imagen era robada, devuelta y robada de nuevo. Incluso se escribió un poema épico sobre las andanzas de Marduk desde su propia perspectiva.

La invasión hitita dejó la ciudad prácticamente deshabitada, poniendo fin al reinado político amorreo en Mesopotamia para siempre. También supuso el fin de los amorreos en Mesopotamia como grupo étnico distinto, y en cuatrocientos años, los amorreos desaparecieron por completo de la historia. Sin embargo, la influencia de Hammurabi perduró a través de su ejemplo como líder y de su código de leyes, que adoptó la dinastía casita que lo sucedió, y que influyó en otras leyes de Oriente Medio.

En un himno aparentemente escrito por Hammurabi, este se ensalza a sí mismo:

> «Yo soy el rey, la férula que agarra a los malhechores, que hace que la gente tenga un solo pensamiento,
>
> Yo soy el gran dragón entre los reyes que desbarata sus consejos,
>
> Soy la red que se tiende sobre el enemigo,
>
> Yo soy el inspirador del miedo, que al levantar sus fieros ojos da la sentencia de muerte a los desobedientes,
>
> Yo soy la gran red que cubre las malas intenciones,
>
> Yo soy el joven león, que rompe redes y cetros,
>
> Soy la red de batalla que atrapa al que me ofende.
>
> Yo soy Hammurabi, el rey de la justicia»[i].

---

[i] Van De Mieroop, *King Hammurabi of Babylon*, 127.

Capítulo 4: La dinastía casita

«¡Caída, caída está Babilonia! Todas las imágenes de sus dioses yacen destrozadas en el suelo»[i].

Durante veinticinco años, Babilonia fue una ciudad fantasma. Los hititas habían arrastrado los almacenes de grano, los tesoros del templo y miles de cautivos. Habían arrasado casi todos los edificios, y la mayoría de los sobrevivientes huyeron. Tal vez algunos se rezagaron desde donde se habían escondido y se acurrucaron en las pocas estructuras que quedaban. Posiblemente recogieron una pequeña cosecha de los restos que quedaban en los campos y reunieron algunas de las cabras y ovejas perdidas. Tal vez pudieron plantar algunos campos y vivir de las ganancias.

Y entonces, después de veinticinco años, los casitas marcharon a la ciudad y se instalaron en la ciudad abandonada. Dos veces habían intentado tomar posesión de Babilonia: durante los reinados del hijo de Hammurabi, Samsu-iluna, y del nieto Abi-Eshuh. En ambas ocasiones, los babilonios habían rechazado a los casitas. Pero ahora, Babilonia no tenía rey y solo una minúscula población que luchaba por sobrevivir.

---

[i] *Isaías 21:1*, Tanaj: Navi: El Libro de Yeshayahu.

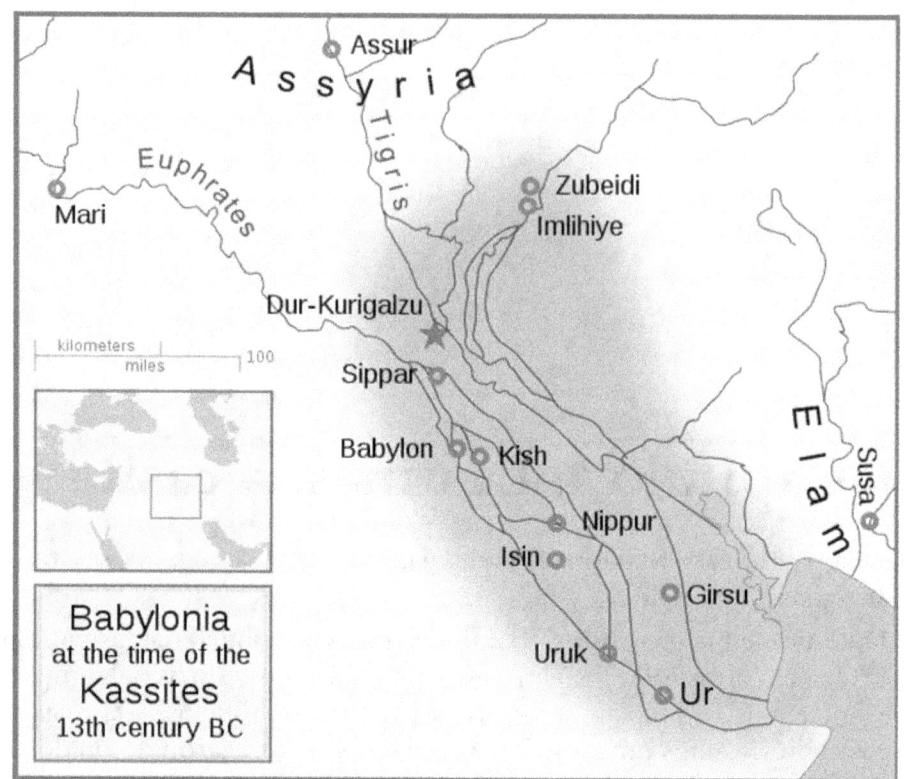

El territorio de Babilonia durante el dominio casita se extendía desde el golfo pérsico hasta la frontera con Asiria[88]

¿Quiénes eran los kasitas y de dónde procedían? Es posible que procedieran de los montes Zagros de Irán, pero incluso eso es incierto, ya que se sabe hacia dónde huyeron cuando fueron expulsados de Babilonia siglos después. Hablaban una lengua no semítica aislada, sin relación con las lenguas de los elamitas, los guti u otros pueblos iraníes. No se los menciona en ninguna historia de Oriente Medio antes de sus fallidos ataques a Babilonia.

Si eran de los montes Zagros, debieron vivir allí solo durante dos o tres siglos. Nunca se los mencionó durante las numerosas campañas militares que el Imperio acadio llevó a cabo en la región. Es posible que tuvieran una herencia indoeuropea o que vivieran cerca de los indoeuropeos, ya que sus dioses eran similares al panteón védico (los ancestros de los dioses hindúes y los semidioses zoroastrianos).

Los nombres casitas comenzaron a aparecer en la ciudad de Larsa durante el reinado de Hammurabi, y los registros con nombres de personas casitas indicaban que se infiltraron en Babilonia durante los reinados de los descendientes de Hammurabi. Al parecer, sirvieron como mercenarios militares para los babilonios y eran conocidos por la cría de caballos y la fabricación de veloces carros de guerra. Aunque las invasiones directas de los casitas fracasaron, los casitas se fueron abriendo paso lentamente en la sociedad babilónica.

Algunos expertos sugieren que los casitas estaban aliados con los hititas, posiblemente incluso emparentados, ya que los hititas eran indoeuropeos y utilizaban caballos y veloces carros de guerra. La geografía hace que ambas teorías sean poco probables. La patria hitita de Hatti estaba a mil kilómetros de Babilonia y aún más lejos de los montes Zagros de Irán. Además, los casitas no tomaron posesión de Babilonia inmediatamente después de que los hititas se marcharan, sino que esperaron veinticinco años, lo que pone en duda la credibilidad de un vínculo entre las dos culturas.

Esta impresión de sello cilíndrico kasita muestra un adorador masculino, un perro y una oración en escritura cuneiforme[89]

Sea cual sea su origen, los casitas tomaron posesión de Babilonia y la mantuvieron durante cuatrocientos años. Curiosamente, su primer rey, Agum Kakrîme (Agum II), marchó mil millas al noroeste del reino hitita, aplastó a los hititas y robó la estatua de Marduk. Devolvió a Marduk a Babilonia, reconstruyó el templo de Esagila (Esangil), lo purificó con un encantador de serpientes, construyó demonios protectores para custodiar la puerta e instaló la imagen de Marduk en el lugar que le correspondía. Un escriba documentó todo esto en lo que se conoce como la *Inscripción de Agum Kakrîme*.

Algunos investigadores cuestionan la autenticidad de la *Inscripción de Agum Kakrîme*. Las dos copias existentes, desenterradas en Nínive, fueron escritas después de la época casita, pero se basan en una inscripción original. Las copias fueron escritas en acadio (la lengua escrita de los amorreos babilónicos y los casitas) con la escritura cuneiforme neoasiria (utilizada después del 900 a. C.), pero siguiendo un estilo más antiguo. El punto principal de la inscripción es la legitimidad de Agum para gobernar Babilonia y cómo era el tierno y atento pastor de todo el pueblo babilónico, independientemente de su etnia. También afirma su dominio sobre los almanes, los guti y los padanos: todas las tribus de los montes Zagros, lo que ayuda a respaldar a esa región como territorio natal de los casitas.

Si la inscripción es auténtica, dice mucho sobre el carácter de Agum y los casitas. Viajar dos mil millas de ida y vuelta para recuperar el dios de la civilización anterior y devolverlo a su templo restaurado refleja el profundo respeto de los casitas por los amorreos-babilonios vencidos. También pone fin a la especulación de que los hititas y los casitas estaban aliados.

Rescatar a Marduk puede haber sido una forma de que Agum afirmara su legitimidad. Babilonia era una ciudad sagrada, y los amorreos habían defendido a Marduk como el nuevo dios principal del panteón de Mesopotamia. Agum mostró respeto por los templos e imágenes sagradas. Marduk había sustituido a Enlil como dios «hacedor de reyes», por lo que traer a Marduk «a casa» ganaría el favor de Marduk y sus seguidores. Además de reconstruir Babilonia, Agum también reconstruyó Nippur, la ciudad más sagrada de los sumerios de la antigüedad, y reprodujo todos los templos de Nippur que habían caído en la ruina. Agum y el resto de los reyes casitas adoraban al dios amorreo Marduk, a los dioses sumerios como Enlil, y a sus propias deidades principales, Šuqamuna y su esposa, Šumaliya.

La «Edad Oscura» de Mesopotamia tuvo lugar en el periodo intermedio tras la caída de Babilonia en manos de los hititas. Esta época marcó un retroceso político y cultural, con cambios drásticos en la sociedad y el modo de vida mesopotámico. Antes del 1400 a. C. aproximadamente, tenemos poca documentación sobre lo que ocurrió en los primeros días de la dominación casita en Babilonia, incluyendo ninguna documentación en la lengua casita y casi nada en cualquier otra lengua.

¿Sabían leer y escribir los casitas cuando tomaron posesión de Babilonia? Dado que no se han encontrado inscripciones ni tablillas cuneiformes en lengua casita, es de suponer que no tenían una lengua escrita propia. Adoptaron el dialecto babilónico-acadio para los documentos legales y utilizaron la prácticamente extinta lengua sumeria para algunos monumentos. Esto puede haber sido una forma de honrar a las civilizaciones precedentes, como los casitas parecían decididos a hacer, tal vez como una forma de preservar su legitimidad. Algunos casitas vivieron en Babilonia y Sumeria antes de llegar al poder; es posible que ya utilizaran las lenguas escritas babilónica y sumeria.

La falta de documentación de esta época puede deberse a la pérdida de alfabetización de las clases dirigentes. También puede estar relacionada con la destrucción de documentos, ya sea por las invasiones de reyes rivales o por las condiciones ambientales. La capa freática subterránea de Babilonia está bastante cerca de la superficie. Mientras que las tablillas cuneiformes y otros artefactos de Mesopotamia aguantaron bien en otros lugares con condiciones desérticas, se desintegraron en los niveles inferiores de las ruinas de Babilonia, ayudados por varias inundaciones importantes de Babilonia a lo largo de los milenios. Incluso si todavía sobreviven en las profundidades acuáticas bajo Babilonia, llegar a ellas es un reto.

Los datos que tenemos sobre la primera época casita en Babilonia proceden de varias fuentes contemporáneas, entre ellas la *Lista Real Asiria*, que tiene algunas anotaciones de interacciones con la Babilonia gobernada por los casitas. Otro documento asirio contemporáneo es la *Historia Sincronística (ABC)*, que registra dos tratados entre los reyes asirios y casitas. Las *Crónicas de los primeros reyes* se escribieron más tarde, en la época neobabilónica, pero proporcionan información sobre los reyes casitas. Sin embargo, cuanto más se retrocede en el tiempo en este documento, más dudosa es la información.

Solo se han desenterrado tres artefactos importantes de la Edad Oscura del primer período casita en Babilonia. Se trata de una cabeza de maza y una rana de piedra, ambas con inscripciones a nombre de Ula-burarias, hijo del rey Burna-burarias de Sealand. La cabeza de maza se encontró en una casa más reciente del periodo parto en Babilonia, y la rana se encontró en la llanura de Ararat, en Armenia[i]. Aunque el rey Burna-burarias es llamado rey de Sealand en ambas inscripciones, también fue el segundo rey de Babilonia. Veinte tablillas excavadas en la isla de Bahrein, en el golfo Pérsico, nombran al rey Agum como el primer rey casita de Babilonia. Tuvo éxito donde los amorreos habían fracasado al conquistar la dinastía de Sealand y obtener también el control de Bahrein, que había estado bajo el dominio de Sealand.

Los primeros reyes casitas de Babilonia conquistaron Sumer en sus primeros sesenta y cinco años de gobierno. Sumer ya no era una red de ciudades-estado combativas, sino una gran provincia unificada. Los casitas comenzaron entonces a presionar hacia el norte, en lo que hoy es Bagdad. Su expansión hacia el norte los hizo entrar en conflicto con los asirios, por lo que el sucesor de Agum, Burna-burarias I, negoció un tratado con Asiria sobre la frontera entre Babilonia y Asiria.

El zigurat de Dur-Kurigalzu se erigió una vez en la capital casita[20]

---

[i] Frans van Koppen, "The Old to Middle Babylonian Transition: History and Chronology of the Mesopotamian Dark Age". *Ägypten Und Levante / Egypt and the Levant* 20 (2010): 455. http://www.jstor.org/stable/23789952.

A medida que el reino casita de Babilonia crecía en territorio y en el control de las rentables rutas comerciales, su riqueza exponencial llevó al rey Kurigalzu I a construir una nueva y espléndida ciudad real de 560 acres, Dur-Kurigalzu, con relucientes palacios y templos. Las ruinas del zigurat de Dur-Kurigalzu aún se alzan sobre el desierto cerca de Bagdad. Babilonia se extendía ahora casi mil millas desde Bahrain (Dilmun) en el sur hasta la frontera con Asiria en el norte. Además, Babilonia disfrutaba de una estabilidad y una paz sin precedentes y prolongadas, con un comercio provechoso con vecinos como los asirios y los mitanios del norte de Mesopotamia y Elam al este.

Kurigalzu y sus descendientes también mantenían una correspondencia regular y comerciaban con reinos más lejanos como Egipto, Anatolia, el Imperio hitita, Grecia y Armenia. Las *Cartas de Amarna*, una colección de tablillas cuneiformes encontradas en Egipto, incluyen correspondencia entre los faraones egipcios y los reyes casitas, catorce cartas en las que se llamaban cariñosamente «hermano», intercambiaban regalos y concertaban matrimonios reales. La realeza casita se casó con las familias reales de Egipto, Elam, Asiria y Hatti (Turquía occidental). Estos otros poderosos reinos reconocían a Babilonia como un igual.

Los casitas fueron maestros de la asimilación, hasta el punto de que dejaron poco de su propia huella cultural. Siguieron cuidadosamente los usos y costumbres mesopotámicos, pero dejaron su sello único en las artes. Una de las innovaciones fue el ladrillo vidriado, que se convirtió en el sello distintivo de las obras de arte babilónicas en las murallas, las puertas, los palacios y los templos de la ciudad durante los periodos neobabilónico y aqueménida.

El amplio comercio y la amistad de Babilonia con tierras lejanas trajeron consigo el lapislázuli y otras piedras semipreciosas de colores brillantes. Los casitas utilizaron estas hermosas piedras en sus obras de arte con sellos cilíndricos, que presentaban figuras altas y delgadas, oraciones exquisitamente grabadas y tapones de oro en el extremo de los cilindros. Los casitas también dedicaron una cuidadosa atención a la restauración de los antiguos templos, siguiendo el modelo exacto de lo que había sido. Curiosamente, solían utilizar la lengua sumeria para las inscripciones de las piedras angulares y las estelas de la victoria, a pesar de que esta lengua apenas se había utilizado durante siglos. Se consideraban administradores de las pasadas civilizaciones sumeria, acadia y babilónica, y conservaban meticulosamente documentos, literatura y artefactos religiosos antiguos.

Un tipo de monumento que los casitas innovaron fue el *kudurrus*: piedras pulidas que adornaban el interior de los templos con inscripciones de transacciones inmobiliarias fundamentales. Decoraron las piedras kudurrus con deidades mesopotámicas y casitas. Los kudurrus fueron un legado casita que perduró mucho después de que terminara su reinado en Babilonia.

En esta kudurra casita, el rey Meli-Shipak II presenta a su hija a la deidad Ḫunnubat-Nanaya[91]

El asesinato y el caos asolaron el palacio casita en 1333 a. C. Poco después de que Kara-hardas ascendiera al trono de Babilonia, un golpe de estado militar derrocó su gobierno. Los rebeldes mataron al joven rey e instalaron en el trono al usurpador Nazi-Bugash. El asesinato enfureció al rey asirio Assur-uballit. Su hija Muballitat-Serua estaba casada con el anterior rey casita, y los renegados habían matado a su nieto, Kara-hardas.

Un vengativo Asur-uballit hizo marchar a su ejército asirio hacia el sur, invadió Babilonia, ejecutó al usurpador e instaló a Kurigalzu II, otro nieto y hermano del asesinado Kara-hardas, como nuevo rey de Babilonia. El niño-rey era esencialmente un vasallo de su abuelo. A pesar de los lazos de sangre entre Asiria y Babilonia, la acritud creció a medida que el joven rey maduraba. Tras la muerte de su abuelo y la subida al trono de su tío Enlil-nīrāri, Kurigalzu II fue a la guerra contra Asiria y perdió la batalla. También perdió territorio, ya que las líneas fronterizas entre los dos reinos se ajustaron a favor de Asiria.

Tras varios años más de batallas intermitentes entre asirios y casitas, estos declararon una tregua para que Asiria pudiera enfrentarse a los mitanios e hititas. El rey Salmanasar I derrotó con éxito a las fuerzas coaligadas de mitanios e hititas y sacó un ojo a cada uno de sus 14.400 prisioneros de guerra. Mientras Asiria estaba en guerra con otros enemigos, los casitas disfrutaban de la paz, con Nippur especialmente floreciente.

La breve paz de los casitas llegó a su fin cuando Tukulti-Ninurta I subió al trono de Asiria. Después de derrotar a los hititas, marchó hacia el sur para enfrentarse a los babilonios, que no habían respetado las líneas fronterizas con Asiria mientras él había estado ocupado con los hititas. Aplastó las murallas de Babilonia, masacró a los casitas y robó la estatua de Marduk. Llevó al rey casita, desnudo y encadenado, y a su harén de vuelta a Asiria como prisioneros y gobernó él mismo Babilonia durante ocho años, del 1235 al 1227 a. C. Dos décadas más tarde, los propios hijos de Tukulti-Ninurta dieron un golpe de estado y lo apuñalaron hasta la muerte. En el caos, los babilonios se las arreglaron para recuperar a Marduk, ¡quizás devuelto voluntariamente por los asirios!

Alrededor del año 1200 a. C., el colapso de la Edad de Bronce afectó a Oriente Medio, el norte de África, Grecia y Turquía. Una serie de acontecimientos medioambientales, como sequías, terremotos, tsunamis y erupciones volcánicas, perturbaron a las civilizaciones, provocando cambios en la población y el repentino declive de las que fueron grandes potencias políticas. Los «pueblos del mar», de origen desconocido, asediaron las zonas costeras del Mediterráneo, destruyendo violentamente ciudades de Canaán, Líbano, Siria y Turquía. Durante esta época, las majestuosas ciudades de la Grecia micénica quedaron abandonadas y el Imperio hitita se desmoronó. En Mesopotamia, Asiria sobrevivió —incluso prosperó— pero la dinastía casita decayó.

Mientras tanto, los elamitas comenzaron a crear problemas. Las familias reales elamitas y casitas llevaban generaciones casándose, y los elamitas alegaron sus lazos de sangre con Babilonia como justificación para invadir y reclamar su «legítimo trono» en el año 1150 a. C. Capturaron a Enlil-nadin-ahi, el último rey casita de Babilonia, y lo llevaron como prisionero a Susa. También robaron el ídolo de Marduk y se lo llevaron: ¡la tercera vez que robaban a Marduk!

Después de que los elamitas tomaran con éxito Babilonia, los casitas que huían se reunieron en Isin. Con la ayuda de Isin, lanzaron un contraataque, expulsaron a los elamitas de Babilonia y gobernaron en la Dinastía IV de Babilonia (1153-1022 a. C.). Para entonces, toda Mesopotamia estaba sintiendo los efectos de la prolongada sequía y otros factores del colapso de la Edad del Bronce. La mayoría de las ciudades se vaciaron, excepto Babilonia, Ur e Isin.

Siguió un siglo de caos cuando los arameos invadieron, acabando para siempre con el dominio casita en Babilonia. La mayoría de los casitas se retiraron a la región de Lorestán, en los montes Zagros, en Irán, donde siglos más tarde, el rey asirio Senaquerib luchó contra ellos en el 702 a. C. Sin embargo, algunos casitas permanecieron en Babilonia y ocuparon puestos importantes en dinastías posteriores. Durante su propio reinado, los casitas habían honrado a las anteriores civilizaciones amorrea, sumeria y acadia, y los posteriores gobernantes de Babilonia también estimaron a los casitas.

Capítulo 5: El dominio asirio

Babilonia existía al sur de su vecina Asiria, generalmente en una tregua incómoda. Las familias reales se casaban y se aliaban contra enemigos comunes, pero la paz era tenue. Babilonia y Asiria ejercían su dominio mutuo en un juego de poder constantemente cambiante en el que los feroces asirios solían llevar la delantera.

Los asirios infundieron miedo a sus vecinos durante dos milenios, llegando a aterrorizar a naciones situadas a miles de kilómetros. Crearon el mayor imperio del mundo en aquella época y, al igual que Babilonia, pasaron por varias épocas de amplia soberanía en Oriente Medio, seguidas de horrendas caídas. ¿Quiénes eran los asirios? La *Torá* dice que los pastores semitas que vivían junto al río Tigris eran descendientes de Ashur, hijo de Shem y nieto de Noé[i]. Hablaban un dialecto acadio, y su ciudad original era Asur (Ashur).

Sargón el Grande conquistó la incipiente ciudad de Asur y probablemente fundó Babilonia por la misma época. Tras la caída del Imperio acadio, Asur (aunque no los asentamientos asirios del norte, como Nínive) y Babilonia quedaron bajo el dominio de la Tercera Dinastía de Ur. Luego, bajo el rey Puzur-Ashur I, alrededor del año 2025 a. C., Asiria se convirtió en una modesta ciudad-estado independiente con aproximadamente diez mil habitantes. Babilonia se independizó unos dos siglos después bajo el rey amorreo Sumu-Abum.

En 1808 a. C., un usurpador amorreo, Shamshi-Adad, se hizo con el poder en Asiria y amplió el modesto grupo de ciudades-estado hasta

---

[i] *Génesis 10:22,* Tanaj: Torah: Bereishit.

convertirlo en un imperio que se extendía hacia el noroeste, hasta Turquía y Siria. Pero hacia el final del reinado de Shamshi-Adad, Hammurabi subió al trono babilónico y transformó rápidamente a Babilonia en un reino dominante sobre Asiria y Sumer. Bajo el largo reinado de Hammurabi, los tres siguientes reyes de Asiria fueron vasallos de Babilonia.

Asiria recuperó su independencia tras la muerte de Hammurabi, aunque entró en un caótico autogobierno con múltiples usurpadores durante varios años hasta que la dinastía Adasida se hizo con el poder en Asiria y lo mantuvo durante casi mil años. Los hititas sortearon Asiria para invadir y saquear Babilonia, tras lo cual cayó bajo el dominio casita. Mientras tanto, Asiria soportó un par de décadas de dominio de los mitanios.

Cuando los asirios se deshicieron de los mitanios, hicieron un tratado con los babilonios casitas, reconstruyeron Asur y restablecieron su avanzado sistema comercial. Poco después, en el año 1392 a. C., el rey Eriba-Adad I subió al trono asirio, lo que marcó el inicio del Imperio asirio medio (1392-1056). En este momento, Babilonia se encontraba en su época casita (Babilonia Media). Asiria se recuperó de forma fenomenal, apoderándose de la mayor parte de la Turquía occidental de sus acérrimos rivales, los hititas, y del norte de Mesopotamia, Siria, Líbano y Canaán.

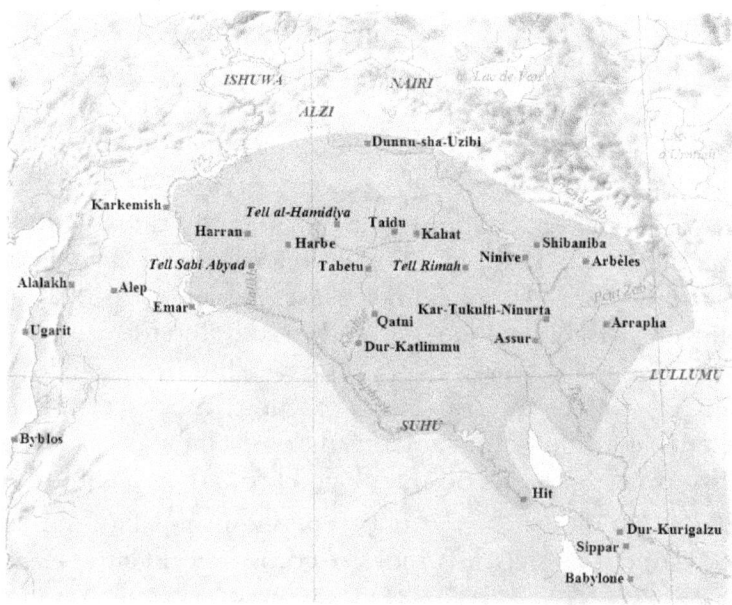

Este mapa muestra la ubicación de la dinastía asiria media[29]

En un intento desesperado por recuperar el control, los hititas se aliaron sin éxito con Babilonia contra Asiria. En la batalla de Nihriya de 1245 a. C., Tukulti-Ninurta diezmó a los hititas, capturando y esclavizando a 28.800 prisioneros. A continuación, se vengó de Babilonia arrasando sus murallas, masacrando a la población y saqueando sus templos en lo que tanto los babilonios como los asirios consideraron un espantoso acto de sacrilegio. Sin embargo, Tukulti-Ninurta justificó sus acciones en la *Epopeya de Tukulti-Ninurta*, alegando que los babilonios ofendieron a los dioses al romper los juramentos y despreciar su tratado con Asiria.

Los asirios, sin embargo, estaban horrorizados por la profanación de la ciudad sagrada por parte de Tukulti-Ninurta, y especialmente por el robo de Marduk a Babilonia. Temían lo que Marduk pudiera hacerles. Cuando los hijos de Tukulti-Ninurta lo asesinaron, los asirios asintieron para sí mismos: había provocado el desastre por su impiedad. La muerte de Tukulti-Ninurta hizo que Babilonia, que había sido un reino vasallo que pagaba tributos, se declarara independiente.

Para entonces, Mesopotamia había entrado en el colapso de la Edad de Bronce, pero no estaba tan devastada por las catástrofes medioambientales y las invasiones de pueblos desplazados como la región mediterránea. No obstante, los casitas cayeron ante los elamitas en el siglo XII. Babilonia cayó bajo el dominio de Asiria, con nuevas poblaciones de arameos y suteos que se trasladaron a Babilonia, huyendo de la sequía y de las invasiones de los pueblos del mar a lo largo del Mediterráneo. Asiria comenzó a debilitarse con conflictos internos, manteniendo un tenue control sobre Babilonia.

En 1121 a. C., el rey Nabucodonosor I de Isin tomó posesión de Babilonia y gobernó durante veintidós años (no hay que confundirlo con el más famoso Nabucodonosor II de la era neobabilónica y de fama bíblica). El rey Nabucodonosor hizo un intento fallido de invadir Elam, interrumpido cuando la peste azotó y desbarató sus tropas. Su segundo intento fue un demencial ataque por sorpresa en el calor del verano desértico, recorriendo caminos abrasadores con pozos de agua secos y sus armas de metal ardiendo como el fuego en sus manos. Su locura dio resultado: los elamitas no estaban preparados y nunca se recuperaron del ataque. Lo mejor de la incursión fue que recuperó a Marduk, que los elamitas habían robado de Babilonia tres décadas antes.

Esta piedra kudurru relata el rescate de Marduk de los elamitas por parte de Nabucodonosor[98]

Envalentonado por la victoria sobre los elamitas, Nabucodonosor I puso sus ojos en Asiria. Al principio había convivido armoniosamente con el rey asirio Ashur-resh-ishi I (1133-1116 a. C.). Sin embargo, Nabucodonosor I rompió más tarde su tratado y asedió dos ciudades asirias, un fracaso estrepitoso. No fue rival para la contundente y brillante táctica militar de Ashur-resh-ishi, que lo expulsó de Asiria.

El hijo de Ashur-resh-ishi, Tiglath-Pileser I, era aún más invencible que su padre. Transformó el ejército asirio en la potencia preeminente de Oriente Medio en sus cuarenta años de reinado. Tras vencer a los arameos en Siria, se lanzó a por las ciudades marítimas de Fenicia, conquistando Biblos, Beret (Beirut), Tiro y Sidón a lo largo del Mediterráneo. Tras reconstruir y restaurar los descuidados templos de Asiria, los consagró mediante el sacrificio humano de «preciosas víctimas».

Mientras Tiglat-Pileser estaba fuera luchando en tierras extranjeras, Nabucodonosor I intentó audazmente incursiones en Asiria. Cuando Tiglat-Pileser se enteró de la audacia de Nabucodonosor, regresó a Mesopotamia, sitió las ciudades de Babilonia y destruyó el palacio de Nabucodonosor en Babilonia, pero dejó intactos los templos de la ciudad. No quiso repetir el error de Tukulti-Ninurta de provocar la ira de los dioses.

El hijo de Tiglath-Pileser, Ashur-bel-Kala, recibió una visita amistosa del rey de Babilonia Marduk-šāpik-zēri en su coronación, y se aliaron contra su enemigo común: los arameos. Cinco años después, Marduk-šāpik-zēri murió, y Ashur-bel-Kala puso a un rey títere en el trono de Babilonia. El último rey del Imperio asirio medio, Ashur-bel-Kala, se vio obligado a defender su reino contra un usurpador: Tukulti-Mer. Finalmente expulsó al pretendiente, pero los hititas y los arameos tomaron Fenicia y Siria mientras él estaba distraído con sus asuntos internos. Esta pérdida dio comienzo a un declive asirio de un siglo, durante el cual perdió Babilonia y todo el territorio excepto las ciudades asirias originales.

La habilidad de los asirios como jinetes les llevó a la victoria en la guerra y en la caza[94]

Asiria se recuperó de su caída en picado cuando Adad-nirari II (911-891 a. C.) subió al trono como primer rey del periodo neoasirio. Durante tres siglos, el imperio neoasirio se expandió exponencialmente, dominando toda Mesopotamia y la costa oriental del Mediterráneo desde Turquía hasta Egipto. Uno de los componentes de su éxito fueron sus avanzadas máquinas de asedio, que sembraban el terror en los corazones de las ciudades rivales acorraladas tras sus murallas.

El revolucionario uso de armas de hierro y carros de guerra por parte de los asirios también contribuyó a crear un ejército casi indomable. Los mesopotámicos, los egipcios y los hititas llevaban dos milenios utilizando el hierro encontrado en los meteoritos, pero alrededor del año 1300 a. C., las culturas de Oriente Próximo empezaron a desarrollar la tecnología de fundición y herrería del hierro. Las armas y los carros de hierro eran de mayor calibre que el bronce, que tenía que ser fundido, lo que lo hacía más frágil. Las armas de hierro más resistentes se fabricaban martillando mineral de hierro calentado, que era fácil de conseguir. El bronce se fundía con cobre y estaño; aunque el cobre estaba disponible en Mesopotamia (pero no era tan común como el mineral de hierro), los yacimientos de estaño eran escasos y normalmente se importaban.

Como el mineral de hierro era quinientas veces más común que el cobre en Mesopotamia, una vez que los asirios desarrollaron las tecnologías de fundición, forja en frío y templado del hierro, pudieron permitirse equipar ejércitos enteros con armas de hierro. Junto con formidables máquinas de asedio, capacidades logísticas y tácticas estratégicas, los carros de hierro y las armas asirias los convirtieron en el ejército más avanzado de la época.

Comenzando con el astuto liderazgo del rey Adad-Nirari II, la increíble fuerza conquistadora de Asiria tomó una nación tras otra. Ciudad por ciudad, los asirios utilizaron torres de asedio con ruedas, arietes, escaleras móviles y rampas de tierra para romper los muros de las ciudades. Incluso cavaron túneles bajo las murallas. Adad-Nirari dirigió dos campañas en Babilonia, capturando un extenso territorio al norte del río Diyala y formando un tratado con Babilonia que aseguró la paz durante varias generaciones. Sin embargo, sus sucesores destruyeron y reconquistaron Babilonia en múltiples ocasiones.

El nieto de Adad-Nirari, el diabólicamente cruel Asurnasirpal II, extendió agresivamente el imperio, empezando por las tierras altas de Armenia. Desde allí, marchó sobre Siria, venció a los neohititas y a los arameos, y luego entabló relaciones diplomáticas con Fenicia e Israel. Continuó los lazos diplomáticos con Babilonia que había establecido su abuelo, por lo que sin duda le estaban agradecidos, teniendo en cuenta su trato con otras regiones.

El palacio de Asurnasirpal II se mantuvo en Nimrud durante tres milenios antes de que el ISIL lo arrasara en 2015[95]

Cada vez que una ciudad se rebelaba contra el duro gobierno de Asurnasirpal y las fuertes exigencias de tributo, recibían su horrible castigo, comenzando los métodos de choque y terror que los asirios utilizarían durante los siguientes siglos. Cuando la ciudad de Tela, en Siria, se le resistió, Asurnasirpal aplastó cruelmente a los ciudadanos con acciones que utilizaría repetidamente para aplastar la rebelión:

«Construí una columna frente a la puerta de la ciudad, y desollé a todos los jefes que se habían rebelado, y cubrí la columna con sus pieles. A algunos los empalé sobre la columna en estacas, y a otros los até a estacas alrededor de la columna. A los oficiales que se habían rebelado les corté las extremidades. A muchos cautivos los quemé con fuego, y a muchos los tomé como cautivos vivos. A algunos les corté la nariz, las orejas y los dedos; a muchos les saqué los ojos. Hice una columna de vivos y otra de cabezas, y até sus cabezas a los troncos de los árboles alrededor de la ciudad. Consumí en fuego a sus jóvenes y doncellas. Al resto de sus guerreros los consumí de sed en el desierto del Éufrates»[i].

El hijo de Asurnasirpal, Salmanasar III, dirigió una fuerza de 70.000 hombres con 4.000 carros y 1.200 jinetes. Las grandes fuerzas de caballería eran una novedad y probablemente utilizaron mercenarios de Turquía y los montes Zagros. El ejército asirio creció hasta los 200.000 soldados en las siguientes generaciones, el mayor ejército de Oriente Medio hasta ese momento. Aunque la mayoría de sus militares eran agricultores llamados a filas, los asirios comenzaron a entrenar fuerzas especializadas, ingenieros y espías.

Salmanasar III continuó el tratado de paz con Babilonia que había establecido Adad-Nirari. Sin embargo, Babilonia sufrió un golpe de estado cuando el hermano menor del rey Marduk-zakir-shumi, Marduk-bel-usate, intentó usurpar el trono. Salmanasar marchó a Babilonia para defender a su aliado, y el hermano rebelde huyó a las montañas, donde Salmanasar lo persiguió y lo cortó con su espada.

Salmanasar también se encontró con un golpe de palacio cuando su hijo Asur-danin-pal intentó robarle el trono, haciéndose con el poder de veintisiete ciudades asirias y aliándose con el rey babilónico Marduk-balassu-iqbi. Otro hijo de Salmanasar, Shamshi-Adad V, defendió a Salmanasar (que murió al cabo de dos años) y continuó con una lucha de

---

[i] Joshua J. Mark, "Ashurnasirpal II", *World History Encyclopedia*. https://www.worldhistory.org/Ashurnasirpal_II/

poder de cuatro años contra su hermano, la cual finalmente ganó, aunque con una Asiria muy debilitada.

Shamshi-Adad dirigió entonces dos campañas de venganza contra Babilonia. En su primera campaña, tras tomarse un tiempo para cazar leones (un pasatiempo favorito de los asirios), causó estragos en el norte de Babilonia hasta que las fuerzas de la coalición de babilonios, caldeos, elamitas, arameos y casitas lo detuvieron. En su segunda campaña contra Babilonia, Shamshi-Adad capturó al rey Marduk-balāssu-iqbi y lo arrastró a Asiria encadenado.

Tiglat-Pileser III se convirtió en el rey conjunto de Asiria y Babilonia[96]

Durante sesenta y cinco años, Asiria luchó por recuperarse del impacto de su guerra civil. En el año 745 a. C., Tiglat-Pileser III recibió la corona asiria e inmediatamente se puso a trabajar para restaurar el poder de Asiria, recuperando las provincias escindidas, incluido Israel, y emprendiendo programas de reubicación de la población para evitar cualquier otra rebelión:

«El rey Pul de Asiria (también conocido como Tiglat-Pileser) invadió la tierra y tomó como cautivos a los pueblos de Rubén, Gad y la media tribu de Manasés. Los asirios los exiliaron a Halah, Habor, Hara y el río Gozán, donde permanecen hasta hoy»[i].

«En los días de Peka, rey de Israel, vino Tiglat-Pileser, rey de Asiria, y tomó Ijón, Abel-bet-maaca, Janoa, Cedes, Hazor, Galaad y Galilea, toda la tierra de Neftalí; y los llevó cautivos a Asiria»[ii].

Tiglat-Pileser dirigió entonces su atención a Babilonia. Al igual que Asiria, Babilonia había estado experimentando un período de estancamiento, careciendo del poder militar que Asiria había acumulado. Estaba inmersa en continuas luchas de poder con los caldeos, que habían emigrado a Mesopotamia desde el Levante (Siria, Líbano, Israel) a partir del siglo X a. C. y se estaban asentando en el sureste de Babilonia. Los caldeos hablaban una lengua semítica occidental, similar al arameo.

En el siglo VIII a. C., tres líderes tribales caldeos, aparentemente sin relación entre sí, se hicieron con el poder en Babilonia, gobernando como reyes durante el vacío de poder creado por el conflicto con Asiria. Uno de estos reyes caldeos, Erība-Marduk, ayudó a restablecer el orden en Babilonia tras un prolongado periodo de inestabilidad. Reverenció al dios Marduk de Babilonia restaurando su trono en el templo de Esagila.

Dos años después de que Tiglat-Pileser III ascendiera al trono de Asiria, Nabonasar depuso a un gobernante caldeo y se convirtió en rey de Babilonia. Dos años después, en el 745 a. C., Tiglat-Pileser invadió Babilonia, saqueando las ciudades de Hamranu y Rabbilu y robando sus dioses. Destruyó la importante ciudad caldea de Bit-Shilani, acribilló a su gobernante y sometió a los arameos y caldeos. Tiglat-Pileser no molestó a Nabonasar; de hecho, es posible que el rey babilónico solicitara la ayuda de Tiglat-Pileser; sin duda se benefició de la derrota de sus rivales por parte del rey asirio.

---

[i] *1 Crónicas 5:26,* Tanaj: Libro de Divrei HaYamim I.
[ii] *2 Reyes 15:29,* Tanaj: Libro de Malachim II.

Los siguientes años de la historia de Babilonia fueron de insurrección, derrocamiento dinástico y usurpación. Otro caldeo, Nabu-mukin-zeri, se coronó rey en el 731 a. C., para disgusto de Tiglat-Pileser. Nabu-mukin-zeri se puso inmediatamente a mediar en las diferencias entre los distintos grupos étnicos y políticos babilónicos. Tiglat-Pileser prefería que Babilonia estuviera desconectada y enfrentada para que no pudiera rivalizar con Asiria.

Tiglat-Pileser se propuso derrocar a Nabu-mukin-zeri, instalando primero un bloqueo al este para evitar que Elam se involucrara. A continuación, conquistó varias tribus arameas y caldeas. En el 730 a. C., despachó a sus enviados instando a la ciudad de Babilonia a que se rindiera, prometiendo privilegios fiscales, pero fue en vano. En el 729 a. C., Tiglat-Pileser sitió y tomó Babilonia, declarándose rey tanto de Asiria como de Babilonia, aunque Nabu-mukin-zeri siguió resistiendo durante varios años. Tiglat-Pileser mantuvo toda Babilonia, que comprendía la mayor parte del centro y el sur de Mesopotamia, como un reino vasallo unido a Asiria. Honró a las deidades, los templos y la cultura babilónica, asistiendo a los festivales religiosos en Babilonia.

El hijo de Tiglat-Pileser, Salmanasar V, pasó la mayor parte de su corto reinado de cinco años (727-722 a. C.) haciendo campaña en Israel. Se ocupó de los reinos rebeldes aplicando los programas de reubicación de la población utilizados por su padre. Evacuó la provincia de Samaria del norte de Israel y la reubicó en Asiria y Babilonia. Luego exilió a algunos de los grupos tribales problemáticos de Asiria y Babilonia a Samaria[1]. Esto creó una etnia y una religión mesopotámicas totalmente diferentes en Samaria, en desacuerdo con el resto de Israel incluso en la época de Jesús, siglos después. Esto también significaba que una gran población judía vivía en Babilonia (de este y otros esfuerzos de reubicación de la población), y algunos ascendieron a posiciones de poder e influencia con los reyes babilónicos.

Sargón II fue el siguiente en gobernar Asiria, probablemente usurpando el trono de su hermano. A pesar de los traslados de población de Salmanasar, el rey babilónico Marduk-apla-iddina se mostró insubordinado al dominio asirio, lo que obligó a Sargón II a reconquistar el reino. Antes de una invasión militar, Sargón utilizó astutamente las negociaciones secretas con las tribus y ciudades del norte de Babilonia para forjar alianzas. Luego marchó a lo largo del río Tigris

---

[1] *2 Reyes 17:24-41,* Tanaj: Malachim II.

hasta el sur de Babilonia para conquistar Dur-Abi-hara. Volvió a negociar con éxito para ganarse a los babilonios del sur de esa fortaleza.

Marduk-apla-iddina huyó a Elam, y el pueblo de Babilonia, animado, abrió las puertas de su ciudad a Sargón II. Afortunadamente para los babilonios, Sargón no fue tan salvaje como sus predecesores: no castigó a los rebeldes con tanta dureza e incluso extendió los derechos de la ciudadanía asiria en una relación en la que Asiria era considerada el marido y Babilonia la esposa. Vivió en Babilonia durante los tres años siguientes, participando en las ceremonias religiosas tradicionales y mejorando las infraestructuras.

Sargón II murió en una batalla en Anatolia y su cuerpo desapareció; en el caos, sus hombres no pudieron recuperarlo. Muchos percibieron la falta de ritos funerarios adecuados como un mal presagio, y surgieron rebeliones en torno al Imperio asirio, que el hijo de Sargón, Senaquerib, se esforzó por someter. Babilonia se negó a ser una «esposa» sumisa: el pueblo sentía que había faltado al respeto a Marduk al negarse a «tomar la mano» del dios.

Senaquerib sometió la rebelión e instaló un rey vasallo, Bel-ibni: un babilonio que había crecido en su palacio. Eso no fue bien; el joven rey comenzó casi inmediatamente a conspirar con los caldeos y los elamitas, por lo que Senaquerib lo exilió a Asiria. Puso a su hijo, Ashur-nadin-shumi, en el trono de Babilonia, pero tampoco le fue bien. Los elamitas invadieron, mataron al joven rey y, una vez más, robaron a Marduk.

Otro hijo de Senaquerib, Asarhaddón, se convirtió en rey de Asiria y Babilonia. Recuperó a Marduk de los elamitas y reconstruyó el templo de Esagila y la ciudad de Babilonia, viviendo en Babilonia parte del tiempo. Tras la muerte de Asarhaddón, su hijo mayor Shamash-shum-ukin gobernó Babilonia, mientras que su hijo menor Asurbanipal gobernó Asiria desde Nínive. Los hermanos cayeron en una guerra civil, con los elamitas, persas, caldeos, cananeos y árabes apoyando a Shamash-shum-ukin. A pesar de la enorme coalición de fuerzas, Asurbanipal ganó la guerra.

Asurbanipal sitió Babilonia y, cuando la población hambrienta y enferma se rindió, mató a su hermano quemándolo hasta la muerte, y luego nombró a un asirio como gobernador de Babilonia. Desmembró a las concubinas y a los funcionarios de su hermano y alimentó con sus partes a los buitres y a los perros. Asurbanipal también se llevó muchos de los textos antiguos de Babilonia a Nínive, donde los instaló en su enorme biblioteca, preservándolos para la historia. Fue el último de los grandes reyes de Asiria; el imperio se desmoronó poco después de su muerte.

Mientras Asiria se deterioraba, Babilonia volvía a crecer en poder. De origen incierto, y llamándose a sí mismo «hijo de nadie», Nabopolasar aprovechó la debilidad de Asiria para organizar una revuelta. Los primeros golpes de Nabopolasar fueron contra Nippur y Babilonia, que conquistó rápidamente. Los asirios no perdieron tiempo en contraatacar, recuperando Nippur. Sin embargo, encontraron a Nabopolasar demasiado fuerte cuando atacaron Babilonia y Uruk. Se coronó rey en el 626 a. C., liberando a Babilonia de siglos de vasallaje bajo el dominio asirio.

Capítulo 6: Un nuevo imperio: los neobabilonios

Un fenomenal cambio de poder sacudió a Asiria cuando Nabopolasar se hizo con el poder de Babilonia en el 626 a. C. Esto marcó el comienzo del efímero pero dinámico Imperio neobabilónico, conocido por sus avances científicos y matemáticos, su brillante arquitectura y sus interacciones con Judá, Tiro y Egipto, tal y como se recoge en el Tanaj hebreo (Antiguo Testamento). Mientras que el sensacional Imperio neobabilónico irrumpía en la escena de Oriente Medio, el Imperio neoasirio entraba en su ocaso, para acabar extinguiéndose por completo.

El rey asirio Sinsharishkun intentó desesperadamente recuperar el dominio sobre Babilonia en los años 625-623 a. C. Sus contraofensivas en el norte de Babilonia fueron inicialmente exitosas: conquistó Sippar y mantuvo a Nippur lejos de los asaltos de Nabopolasar. Sin embargo, los problemas se cernían sobre el este. Elam había sido vasallo de Asiria, pero ahora se desprendió de sus grilletes, dejó de pagar tributos y unió sus fuerzas a las de Nabopolasar. Sinsharishkun respondió reuniendo un gigantesco ejército para hacer frente a la nueva amenaza y retomó espectacularmente Uruk.

Justo cuando Sinsharishkun pensaba que el triunfo sobre Babilonia estaba en su mano, recibió noticias inquietantes. Uno de sus propios generales de las provincias occidentales se había rebelado y marchaba hacia Nínive, la capital de Asiria. Con la mayor parte del ejército asirio en el extremo sur, el pequeño ejército de Nínive ni siquiera intentó defender la ciudad. El usurpador sin nombre se coronó a sí mismo como nuevo rey de Asiria, obligando a Sinsharishkun a abandonar su campaña en Babilonia y a correr a casa para enfrentarse a su retador.

Tras varios meses de brutal guerra civil, Sinsharishkun expulsó al intruso, pero los babilonios aprovecharon su ausencia para asediar Uruk y Nippur. Desesperados por la falta de alimentos, los asirios finalmente rindieron las ciudades, pero no antes de que algunos ciudadanos tomaran la agónica decisión de vender a sus hijos como esclavos o verlos morir de hambre. Nabopolasar causó entonces estragos en las guarniciones asirias restantes en el sur; todas ellas capitularon en el 620 a. C. Tras expulsar a los asirios, Nabopolasar pasó a controlar toda Babilonia.

Mientras los asirios y los babilonios experimentaban golpes de estado y luchaban con saña por el control de Babilonia, nuevas potencias se alzaban al este. Los medos, una tribu del actual noroeste de Irán, aprovecharon la debilidad de Elam para expandir su territorio. A medida que el Imperio asirio se desmoronaba, los medos dejaron de pagar el tributo que habían pagado a Asiria durante siglos.

Para vengar la muerte de su padre a manos de los asirios, el rey Ciáxares de Media organizó un asalto frontal a la capital de Asiria, Nínive. En medio de su ataque a Nínive, los escitas lanzaron un ataque sorpresa a la retaguardia de los medos, liderados por el rey Madyas. ¿Quiénes eran los escitas? Eran feroces pastores nómadas de las estepas euroasiáticas al norte del mar Negro, en las actuales Kazajistán, Rusia y Ucrania.

Este vaso griego muestra un arquero escita pintado por Epiktetos, 520-500 a. C."

Estos sanguinarios y expertos jinetes realizaban salvajes incursiones en el norte de Mesopotamia, pero se habían aliado con Asiria.

Los escitas golpearon a los medos y los obligaron a someterse a su dominio. Durante unos años, los medos no tuvieron más remedio que pagar tributo a los escitas y dejar a Asiria sin molestar. Pero en el año 625 a. C., Ciáxares planeó romper el yugo escita. Invitó a la nobleza escita a un gran banquete, sirviéndoles vino de alta graduación mientras los medos bebían vino aguado. Cuando los señores escitas se emborracharon, los medos atacaron y los mataron a todos. Con su liderazgo aniquilado, los escitas unieron pragmáticamente sus fuerzas a las de los medos. Juntos, lanzaron otro asedio a Nínive y tomaron la ciudad.

Nueve años después, tras haber consolidado toda Babilonia, Nabopolasar se atrevió a invadir el territorio asirio en el 616 a. C. Siguiendo el Éufrates hacia el norte de Siria, tomó ciudades asirias hasta el río Jabur. Los asirios recurrieron a su aliado, el faraón egipcio Psamético I, que prefería que los asirios controlaran el Levante, lo que proporcionaba fronteras más seguras a Egipto con sus vecinos del norte. Psamético marchó hacia el norte para fusionar su gigantesco ejército con el de Asiria.

Babilonia no había sido una gran amenaza para otros imperios durante siglos, así que fue una sorpresa cuando las fuerzas asirio-egipcias de la coalición perdieron la primera batalla contra los advenedizos babilonios. Desconcertados, los egipcios retrocedieron, obligando a Asiria a retirarse y dejando a Babilonia el control del Éufrates medio. Esto dio a Babilonia acceso ilimitado a las prósperas rutas comerciales y proporcionó una zona de amortiguación contra un ataque asirio a Babilonia. Una vez logrado esto, Nabopolasar detuvo cualquier invasión de Asiria por el momento.

Antes de planear su siguiente paso contra Asiria, Nabopolasar necesitaba negociar alianzas estratégicas. Ya contaba con el apoyo caldeo, y en el 616 a. C. se alió con Ciáxares, rey de los medos y bisabuelo de Ciro el Grande. Como parte del tratado, el hijo de Nabopolasar, Nabucodonosor II, se casó con la hija de Ciáxares, la princesa Amytis, y Ciáxares se casó con la hija de Nabopolasar. Los medos llevaron a los escitas con ellos al lado babilónico.

Nabopolasar marchó entonces hacia el corazón de Asiria, atacando Asur, la primera ciudad de los asirios, antigua capital y hogar sagrado de su dios principal Ashur. Sinsharishkun se apresuró a reunir sus fuerzas, marchó hacia Asur y obligó a Nabopolasar a retirarse. Pero entonces el rey Ciáxares condujo a los medos a Asiria en el año 614 a. C. y lanzó un terrible ataque contra Asur. Conquistó brutalmente la ciudad, masacrando a los ciudadanos y saqueando los templos sagrados. Nabopolasar llegó después de la toma de la ciudad, horrorizado por la crueldad de Ciáxares y su desprecio por los lugares sagrados.

Aunque el saqueo de Asur fue terrible para los asirios, el horror no había hecho más que empezar. En el año 612 a. C., una asombrosa coalición de babilonios, caldeos, cimerios, medos, persas, sagartianos y escitas se lanzó a invadir Asiria. Los cimerios procedían del suroeste de Asia y se habían asimilado a los escitas, mientras que los sagartianos eran de la meseta iraní. Después de sitiar Nínive durante tres meses, las fuerzas unidas redujeron a polvo sus murallas, mataron al rey asirio Sinsharishkun y destruyeron la ciudad, llevándose un inmenso tesoro del palacio y los templos. El profeta Nahum describió la desolación:

«Tu enemigo viene a aplastarte, Nínive. ¡Vigila las murallas! ¡Vigila los caminos! ¡Prepara tus defensas! ¡Llama a tus fuerzas!

¡Los escudos brillan en rojo a la luz del sol! Ved los uniformes escarlata de las valientes tropas. Mirad cómo sus relucientes carros se ponen en posición, con un bosque de lanzas ondeando sobre ellos. Los carros corren temerariamente por las calles y se precipitan salvajemente por las plazas. Destellan como la luz del fuego y se mueven tan rápido como un relámpago.

El rey grita a sus oficiales; estos tropiezan en su apresuramiento, corriendo hacia las murallas para establecer sus defensas. Las puertas del río se han abierto de par en par. El palacio está a punto de derrumbarse. Se ha decretado el exilio de Nínive, y todas las sirvientas lloran su captura. Gimen como palomas y se golpean el pecho de dolor. ¡Nínive es como un depósito de agua que gotea! El pueblo se escapa. "¡Deténganse, deténganse!", grita alguien, pero nadie mira hacia atrás.

¡Saqueen la plata! ¡Saqueen el oro! Los tesoros de Nínive no tienen fin, su vasta e incontable riqueza. Pronto la ciudad está saqueada, vacía y arruinada. Los corazones se derriten y las rodillas tiemblan. El pueblo está atónito, con los rostros pálidos y temblorosos»[i].

Los cimerios, medos y escitas asaltaron el resto del territorio asirio, arrasando las ciudades y profanando los templos. Nabopolasar y los babilonios compartían muchas de las mismas deidades con Asiria y encontraron el sacrilegio perturbador. El despiadado ataque a la patria

---

[i] *Nahum 2,* Tanaj: Navi: Trei Assar

de Asiria solo dejó un minúsculo remanente de una población antaño floreciente. Los cimerios, medos y escitas atacaron entonces el Levante, asolando Turquía, Judá e Israel, hasta la costa de Egipto.

Los babilonios derrotaron completamente a los asirios y egipcios en la batalla de Carchemish[98]

La nobleza asiria superviviente escapó a Harrán, en Turquía, donde se refugió, buscando desesperadamente la ayuda del faraón egipcio Necao II. Tras consolidar su victoria en Asiria, las fuerzas babilónico-medias marcharon sobre Harrán en el 610 a. C. Al acercarse, los asirios huyeron al desierto de Siria. Necao II marchó hacia el norte desde Egipto para rescatar al remanente asirio, pero el rey de Judá, Josías, se negó a dejarlo pasar por su país. Necao mató a Josías en la batalla de Meguido, pero el retraso condenó a los asirios.

Las fuerzas de la coalición babilónica conquistaron Harrán antes de que llegara Necao. Cuando Necao llegó, el príncipe heredero babilónico Nabucodonosor dirigió el ejército babilónico en un asalto letal contra Necao II y los pocos asirios que quedaban, aniquilando al ejército egipcio hasta el último hombre. Asiria había caído, y Egipto fue puesto de rodillas, pero el formidable Imperio neobabilónico se alzó como la nueva estrella brillante de Mesopotamia.

Poco después de la asombrosa victoria contra Egipto, Nabopolasar murió, y Nabucodonosor II regresó a casa como el héroe de la guerra para ascender al trono de Babilonia en el 605 a. C. Gobernó durante cuarenta y tres años como el mayor rey del Imperio neobabilónico. Babilonia tenía ahora poder sobre Asiria y toda Mesopotamia, y Nabucodonosor acabaría subyugando el oeste de Arabia Saudí, Siria, Líbano, Israel, Jordania, el sur de Turquía y el este de Irán.

El legado de Nabopolasar a su hijo fue la estabilidad en el centro y el sur de Mesopotamia, con toda la región bajo control babilónico. Nabucodonosor consolidó rápidamente el corazón asirio, sometiendo cualquier resistencia restante y poniendo toda Mesopotamia bajo un solo trono. Nabucodonosor aprovechó esta paz para expandir y mejorar su ejército e iniciar impresionantes proyectos de construcción alrededor de Babilonia, especialmente en la ciudad de Babilonia.

Un problema persistente para Nabucodonosor II era el insubordinado reino de Judea. Más de un siglo antes, Salmanasar V de Asiria había derrotado con contundencia al reino hermano de Judá, Israel, reubicando a la mayor parte de su población en Asiria y Babilonia, y repoblando Israel con mesopotámicos. Judá permaneció independiente hasta que el faraón egipcio Necao II mató al rey Josías, convirtiendo a Judá en vasallo de Egipto. Pero después de que Nabucodonosor destruyera el ejército de Necao, este tomó el control de Judá como reino vasallo mientras seguía siendo príncipe heredero.

El hijo de Josías, Joaquín, se rebeló después de tres años de pagar tributo, y Nabucodonosor, ahora el nuevo rey de Babilonia, marchó a Judá para suprimir la rebelión del rey vasallo. Derrotó a Joacim y se llevó a Babilonia a algunos de los jóvenes de la familia real de Judá. Estos jóvenes recibieron nombres babilónicos, se formaron en la lengua y la literatura babilónicas durante tres años y luego entraron al servicio real. Cuatro de estos jóvenes eran Daniel (Belsasar), Ananías (Sadrac), Misael (Mesac) y Azarías (Abednego). Daniel sirvió como consejero e intérprete de sueños a los reyes de Babilonia a lo largo del imperio neobabilónico y brevemente bajo el dominio persa. Nabucodonosor nombró a los tres amigos de Daniel como líderes de las provincias babilónicas[i].

Después de varios años, el nuevo rey de Judá decidió deshacerse del yugo. En el octavo año de su reinado, Nabucodonosor invadió Judá y tomó prisionero al joven rey Joaquín con sus esposas y la reina madre.

---

[i] *Daniel 2*, Tanaj: Ketuvim: Libro de Daniel.

Despojó al palacio real y al templo judío de los tesoros de plata y oro acumulados siglos antes por el rey Salomón. En lo que se conoce como el Cautiverio de Babilonia, Nabucodonosor se llevó a diez mil personas de Jerusalén como cautivos de vuelta a Babilonia —los comandantes militares, los soldados cualificados, los artesanos y las personas que se dedican a la artesanía— dejando solo a los más pobres de la tierra. Instaló al tío de Joaquín, Sedequías, como rey vasallo sobre Judá[i].

«Junto a los ríos de Babilonia, allí nos sentamos, sí, lloramos, cuando nos acordamos de Sión. Allí, en los sauces, colgamos nuestras arpas. Porque allí nuestros captores nos exigían cantos, y nuestros atormentadores, júbilo, diciendo: "¡Cantad para nosotros uno de los cantos de Sión!"»[ii].

A pesar de las desastrosas consecuencias que sufrieron sus predecesores cuando se rebelaron, no pasó mucho tiempo antes de que Sedequías, en alianza con Egipto y el rey Ithobaal III de Tiro, se rebelara. El rey Nabucodonosor sitió Jerusalén durante dos años mientras el pueblo se moría de hambre. Finalmente, el rey Sedequías protagonizó una audaz huida nocturna que terminó en tragedia. Los babilonios lo capturaron, lo obligaron a ver las ejecuciones de sus hijos, luego le sacaron los ojos y lo arrastraron a Babilonia encadenado[iii].

Bajo el dominio de Babilonia, la antigua ciudad de Tiro, en la costa del Líbano, había disfrutado de unos años de independencia, salvo para pagar tributos. La ciudad fenicia costera había sufrido bajo el dominio asirio, pero bajo el reinado más benévolo de Nabucodonosor, había reconstruido su legendaria riqueza como centro comercial y puerto clave. Entonces, el rey de Tiro unió sus fuerzas con Egipto y Judá contra Babilonia: una jugada temeraria. Mientras asediaba a Judá, Nabucodonosor también asedió a Tiro durante trece largos años, el último reducto para consolidar su imperio. Cuando Tiro finalmente se rindió, Nabucodonosor fue sorprendentemente misericordioso, permitiendo que la ciudad continuara como antes con reyes vasallos. Decidió astutamente que el vasto tributo que recibiría del próspero comercio de la ciudad enriquecería su imperio.

---

[i] *2 Reyes 24,* Tanaj: Navi: Libro de Malachim II.
[ii] *Salmo 137:1-3,* Tanaj: Ketuvim: Libro de Tehillim.
[iii] *2 Reyes 25.*

El Museo de Pérgamo de Alemania exhibe esta reproducción de la Puerta de Ishtar[99]

Una vez que Nabucodonosor II hubo expandido y consolidado las fronteras de su imperio, se centró en ambiciosos proyectos de construcción: reconstruir completamente trece ciudades. Su principal objetivo fue la ciudad de Babilonia, que transformó en un impresionante centro religioso y político. Restauró el templo Esagila de Marduk en un exquisito destino de peregrinación y terminó la construcción del imponente zigurat Etemenanki frente al Esagila.

La Avenida de las Procesiones era una majestuosa vía de doce metros de ancho que comenzaba en la reluciente e imponente Puerta de Ishtar y conducía a través de la ciudad hasta el complejo del templo central. Paredes de quince metros bordeaban la Avenida de las Procesiones con relucientes ladrillos vidriados en azul y 120 imágenes en bajorrelieve de toros, dragones y leones en oro. La Puerta de Ishtar brillaba al sol y honraba a la diosa Ishtar (Inanna). A cada lado de las puertas de cedro y bronce, altas torres de un azul intenso mostraban bajorrelieves de los dioses Adad, Ishtar y Marduk. La imagen de Marduk era una criatura parecida a un dragón con cabeza y cola de serpiente, un cuerpo escamoso parecido al de un león y unas espantosas garras en sus patas traseras.

El mušḫuššu en forma de dragón representaba a Marduk[100]

Además de construir ciudades impresionantes, Nabucodonosor también inició la excavación del Canal Real, o Canal de Nabucodonosor, que unía el Éufrates con el Tigris. No se completó hasta el final de la era neobabilónica, pero transformó drásticamente la agricultura de la región.

Tras gobernar el Imperio babilónico durante cuarenta y tres años, Nabucodonosor murió en el 562 a. C. Por razones poco claras, Nabucodonosor había elegido a uno de sus hijos menores, Amel-Marduk (Evil-Merodach), como príncipe heredero, pero más tarde se arrepintió de su decisión. Creía que Amel-Marduk conspiraba contra él, era irrespetuoso con los templos y explotaba al pueblo. Cuando Nabucodonosor se ausentó de Babilonia, los nobles declararon rey a Amel-Marduk.

La situación era extraña. ¿Por qué los nobles darían un golpe de estado contra su renombrado rey y héroe militar? ¿Estaba enfermo mentalmente, como registró Belsasar (Daniel)? Discutiremos esta posibilidad en el capítulo ocho. Cuando Nabucodonosor regresó a Babilonia, encerró a su hijo en la mazmorra del palacio, donde Amel-Marduk se hizo amigo del rey Joaquín de Judá, a quien Nabucodonosor había encarcelado treinta y siete años antes. Mientras Nabucodonosor estaba en proceso de nombrar a otro príncipe heredero, este murió repentinamente.

Cuando Amel-Marduk ascendió al trono, sacó de la cárcel a su nuevo amigo, el rey Joaquín, y el rey de Judea cenó en la mesa del rey babilónico durante el resto de su vida[i]. Nabucodonosor había exiliado a Babilonia a varios reyes y otros miembros de la realeza que conservaron algún tipo de estatus; en el Tanaj, los libros de 2 Reyes y Jeremías mencionan que Amel-Marduk elevó a Joaquín por encima de los demás reyes en Babilonia.

En su corto reinado, las inscripciones dicen que Amel-Marduk «gobernó caprichosamente y no tuvo en cuenta las leyes»[ii]. Se consumía en el culto a Marduk hasta el punto de descuidar sus obligaciones familiares y reales, y de ofender a sus cortesanos, quienes se negaban a obedecerlo. Al menos, eso es lo que decían las inscripciones, pero puede que intentaran justificar el regicidio. Tras solo dos años como rey, su cuñado Neriglisar formó una conspiración contra él, lo asesinó y usurpó el trono.

¿Quién era Neriglisar? Era uno de los principales generales de Nabucodonosor que se había ganado la admiración de este y la mano de la hija del rey. Como astuto líder militar, conquistó con éxito Lidia y Turquía. Cuando el rey Appuasu de Pirindu reunió una fuerza descomunal para asaltar Siria, Neriglisar salió a defender el territorio babilónico. Aunque Appuasu preparó una emboscada para Neriglisar, el rey babilónico la eludió y derrotó al ejército de Appuasu.

---

[i] *2 Reyes 25,* Tanaj, Libro de Malachim II.
[ii] Frauke Weiershäuser y Jamie Novotny. *The Royal Inscriptions of Amēl-Marduk (561–560 BC), Neriglissar (559–556 BC), and Nabonidus (555–539 BC), Kings of Babylo* (PDF). (Winona Lake: Eisenbrauns, 2020), 1.

Tras capturar a muchos de los hombres y caballos de Appuasu, Neriglisar persiguió al rey pirindú durante todo un día a través de traicioneros pasos de montaña hasta que lo alcanzó y lo hizo prisionero. A continuación, capturó la capital real de Appuasu, Kirsi, y la incendió. Tras esta asombrosa victoria, Neriglisar lanzó una flota de barcos al Mediterráneo con seis mil soldados, derrotó a la tierra de Pitusu (probablemente Creta) en medio del mar, arrasó la ciudad y esclavizó al pueblo[i].

Tras gobernar solo unos años, cayó enfermo y murió. Su joven hijo Labashi-Marduk ascendió al trono durante un breve reinado antes de que unos conspiradores lo mataran a golpes en otro golpe de palacio dirigido por Baltasar, hijo de Nabónido. A Nabónido le sorprendió ser nombrado rey por su hijo y los demás conspiradores, ya que no pertenecía a la familia gobernante de Babilonia. Su madre era de la familia de Asurbanipal, el último rey de Asiria.

Curiosamente, después de completar un exitoso esfuerzo militar en Arabia, Nabónido pasó diez de sus diecisiete años como rey en un exilio autoimpuesto allí. Dejó a su hijo Baltasar para que dirigiera el imperio como regente. En la década que Nabónido estuvo fuera de Babilonia, Ciro el Grande estaba construyendo su gran reino persa en Irán. El descuido de Nabónido en su reino lo dejó vulnerable ante la inminente amenaza del este. Combinado con el fracaso de los descendientes de Nabucodonosor para igualar su fuerza y vitalidad y con una serie de golpes de palacio, el imperio se desmoronó gradualmente.

---

[i] *Crónica sobre el tercer año de Neriglissar (ABC 6)*, Livio, 2006. https://www.livius.org/sources/content/mesopotamian-chronicles-content/abc-6-neriglissar-chronicle.

Capítulo 7: El declive y caída de Babilonia

El declive de Babilonia había comenzado. Nabonides no estaba preparado para gobernar un imperio. Sin relación con la actual dinastía caldeo-babilónica, ni siquiera era babilónico; sus padres eran asirios y arameos de Harrán, en Siria. Su madre, Adagoppe, hija de Asurbanipal, el último rey asirio, era sacerdotisa de Sin, el dios de la luna. Nabonides era su único hijo. Nabonides se refería a su padre como «un príncipe», lo que sugiere que era un jefe arameo o que ocupaba un puesto destacado en el gobierno de Harrán.

La vida de Adagoppe se vio alterada en el año 610 a. C. cuando los babilonios, dirigidos por su príncipe heredero Nabucodonosor, conquistaron Harrán y saquearon la ciudad. Los babilonios tomaron a Adagoppe y a su pequeño hijo Nabonides como cautivos; presumiblemente, su marido murió en la lucha. Como princesa asiria, fue tratada con los mismos honores que los babilonios concedieron a otros miembros de la realeza capturados. Adagoppe escribió que ella presentó a Nabonides al rey Nabucodonosor II y al rey Neriglisar, que fue educado y les sirvió en la corte real[i].

---

[i] Paul-Alain Beaulieu, *Reign of Nabonidus, King of Babylon (556-539 BC)* (New Haven: Yale University Press, 1989), 69.

Nabonides reza al dios de la luna Sin, Ishtar, y al dios del sol en la Estela de Harrán[101]

El historiador babilónico Beroso escribió que Nabonides era un sacerdote de Marduk, por lo que su servicio a la realeza fue probablemente en un contexto religioso. Aunque participó en el golpe de estado orquestado por su hijo Baltasar, nunca esperó ser impulsado al trono. En una de sus inscripciones, Nabonides señaló con ironía: «En mi mente no había ningún pensamiento de realeza»[i]. Sin embargo, allí estaba, a una edad avanzada, en el año 556 a. C., llevando la corona, responsable de cientos de miles de personas de numerosas etnias y lenguas repartidas en miles de kilómetros.

---

[i] Beaulieu, *Reign of Nabonidus*, 67.

Pero los intereses de Nabonides estaban en otra parte. Intrigado por las historias antiguas de Mesopotamia, quería saber más. Se lo llama el primer arqueólogo del mundo, ya que estudió e intentó interpretar los artefactos descubiertos cuando se desenterraron los cimientos de los antiguos templos para construir otros nuevos. Descubrió una estatua de Sargón el Grande y la hizo restaurar, junto con el templo de Inanna en Agadé[1].

Como sacerdote e hijo de una sacerdotisa, la principal preocupación de Nabonides era la religión. Reconstruyó el templo del dios Sin en Harrán, donde su madre sirvió una vez. Renovó el templo de Eanna en Uruk y cambió el orden de los sacrificios para incluir las ofrendas que habían cesado bajo el rey Neriglisar.

Por supuesto, no se podía ser un rey mesopotámico sin ser un gran guerrero. Nabonides destacó en sus hazañas militares, dirigiendo exitosas campañas en Cilicia y Arabia. Misteriosamente, tras conquistar Tayma en Arabia, Nabonides permaneció allí durante una década mientras su hijo Baltasar dirigía el reino como su regente.

Baltasar era un diplomático inepto, y sus ciudadanos estaban horrorizados porque no celebró la fiesta religiosa del Año Nuevo, una antigua tradición babilónica. Sin embargo, estaban aún más descontentos con la larga ausencia de Nabonides y sus intentos de forzar lo que consideraban extrañas reformas religiosas.

¿Por qué se quedó Nabonides en el aislado puesto de Tayma en el desierto? ¿Por qué conquistó la ciudad para empezar, ya que los árabes no eran una amenaza para los babilonios? La respuesta a la segunda pregunta era para controlar el próspero comercio que cruzaba los desiertos. Pero una vez que tuvo Tayma bajo control, reconstruyó las murallas de la ciudad, levantó un nuevo palacio para sí mismo y construyó un elaborado sistema de riego: todo ello es señal de que tenía intención de quedarse.

Nabonides deseaba profundamente reformar la religión babilónica, pero los sacerdotes de Babilonia y su hijo Baltasar se resistieron firmemente a sus esfuerzos. Aunque había sido sacerdote de Marduk (probablemente asignado al cargo) antes de convertirse en rey, deseaba elevar a Sin sobre Marduk como dios principal del panteón babilónico. Desde los inicios de Babilonia, Marduk había sido su dios principal, y los babilonios consideraban que los esfuerzos de Nabonides por

---

[1] Beaulieu, *Reign of Nabonidus*, 138.

suplantar a Marduk eran una abominación impía. Nabonides escribió en inscripciones que permaneció en Tayma debido a la «impiedad de los babilonios»[i].

Mientras Nabonides estaba en Arabia, parecía ajeno a la amenaza de Ciro el Grande, que estaba construyendo el asombroso Imperio persa, rodeando al Imperio babilónico por el este, el norte y el oeste. Décadas antes, los medos se habían aliado con los persas, sellando su alianza con el matrimonio del rey Cambises de Persia con Mandane, hija del rey Astiages de Media y nieta de Ciáxares el Grande. Ciro II (Ciro el Grande) fue el hijo de este matrimonio.

Una leyenda dice que cuando Ciro nació, el rey Astiages soñó que Ciro lo derrocaría un día. Envió a su general Harpago a matar a su nieto, pero en su lugar, Harpago entregó al bebé a un pastor, que lo crió como si fuera suyo. Diez años después, la verdadera identidad de Ciro salió a la luz. Astiages castigó a Harpago matando a su hijo y sirviendo su cuerpo a Harpago en un banquete; sin embargo, permitió que Ciro volviera con sus padres biológicos.

Al comienzo del reinado de Nabonides, Ciro era rey de Persia y Astiages gobernaba a los medos. Ciro entabló una lucha por el poder con Astiages y rompió el dominio de su abuelo con la ayuda del general Harpago, que estaba ansioso por vengar a su hijo. Harpago convenció a los militares medos para que abandonaran a Astiages y se unieran a Ciro. Tras la muerte de Astiages, su hijo Ciáxares II (con el nombre de trono de Darío) se convirtió en el rey de los medos en una posición subordinada a su sobrino Ciro. Cuando los medos se unieron a los persas, ostentaban el poder sobre Bactria (Tayikistán y Uzbekistán), Partia (noreste de Irán) y los nómadas Saka, que recorrían la estepa euroasiática hasta la actual provincia china de Xinjiang.

Mientras Nabonides estaba en Arabia, sin prestar atención, los medos y persas conquistaron reinos al norte y noroeste de Babilonia. Tomaron Lidia en el año 547 a. C. y luego conmocionaron al mundo griego al derrotar a las doce colonias griegas de Jonia, importantes ciudades-estado y centros de comercio. Ciro permitió que las ciudades-estado de Asia Menor siguieran gobernándose a sí mismas siempre que pagaran tributos y suministraran hombres para su enorme ejército.

---

[i] Beaulieu, *Reign of Nabonidus*, 184.

Ciro puso a sus camellos en primera línea en la batalla de Timbra, lo que provocó el pánico de los caballos lidios, que nunca habían visto ni olido a los camellos[102]

A continuación, Ciro se dirigió a los nómadas sogdianos del norte de Bactriana y los derrotó con éxito. Durante los siguientes 150 años, pagaron un tributo de cornalina, lapislázuli y otras piedras semipreciosas. Los medos y los persas también se hicieron con el control del resto de la península de Anatolia (la actual Turquía occidental). La aparente indiferencia de Nabonides provocó un creciente descontento entre los ciudadanos de Babilonia. Sin embargo, el regente Belsasar comprendió perfectamente el peligro persa y reforzó las defensas en zonas críticas.

El siguiente movimiento de los persas fue hacia el sur, por la costa mediterránea. Las ciudades fenicias que daban al mar, incluidas las antiguas Tiro, Sidón, Biblos y Trípoli, no se resistieron, conscientes del historial de misericordia de Ciro hacia las regiones conquistadas. Ciro los permitió seguir como siempre con un tributo anual de 350 talentos. Esta fue la primera incursión de los persas en territorio babilónico, y finalmente sacó a Nabonides de su estupor. Entrando en acción, Nabonides regresó a Babilonia.

El siguiente movimiento de Ciro contra el Imperio babilónico fue la conquista de su territorio vasallo de Elam y de su capital, Susa, al suroeste del corazón de Babilonia. Esto impulsó a Nabonides a pedir que las principales estatuas de los dioses y diosas fueran traídas de las ciudades de Babilonia y almacenadas en Babilonia para su custodia[i].

---

[i] *The Chronicle Concerning the Reign of Nabonidus (ABC 7)*, Livius, 2020. https://www.livius.org/sources/content/mesopotamian-chronicles-content/abc-7-nabonidus-chronicle/.

Nabonides marchó entonces hacia el norte con sus tropas para defender Sippar y Opis en los extremos opuestos de la Muralla Mediana. Nabucodonosor había construido la muralla para protegerse de las invasiones de los medos, y se extendía desde Opis en el río Tigris hasta Sippar en el Éufrates. Así, los ríos de ambos lados y la muralla del norte protegían a Babilonia.

Ciro se acercó con Gubaru (Gobrias), un astuto general cuyas innovadoras tácticas militares fueron fundamentales para la invasión de Babilonia por parte de Ciro. Algunos investigadores creen que Gubaru era Ciáxares II, rey de los medos, también conocido como Darío el Medo. Si no es así, el rey Darío también formaba parte de las fuerzas de la coalición. A finales de septiembre del 539 a. C., las tropas persas de Ciro y los medos dirigidos por Gubaru se acercaron a Opis en la época en que los ríos mesopotámicos estaban en su nivel más bajo. Al superar Opis, en la orilla oriental del Tigris, Ciro podría vadear el río y flanquear la muralla mediana.

El ejército coaligado de Ciro y Gubaru se lanzó al asalto de Opis, aplastando a las fuerzas babilónicas, saqueando la ciudad y masacrando a los ciudadanos. Heródoto escribió que los ingenieros de Ciro desviaron el Tigris en varios canales, bajando aún más el nivel del río, lo que permitió a sus tropas cruzar a pie. Ciro dividió entonces su ejército. Dirigió parte de su ejército hacia el oeste, a Sippar, y envió a Gubaru a atacar Babilonia.

Cuando Ciro se acercó a Sippar, la ciudad se rindió el 10 de octubre sin presentar batalla. Los líderes militares que defendían Sippar no apoyaban al rey Nabonides, que había pasado más de la mitad de su reinado fuera del país y había faltado al respeto a su dios Marduk. También es posible que dudaran de su capacidad para defender Sippar, al darse cuenta de que Ciro debía haber conquistado ya Opis al este. Cuando Sippar se rindió a Ciro, Nabonides huyó hacia el sur.

Ajena a la catástrofe del norte, la ciudad de Babilonia celebraba el festival del dios de la luna Sin, que había estado en suspenso todos los años que Nabonides estuvo fuera[1]. No tenían ni idea de que Ciro había cruzado el Tigris, derrotado a Opis, abierto una brecha en la muralla mediana a sesenta millas al norte de Babilonia y tomado Sippar. Con poca resistencia de los babilonios entre Sippar y Babilonia, Gubaru llegó a Babilonia con la velocidad del rayo en solo dos días.

---

[1] *Reinado de Nabonides (ABC 7).*

Sin saber que las fuerzas de la coalición persa se acercaban rápidamente, el corregente Belsasar organizó una elaborada cena para mil de sus nobles en la fiesta religiosa. Después de probar el vino, Belsasar ordenó que las copas de oro y plata que Nabucodonosor había tomado del templo de Jerusalén fueran llevadas al palacio para que sus príncipes, esposas y concubinas pudieran beber de ellas.

Entonces, de repente, Belsasar levantó la vista. Todo el color se le fue de la cara y sus piernas cedieron al ver los dedos incorpóreos de una mano humana inscribiendo algo en la pared. El corregente pidió a gritos a sus astrólogos y hechiceros que leyeran la escritura y le dijeran su significado, pero nadie pudo hacerlo. Al oír el clamor, la reina (esposa de Nabonides) se apresuró a entrar en la sala de banquetes, diciendo a su hijo que no estuviera tan pálido y asustado:

«Hay un hombre en tu reino en el que está el espíritu de los dioses sagrados, al que el rey Nabucodonosor hizo maestro de los magos, astrólogos, caldeos y adivinos. El conocimiento, el entendimiento y la interpretación de los sueños se encontraban en el mismo Daniel, a quien el rey llamó Belsasar. Llama a Daniel, y él te dirá lo que significa la escritura»[i].

Para entonces, Daniel era un anciano de más de ochenta años, llevado como cautivo a Babilonia unos sesenta y cinco años antes. Belsasar prometió darle una túnica de púrpura, una cadena de oro alrededor de su cuello, y hacerlo tercero en el reino si interpretaba la escritura en la pared. Daniel respondió:

«¡Conservad vuestros regalos! O dáselos a otro. ¡No habéis honrado al Dios que os da el aliento de vida y controla vuestro destino!

Esto es lo que dice la escritura en la pared: "MENE, MENE, TEKEL, UPHARSIN".

Esta es la interpretación: Dios ha contado los días de tu reino y lo ha terminado. Te ha pesado en la balanza y te ha encontrado falto. Tu reino ha sido dividido y entregado a los medos y a los persas»[ii].

Esa noche, las fuerzas persas llegaron al lado oriental del Éufrates, mientras los babilonios bebían y festejaban en las calles, celebrando la fiesta, sin saber de su inminente condena. Normalmente, la profundidad del Éufrates era de unos doce pies en ese lugar, pero, una vez más, los

---

[i] *Daniel 5*, Tanaj: Ketuvim: Libro de Daniel.
[ii] *Daniel 5*, Tanaj: Ketuvim: Libro de Daniel.

ingenieros persas desviaron el río en un canal, bajando el nivel del agua para que los medos y persas pudieran vadearlo. Irrumpieron a través de la Puerta de Enlil, lanzando un ataque sorpresa contra Babilonia.

«Entonces entraron, y de los que encontraron, algunos fueron abatidos y asesinados, y otros huyeron a sus casas, y algunos levantaron el grito, pero Gubaru y sus amigos cubrieron el grito con sus gritos, como si ellos mismos fueran juerguistas. Y así, abriéndose paso por el camino más rápido, pronto se encontraron ante el palacio del rey.

Allí, el destacamento encontró las puertas cerradas, pero los hombres designados para atacar a los guardias se abalanzaron sobre ellos mientras se encontraban bebiendo alrededor de una hoguera ardiente y cerraron con ellos allí mismo. Como el estruendo era cada vez más fuerte, los que estaban dentro se dieron cuenta del tumulto, hasta que, el rey les ordenó que vieran lo que significaba, algunos de ellos abrieron las puertas y salieron corriendo. Gubaru y sus hombres, al ver que las puertas se abrían de par en par, entraron a toda prisa, pisando los talones a los demás, que huyeron de nuevo, y los persiguieron a punta de espada hasta la presencia del rey.

Lo encontraron de pie con su cimitarra desenvainada. Lo arrollaron por el puro peso del número: y no escapó ni uno solo de su séquito; todos fueron abatidos, algunos volando, otros arrebatando cualquier cosa que les sirviera de escudo y defendiéndose como pudieron»[i].

El «rey» asesinado por los hombres de Gubaru fue el regente Baltasar, no su padre el rey Nabonides, según Belsasar (Daniel), un testigo presencial de los hechos: «Esa misma noche Baltasar fue asesinado, y Darío el Medo se hizo cargo del reino a la edad de sesenta y dos años»[ii].

El historiador babilónico Beroso dijo que Darío el Medo era el rey medo Ciáxares II, tío de Ciro. Gubaru puede haber sido la misma persona, pero lo más probable es que fuera de menor categoría. Daniel llamó a Darío rey, diciendo que dividió el reino en 120 provincias y nombró sátrapas (gobernadores); esto implica que Darío gobernó todo el imperio temporalmente, no solo Babilonia[iii]. La *Crónica de Nabonides* dice que Gubaru designó a los oficiales de distrito de Babilonia como sátrapa designado de Babilonia[iv]. Es posible que Ciro haya designado a su

---

[i] Jenofonte, *Ciropaedia: La educación de Ciro,* trans. Henry Graham Dakyns. (Project Gutenberg E-book). https://www.gutenberg.org/files/2085/2085-h/2085-h.htm.
[ii] *Daniel 5,* Tanaj: Ketuvim: Libro de Daniel.
[iii] *Daniel 6.*
[iv] *Reinado de Nabonides (ABC 7).*

tío, el rey Darío de los medos, como regente del imperio mientras terminaba de consolidar el Levante.

¿Qué pasó con Nabonides? La *Crónica de Nabonides* (ABC 7) relata que Nabonides huyó inicialmente tras la rendición de Sippar a Ciro, pero los persas lo capturaron después de que Ciro conquistara Babilonia. Ciro lo trató amablemente y lo envió a vivir a Carmania (Irán)[1].

Ciro llegó con gran fanfarria unas dos semanas después. Las inscripciones persas dicen que el pueblo de Babilonia abrió de par en par las puertas y recibió a Ciro como su libertador con paz, alegría y júbilo. Esta propaganda probablemente encubrió la invasión; sin embargo, los babilonios estaban claramente descontentos con su rey ausente y su despótico regente. La reputación de Ciro de tratar con consideración a las sumisas ciudades conquistadas lo precedía, y pocos babilonios se resistieron a la toma de posesión persa.

Los medos y los persas trataron los lugares religiosos y los templos con el máximo respeto y animaron a los sacerdotes a continuar con los rituales de culto. Ciro ofreció a los magos la primera selección del botín de guerra para consagrarlo a los dioses. Devolvió todas las imágenes de culto de las deidades babilónicas que Nabonides había reunido en Babilonia y adoró públicamente a Marduk, haciéndose querer por los babilonios.

Ciro tomó el título de «rey de Babilonia, Sumer y Acad. Rey de los cuatro rincones de la tierra». Una vez que consolidó Mesopotamia bajo su dominio, conquistó rápidamente el norte de Arabia, Israel y Siria. Ciro revirtió el programa de reubicación de la población que los babilonios y los asirios utilizaban contra las provincias rebeldes. Permitió que los judíos y otros exiliados regresaran a sus hogares en el primer año de su reinado, aunque Daniel y muchos otros permanecieron en Babilonia en puestos de liderazgo. Ciro ordenó la reconstrucción del templo de Jerusalén:

«En cuanto a la casa de Dios en Jerusalén, reconstrúyase el templo donde se ofrecen los sacrificios. Que se mantengan sus cimientos, con una altura de sesenta codos y una anchura de sesenta codos, con tres capas de piedras enormes y una capa de maderas. Y que el costo se pague del tesoro real. Además, que los utensilios de oro y plata de la casa de Dios, que Nabucodonosor tomó del templo de Jerusalén y llevó a

---

[1] Beaulieu, *Reinado de Nabonides*, 231.

Babilonia, sean devueltos y llevados a sus lugares en el templo de Jerusalén; los pondréis en la casa de Dios»[i].

El vasto imperio aqueménida de Ciro se extendía desde Asia Menor hasta el río Indo al final de su vida. Se ganó el corazón de sus nuevos súbditos gracias a su extraordinaria humanidad y respeto por sus culturas. Gobernó Babilonia y sus otros vastos territorios mediante una administración centralizada, con un gobernador (sátrapa) sobre cada provincia. Bajo el dominio persa, Babilonia se convirtió en un centro de conocimiento científico y matemático. Un año antes de morir, en el 530 a. C., Ciro nombró a su hijo Cambises II como rey de Babilonia, mientras él continuaba como rey del imperio.

Una pintura griega de Darío el Grande[108]

---

[i] *Esdras 6.* Tanaj: Ketuvim, Libro de Esdras.

Tras los breves reinados de los hijos de Ciro, Darío I (el Grande) se hizo con el control del Imperio persa. Aprovechando el caos, Babilonia se declaró independiente en el año 521 a. C. bajo el rey Nabucodonosor III, que gobernó durante un año aproximadamente. Darío dirigió un enorme ejército contra Babilonia, donde los ciudadanos lo abuchearon desde las murallas: «¡Capturareis Babilonia cuando las mulas tengan potros!». Normalmente, las mulas son estériles, pero una mula dio a luz después de un infructuoso asedio de veinte meses a Babilonia. Este acontecimiento milagroso impulsó a los persas a tomar Babilonia con éxito. Darío no mostró a los babilonios la misericordia que habían recibido bajo Ciro. Empaló a tres mil ciudadanos importantes y derribó las enormes puertas y defensas de la ciudad[i].

Durante los dos siglos siguientes, como reino vasallo de Persia, Babilonia decayó. Los elevados impuestos y las guerras hicieron que se descuidaran los elegantes templos y los sistemas de canales necesarios para una agricultura adecuada. Surgieron otras dos rebeliones, pero Persia reprimió rápidamente a los renegados. Cuando Alejandro Magno conquistó el Imperio persa en el 331 a. C., Babilonia se convirtió en su hogar y centro de operaciones cuando no dirigía expediciones militares. Adoptó la vestimenta babilónica, veneró los templos y la ciudad floreció durante su breve estancia. Planeó restaurar el zigurat de Babilonia, pero murió inesperadamente en Babilonia antes de poder llevarlo a cabo.

Babilonia mantuvo su vida urbana durante dos siglos de guerras entre los sucesores de Alejandro, pero dejó de ser un centro administrativo o económico. Alejandría, en Egipto, tomó el relevo como centro de la ciencia y las matemáticas del mundo conocido. El templo de Esagila de Babilonia siguió siendo un centro religioso y un destino de peregrinación, pero poco a poco, Babilonia se fue deteriorando. Cuando los musulmanes invadieron Babilonia a mediados del siglo VII de nuestra era, Babilonia se había reducido a una simple aldea. Las ruinas de la otrora majestuosa ciudad eran una fuente de ladrillos para la construcción en otros lugares.

---

[i] Herodoto, *Captura de Babilonia*. Livio. https://www.livius.org/articles/person/darius-the-great/sources/capture-of-babylon-herodotus.

Capítulo 8: Sociedad babilónica y gobernantes famosos

Babilonia fue un imperio majestuoso, fundamental en la historia del antiguo Oriente Medio, pero la historia es siempre sobre las personas. Desde los que vivían en los palacios hasta los plebeyos de las tiendas y las granjas, los habitantes de Babilonia fueron importantes en su triple ascenso y caída. Ya hemos hablado de las hazañas de muchos de sus líderes, pero ¿qué hay de sus ciudadanos de a pie? ¿Cuál era su estructura social y cómo vivían su vida cotidiana? ¿Cómo desarrollaron los babilonios la tecnología militar? ¿Qué más podemos aprender sobre sus famosos líderes? Aparte de las grandes conquistas, ¿cómo eran como personas?

El código de leyes de Hammurabi, del que hablaremos más extensamente en el capítulo nueve, nos ofrece una visión fascinante de la vida familiar babilónica y de la situación legal de las mujeres[i]. Por ejemplo, si una mujer era sorprendida en adulterio, ella y su amante serían ahogados en el río a menos que su marido la perdonara. Si alguien acusaba a una mujer de adulterio, pero sin pruebas, podía «saltar al río»: si se ahogaba, era culpable, pero si sobrevivía, era inocente.

Si un hombre violaba a una chica virgen prometida a otro hombre, el violador recibía la pena de muerte, pero la chica era considerada

---

[i] *El Código de Hammurabi*, trans. L.W. King (The Avalon Project: Documents in Law, History, and Diplomacy. Facultad de Derecho de Yale: Lillian Goldman Law Library). https://avalon.law.yale.edu/ancient/hamframe.asp.

inocente. Si un hombre abandonaba a su mujer y esta se iba a vivir con otro hombre, el marido no podía reclamar a su mujer si él regresaba.

Este bajorrelieve de un hombre y una mujer data de la época de la antigua Babilonia[104]

Cuando una mujer se casaba, su marido pagaba el «precio de la novia» a su padre y este le daba una dote. El marido no tenía derecho a la dote para su propio uso: era para sus hijos. Si un hombre se separaba de la madre de sus hijos, tenía que devolverle la dote y darle el beneficio de parte de su campo y jardín para mantener a los niños. Una vez que sus hijos crecían, él tenía que proporcionarle un pago, y entonces ella podía casarse con «el hombre de su corazón». Si la pareja no tenía hijos, al marido le bastaba con devolverle la dote para divorciarse de ella. El único caso en el que un hombre podía divorciarse de su esposa sin devolverle la dote era si ella era una esposa deficiente, que acumulaba deudas y descuidaba a su marido y su hogar.

Un hombre podía tomar una segunda esposa si su primera esposa no podía concebir, pero la primera esposa tenía un estatus más alto que la segunda. Si una esposa enfermaba crónicamente, el marido podía tomar una segunda esposa, pero tenía que permitir que su primera esposa viviera en su casa y la cuidara mientras viviera. Ella podía marcharse si lo deseaba, pero él tenía que devolverle la dote. Un hombre podía tener una esposa y también mantener relaciones sexuales con una criada en su casa. Si reconocía a los hijos de la criada como propios, tanto sus hijos legítimos como los hijos de la criada recibirían partes iguales de su patrimonio. Un hombre debía proporcionar una dote y organizar el matrimonio de su hija con una concubina.

¿Qué pasaba si un hombre tenía varios hijos y arreglaba matrimonios para ellos (pagando sus precios de novia), pero moría antes de negociar una unión para el hijo menor? En ese caso, los hermanos mayores tenían que apartar dinero para el precio de la novia de su hermano menor antes de dividir la propiedad entre ellos; también tenían que arreglar un matrimonio para su hermano.

La jerarquía social babilónica tenía cinco estratos principales: la nobleza, la clase media, los agricultores terratenientes, los agricultores arrendatarios y las personas esclavizadas. La élite *awilum* o *mar bane* (nobleza y clase alta) eran «hombres libres» de la familia real, administradores principales, militares de alto rango, sacerdotes y sacerdotisas de alto rango (a menudo miembros de la familia real) y propietarios de grandes haciendas.

El término *muškenum* en el código de Hammurabi parecía referirse a cualquier persona que se encontrara en el estatus medio entre la clase de élite *awilum* y la *wardum*, o los esclavos. Esta clase media incluía a los escribas, los sacerdotes y sacerdotisas de menor rango, los comerciantes, los artesanos cualificados y los agricultores. Los agricultores regulares eran propietarios de parcelas más pequeñas, y a menudo cumplían una doble función: servir en los rangos militares inferiores y volver a casa a tiempo para la siembra y la cosecha. Los agricultores arrendatarios trabajaban los campos de las grandes haciendas. El terrateniente solía proporcionar el alojamiento, y la cosecha del arrendatario se dividía en tres partes: una parte para los impuestos, otra para el terrateniente y otra para el agricultor arrendatario.

Los esclavos (*wardum*) ocupaban el lugar más bajo en la sociedad babilónica, y una persona podía ser esclavizada de dos maneras. Una era ser capturado en la guerra, pero normalmente los babilonios solo traían de vuelta a los escribas y a los artesanos altamente cualificados. Si un hombre tenía una deuda que no podía pagar, podía venderse a sí mismo, a su esposa o a sus hijos como esclavos. Trabajarían durante tres años para la persona que los comprara y quedarían libres al cuarto año.

Dar cobijo a un esclavo fugitivo significaba la pena de muerte, pero si un hombre devolvía a su dueño a un esclavo fugitivo, el dueño tenía que pagar dos siclos. Si un hombre esclavizado se casaba con una mujer libre, sus hijos serían libres. Si un esclavo casado con una mujer libre moría más tarde, tenía que dar la mitad de su dote y cualquier riqueza acumulada del matrimonio al dueño de su marido. Si una persona esclavizada moría accidentalmente o resultaba gravemente herida, la pena para el infractor era menor que para una persona libre.

A lo largo de su historia, el comercio fue intrínseco a la economía babilónica. Los traslados de población de los rebeldes conquistados a Babilonia, primero por los asirios y después por Nabucodonosor II, crearon grupos étnicos de babilonios con sólidos vínculos con sus tierras de origen. Se integraron en el medio social y comercial babilónico, pero mantuvieron el contacto con sus tierras de origen, con los conocimientos lingüísticos y los valiosos contactos intrínsecos al comercio.

Incluso antes de los cambios masivos de población, los mesopotámicos comerciaban con el Mediterráneo oriental, Armenia, Elam y puntos del golfo Pérsico. El fértil sistema fluvial de Mesopotamia proporcionaba un excedente de alimentos que los babilonios cambiaban por madera, metal y artículos de lujo como piedras preciosas y semipreciosas, tintes e incienso. Los patios de los templos babilónicos servían de mercado, y los sacerdotes y sacerdotisas se encontraban entre los principales compradores de artículos de lujo para adornar los templos.

Miles de tablillas de arcilla con escritura cuneiforme y alfabeto arameo ilustran el nivel de alfabetización de los babilonios. La comunicación escrita incluía cartas, himnos, oraciones, inscripciones en monumentos, registros de ventas e inventarios, anales de historia, códigos legales, transacciones de propiedades y documentos legales. Una parte de la sociedad babilónica sabía leer y escribir, y todos los demás contrataban escribas. Los jóvenes de las familias más ricas recibían clases en casa o asistían a escuelas privadas, a menudo en los templos.

En el imperio neobabilónico, los escribas debían aprender tanto la escritura cuneiforme como la aramea y dominar varias lenguas. Practicaban copiando tablillas antiguas y transcribiendo los dictados de sus maestros. Uno de los deberes de los escribas era preservar la literatura antigua de los sumerios, acadios, asirios y babilonios antiguos; los escribas traducían y copiaban estos anales históricos, mitos, oraciones y otra literatura.

¿Qué idioma hablaban los babilonios? Las lenguas acadia, asiria, babilónica, árabe y hebrea pertenecían a la familia de las lenguas semíticas. Sin embargo, las lenguas escritas asiria y babilónica eran tan parecidas al acadio que la mayoría de los lingüistas las clasifican como dialectos del acadio, aunque las lenguas habladas pueden haber sido más distintas. A lo largo de la historia de Babilonia, el pueblo habría hablado babilonio-acadio; probablemente también hablaban sumerio en la primera dinastía babilónica. No sabemos qué idioma hablaban los babilonios de la época casita, pero escribían en sumerio y acadio.

El arameo, otra lengua semítica hablada inicialmente en Siria, fue ganando terreno. Los neoasirios utilizaron el arameo como segunda lengua oficial, y acabó sustituyendo al acadio, convirtiéndose en la lengua hablada y escrita estándar del Imperio neobabilónico. El alfabeto arameo era mucho más fácil de leer y escribir que el antiguo cuneiforme, que requería un carácter distintivo para cada palabra. Había que memorizar al menos seiscientos caracteres para la alfabetización básica en cuneiforme, pero el arameo escrito solo utilizaba veintidós letras, todas consonantes.

El rey caldeo Marduk-apla-iddina (722-710 a. C.) y su ayudante llevando faldas hasta los tobillos con largas fajas. El rey lleva un sombrero cónico[105]

¿Cómo vestían los babilonios? Tanto los hombres como las mujeres llevaban largas túnicas o faldas que a menudo caían en hileras. A veces, la túnica subía por encima de un hombro como una toga y estaba adornada con flecos. En verano o cuando realizaban trabajos pesados, los hombres llevaban una simple falda hasta la rodilla e iban con el torso desnudo. Los hombres solían llevar sombreros cónicos o en forma de cuenco y largas barbas, elaboradamente trenzadas o rizadas si eran de clase alta. Llevaban el pelo hasta los hombros, también a menudo trenzado o rizado.

Las mujeres también llevaban el pelo rizado o trenzado hasta los hombros. La parte superior de la túnica cubría los pechos y a veces era de tipo bandeau, con uno o ambos hombros al descubierto, pero más a menudo con un modesto escote redondeado. Las túnicas podían tener mangas cortas, largas o sin mangas. Tanto los hombres como las mujeres llevaban pendientes, diademas, pulseras y collares de oro y metales preciosos.

Esta mujer con un bebé en brazos de la época de la antigua Babilonia lleva una túnica de cuerpo entero y una melena con un elaborado trenzado hasta los hombros[106]

El ejército de Babilonia asimiló algunas de las tácticas utilizadas por los sumerios, acadios y asirios, pero a menudo añadió sus propios detalles. En general, los reyes y comandantes militares de Babilonia no eran tan crueles como algunos de los notorios reyes asirios o el rey Rimush de Acadia. No solían torturar a las poblaciones conquistadas o rebeldes ni aniquilar a grandes poblaciones. La excepción fue cuando se aliaron con los escitas, medos y partos para la derrota final de Asiria.

Curiosamente, en dos ocasiones en las que se aliaron con estas tribus, llegaron tarde a la batalla, después de que sus aliados hubieran roto las defensas de la ciudad y estuvieran saqueando los templos y palacios. Tal vez los babilonios tardaron en reunir sus tropas. Pero tal vez fueron astutos: ¿por qué poner en peligro a sus propios hombres y caballos cuando sus compañeros estaban ansiosos por hacer la parte peligrosa de eliminar a sus enemigos?

Una táctica común utilizada por los militares babilonios era desviar los ríos hacia los canales de riego existentes o hacia los nuevos canales que ellos mismos excavaban. Esto les permitía cruzar incluso grandes ríos como el Tigris y el Éufrates. Una estrategia muy utilizada para conquistar una ciudad era inundarla de dos maneras: represando y liberando repentinamente el agua del río o desviando el río para que fluyera hacia la ciudad. En más de una ocasión, se defendieron de los asirios invasores redirigiendo el río y el sistema de canales para formar un lago alrededor de sus propias fuerzas.

Aparte de sus innovadoras tácticas militares, ¿qué más podemos saber de los famosos gobernantes de Babilonia? Hammurabi, el famoso conquistador del antiguo Imperio babilónico, escribió uno de los códigos legales más antiguos y complejos del mundo, pero también se dedicó a destacados proyectos de construcción que pusieron a Babilonia en el mapa. Transformó Babilonia promoviendo al dios Marduk y construyendo majestuosos templos, palacios y murallas. Lo que antes era una pequeña ciudad humilde y anodina se convirtió en una impresionante metrópolis que usurpó la posición de Nippur como «ciudad santa» de Mesopotamia y se convirtió en la capital política de Sumer y Acad.

Hammurabi gobernó de 1792 a 1750 a. C. (cronología media)[107]

La promoción de Marduk por parte de Hammurabi, que pasó de ser un oscuro dios de la ciudad a la deidad suprema del panteón, resultó problemática para el dios: era constantemente robado. Es decir, su imagen de culto (ídolo) era robada, pero los mesopotámicos creían que sus dioses habitaban en las estatuas. Si alguien retiraba la imagen de culto de un dios de la ciudad, significaba que el dios había abandonado la ciudad, lo que traería todo tipo de desgracias. Aunque era un dios, Marduk no podía volver por sí mismo. Tuvo que esperar meses o incluso años antes de que alguien lo trajera de vuelta a Babilonia.

Rescatar a Marduk fue una de las cosas por las que fue famoso el rey Nabucodonosor I. Aunque no es tan conocido como su homónimo neobabilónico Nabucodonosor II, el primer Nabucodonosor fue un rey de Isin que conquistó y gobernó Babilonia desde 1121 hasta 1100 a. C. Su rescate de Marduk, robado anteriormente por los elamitas, está inmortalizado en la *Epopeya de Nabucodonosor I*. La *Profecía de Marduk* también habla de los viajes de Marduk a diferentes puntos fuera de Babilonia[ii]. Aunque Marduk disfrutó de su estancia con los hititas y los asirios, Elam le resultó desagradable. Profetizó su regreso a Babilonia a través de un rey celoso que vengaría el saqueo de Babilonia y el robo de Marduk, y ese rey resultó ser Nabucodonosor I.

Nabopolasar, el «Vengador de Acad», es conocido principalmente por haber aplastado a Asiria para siempre y por haber iniciado el Imperio neobabilónico en el año 626 a. C. Pero los babilonios, e incluso los griegos, recordaban a Nabopolasar por su piedad, imparcialidad e integridad. Ascendió al poder desde la oscuridad, gracias al patrocinio de Marduk y al apoyo de los sacerdotes y nobles de Babilonia. Los babilonios, los helenistas e incluso el historiador judío Josefo lo retrataron como un rey justo que reverenciaba profundamente a Marduk. Los babilonios y el propio Nabopolasar concluyeron que su devoción lo elevó a la realeza, permitiéndole liberar a Babilonia y conquistar a los asirios cuando los reyes anteriores habían fracasado:

«Šazu percibió mis intenciones, y me colocó a mí, el insignificante que ni siquiera era notado entre el pueblo, en la posición más alta de mi país natal. Me llamó al señorío sobre la tierra y el pueblo»[iii].

El hijo de Nabopolasar, Nabucodonosor II, fue la estrella brillante de Neobabilonia, aunque no siempre hizo gala de la humildad de su padre. El relato de Daniel en el Tanaj cuenta cómo pagó el precio de su orgullo e impiedad:

«Una noche, tuve un sueño que me aterrorizó. Cuando entraron todos los magos, encantadores, astrólogos y adivinos, les conté el sueño, pero no pudieron decirme qué significaba. Por fin, Daniel entró ante mí y le conté el sueño. (Se llamaba Belsasar, como mi dios, y el espíritu de los dioses santos está en él)»[iv].

Nabucodonosor le contó a Belsasar su sueño de un gran árbol que llegaba hasta el cielo, cargado de frutos para todo el mundo y que daba

---

[i] *Textos cuneiformes de las tablillas babilónicas del Museo Británico: Parte XIII* (Piccadilly: Longmans and Co., 1901), 54.
https://www.yumpu.com/en/document/read/18926135/babylonian-tablets-c.
[ii] Joshua J. Mark, "The Marduk Prophecy", *World History Encyclopedia* (2016).
https://www.worldhistory.org/article/990/the-marduk-prophecy.
[iii] Rocío Da Riva, "The Figure of Nabopolassar in Late Achaemenid and Hellenistic Historiographic Tradition: BM 34793 and CUA 90", *Journal of Near Eastern Studies* 76, no.1.
https://www.journals.uchicago.edu/doi/full/10.1086/690464.
[iv] *Daniel 4*. Tanaj, Navi, Libro de Daniel.

sombra y protección a todos. Pero entonces oyó una voz del cielo que le decía que cortara el árbol, pero que dejara el tronco. Cuando Belsasar escuchó el sueño de Nabucodonosor, se horrorizó:

«¡Desearía que los eventos presagiados en este sueño les ocurran a sus enemigos, mi señor, y no a usted! Ese árbol, Su Majestad, es usted. Os habéis hecho fuerte, y vuestra grandeza llega hasta el cielo y vuestro dominio hasta los confines de la tierra.

Esto es lo que significa el sueño, Su Majestad, y lo que el Altísimo ha declarado que le sucederá a mi señor el rey. Os expulsarán de la sociedad humana y viviréis en los campos con los animales salvajes. Comerás hierba como una vaca, y serás empapado con el rocío del cielo.

Pasarán siete periodos de tiempo mientras viva así, hasta que aprenda que el Altísimo gobierna los reinos del mundo y se los da a quien él quiera. Pero el tocón y las raíces del árbol quedaron en la tierra, y esto significa que volveréis a recibir vuestro reino cuando hayáis aprendido que el cielo gobierna»[i].

El grabado en relieve de William Blake representa la locura de Nabucodonosor contada por Daniel[108]

---

[i] *Daniel 4*, Tanaj, Navi, Libro de Daniel.

El sueño se hizo realidad doce meses después, cuando Nabucodonosor contemplaba con orgullo Babilonia desde el tejado de su palacio, presumiendo de su poder, de la hermosa ciudad que había construido y de su majestuoso esplendor. Perdió la cordura y se arrastró por los campos, comiendo hierba como un animal «hasta que su pelo fue tan largo como las plumas de las águilas y sus uñas eran como las garras de las aves». Finalmente, cuando recuperó la razón, Nabucodonosor reconoció y alabó a Dios, que lo restauró como cabeza del reino.

Muchos expertos descartan el relato de Belsasar en el *Tanaj* debido a la falta de otros registros babilónicos que corroboren la locura de Nabucodonosor o un período de siete meses (o siete años) de ausencia de Babilonia. Algunos historiadores creen que el relato se refiere en realidad a Nabonides, el último rey de los neobabilonios, que pasó diez años en el exilio en Tayma, Arabia. El *Relato en versos de Nabonides* alude a una enfermedad mental[i]. La *Oración de Nabonides*, encontrada en los Rollos del mar Muerto, decía: «Estuve afligido durante siete años… y un exorcista perdonó mis pecados. Era un judío de entre los hijos del exilio de Judá»[ii].

Belsasar (Daniel) era un exiliado de Judá, estaba vivo en la época de Nabonides, y puede haber sido el que ministró a Nabonides. Sin embargo, un texto cuneiforme muy dañado que se encuentra en el Museo Británico da a entender que Nabucodonosor experimentó un quiebre mental. Dejó de valorar su vida, dio órdenes confusas, descuidó a sus hijos y a su familia y perdió el interés por el templo de Esagila y por los asuntos de Babilonia.

El texto dice que los babilonios dieron «malos consejos» a Evil-Merodach (Amel-Marduk, hijo de Nabucodonosor)[iii]. El hijo de Nabucodonosor, Nabû-šuma-ukīn (que se cree que es Amel-Marduk) participó en un golpe de estado contra Nabucodonosor y fue arrojado a la cárcel[iv]. ¿Por qué su hijo y sus nobles buscarían suplantar a Nabucodonosor? ¿Dónde estaba Nabucodonosor mientras esto ocurría? ¿Qué desestabilizó a Babilonia en esta última parte del reinado de

---

[i] *Relato en verso de Nabonides,* trans A. Leo Oppenheim. Livius. https://www.livius.org/sources/content/anet/verse-account-of-nabonidus/.
[ii] *Oración de Nabonides (4Q242).* Livius. https://www.livius.org/sources/content/dss/4q242-prayer-of-nabonidus/.
[iii] A. K. Grayson, *Babylonian Historical-Literary Texts: Toronto Semitic Texts and Studies, 3* (Toronto: University of Toronto Press, 1975), 87-92.
[iv] Irving Finkel, "The Lament of Nabû-šuma-ukîn", in *Focus Mesopotamischer Geschichte, Wiege früher Gelehrtsamkeit, Mythos in der Moderne.* (Saaerbrücken, 1999), 323-341.

Nabucodonosor? Solo han sobrevivido cuatro inscripciones que documentan las actividades de Nabucodonosor en este período, en comparación con más de cincuenta en sus primeros diez años.

En todo caso, los notorios reyes de Babilonia eran individuos complejos y polifacéticos que luchaban contra la humildad y la solidez mental. Fueron impulsados a la grandeza por su capacidad de pensar de forma diferente e innovadora. A veces, experimentaron éxitos espectaculares; otras veces, la gente pensó que estaban experimentando quiebras mentales, y quizás algunos lo estaban. Cuando un rey lograba triunfos asombrosos y todo el mundo se arrojaba al suelo en señal de adoración cuando entraba en la sala, mantenerse con los pies en la tierra era todo un reto.

Capítulo 9: Cultura e innovación

El poderío babilónico generó asombrosos avances en las artes, las ciencias y el derecho. Sus bibliotecas albergaban impresionantes colecciones de literatura de todo Oriente Medio, y sus mosaicos y su distintiva arquitectura no tenían parangón. Lograron avances inimaginables en el conocimiento de la medicina, las matemáticas, la astronomía y los conceptos del tiempo. Sus códigos legales sirvieron de prototipo para las generaciones venideras.

Babilonia albergó las primeras bibliotecas conocidas del mundo. Sin embargo, los asirios no tardaron en imitar a sus vecinos del sur, con copias de la literatura babilónica almacenadas en la biblioteca del palacio de Asurbanipal en Nínive. Una impresionante colección babilónica de setenta tablillas sobre astronomía y astrología data del año 2000 a. C. y trata sobre los movimientos de los cometas, la estrella del norte (Polaris) y Venus. Otras colecciones dignas de mención incluían fórmulas matemáticas, como las raíces cúbicas. Las bibliotecas contenían fascinantes crónicas históricas y literatura famosa: poemas, himnos y relatos épicos.

La excavación de un templo en Sippar descubrió cincuenta mil tablillas de arcilla, que catalogaban principalmente transacciones comerciales, asuntos administrativos y correspondencia privada. Sin embargo, también incluía una respetable colección literaria con una narración del Gran Diluvio y textos religiosos vitales, incluyendo conjuros, himnos y oraciones. Los documentos demuestran que el templo contaba con una escuela en la que se enseñaba a leer, a escribir y a hacer cuentas. Los arqueólogos descubrieron colecciones similares en un templo de Nippur.

Una de las obras literarias babilónicas más aclamadas, y posiblemente la más antigua del mundo, es la *Epopeya de Gilgamesh*. La copia completa más antigua de la epopeya data de alrededor del año 1800 a. C., pero cinco poemas sumerios de alrededor del año 2100 a. C. cuentan parte de la historia, y es probable que haya tenido una historia oral que se remonta aún más atrás. La cautivadora epopeya trata sobre el rey Gilgamesh, un rey real de Uruk (según las inscripciones antiguas y la *Lista Real Sumeria*), aunque la historia contiene elementos fantásticos.

En la leyenda, Gilgamesh era en parte humano y en parte divino, con una fuerza y una belleza inigualables. Sin embargo, tenía un lado oscuro: reclamaba el «derecho de la primera noche», forzando a las novias vírgenes de Uruk el día de su boda. Cuando el pueblo de Uruk se quejó de esta injusticia a los dioses, estos crearon a Enkidu, un salvaje peludo tan fuerte como Gilgamesh. Vagaba por las llanuras con los rebaños salvajes, comiendo hierba.

Un trampero vio a Enkidu abriéndose paso entre los animales en el abrevadero. Asustado, se apresuró a ir a casa a contarle a su padre lo del hombre salvaje; ¡sin duda era él quien había estado liberando a los animales de sus trampas! Su padre le dijo que consiguiera que Shamhat, la prostituta, domara a esta criatura salvaje. Así podrían utilizarlo como campeón contra su odiado rey Gilgamesh.

Shamhat aceptó el plan y salió al abrevadero; cuando Enkidu apareció, ella abrió su vestido. Una mirada a la hermosa figura de Shamhat y Enkidu se olvidó de todo menos de mantener relaciones sexuales con ella durante los siguientes siete días. Pero ahora, sus amigos animales huyeron al verlo. Shamhat enseñó a Enkidu a comer comida humana, ¡y disfrutó especialmente de sus primeras rondas de cerveza!

Shamhat invitó a Enkidu a ir con ella a Uruk, diciéndole que necesitaban ayuda para derrocar a su malvado rey. Le dijo que esa noche se celebraba una boda y que el rey Gilgamesh iba a forzar a la novia. Enkidu entró en Uruk para defender a la novia y se apostó frente a su puerta, negándose a dejar entrar a Gilgamesh. Los dos hombres se abalanzaron el uno sobre el otro y lucharon ferozmente, pero eran igual de fuertes y ninguno pudo vencer al otro. Retrocedieron, exhaustos, se miraron, se besaron y se hicieron amigos.

Se entusiasmaron tanto con lo que podían hacer con su fuerza combinada que se olvidaron de la novia y tramaron matar al monstruo Humbaba, guardián del bosque de cedros del Líbano. Marcharon rápidamente hacia el Líbano, y cuando llegaron, Humbaba se mofó de ellos: «¡Daré de comer vuestros cuerpos a los buitres chillones!».

Pero los dos poderosos mataron a Humbaba, cortándole la cabeza. Construyeron una balsa y navegaron de vuelta a Uruk, pero la diosa Ishtar vio a Gilgamesh bañándose justo antes de llegar a Uruk. Cuando sacudió sus largos rizos, se sintió atraída por la lujuria y gritó: «¡Gilgamesh! Ven, sé mi esposo».

Gilgamesh se rio: «¿Dónde están todos tus otros novios? ¿Dónde está Tammuz, tu pastor? Lo envías al Hades la mitad de cada año».

Enfurecida, Ishtar voló hasta su padre Anu en el cielo. «¡Padre! ¡Gilgamesh se burló de mí repetidamente! ¡Dame el Toro del Cielo, o abriré las puertas del inframundo y los zombis saldrán a comerse a los vivos!».

Anu le dio el Toro del Cielo, e Ishtar lo condujo a Uruk. El toro resopló, el suelo se abrió y cien hombres cayeron al abismo. Una segunda vez, el Toro resopló, y doscientos hombres cayeron en un segundo agujero. La tercera vez que el toro resopló, Enkidu empezó a caer, pero rápidamente se agarró a los cuernos del toro. «¡Rápido, Gilgamesh! Apuñala al toro».

Cuando Ishtar vio que su Toro estaba muerto, gritó maldiciones desde el muro de Uruk, pero Enkidu le lanzó el cuarto trasero del Toro. Los dioses, horrorizados, deliberaron y decidieron que debían ejecutar a uno de los hombres; ¡se estaban descontrolando y matando a los animales divinos! A pesar de que Gilgamesh había sido el que mató tanto a Humbaba como al Toro del Cielo, los dioses condenaron a muerte a Enkidu.

Gilgamesh mata al Toro del Cielo[109]

Con lágrimas en los ojos, Gilgamesh lloró a Enkidu durante seis días y siete noches, sin dejar que nadie enterrara a su amigo hasta que un gusano cayó de la nariz de Enkidu. Horrorizado, Gilgamesh pensó en su propia mortalidad: ¡un día yacería muerto como Enkidu! Partió en busca de Utnapishtim, que había construido el arca para salvar a la gente y a los animales del Gran Diluvio. Utnapishtim seguía vivo después de tantos siglos, y Gilgamesh quería aprender la clave de la inmortalidad.

Gilgamesh subió a la cima más alta, el monte Mashu, y luego hizo un túnel a través de doce aterradoras leguas de oscuridad total. Salió a la luz brillante y navegó por las Aguas de la Muerte hasta llegar a la tierra de Utnapishtim. «¿Por qué pareces tan desolado?», preguntó el patriarca.

«¿Cómo no voy a desesperar? —preguntó Gilgamesh—. ¡Mi mejor amigo ha muerto! No puedo quedarme callado. ¿No correré yo la misma suerte? Debo saber, ¿cómo descubriste la inmortalidad?».

Utnapishtim contó su historia: «Cuando Anu planeó inundar toda la tierra, el dios Ea me habló a través de la pared de mi casa de juncos. Me dijo que construyera una barca y metiera a todos los animales dentro. Cuando construí la barca y la cubrí con betún, empezó a llover. Llovió durante seis días y siete noches, cubriendo a la gente e incluso las montañas. Finalmente, el viento y la lluvia cesaron, y el arca se posó en el monte Nimush.

«Después de siete días, solté una paloma, que voló alrededor, pero volvió a mí, incapaz de encontrar un lugar donde posarse. Más tarde, solté una golondrina, pero regresó. Por último, solté un cuervo, que se fue volando para no volver. Dejé salir a los animales del arca y sacrifiqué una oveja a los dioses. En ese momento, el dios Enlil nos dotó a mi esposa y a mí de inmortalidad».

Utnapishtim le habló a Gilgamesh de una planta única que crecía bajo el mar y que daba vida eterna. Atando piedras a sus pies, Gilgamesh se sumergió en el mar, descubrió la planta mágica, la cortó, luego desató las piedras y nadó hasta la superficie. Pero al volver a casa con la planta de la eternidad, se detuvo a bañarse en un manantial, ¡y una serpiente le robó la planta! Gilgamesh se desplomó en el suelo, llorando. Finalmente, viajó a su casa en Uruk, dándose cuenta de que su legado continuaría a través de su ciudad, aunque él muriera.

Además de su notable literatura, el imperio neobabilónico provocó un renacimiento cultural de arte exquisito y arquitectura impresionante, con templos majestuosos de paredes de colores brillantes. El historiador griego Heródoto dijo que Babilonia era la ciudad más impresionante de su época, con unas murallas tan anchas que los carros podían pasar por encima. Los tres palacios y templos brillaban con ladrillos vidriados en amarillo y azul, adornados con brillantes mosaicos de leones, dragones y caballos.

Sobre el resto de la ciudad se alzaba el zigurat de Etemenanki, de noventa y un metros de altura, el «fundamento del cielo en la tierra». Los zigurats mesopotámicos eran estructuras altas y masivas en terrazas que formaban parte de los complejos de templos de sus ciudades. El Etemenanki tenía un santuario de Marduk en su cima y estaba junto al templo de Esagila. El Etemenanki habría sido una de las estructuras más altas del mundo en su época, con sus lados en terrazas que parecían escalones hacia el cielo.

¿Fue el zigurat de Etemenanki la Torre de Babel?[110]

Los amorreos probablemente construyeron el zigurat original durante el período de la Antigua Babilonia (1894-1595 a. C.), cuando Babilonia era probablemente la mayor ciudad del mundo. Al igual que otros zigurats mesopotámicos, probablemente fue remodelado y reconstruido varias veces a lo largo de los siglos. El rey asirio Senaquerib se jactó de destruirlo en el 689 a. C. Nabucodonosor II completó la estructura final después de cuarenta y tres años de trabajo durante el Imperio neobabilónico, cuando Babilonia era probablemente de nuevo la ciudad más grande del mundo. Nabucodonosor II informó que él y dos de sus hijos incluso participaron en el proyecto de construcción (al menos ritualmente):

«Me arremangué el traje, mi túnica real, y llevé sobre mi cabeza ladrillos y tierra. Mandé hacer cestas de tierra de oro y plata e hice que Nabucodonosor, mi hijo primogénito, amado de mi corazón, llevara junto a mis obreros tierra mezclada con vino, aceite y trozos de resina. Hice que Nabûsumilisir, su hermano, un muchacho, producto de mi cuerpo, mi querido hijo menor, tomara el azadón y la pala. Le cargué con un cesto de tierra de oro y plata y se lo regalé a mi señor Marduk.

Construí el edificio, la réplica de E-Sarra, con alegría y júbilo y levanté su cima tan alta como una montaña»[i].

Muchos expertos creen que el anterior zigurat Etemenanki era la Torre de Babel, que según la Torá se construyó tras el Diluvio Universal:

«Cuando el pueblo emigró hacia el este, encontró una llanura en la tierra de Shinar (Babilonia) y se estableció allí. Se dijeron: "Hagamos ladrillos y endurezcámoslos con fuego".

Luego dijeron: "Vengan, construyamos una gran ciudad para nosotros con una torre que llegue hasta el cielo. Esto nos hará famosos y evitará que seamos dispersados por todo el mundo".

Pero el Señor bajó a ver la ciudad y la torre que el pueblo estaba construyendo. "Mira", dijo. "El pueblo está unido y todos hablan la misma lengua. Después de esto, nada de lo que se propongan les resultará imposible. Vamos, bajemos y confundamos a la gente con diferentes idiomas. Así no podrán entenderse".

Así, Yahveh los dispersó por todo el mundo, y dejaron de construir la ciudad. Por eso la ciudad se llamó Babel, porque allí el Señor confundió a los pueblos con lenguas diferentes. Así los dispersó por todo el mundo»[ii].

Nabucodonosor II no solo construyó el zigurat de Etemenanki, sino también los Jardines Colgantes de Babilonia. Filón de Bizancio alabó los jardines en una antigua guía turística griega, *Sobre las siete maravillas*, escrita en el 225 a. C. Otros historiadores que hablaron de haber visto los Jardines Colgantes fueron Calímaco de Cirene (310-340 a. C.), Beroso de Babilonia (siglo III a. C.), Antípatro de Sidón (siglo II a. C.) y Diodoro Sículo (siglo I a. C.).

Describen los jardines como ingeniosamente dispuestos en un enrejado de cañas sobre vigas de palmeras sostenidas por columnas de piedra. Todo tipo de flores y árboles crecían en el aire en gradas ascendentes y eran regados por un sistema de bombas que traían el agua desde el río. Aunque los arqueólogos aún no han descubierto los restos de los jardines, las pruebas literarias con descripciones detalladas abogan

---

[i] Andrew George, "The Tower of Babel: Archaeology, History and Cuneiform Texts", *Archiv für Orientforschung* 51 (2005/2006): 75-95.
https://eprints.soas.ac.uk/3858/2/TowerOfBabel.AfO.pdf.
[ii] *Génesis 11*, Tanaj: Torá: Libro de Bereishit.

por la existencia del jardín, no solo en la época neobabilónica, sino también en la posterior época persa.

Beroso escribió que Nabucodonosor II construyó los Jardines Colgantes de Babilonia para complacer a su esposa Amytis, que echaba de menos las montañas de su patria iraní[111]

Los babilonios igualaron su genio artístico con sorprendentes avances en medicina, astronomía y matemáticas. Los babilonios produjeron textos médicos ya en la dinastía amorrea original (1894-1595 a. C.). Esagil-kin-apli, el principal erudito del rey Adad-apla-iddina (1067-1046 a. C.), escribió el *Sakikkū* o *Manual de Diagnóstico*, de cuarenta tablas, que introduce los conceptos de diagnóstico, pronóstico, etiología, terapia y prescripción. Una farmacia babilónica inventarió unos quinientos medicamentos alrededor del año 1000 a. C.

El *Manual de Diagnóstico* adoptaba un enfoque sobrenatural de la medicina, incluyendo los presagios que un médico podía encontrar. Registraba los síntomas y el tratamiento de los problemas neurológicos que se creían asociados a fuerzas demoníacas que requerirían exorcismo, como los trastornos de los ganglios basales, los tumores y traumatismos cerebrales, la epilepsia, las deficiencias motoras, el tétanos y los accidentes cerebrovasculares. Esagil-kin-apli también escribió sobre problemas de la piel, fiebre, cuidados ginecológicos, embarazo, parto y enfermedades infantiles.

Los médicos perfeccionaron sus técnicas quirúrgicas y sus conocimientos sobre el cuidado de las heridas a lo largo de la historia de Babilonia. Aunque no disponían de hospitales para múltiples pacientes, los médicos trataban a los pacientes en clínicas más pequeñas, con camas para los que requerían atención nocturna. Las cirugías incluían el alivio del derrame pleural en los pulmones, la fijación de huesos, la excisión de heridas, el drenaje de abscesos y la castración de niños que iban a convertirse en eunucos. Sus instrumentos incluían bisturíes y lancetas de bronce.

Los médicos tenían directrices específicas en el *Código de Hammurabi*. Debían cobrar honorarios según una escala móvil: el más alto para los de la clase noble, la mitad para los de la clase media y una quinta parte para los esclavizados. Si la mala praxis de un médico provocaba la muerte de un paciente, se le cortaban las manos, a menos que el muerto fuera un esclavo. En ese caso, el médico tenía que dar al propietario el precio de compra de un esclavo de reemplazo.

Desde su historia más temprana, los babilonios se interesaron mucho por la astronomía y el tiempo. Registraron la duración de la luz del día en cada día del año solar y emplearon las matemáticas para estudiar la rotación de la Tierra. Desarrollaron nuestro calendario de doce meses, en el que cada mes tiene cuatro semanas de siete días, pero no añadieron los días extra como hacemos nosotros. Ocasionalmente añadían un decimotercer mes para mantener su calendario lunar en sincronía con las estaciones determinadas por el sol. Cada día tenía doce *kaspus* (dos horas) que marcaban cada vez que el sol recorría treinta grados.

Para los babilonios, la astronomía y la astrología iban de la mano. Creían que los fenómenos celestes afectaban a sus vidas terrestres. Así, observaron y documentaron las salidas de Venus durante veintiún años seguidos en las tablillas del *Enuma Anu Enlil*, junto con los movimientos de otros planetas y estrellas principales. Sabían cuándo y dónde aparecerían ciertas estrellas justo antes de la salida del sol (salidas helicoidales) y, sorprendentemente, podían predecir cuándo se alinearían los planetas.

Los neobabilonios caldeos hacían la crónica de las fases lunares y observaban el movimiento retrógrado de los planetas. (Cuando la Tierra en órbita pasa por otros planetas en sus órbitas, parece que algunos planetas se mueven hacia atrás). Hacia el año 721 a. C., los babilonios predecían y registraban los eclipses lunares y solares; pensaban que los eclipses estaban asociados a la muerte de un rey o a alguna otra calamidad. Pero sus registros de eclipses han sido útiles para que los historiadores de hoy en día averigüen cuándo ocurrieron ciertos acontecimientos históricos. También son útiles para los científicos que analizan las variaciones a largo plazo de la órbita lunar.

La contribución de los babilonios a las matemáticas incluyó los conceptos de cero y valor posicional. Contaban por sesenta en lugar de por decenas y podían calcular pares recíprocos iguales a sesenta cuando se multiplicaban. Ya en 1800 a. C., los babilonios utilizaban el álgebra y las fracciones y resolvían ecuaciones cúbicas, lineales y cuadráticas. Podían determinar la circunferencia y el diámetro de un círculo, y una tablilla fechada al menos en el año 1680 a. C. mostraba que calculaban pi (π) hasta un valor de 3,125. Su conocimiento de la trigonometría incluía el uso del teorema de Pitágoras más de un milenio antes del nacimiento de Pitágoras, como se descubrió recientemente en 2021 a través de un análisis de la tablilla *Plimpton 322* que data de aproximadamente 1800 a. C..[i]

Otra brillante aportación de los babilonios fue el *Código de Hammurabi*, un tratado legal escrito por el rey en el siglo XVIII a. C. Otros códigos legales precedieron a su sistema jurídico, pero el de Hammurabi destacó por su detallada extensión. Sus 282 leyes abarcaban cuestiones legales relacionadas con el matrimonio y la familia, el comercio, los salarios, la propiedad, la esclavitud, la mala praxis médica y delitos como la violación, el robo, la agresión, el incesto y el secuestro. Su código regulaba incluso a los barberos, los trabajadores de la construcción, los constructores navales, los médicos y los veterinarios en sus oficios. Su propósito declarado era «evitar que los fuertes opriman a los débiles y velar por que se haga justicia a las viudas y a los huérfanos, para así iluminar la tierra, para fomentar el bienestar de la humanidad».

---

[i] D. F. Mansfield, "Plimpton 322: A Study of Rectangles", *Foundations of Science* 26 (2021): 977-1005. https://doi.org/10.1007/s10699-021-09806-0.

El Código de Leyes de Hammurabi (hacia 1770 a. C.) está grabado en este pilar de diorita negra[113]

Hammurabi hizo grabar su código legal en un pilar de piedra con forma de dedo de diorita negra de más de dos metros de altura. Los arqueólogos lo descubrieron a 250 millas de Babilonia, en la capital elamita de Susa, donde los elamitas lo habían llevado tras asaltar Babilonia y robarlo. Trasladar el monumento de cuatro toneladas hasta allí, presumiblemente en carreta de bueyes, fue una hazaña digna de mención. La dura piedra de diorita lo mantuvo bien conservado durante milenios. En la parte superior hay una talla de Hammurabi recibiendo la ley de Shamash, dios del sol y la justicia. El resto del monumento tiene las 282 leyes cinceladas en sus lados en escritura cuneiforme.

Hammurabi castigaba duramente las acusaciones falsas y los falsos testimonios con la pena de muerte; sin embargo, generalmente era en caso de asesinato, adulterio u otros delitos castigados con la muerte. También esperaba que los jueces emplearan la debida diligencia en la determinación de la culpabilidad o la inocencia. Si un juez daba por descuido un veredicto de culpabilidad y cobraba una multa, y luego se demostraba que el acusado era inocente, el juez tenía que pagar al acusado doce veces la multa y ser destituido permanentemente del tribunal.

Algunas partes del *Código de Hammurabi* son sorprendentemente similares a la *Ley de Moisés* escrita tres siglos después en la *Torá*. Por ejemplo, la *Ley de Moisés* establecía que, si alguien hería a otra persona, el castigo debía corresponder a la lesión: vida por vida, ojo por ojo, etc. (Éxodo 21). El *Código de Hammurabi* decía lo mismo, excepto que uno podía pagar dinero en lugar de perder un ojo o que le arrancaran los dientes, y la cantidad de dinero dependía del estatus social de la persona herida.

Moisés y Hammurabi tenían leyes civiles similares, pero el *Código de Hammurabi* incluía muchas regulaciones relativas a la ocupación de cada uno, cosa que no hacía la *Torá*. La *Torá* se ocupaba mucho de la religión: instrucciones sobre cómo construir el tabernáculo, cómo debían vestir los sacerdotes, cómo ofrecer sacrificios, cómo celebrar festivales y advertencias de no adorar a otros dioses. El código de Hammurabi apenas mencionaba la religión, excepto el robo en los templos, que se castigaba con la pena de muerte.

El monumento al Código de Hammurabi lo muestra de pie ante Shamash, el dios de la justicia, y recibiendo la ley[118]

Las penas del *Código de Leyes de Hammurabi* eran severas y duras, como cortar la mano, la lengua, la oreja o el pecho del infractor, o peor aún, la ejecución. Sin embargo, fue pionero en la aplicación de criterios jurídicos como la presunción de inocencia hasta que se demuestre la culpabilidad, la determinación de la intención de un delincuente de causar daño y la consideración de las circunstancias atenuantes que influyen en un delito. En estas áreas, fue un pionero, como lo fueron los babilonios en muchos aspectos.

Capítulo 10: Mitos y religión

La espiritualidad era primordial para los babilonios, pero ¿en qué creían? ¿Cómo eran sus templos y festivales, y cómo adoraban a sus dioses? ¿Qué nos dicen sus mitos sobre su concepción de la creación, la vida después de la muerte y el carácter de sus deidades? Este capítulo develará las respuestas a estas preguntas, explorando su macabra historia de la creación y otros mitos fascinantes.

Los sumerios y los babilonios adoraban a muchos de los mismos dioses, pero normalmente con nombres diferentes. El mito de la creación de *Enuma Elish* trata de los dioses más jóvenes que organizan una revolución, matan a los dioses más antiguos y establecen un nuevo régimen espiritual con Marduk a la cabeza. El relato es paralelo a la reorganización de la religión cuando Babilonia ganó preeminencia. Los sumerios nunca habían adorado a Marduk, pero Hammurabi lo elevó de un oscuro dios de la ciudad al dios supremo de Babilonia, el patrón de su nación.

Ishtar (Inanna), la diosa de la guerra y la sexualidad, siguió siendo popular en Babilonia, pero en un lejano segundo lugar después de Marduk, a pesar de que nombraron la puerta principal de Babilonia en su honor. Los mitos babilónicos la retrataron de forma algo desfavorable; la *Epopeya de Gilgamesh* y *El descenso de Ishtar a los infiernos* (en los que nos sumergiremos más adelante en este capítulo) la caracterizan como voluble, rencorosa, desvergonzada y codiciosa. No se la menciona en absoluto en el *Enuma Elish*. Los babilonios tendían a ser más patriarcales y favorecían a los dioses masculinos.

Adad, el dios de la tormenta, podía enviar lluvia vivificante o tormentas mortales[114]

Según el mito de *Enuma Elish*, los babilonios adoraban a seiscientos dioses que respondían a Marduk después de que este venciera a Tiamat, la diosa primordial del caos. Anu (An) era el dios principal de los sumerios, y en Babilonia, era el abuelo de Marduk, pero menos poderoso que este. Uno de los hijos de Anu, Adad, era originalmente un dios semítico (Hadad). Los babilonios adoraban a Adad como el dios de las tormentas y lo representaban sosteniendo un rayo o un martillo, como el Zeus griego o el Thor germánico. El popular dios sumerio Enki (Ea) era el padre de Marduk, amado por los babilonios porque advirtió a Utnapishtim que construyera el arca para salvar a la humanidad y a los animales del Gran Diluvio. Ea era un dios propicio para los conjuros, la magia y los exorcismos.

El templo más importante de Babilonia era el Esagila, el santuario de Marduk, pero también albergaba santuarios de otros numerosos dioses. En Babilonia había otros cuarenta y tres templos y cincuenta y cinco santuarios de Marduk. A diferencia de los asirios y otras civilizaciones cercanas, los babilonios construyeron su imponente y exquisita arquitectura para complacer a los dioses en lugar de ensalzar sus conquistas militares[1].

Las festividades y el culto conectaban a los babilonios con sus dioses, que pasaban erráticamente de la malevolencia a la bondad. Si no se contentaba a los dioses con los rituales adecuados, podían producirse catástrofes como sequías, enfermedades o desastres militares. Por ello, el sacerdocio y los hechiceros organizaban ceremonias de culto y festivales, alimentaban a los dioses, los adornaban con hermosas ropas y joyas, entonaban himnos y oraciones, y ofrecían sacrificios. Aunque Hammurabi ordenó la pena de muerte para la brujería, en la época neobabilónica los hechiceros eran habituales, necesarios para proteger de los espíritus malignos e interpretar los presagios.

La religión y el gobierno estaban estrechamente entrelazados. El Año Nuevo babilónico caía en primavera, en el mes de Nisán, cuando era el momento de cultivar los campos. Los babilonios celebraban el Año Nuevo con el Festival de Akitu, la gala más celebrada del año, que duraba once días. Un ritual importante era que el rey tomara la mano de la estatua de Marduk, lo que daba legitimidad al rey y mostraba la supremacía de Marduk sobre los monarcas terrestres.

Al comienzo del Festival de Akitu, los sacerdotes llevaban la estatua de Marduk y otros dioses en un gran desfile. Desfilaban por la Avenida de las Procesiones, con sus altísimos muros de quince metros cubiertos de relucientes azulejos con mosaicos dorados de leones, toros y dragones. Al salir por la Puerta de Ishtar, los sacerdotes colocaban ceremoniosamente a Marduk y su séquito de dioses menores en el templo de Akitu, donde descansaban durante los siguientes días.

---

[1] Andrew George, "Ancient Descriptions: The Babylonian Topographical Texts", en *Babylon*, ed. I. L. Finkel y M. J. Seymour. (New York: Oxford University Press, 2008), 161-5.

Los leones de mosaico adornaban los ladrillos azulados de la Avenida de las Procesiones[115]

Los sacerdotes dirigían al pueblo en oración durante once días en los templos, contando la historia de la creación de Enuma Elish y representando partes de la misma. El rey visitaba el templo de Akitu y se despojaba de sus ropas reales, arrodillándose ante Marduk y los demás dioses en señal de humildad. Marduk desaparecía misteriosamente el séptimo día, simbolizando que había partido para luchar contra Tiamat, diosa del caos; su imagen reaparecía al día siguiente. El décimo día, Marduk regresaba a la ciudad con gran pompa y bailes en las calles, bendiciendo la próxima temporada de siembra y asegurando la prosperidad del año siguiente.

La presencia de Marduk en Babilonia era fundamental para el bienestar de la ciudad. Si los enemigos robaban su estatua (lo que hacían, repetidamente), los babilonios sufrían calamidades, ya que los mesopotámicos creían que sus dioses habitaban en las imágenes de culto. La *Profecía de Marduk* es un relato algo humorístico de los «viajes» de Marduk a Hatti, Asiria y Elam, después de que los enemigos invadieran y saquearan Babilonia, llevándose a Marduk con su botín de guerra.

Aunque Marduk no pudo resistir la captura ni volver a Babilonia sin ayuda, participó activamente en sus viajes. La narración de las dos tablillas que contienen la *Profecía de Marduk* está en primera persona; el propio Marduk está contando la historia. En ella, Marduk describe sus viajes a Hatti y Asiria como si fueran idea suya, y relata cómo los hititas y los asirios lo recibieron amablemente.

Los otros dioses siguieron a Marduk a Elam en su tercer viaje fuera de Babilonia, dejando a esta desolada. Ese viaje no fue tan agradable como los anteriores; a Marduk no le gustó el trato que le dieron los elamitas. En la tablilla encontrada justo detrás de la tablilla de la *Profecía de Marduk*, conocida como la *Profecía de Šulgi*, Marduk predijo que un nuevo y brillante rey de Babilonia arrollaría a Elam y rescataría a Marduk. La profecía fue probablemente una propaganda escrita a posteriori durante el reinado de Nabucodonosor I, tras su rescate de Marduk.

La *Profecía de Marduk* no enumera los nombres de las personas ni las fechas, pero el viaje de Marduk a Hatti habría tenido lugar en el año 1595 a. C., cuando el rey hitita Mursili I asoló Babilonia. Robó a Marduk y acabó con la dinastía amorrea. Los casitas recuperaron a Marduk y gobernaron Babilonia, pero entonces el rey asirio Tukulti-Ninurta I saqueó Babilonia, robando de nuevo a Marduk. Los propios asirios devolvieron a Marduk, temiendo su venganza. La tercera «visita» de Marduk fue a Elam, después de que los elamitas conquistaran y acabaran con el estado casita en 1155 a. C.

Las *Siete Tablillas de la Creación* (el *Enuma Elish*) era el espantoso mito de la creación en Babilonia, en el que se explicaba cómo Marduk obtuvo la preeminencia sobre los demás dioses, creó la tierra y el cielo, designó a cada uno de los seiscientos dioses para sus funciones y supervisó la creación de los seres humanos. Las tablillas más antiguas que se conservan del inquietante relato datan de alrededor del año 1200 a. C., con anotaciones de que los escribas las copiaron de tablillas anteriores escritas antes de la primera era babilónica.

Aunque la historia incluye muchas deidades sumerias, Marduk se eleva por encima de todos los demás dioses como el gran campeón del caos. Comienza como un extraño recuento del *Génesis sumerio de Eridu* (el mito del Diluvio). En ambos relatos, los dioses más antiguos no pueden dormir por culpa de los jóvenes ruidosos. En el *Génesis de Eridu*, los humanos alborotadores no dejan dormir a los dioses mayores, por lo que los dioses envían el Gran Diluvio. Pero Ea (Enki) interviene y le dice a Utnapishtim que construya el arca.

El dios Enki (Ea) advirtió del Gran Diluvio[116]

El *Enuma Elish* da un giro diferente; no eran los humanos los que hacían ruido, ya que aún no habían sido creados. Eran las escapadas de los revoltosos dioses más jóvenes los que molestaban al primer dios Apsu (el engendrador) y a su esposa Tiamat, diosa del caos. Apsu representaba el agua dulce, y Tiamat era el océano agitado y tempestuoso. Cuando las dos aguas se mezclaron, crearon a los demás dioses.

Casi inmediatamente, Apsu y Tiamat se arrepintieron de haber creado la nueva vida, ya que ahora no podían dormir con todo el alboroto de sus hijos. Pero ni Apsu ni Tiamat reprendieron a los dioses más jóvenes por toda su danza desenfrenada y su clamor durante la noche. Finalmente, no pudieron soportarlo más y se reunieron para discutir el problema. Apsu declaró: «¡Su comportamiento es exasperante! De noche o de día, no puedo dormir. Voy a matarlos».

«¡No! —Tiamat se enfureció y se lamentó—. No podemos asesinar a nuestros hijos. Sé que su comportamiento es deplorable, pero ¿no podemos darles una oportunidad? Regañémosles, castiguemos su odioso comportamiento y veamos si cambian».

El visir de Apsu, Mummu, intervino: «¡Padre! Deshazte de estos alborotadores y luego podrás dormir».

Apsu sonrió, feliz de que Mummu apoyara su plan de matar a los dioses revoltosos. Mummu se acurrucó en el regazo de Apsu y lo besó. Tiamat echó humo y maldijo, pero no pudo convencer a Apsu de que dejara vivir a los jóvenes dioses. Cuando los jóvenes dioses se enteraron de que Apsu planeaba matarlos a todos, se desmoronaron. Cayendo al suelo, se lamentaron con desesperación.

Pero el joven dios Enki, hijo de Anu, decidió actuar. Pronunciando un encantamiento sobre Apsu, sus poderes mágicos pusieron a Apsu en un profundo sueño. Sobrecogido, Mummu jadeó, pero fue impotente ante Enki. Así, Enki mató a Apsu y, a partir de su cuerpo, formó una casa para vivir: la Cámara de los Destinos. Llevó a su esposa Damkina a su nuevo y magnífico hogar, y concibieron un hijo, Marduk, que tenía cuatro ojos, cuatro orejas y fuego que salía de su boca. Anu le dio a su nieto Marduk los cuatro vientos: «Hazlos girar y soplar, hijo mío. Haz un huracán».

Mientras tanto, Tiamat estaba fuera de sí. Había tratado de perdonar a sus hijos, pero ahora habían matado a su marido. Algunos de los dioses la regañaban por permitirlo; ¡debía vengarse! Tiamat unió fuerzas con un nuevo y poderoso esposo, Qingu. Después de que el huracán de Marduk la inundara con un maremoto, Tiamat conjuró todos sus caóticos súper poderes, produciendo una nueva descendencia con Qingu: once espantosos demonios con colmillos, sangre tóxica y armas indomables. Estas diabólicas creaciones acabarían con los dioses más jóvenes.

Enki se acercó a su abuela Tiamat, con la esperanza de hechizarla, como había hecho con Apsu. Pero Tiamat estaba preparada para él, con chillidos y conjuros ensordecedores. Dándose cuenta de que lo superaba, Enki se escabulló. A continuación, su padre, Anu, intentó apaciguar a Tiamat, pero sus escalofriantes chillidos, hechizos y fuerzas demoníacas paralizaron a Anu de miedo. El resto de los dioses se mordió los labios, sin poder hacer nada para defenderse.

Pero entonces Marduk irrumpió en su carro tirado por cuatro poderosos sementales: Destructor, Inmisericorde, Pisoteador y Raudo. Convocó a los siete vientos para asaltar las entrañas de Tiamat. Los hechizos de Qingu lo desconcertaron, pero se mantuvo firme, enfureciendo a Tiamat: «¡Tú! ¡Nuestra madre! ¿Por qué no defiendes a tus propios hijos? ¿Por qué nos desprecias?».

Pero Tiamat estaba fuera de sí debido a su frenética furia, aullando maleficios y hechizos cuando Marduk la capturó en su red de batalla. Envió su huracán a su boca abierta, haciendo estallar su cuerpo. Luego la atravesó el corazón con su lanza, le aplastó el cráneo y la destripó. Capturó y ató a Qingu, y luego pisoteó a los once demonios bajo sus pies. Exhausto, Marduk se sentó e inspeccionó el cuerpo destrozado de Tiamat.

Este bajorrelieve de Nínive puede representar la batalla entre Tiamat y Marduk[117]

Su padre Enki había hecho su casa con el cuerpo de Apsu, y Marduk haría lo mismo con lo que quedaba de Tiamat. Su nuevo hogar sería paralelo al de Enki. Como se filetea un pescado, Marduk dividió a Tiamat en dos mitades, que se convirtieron en el cielo y la tierra. Formó el Éufrates y el Tigris a partir de las lágrimas que brotaban de sus ojos. Marduk creó entonces la luna y las estrellas para marcar el paso del tiempo y designó a los seiscientos dioses en sus funciones.

Los dioses se reunieron alrededor de su nuevo líder con grandes aplausos, besando sus pies y reconociendo a Marduk como su rey.

Marduk y Enki ejecutaron a Qingu porque había incitado a Tiamat a la guerra contra los dioses. Enki usó la sangre de Qingu para formar el primer hombre: Lullu. Los humanos serían útiles para ocuparse de todos los detalles prácticos de la vida normal para que los dioses pudieran centrarse en dirigir el universo.

Los dioses extasiados celebraron estos nuevos acontecimientos y se pusieron a trabajar en la construcción de una nueva ciudad estelar: Babilonia. Este magnífico lugar sería el hogar de Marduk y de los dioses principales. Los dioses construyeron el templo de Esagil para Marduk, y luego construyeron templos para ellos mismos. Cuando finalmente terminaron la construcción, se sentaron felizmente a un fastuoso festín, repartiendo las jarras de cerveza y brindando por su nuevo rey Marduk.

Otro mito babilónico, la *Epopeya de Erra*, trata de los múltiples «viajes» de Marduk fuera de Babilonia cuando fue «secuestrado». Nergal (Erra), el dios de la guerra, estaba aburrido, así que decidió agitar las cosas. No era divertido ser el dios de la guerra cuando Babilonia disfrutaba de la paz y, desgraciadamente, necesitaba asegurarse de que la humanidad siguiera adorándolo. «Me desprecian», murmuraba repetidamente.

Nergal utilizó encantamientos para engañar a Marduk para que hiciera un viaje lejos de Babilonia, ya que su estatua necesitaba urgentemente ser restaurada. Le prometió a Marduk que cuidaría de las cosas en su ausencia. Con Marduk fuera, Nergal comenzó a poner en práctica su plan para instigar la guerra, pero Marduk regresó antes de tiempo, y Nergal tuvo que poner sus planes en espera. Nergal esperó su momento, y finalmente, Marduk partió en otro viaje. Nergal aprovechó el caos durante la ausencia de Marduk para provocar una horrible guerra en Nippur, recibiendo los elogios de su visir Ishum:

> «El cielo está a vuestra disposición, el infierno está en vuestras manos,
>
> estás a cargo de Babilonia; da órdenes a Esagil:
>
> Eres dueño de todos los poderes cósmicos; hasta los dioses te temen...
>
> ¿hay guerra sin ti?»[ii].

---

[i] Andrew George, "The Poem of Erra and Ishum: A Babylonian Poet's View of War", en *Warfare and Poetry in the Middle East*, ed. Hugh Kennedy (Londres: I. B. Tauris, 2013), 39-71.

[ii] George, "El poema de Erra", 54.

El dios de la guerra Nergal estuvo a punto de destruir el orden cósmico en ausencia de Marduk[118]

Alimentándose alegremente de la incomparable miseria que causaba con su indiscriminada violencia y destrucción, Nergal llegó a hacer planes megalómanos para poner patas arriba el universo. Desharía el gobierno cósmico hasta que todas las naciones, ciudades, familias y hombres se aniquilaran entre sí. Aterrado, su visir Ishum creó una distracción, lanzando una guerra en el monte Sharshar, en el Líbano, la patria de los feroces nómadas que amenazaban a Babilonia. Ishum arrasó el monte Sharshar, derribó los cedros del Líbano y creó un maremoto que arrasó la tierra.

La violencia de Ishum hizo que Nergal volviera a entrar en razón. Nergal finalmente se dio cuenta de que si destruía a toda la humanidad, no habría nadie que alimentara y sirviera a los dioses, además de ocuparse de todas las tareas serviles para las que los dioses crearon a los humanos:

«Sin Ishum, mi vanguardia, ¿qué existiría ahora?

¿Dónde está tu proveedor, dónde están tus sumos sacerdotes?

¿Dónde están tus ofrendas de comida? No olerías el incienso»[i].

---

[i] George, "El poema de Erra", 54.

El descenso de Ishtar al inframundo[1] es otro extraño mito babilónico. Ishtar (Inanna), la diosa de la sexualidad y la guerra, tramó una toma de posesión del inframundo, donde su hermana Ereshkigal reinaba como reina sobre la tierra de las tinieblas. Ishtar llegó a la puerta del País sin Retorno y la hizo sonar. «¡Guardián de la puerta, ho! ¡Abre la puerta! ¡Déjame entrar! Romperé la cerradura, romperé los postes de la puerta y la forzaré a abrirse si no lo haces. Entonces traeré a los muertos para que se coman a los vivos».

El guardián de la puerta respondió: «¡Detente! ¡Oh, señora, no la destruyas! Iré a anunciar tu nombre a mi reina Ereshkigal».

Cuando el guardián informó a la reina Ereshkigal de que su hermana Ishtar había llegado, Ereshkigal tembló como las cañas. «¿Qué la ha poseído? ¿Acaso quiere vivir aquí como yo, comiendo arcilla como alimento y bebiendo polvo como vino? ¿Llorará, como yo, por los hombres que están separados de sus familias? ¿Por las esposas arrancadas del abrazo de sus maridos? ¿Por los pequeños cortados antes de tiempo?».

«Ve, guardián, abre la puerta. Trata con ella según el antiguo decreto».

El guardián se acercó a la primera puerta y la abrió. Pero cuando Ishtar atravesó la puerta, le quitó la corona de la cabeza. «¿Por qué me has quitado la corona?», preguntó Ishtar.

«Es un decreto antiguo», respondió el guardián de la puerta.

En la segunda puerta, le quitó los pendientes. En la tercera, le quitó el collar. En la cuarta, le quitó los adornos del pecho. En la quinta puerta, le quitó el cinturón con piedras semipreciosas. En la sexta puerta, le quitó las pulseras y tobilleras. En la séptima y última puerta, le quitó la ropa.

Cuando Ishtar entró en el País sin Retorno, Ereshkigal se enfureció al verla. Ishtar se lanzó sobre Ereshkigal sin pensarlo dos veces, pero Ereshkigal llamó a su visir: «¡Namtar, échala al calabozo! Infiérele sesenta enfermedades como castigo: enfermedad de los ojos, del corazón, del cerebro; envía la enfermedad contra todo su cuerpo».

Mientras tanto, en la Tierra de los Vivos, había problemas. Ishtar era la diosa de la sexualidad; cuando dejó el mundo, los toros dejaron de

---

[1] "Descent of the Goddess Ishtar into the Lower World", en *The Civilization of Babylonia and Assyria*, Morris Jastrow, Jr. (1915). https://www.sacred-texts.com/ane/ishtar.htm.

montar a las vacas, todos los animales dejaron de aparearse, los hombres dejaron de acercarse a las jóvenes en la calle, y todos dormían solos. Ni los animales ni los humanos se reproducían. Si esto continuaba, ¡toda la vida desaparecería! Shamash, el dios del sol, fue a llorar a Enki. Con lágrimas en los ojos, le dijo que Ishtar había ido al inframundo y que toda la vida pronto terminaría.

Enki envió un mensajero al inframundo, pidiendo que Ereshkigal liberara a su hermana y la rociara con el agua de la vida. Cuando Ereshkigal escuchó esto, se mordió el dedo y maldijo al mensajero. «¡Que las heces de las alcantarillas de la ciudad sean tu alimento! ¡Que los borrachos te golpeen en la mejilla!».

Sin embargo, Ereshkigal obedeció a Enki. Liberó a Ishtar, la roció con el agua de la vida y la envió fuera del inframundo, a través de las siete puertas. Ishtar recuperó su ropa y sus joyas al atravesar las puertas.

Pero para que Ishtar saliera, alguien debía reemplazarla en el inframundo. Miró hacia la Tierra de los Vivos y vio a su marido humano, Tammuz, el pastor. En lugar de llorar por ella, vestía ropas de fiesta y hacía cabriolas con su hermana, ¡tocando una flauta de lapislázuli! Indignada, Ishtar eligió a Tammuz para que la sustituyera en el inframundo durante seis meses del año, y ella regresaba durante los otros seis meses, cuando los campos estaban en barbecho.

Aunque los mitos babilónicos probablemente darían pesadillas a los niños pequeños, proporcionan una visión fascinante de la cultura, las creencias y los valores babilónicos. Nos informan sobre la percepción babilónica del orden cósmico y el carácter de sus deidades. Más que nada, Babilonia era un centro religioso muy respetado en Mesopotamia, era una ciudad sagrada. En la mente de los babilonios, era el centro del mundo.

Conclusión

Los babilonios partieron de unos orígenes humildes como pastores nómadas para construir una ciudad de impresionante belleza con hasta 200.000 personas en su apogeo, la mayor ciudad del mundo durante más de doscientos años. Construyeron enormes murallas adornadas con relucientes mosaicos, elaborados templos y un imponente zigurat que podía verse a treinta kilómetros de distancia. Sus elegantes jardines colgantes eran tan impresionantes en belleza e ingeniería que los griegos los incluyeron en la lista de las siete maravillas del mundo antiguo.

Tras la caída del Imperio asirio, los neobabilonios se alzaron como el imperio más poderoso del mundo de la época, con una extensión de casi 200.000 kilómetros cuadrados, con múltiples etnias y lenguas. Abarcaba el actual Irak, grandes extensiones de Irán, Kuwait, Siria, Arabia y Jordania, y se extendía por el Mediterráneo hasta incluir Líbano, Israel y Palestina. El entorno multicultural propició novedosos avances en las artes, la arquitectura y las ciencias.

Los babilonios no eran monoculturales; en las tres épocas dominantes de Babilonia, primero gobernaron los amorreos, luego los casitas y, por último, una mezcla de caldeos y otras etnias. En los tres periodos, Babilonia era considerada una ciudad sagrada, el centro del mundo. A lo largo de su historia, Babilonia perpetuó el culto a Marduk y una cultura distintiva dedicada a explorar nuevos conocimientos sobre el universo, la medicina y las matemáticas.

¿Qué podemos aprender de la historia de Babilonia? ¿Qué lecciones podemos aprender de su civilización y de los acontecimientos que la convirtieron en una nación? Antes de que los babilonios se alzaran con el poder, Mesopotamia había sido moldeada por culturas inspiradoras: los ubaid, los sumerios y los acadios. Los babilonios, maestros de la asimilación, tomaron prestado libremente de estas culturas anteriores y de su mayor rival, los asirios.

Al absorber los conocimientos, la cultura y las tecnologías de otras civilizaciones, los babilonios cosmopolitas ayudaron a preservar las culturas antiguas mientras avanzaban con una mezcla de adaptabilidad e innovación. Cuando aprendemos de nuestra propia historia y de los pueblos y culturas que nos rodean, seguimos siendo relevantes y adaptables, capaces de ajustarnos a un mundo en constante cambio y de crecer en energía creativa y éxito.

Para sobrevivir y prosperar, los babilonios tuvieron que establecer brillantes alianzas con sus vecinos y tribus lejanas. Incluso tuvieron que formar alianzas con su principal rival, Asiria, a lo largo de su historia anterior. Estas alianzas fueron un elemento definitivo para preservar su existencia y, finalmente, hacer crecer su imperio hasta cotas sorprendentes. La colaboración y la cooperación suelen decidir el éxito o el fracaso de nuestros esfuerzos, independientemente de lo que esperemos conseguir.

¿Cuáles son las conexiones de Babilonia con la sociedad moderna? ¿Cómo ha contribuido esta antigua civilización a nuestro patrimonio mundial? ¿Por dónde empezamos? Los babilonios nos dieron la semana de siete días, el mes de cuatro semanas y el año de doce meses. Los astutos estudios babilónicos sobre astronomía y sus fenomenales avances en matemáticas constituyeron los fundamentos de la astrofísica moderna, la trigonometría, el análisis numérico y otras innumerables aplicaciones de las matemáticas y la ciencia. La ciencia médica actual debe mucho al desarrollo por parte de los babilonios del diagnóstico, los medicamentos, las técnicas quirúrgicas y el cuidado de las heridas. El código de leyes de Hammurabi influyó en los conceptos de intención, circunstancias atenuantes que afectan a un delito y presunción de inocencia hasta que se demuestre la culpabilidad de nuestro sistema jurídico moderno.

El legado revolucionario de Babilonia sigue vivo. Seguimos beneficiándonos de los innovadores avances de Babilonia en muchos ámbitos de la vida. Esta civilización excepcional y creativa sigue llegando a través del tiempo para influir en nuestra vida cotidiana, incluso en nuestros calendarios. Los ecos de Babilonia resuenan en nuestro sistema de justicia penal, en los conocimientos científicos y matemáticos, en el arte, en la arquitectura y en otros ámbitos. Puede que la ciudad se haya hundido en la arena durante los últimos milenios, pero sus contribuciones al mundo actual perseveran.

Cuarta Parte: El Imperio asirio

Un apasionante relato sobre la historia de Asiria, los asirios y su papel en la antigua Mesopotamia

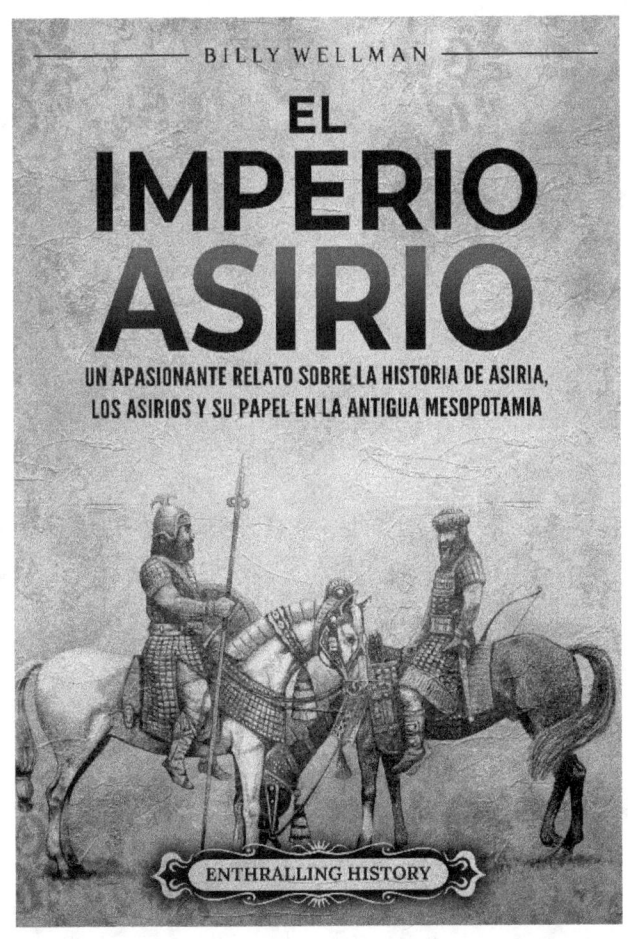

Introducción

Asiria fue una de las primeras grandes potencias del mundo. Tenía su base en el norte de Mesopotamia, la zona situada entre los ríos Tigris y Éufrates, en el actual Irak. Asiria comenzó como uno de los muchos estados de Oriente Próximo, pero rápidamente se convirtió en uno de los más influyentes. Finalmente, tras una serie de conquistas, se convirtió en uno de los primeros imperios del mundo. No solo incluía su núcleo en el actual Irak, sino también partes de Siria, Turquía, Líbano, Irán, Israel y Jordania.

Es fascinante descubrir cómo funcionaba el proceso de formación de un Estado en la antigüedad. Es aún más fascinante que cuando este imperio fracasó, lo hizo de forma catastrófica y rápida. Pasó de la riqueza a la ruina en una sola generación.

Sin embargo, hasta hace bastante poco, apenas se conocía Asiria, aparte de unas pocas referencias bíblicas. Solo a mediados del siglo XIX los arqueólogos empezaron a descubrir las primeras civilizaciones de Mesopotamia.

Austen Henry Layard fue el primero en iniciar las excavaciones, concentrándose en Nínive, la capital del rey Senaquerib. También trabajó en Nimrud (la antigua Kalkhu) y más tarde en yacimientos babilónicos del sur de Mesopotamia. Publicó las primeras obras sobre Asiria y envió un gran número de antigüedades al Museo Británico. Además de descubrir espléndidos palacios, enormes esculturas y delicados frisos, también encontró un recurso asombroso, la Biblioteca de Asurbanipal. Esta constaba de veintidós mil tablillas de arcilla inscritas que databan de alrededor del 668 al 627 a. e. c. y abarcaban la historia de Asiria y de culturas anteriores, remontándose dos mil años desde la época de Asurbanipal.

Sin embargo, Layard no excavó en Assur, la capital asiria original. Esta excavación tuvo que esperar hasta 1903 al arqueólogo alemán Walter Andrae, que pasó once años excavando el yacimiento. Demostró ser un arqueólogo más sistemático que Layard. Andrae excavó zanjas en todo el yacimiento para comprender la vida y la disposición de la ciudad, incluidas las pequeñas casas, los templos y los palacios.

Asiria no fue la primera civilización de Oriente Próximo. Los sumerios gobernaron durante varios siglos antes del surgimiento de Asiria. La cultura sumeria fue preservada como cultura «clásica» por los asirios. Y desde los inicios de Asiria, existió una profunda rivalidad con Babilonia, que tenía su base en las tierras más fértiles situadas más al sur.

Aunque Asiria no fue el primer imperio, duró mucho más que el Imperio acadio. Y gracias a la conservación de sus bibliotecas, sabemos mucho sobre él. Sabemos cómo se centralizaba y controlaba la producción, qué ocurría en los templos, qué presagios se consideraban buenos (y cuáles improbables) y qué alimentos se consideraban un manjar especial (las langostas).

Este libro abarcará la historia asiria desde sus inicios hasta el final del imperio. En primer lugar, presentará a los sumerios, que desarrollaron muchas de las tecnologías e ideologías que los asirios utilizaron para crear su Estado, y a los acadios, que fueron la primera potencia militar real de Mesopotamia. Los asirios conocían su historia, ya que algunos reyes asirios incluso tomaron nombres de reyes acadios, lo que quizá subrayaba su deseo de emular el éxito acadio en la guerra.

Los asirios tenían fama de ser una nación especialmente agresiva. Esto se debió en parte a que, durante siglos, solo se los conoció a través de la Biblia, donde se los mostraba como agresores belicosos. El poeta lord Byron ciertamente los veía así:

«El asirio descendió como un lobo sobre el redil,

y sus cohortes brillaban en púrpura y oro;

y el brillo de sus lanzas era como estrellas en el mar,

cuando la ola azul rueda cada noche sobre la profunda Galilea».
—Lord Byron[1].

---

[1] Lord Byron, "The Destruction of Sennacherib" líneas 1-4, de *Hebrew Melodies*, 1815.

Por supuesto, la expansión asiria fue mucho más que una simple proeza militar. Poco a poco, los asirios construyeron un imperio en lugar de un simple conjunto de estados conquistados. Para ello, tuvieron que innovar económicamente y crear una administración y una infraestructura muy estructuradas, como carreteras y correos.

Existen algunas dificultades a la hora de escribir la historia asiria. Algunos de los primeros reyes (que no figuran en la cronología que se muestra a continuación) solo se conocen por listas de reyes asirios que se escribieron mucho más tarde; es posible que sean míticos. La datación no es muy fiable para los periodos asirio antiguo y medio. Para la época temprana, la mayoría de los datos que pueden utilizar los historiadores se conocen a través de las inscripciones reales en los templos, que pretendían mostrar al rey como un gobernante ideal, que construía ciudades y templos, derrotaba a sus enemigos y producía abundantes sacrificios para los dioses. Son, obviamente, tendenciosas. El Imperio neoasirio cuenta con una correspondencia detallada que permite una evaluación más clara de los gobernantes como individuos, e incluso así, a veces no está del todo claro por qué sucedieron ciertas cosas o qué sucedió exactamente.

Existe correspondencia entre mercaderes y comerciantes de épocas anteriores que nos ofrece una visión fascinante de la vida de las clases medias de la época. Muchas de estas cartas se encontraron en las casas de los propios interesados en ellas, por lo que las pruebas arqueológicas y escritas se complementan de forma inusual y muy satisfactoria.

Comprender a los asirios solo en términos de nombres y fechas no da la imagen completa. Por eso este libro incluye capítulos sobre las lenguas que utilizaban, su arte y su soberbia arquitectura monumental, y su religión. Mientras que, en algunos aspectos, los asirios pueden parecernos bastante cercanos (les encantaba su cerveza, por ejemplo), en otros, su cultura era muy diferente (por ejemplo, vivían encima de las tumbas de sus antepasados o utilizaban oráculos para decidir la estrategia militar).

Una impresión del aspecto que pudo tener Nínive en su apogeo [119]

Puede que Asiria no fuera el lugar donde usted querría vivir. Ciertamente, no era un imperio contra el que uno quisiera luchar. Sin embargo, dejó tras de sí algunos restos magníficos, y para muchos asirios, incluidos los pueblos sometidos, la vida era buena, entre otras cosas porque una de las tareas declaradas de cualquier rey asirio era velar por el bienestar de su pueblo.

Merece la pena estudiar a los asirios, ya que su idea de cómo armar un Estado llegó a ser increíblemente influyente durante los siguientes cientos de años. Sin Asiria, no habría habido Imperio persa, ni Alejandro Magno, ni Imperio romano. Y sin los romanos, la historia occidental habría tenido un aspecto muy diferente.

Cronología

Periodo asirio antiguo	
Puzur-Assur I	C2025 a. e. c.
Shalim-ahum	incierto
Ilushuma	incierto
Erishum I	1974-1935 a. e. c.
Ikunum	1934-1921
Sargón I	1920-1881
Puzur-Assur II	1880-1873
Naram-Sin	1872-1819
Erishum II	1818-1809
Shamshi-Adad	
Shamshi-Adad I	1808-1776
Ishme-Dagan I	1775-1765
Mut-ashkur	incierto
Rimush	incierto
Asinum	incierto

Usurpadores 1735-1701	
Puzur-Sin	
Assur-dugul	
Ashur-apla-idi	
Nasir-Sin	
Sin-namir	
Ipqi-Ishtar	
Adad-salulu	
Adasi	
Adasidas	
Belu-bani	1700-1691
Libaia	1690-1674
Sharma-Adad I	1673-1662
Iptar-Sin	1661-1650
Bazaya	1649-1622
Lullaia	1621-1616
Shu-Ninua	1615-1602
Sharma-Adad II	1601-1599

Erishum III	1598-1586
Shamshi-Adad II	1585-1580
Ishme-Dagan II	1579-1564
Shamshi-Adad III	1563-1548
Assur-nirari I	1547-1522
Puzur-Assur III	1521-1498
Enlil-nasir I	1497-1485
Nur-ili	1484-1473
Assur-shaduni	1473
Assur-rabi I	1472-1453
Assur-nadin-ahhe I	1452-1431
Enlil-nasir II	1430-1425
Assur-nirari II	1424-1418
Assur-bel-nisheshu	1417-1409
Assur-rim-nisheshu	1408-1401
Assur-nadin-ahhe II	1400-1391
Eriba-Adad I	1390-1364

Periodo asirio medio	
Ashur-uballit I	1363-1328
Enlil-nirari	1327-1318
Arik-den-ili	1317-1306
Adad-nirari I	1305-1274
Salmanasar I	1273-1244
Tukulti-Ninurta I	1243-1207
Assur-nadin-apli	1206-1203
Assur-nirari III	1202-1197
Enlil-kudurri-usur	1196-1192
Ninurta-apal-Ekur	1191-1179
Assur-Dan I	1178-1133
Ninurta-tukulti-Assur	1132
Mutakkil-Nusku	1132
Assur-resh-ishi I	1132-1115
Tiglat-Pileser I	1114-1076
Asharid-apal-Ekur	1075-1074
Assur-bel-kala	1073-1056

Eriba-Adad II	1055-1054
Shamshi-Adad IV	1053-1050
Asurnasirpal I	1049-1031
Salmanasar II	1030-1019
Assur-nirari IV	1018-1013
Assur-rabi II	1012-972
Assur-resh-ishi II	971-967
Tiglat-Pileser II	966-935
Assur-Dan II	934-912
Imperio neoasirio	
Adad-nirari II	911-891
Tukulti-Ninurta II	890-884
Asurnasirpal II	883-859
Salmanasar III	859-824
Shamshi-Adad V	824-811
Adad-nirari III	811-783
Salmanasar IV	783-773
Assur-Dan III	773-755

Assur-nirari V	755-745
Tiglat-Pileser III	745-727
Salmanasar V	727-722
Sargónidos	
Sargón II	722-705
Senaquerib	705-681
Asarhaddón	681-669
Asurbanipal	669-631
Assur-etil-ilani	631-627
Sin-sumu-lisir	626
Sinsharishkun	627-612
Ashur-uballit II	612-609

Nota: Todos estos años de reinado corresponden a fechas aproximadas; es imposible saber con certeza cuándo gobernaron cada uno de estos reyes. Además, la práctica mesopotámica consistía en fechar el reinado de un rey a partir de su primer año completo en el cargo y no a partir de su acceso al trono. Por eso las fechas de muchos reyes de los periodos anteriores parecen demasiado prolijas. Para la época tardía del Imperio neoasirio, una información más detallada permite una datación más precisa.

Capítulo 1: El norte de Mesopotamia antes de los asirios

Mesopotamia es conocida como la tierra «entre los ríos» (eso es lo que significa el nombre en griego). Los ríos en cuestión eran el Éufrates y el Tigris, que bajaban por lo que hoy es Irak hacia el golfo Pérsico.

Mesopotamia era principalmente tierra llana, estepas, llanuras y pantanos. Sobre todo hacia el sur, había mucha tierra fértil con mucho limo y arcilla. Sin embargo, las condiciones eran áridas y, hacia el mar, la tierra es muy pantanosa, por lo que se requería un cierto trabajo duro para que la tierra fuera productiva.

La civilización surgió primero en Mesopotamia, incluso antes que en Egipto, el valle del Indo o China. Los primeros pobladores de la zona fueron los protoeufrateos o el-Ubaid, agricultores de la Edad de Piedra que vivían en pequeñas aldeas y cuyos asentamientos se han excavado desde entonces en el-Ubaid, cerca de Ur. Sin embargo, no fue hasta la llegada de los sumerios, posiblemente desde algún lugar cercano al mar Caspio, cuando se creó por primera vez una cultura urbana.

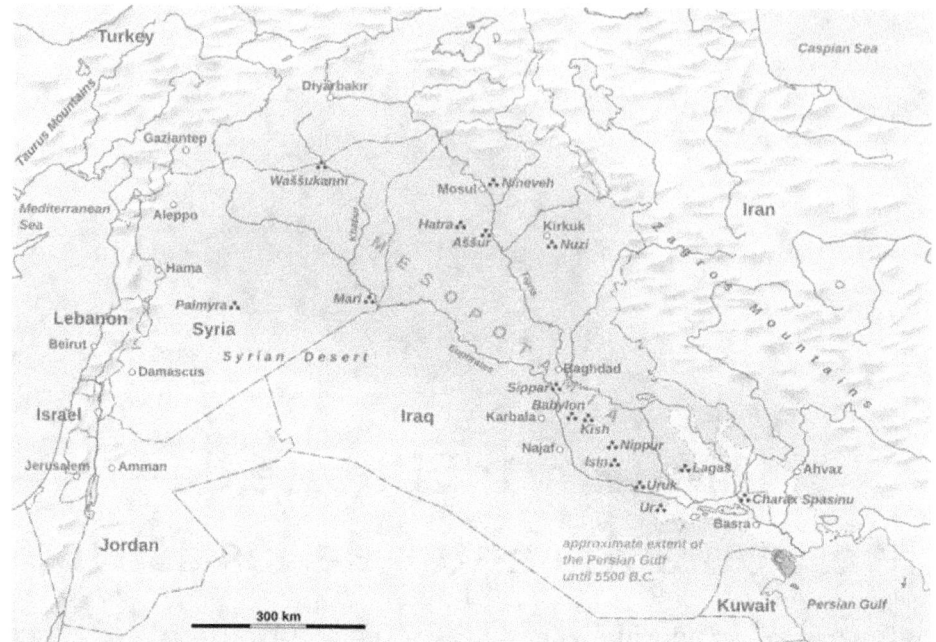

Un mapa de Mesopotamia que muestra algunos de los primeros lugares de asentamiento[190]

Los sumerios hicieron enormes avances. Avanzaron desde la Edad de Piedra (el Calcolítico, para ser precisos) hasta la Edad de Bronce y aumentaron enormemente la productividad agrícola gracias a la irrigación. También inventaron el arado sembrador, que disponía de un embudo para colocar la semilla inmediatamente después de haber volteado el surco. Esto era mucho más eficaz que simplemente arrojar la semilla (lo que se conoce como siembra al voleo) y podría haber aumentado el rendimiento hasta en un 50 %.

Sumeria no solo tenía un dios del agua singular. El principal dios del agua se llamaba Enki, al que a menudo se muestra con los dos grandes ríos cayendo de sus hombros como alas acuosas. También había un dios de los canales, Ennugi. Todo en Sumeria procedía de los ríos. Los ríos les proporcionaban agua para la agricultura, pesca, arcilla para la alfarería, haces de juncos atados entre sí para las primeras construcciones y arcilla para los adobes.

Los sumerios también contaban la historia de una gran inundación, similar a la del diluvio de Noé. Tanto el Tigris como el Éufrates se desbordaban con frecuencia, pero también de forma impredecible, y el mito refleja esa realidad. Esta inundación hizo de Mesopotamia un lugar diferente de Egipto, donde el desbordamiento del Nilo era previsible; la civilización egipcia se desarrolló de forma muy diferente debido a ello.

También existe otro vínculo con el Diluvio Universal. La Biblia establece que Noé fue el patriarca de todos los pueblos de Oriente Próximo. Según la Biblia, los tres hijos de Noé fundaron cada uno una familia de naciones. Sem, por ejemplo, fue el padre de los hebreos, pero entre sus hijos también se encontraban Elam, fundador de la ciudad-estado iraní de Elam, y Assur, fundador de la ciudad de Assur y de la nación asiria. La familia de Cam fundó Egipto y la cultura cananea. El nieto de Cam, Nemrod, fue más tarde identificado tradicionalmente como el constructor de la Torre de Babel.

Sin embargo, la Biblia obviamente no menciona el hecho de que Assur no era un rey, sino una deidad, y Nemrod no está atestiguado en ninguna de las listas de reyes de Babilonia.

La primera escritura y las primeras matemáticas se encuentran en Sumeria. La escritura comenzó como pictogramas toscos, originados alrededor del año 3000 a. e. c. Pronto se convirtió en una escritura más abstracta, escrita sobre arcilla encontrada en la cuenca del río. La escritura permitió a los sumerios redactar un código legal por primera vez en la historia de la humanidad. El derecho escrito desempeñó un papel importante en la sociedad sumeria; por ejemplo, se han encontrado escrituras de compraventa que datan del 2700 a. e. c. en adelante.

Para la aritmética, los sumerios utilizaban tanto la base seis como la base diez. La necesidad de contabilizar los excedentes agrícolas podría haber motivado el desarrollo tanto de las matemáticas como de la escritura. La transición a una economía monetaria también se produjo en una fecha temprana. (Es interesante que Egipto no desarrollara una economía monetaria durante dos milenios; desarrolló una economía centralizada, en lugar de una comercial). Quizá sea significativo que las preguntas matemáticas para los alumnos reflejaran su preocupación por los recursos hídricos y la agricultura. «Si una cisterna mide esto de ancho y esto de profundo, y está llena, ¿cuánta tierra puede regar?», parece haber sido una forma típica de ejercitar la mente de los jóvenes estudiantes.

La dependencia de la irrigación también significaba que Sumeria necesitaba un método para organizar su población y sus posesiones de tierras que permitiera establecer grandes sistemas de irrigación. En otras palabras, la necesidad de regar obligó al Estado a evolucionar. La vida urbana también requería un sistema de gobierno más complejo que el pastoreo, lo que condujo a una creciente especialización de los oficios. En lugar de vivir en pequeños asentamientos, los sumerios crearon ciudades, que fueron amuralladas muy pronto.

Sin embargo, había un problema importante. Mesopotamia tenía ríos, limo y arcilla. De lo que no tenía mucho era de metal, piedra y madera. No había grandes recursos metálicos en la región, y los árboles no crecían con facilidad allí. Esto obligó a Sumeria a intercambiar sus excedentes agrícolas por todo lo que necesitaba. Cuando la civilización sumeria hubo madurado, las ciudades sumerias comerciaban con lugares tan lejanos como la India, el Cuerno de África y los mares Caspio y Mediterráneo.

Sin embargo, durante mucho tiempo se perdió todo rastro de Sumeria. Estuvo incluso mejor oculta que Asiria, ya que no se menciona en la Biblia. Aunque primero se descifraron los textos cuneiformes persas antiguos, asirios y babilónicos, el sumerio tardó más. No fue hasta 1869 cuando el asiriólogo francés Jules Oppert denominó sumerios a los escritores de los primeros cuneiformes. La excavación de la ciudad sumeria de Lagash en 1877 y la de Nippur ampliaron enormemente el número de textos en sumerio a disposición de los eruditos.

Sir Leonard Woolley realizó los siguientes grandes avances en las décadas de 1920 y 1930, cuando excavó Uruk y después Ur. En Ur encontró la tumba de la reina Pu-Abi, una tumba real intacta que contenía un sello cilíndrico con su nombre, un tocado de oro, un carro y un arpa. También descubrió otras tumbas y fosas mortuorias que contenían los cuerpos de criados que parecen haber sido sacrificados.

Estas excavaciones, junto con el uso de textos escritos sumerios, permiten cotejar la estratigrafía arqueológica (datación de artefactos por las capas, o estratos, de la tierra en la que se encuentran) con los registros sumerios. La datación de la historia sumeria se basa en los descubrimientos de los arqueólogos en Uruk, donde un pozo de prueba de veinte metros de profundidad permitió a los arqueólogos determinar la estratigrafía desde el primer asentamiento en el lugar hasta aproximadamente el 2500 a. e. c., momento en el que los sumerios ya utilizaban la escritura.

Se conservan alrededor de mil inscripciones «históricas» de Sumeria, pero las fórmulas de datación utilizadas en documentos administrativos y comerciales también pueden servir para ayudar a fechar acontecimientos.

Los años no se numeraban, sino que se les daba el nombre de acontecimientos especialmente importantes que ocurrían, y luego se creaban listas con los nombres de los años del reinado de cada rey.

La Lista Real Sumeria, de la que sobreviven dieciséis versiones (en su mayoría incompletas), abarca desde la línea «después de que la realeza descendiera del cielo, la realeza estaba en la ciudad de Eridu» hasta la histórica dinastía de Isin. La historia sumeria comenzó probablemente entre el 4500 y el 4000 a. e. c., cuando se establecieron los primeros asentamientos. La cultura sumeria duró casi tres mil años a partir de esta fecha.

La lista de reyes se basa en la idea de que la «realeza» se invistió en una ciudad a la vez. Tras el diluvio universal, primero Kish, luego Uruk y después Ur se mencionan como sedes de la realeza, dando la impresión de que cada una sucedió a la otra. De hecho, estas dinastías se solaparon, con las tres ciudades compitiendo por el dominio. Otras ciudades que aparecen en la lista de reyes son Akshak, Mari, Adab y Lagash.

Había alrededor de una docena de ciudades-estado en Sumeria. Cada una era una ciudad amurallada y tenía un zigurat, la mayor contribución de Sumeria a la arquitectura. Un zigurat es una especie de pirámide escalonada, que tal vez comenzó como un zócalo cuadrado o un montículo bajo el edificio de un templo. A su alrededor se añadían más terrazas; el centro estaba hecho de ladrillos de barro relativamente blandos, sin cocer, que luego se rodeaba de muros de contención hechos de ladrillos de barro cocidos (más duros). (El Zigurat de West Sacramento, California, es un modelo excelente; el edificio SIS de Londres, Inglaterra, es una actualización más llamativa).

El gran Zigurat de Ur[121]

El zigurat más antiguo data de alrededor del 4000 a. e. c., pero sus precursores fueron plataformas elevadas o montículos que datan de una época tan lejana como el periodo Ubaid en el VI milenio a. e. c. El zigurat se consideraba un medio de conexión entre el cielo y la tierra. El zigurat de Babilonia se llamaba Etemenanki, «El templo de la creación del cielo y de la tierra» en sumerio.

En terrenos llanos, los constructores hacían una montaña artificial en cuya cima se creía que vivía la deidad de la ciudad. Los zigurats formaban parte de un complejo sagrado que incluía otros edificios, y eran las construcciones más altas de cada ciudad. Según Heródoto, había un santuario en la cima de cada zigurat. Nunca se ha encontrado ninguno, pero el avanzado estado de ruina de la mayoría de los zigurats existentes puede explicarlo. Los zigurats no eran lugares públicos; eran la morada de los dioses. Solo los sacerdotes habrían tenido acceso para proporcionar a los dioses comida y bebida y cuidar de ellos de otro modo.

Cada ciudad tenía su propio dios, algo que adquirió gran importancia cuando Asiria empezó a construir un imperio. El dios de Babilonia era Marduk, la deidad de Uruk era la diosa Inanna y Enlil, el dios de la tierra, era el patrón de Nippur.

Parece que las ciudades sumerias no estaban gobernadas inicialmente por reyes, sino por un *ensi*, o gobernador, en cooperación con un consejo. La realeza surgió probablemente de la necesidad de un liderazgo militar una vez que las ciudades-estado empezaron a competir entre sí.

Resulta intrigante que en la mayoría de las ciudades sumerias exista una clara separación entre el templo y el palacio. Ambos están situados en el borde de la ciudad, pero distantes entre sí. Sin embargo, el templo siempre parece haber dominado el horizonte.

Una cosa que era muy importante para los sumerios era la cerveza; esta era una pasión mesopotámica que continuó bajo los asirios y los babilonios. De hecho, los sumerios probablemente inventaron la cerveza. Le dieron una diosa, Ninkasi, cuyo nombre significa «señora de la cerveza». La cerveza solía beberse con una pajita larga para que varias personas pudieran beber de la misma vasija a la vez, lo que era una gran forma de fomentar la amistad y la cooperación entre el pueblo.

Puede que no le parezca que la cerveza tenga importancia histórica, pero una de las pocas inscripciones que mencionan al rey Enannatum II de Lagash es una inscripción en el zócalo de la puerta de la cervecería de Nigirsu, que cuenta cómo Enannatum, hijo de Entemena, *ensi* de Lagash, restauró la cervecería para el dios guerrero Nigursu. Sin esa cervecería, tal vez no hubiera sido posible distinguirlo de Enannatum I, y la historia sería un poco diferente.

Uruk fue la primera gran ciudad. Se llama Erech en la Biblia o Warka en árabe. Su primer rey fue Meskiaggasher, y le siguió su hijo Enmerkar. Luego subió al trono su compañero, Lugalbanda, y le siguió Dumuzi. Este último se convirtió en el centro de un rito matrimonial sagrado y de un luto formal una vez que murió. Estos ritos se seguían celebrando en el siglo VI a. e. c.). El siguiente rey, según la Lista Real Sumeria, fue Gilgamesh, que se convirtió en el héroe sumerio por excelencia. Gobernó Uruk entre 2900 y 2350 a. e. c. durante el periodo dinástico temprano.

La *Epopeya de Gilgamesh* fue uno de los textos descubiertos en la Biblioteca de Asurbanipal. Cuenta cómo el héroe Gilgamesh entabla amistad con el hombre salvaje Enkidu, cómo juntos derrotan a Humbaba y cómo Gilgamesh rechaza a la diosa Ishtar y derrota al Toro del Cielo, que ella envía para castigarlo por su rechazo. Entonces, Enkidu muere y Gilgamesh, temeroso de la muerte, intenta encontrar la inmortalidad. Fracasa en su búsqueda, pero regresa a Uruk, comprendiendo que él también morirá (no es el más optimista de los finales, hay que decirlo, pero tiene un golpe emocional que incluso los humanos de hoy en día pueden comprender).

Aunque la *Epopeya de Gilgamesh* está escrita en acadio y probablemente se redactó entre 1600 y 1100 a. e. c., mucho después del fin del dominio sumerio, el texto acadio fusionó varios textos sumerios diferentes, que aún existen, cada uno de los cuales narra un episodio distinto de la historia. Gilgamesh también está atestiguado por inscripciones más prosaicas como una figura histórica. Una inscripción muy temprana afirma: «Gilgamesh es el elegido por Utu [el dios del sol]», y la Inscripción Tummal, que data de alrededor de 1950 a. e. c., le atribuye la reconstrucción de las murallas de Uruk, que tenían casi seis millas de largo.

Uruk fue un centro de culto clave para la diosa Ishtar o Inanna. De hecho, el desarrollo de la ciudad podría haber sido impulsado por su sacerdocio más que por sus reyes. El templo parece haber sido construido antes que los palacios. La relación del rey con los dioses era crucial. Se creía que los dioses elegían al rey, dándole la aprobación divina, pero el rey necesitaba seguir asegurándose el apoyo de los dioses enriqueciendo los templos. A diferencia del antiguo Egipto, el propio rey no era considerado divino, de ahí las luchas de Gilgamesh con la mortalidad.

Uruk era una ciudad considerable. En su apogeo, podría haber tenido hasta 100.000 habitantes, no muy lejos de la población actual de Albany, NY, o Wichita Falls, TX.

Assur, la ciudad que prestó su nombre a los asirios, fue fundada probablemente hacia el 2600 a. e. c., época en la que Uruk ya era una ciudad madura y muy poblada. Durante sus primeros años, Assur fue a veces independiente. Otras veces, estaba sometida a Acad o a Ur.

Assur estaba situada justo en el límite de la zona fértil, donde habría llovido lo suficiente para la agricultura. Aun así, la agricultura alrededor de Assur era marginal, con rendimientos bajos en comparación con el sur. Aquí, la agricultura se alimentaba de la lluvia. En Babilonia, al sur, los ríos suministraban la mayor parte del agua a través de canales de irrigación. Como era difícil cultivar suficiente agricultura para alimentar a los habitantes de Assur, el comercio se convirtió en una preocupación acuciante. El estaño, ingrediente necesario para fabricar bronce, procedía de Asia central, mientras que el cobre llegaba de Anatolia. La plata, que era la principal moneda de Oriente Próximo en aquella época (no el oro), también procedía de Anatolia. A lo largo de la historia de Asiria, asegurar los suministros de madera y metal impulsó las políticas expansionistas. En sus primeros tiempos, Assur se convirtió en un importante centro comercial.

¿Por qué construir una ciudad en una zona menos fértil? La respuesta está probablemente en el hecho de que el emplazamiento controlaba un vado del Tigris, que abría rutas comerciales hacia Siria, Anatolia y Asia central. El emplazamiento también contaba con un enorme afloramiento rocoso sobre el río, lo que lo hacía defendible. En un terreno abierto, sin límites naturales claros, las ciudades estaban expuestas a los ataques de los nómadas que bajaban de las tierras altas, por lo que el escarpado emplazamiento de Assur constituía una ventaja estratégica clave.

Assur era un lugar liminal, el umbral entre la tierra fértil y la tierra árida del oeste, donde los pastores nómadas confiaban en el pastoreo como forma de vida. El corazón de Asiria siempre estuvo al este de Assur, aproximadamente en un triángulo entre las ciudades de Nínive, Arbela y Assur.

El estaño, ingrediente necesario para fabricar bronce, procedía de Asia Central, mientras que el cobre procedía de Anatolia, al igual que la plata, que era la principal moneda de Oriente Próximo en aquella época (no el oro).

Assur estaba situada en una curva cerrada del río Tigris, donde un afloramiento rocoso de cuarenta metros, ahora llamado Qal'at Sherqat se eleva sobre el río. Esta roca era el emplazamiento del templo de Assur, y es probable que en un principio se considerara que la propia roca encarnaba a la deidad. El dios y la ciudad habrían sido una misma cosa para los asirios. En diversas épocas, este templo recibió diferentes nombres en lengua sumeria:

- Eamkurkurra, la casa del toro salvaje de las tierras
- Ehursagkurkurra, la casa de la montaña de las tierras
- Esharra, la casa del universo.

La economía sumeria era un modelo mixto. Los templos controlaban buena parte de la riqueza, al igual que la nobleza, pero también existía una clase media a la que pertenecían muchos de los mercaderes. Existía la esclavitud. La mayoría de los esclavos eran prisioneros de guerra, pero los deudores también podían ser esclavizados por sus acreedores, y algunos padres vendían a sus hijos en tiempos de necesidad. Sin embargo, los esclavos podían comprar su libertad, y cualquier niño que tuviera un padre libre nacía libre.

La monogamia era la práctica habitual a menos que la primera esposa no tuviera hijos. Las esferas masculina y femenina se definieron nítidamente con el tiempo. Es posible que hubiera gobernantes femeninas muy al principio (probablemente sacerdotisas que gobernaban una cultura dirigida por el templo), pero en el periodo posterior, los reyes eran exclusivamente masculinos. Sin embargo, las mujeres podían dirigir sus propios negocios. También podían comprar y vender tierras y esclavos. A menudo eran panaderas, cerveceras y tejedoras.

La realeza «descendió del cielo», como se dice en la Lista Real Sumeria. El rey era el representante de los dioses. Era responsable de «alimentar» a los dioses, proteger a la ciudad contra sus enemigos y establecer la justicia. Las imágenes del rey lo muestran frecuentemente como proveedor, sacrificando a un dios, construyendo un templo, haciendo una libación (vertiendo cerveza en el suelo) u organizando un banquete. (La palabra «banquete», por cierto, es literalmente «derramar cerveza» en sumerio).

También se muestra a los reyes como protectores. Por ejemplo, hay escenas de reyes luchando o matando leones, que se convirtió en una imagen predominante en la zona desde los sumerios hasta el final del Imperio asirio. A menudo se ve al rey triunfante, conduciendo su carro, pasando revista a los prisioneros de guerra o presentando a sus cautivos a los dioses, pero no existe un equivalente a la «escena de la paliza» de la cultura egipcia, que muestra al faraón agarrando a sus enemigos por el pelo y levantando su maza para aplastarles la cabeza.

Los reyes de Sumeria eran llamados a menudo los «amados de Inanna». Sin embargo, los eruditos han discrepado sobre cómo interpretar el concepto de matrimonio sagrado. Los himnos reales de Ur-Namma del periodo neosumerio hacen referencia a una unión sexual entre Inanna y el gobernante. Algunos han sugerido que el rey fue iniciado por una sacerdotisa del templo de Inanna, mientras que otros creen que la imagen era simplemente una metáfora. La escena del rey regando una pequeña palmera en una maceta podría haber sido una sofisticada metáfora del matrimonio sagrado (agua y semen se designan con la misma palabra en sumerio, «a»).

La cultura sumeria estaba muy alfabetizada, no solo en cuanto a saber leer y escribir, sino también en cuanto a la veneración por la palabra escrita. Cada edificio tenía inscrita y enterrada una lápida fundacional. Las palabras eran una forma de magia; era como si escribir algo pudiera hacerlo realidad. Cuando un rey reconstruía un templo, intentaba encontrar las tablillas fundacionales que el primer constructor y los restauradores posteriores habían depositado. Hacía sacrificios, aceitaba las tablillas y luego las colocaba junto a una nueva tablilla que registraba la restauración. Las tablillas eran, en cierto modo, objetos sagrados, que preservaban el linaje de la familia real y la historia del templo.

Existe una gran continuidad entre los sumerios y las civilizaciones que les sucedieron. Sin embargo, también hubo una importante ruptura en la historia, ya que nuevos pueblos que hablaban una lengua diferente llegaron a Mesopotamia y establecieron su propia civilización. Ese es el tema del próximo capítulo.

Capítulo 2: El periodo inicial y el imperio acadio

Alrededor del 2800 a. e. c. o un poco más tarde, empezaron a llegar a Mesopotamia nuevos pueblos. A diferencia de los sumerios, hablaban una lengua semítica, antepasada del árabe moderno. (Los arqueólogos del siglo XIX consideraron muy importante la cuestión racial y contrapusieron Sumeria y las «razas» semíticas de Babilonia y Asiria. De hecho, Mesopotamia parece haber sido una cultura altamente unificada y multilingüe. La lengua sumeria sobrevivió y se utilizó junto a las lenguas semíticas de Babilonia y Asiria. Los textos en lengua sumeria a veces estaban firmados por escribas con nombres acadios. Gran parte de la religión y la organización social sumerias sobrevivieron también en las culturas posteriores).

Aunque los nombres de los reyes de Kish fueron acadios a partir del 2800 a. e. c., el primer gobernante que está bien atestiguado es Sargón el Grande, el primer gobernante del Imperio acadio y el fundador de la dinastía acadia antigua, que gobernó durante un siglo después de su muerte. Sargón (Sharru-ukin en acadio, que significa «el rey se establece») llegó al poder hacia el 2334 a. e. c. y trajo consigo un nuevo concepto de la realeza y del Estado territorial.

Durante este periodo, hubo tensiones entre la idea sumeria de la ciudad-estado, ya que los nuevos conceptos de estados territoriales podían incluir varias ciudades. Las ciudades-estado sumerias a veces se unían y a veces se separaban; sus relaciones eran a menudo fluidas. Sin embargo, Sargón estaba empeñado en la conquista. Los nombres de los años de su reinado muestran la naturaleza de su gobierno. Incluyen «año en el que destruyó Elam» y «año en el que Mari fue destruida».

La capital de Sargón, Acad o Agadé, aún no ha sido identificada. Lo más probable es que estuviera en la zona de Bagdad. El propio Sargón es algo misterioso; incluso su nombre podría ser solo su título como rey y no su nombre de nacimiento o adoptivo. La Lista Real Sumeria dice que era hijo de un jardinero y de un copero del rey Ur-Zababa de Kish. La *Leyenda de Sargón de Acad*, un texto sumerio, dice que cuando Ur-Zababa se enteró de que Sargón había soñado con el favor de la diosa Inanna, intentó que mataran a Sargón. Envió a Sargón donde herrero jefe con un espejo de bronce. Ur-Zababa le dijo al herrero que arrojara tanto el espejo como a Sargón al crisol. Sin embargo, Inanna advirtió a Sargón que entregara el espejo y que no entrara en el taller. Así, Sargón se salvó.

Un texto acadio de alrededor del 2300 a. e. c. (contemporáneo de Sargón) cuenta cómo la madre de Sargón lo metió en una cesta de juncos y lo arrojó al río. Akki, el dibujante del agua, lo encontró y decidió cuidar de él. Sargón era el jardinero de Akki cuando la diosa Ishtar le concedió su amor y se convirtió en rey. (Esto se parece notablemente a la historia de Moisés, aunque no es exactamente igual. Moisés, después de todo, fue criado por la hija del faraón).

En la literatura neoasiria, Sargón aparece como una figura casi legendaria. Tal vez podría compararse con el rey Arturo, que podría haberse basado en un gobernante real, pero que desarrolló toda una narrativa mítica, incluida la Dama del Lago que regala a Arturo una espada, un episodio bastante cercano a la narrativa del favor de Ishtar y que también incluye el agua. Se dice que Arturo fue concebido cuando el rey Uther Pendragon se disfraza de marido de Igraine y se acuesta con ella. Sargón, por su parte, nace de una madre «mutante»; no se sabe nada sobre su padre. Sin embargo, aunque los historiadores en general no creen que Arturo existiera en la realidad, sabemos que Sargón sí.

La historia de Sargón fascinó a los asirios. Algunos gobernantes asirios incluso adoptaron los nombres acadios de Sargón y Naram-sin (nieto de Sargón), con la esperanza de emular los logros de la dinastía sargónida.

Sargón era un genio militar, pero también un hábil administrador. Utilizó arqueros y tropas ligeras en lugar de infantería pesada. A diferencia de los estados sumerios, mantuvo un ejército permanente en lugar de levantar levas cuando era necesario. Tomó Uruk y Mari, conquistó Ur y Umma e hizo incursiones en Elam. Bajo Sargón, Sumeria se unificó en un solo estado. Conquistó tierras en el Levante hasta el norte del Líbano, lo que significó que el Imperio acadio se extendía desde el Mediterráneo hasta el golfo Pérsico. También hizo del acadio la lengua oficial.

Las inscripciones de Sargón y las de sus hijos, Rimush y Manishtushu, sobreviven, aunque solo en forma de copias realizadas algunos siglos después. Se lo conocía como «Sargón, rey de Acad, supervisor de Inanna, rey de Kish, ungido de Anu, rey de la tierra [Mesopotamia], gobernador [ensi] de Enlil». Sargón se jactaba de que 5.400 hombres comían pan diariamente ante él como miembros de su casa. Este era su equipo administrativo y militar.

Con Sargón, la idea de ser rey cambió. Los reyes sumerios se representaban a sí mismos como *primus inter pares*, «primeros entre iguales». Gudea, soberano de Lagash, por ejemplo, hizo muchas estatuas de sí mismo de tamaño casi natural, pero aparece como un hombre corriente vestido con una túnica. Sus inscripciones no hablan de sus victorias. En cambio, detallan sus actos piadosos. Sargón, en cambio, destaca en sus inscripciones su agresividad y su destreza militar. Se distinguía de los demás hombres. Sin duda se veía a sí mismo como el primero de una línea de gobernantes heroicos.

La Máscara de Sargón, que ahora se cree que representa a Naram-Sin de Acad[122]

Manishtushu, hijo de Sargón, fue sucedido por Naram-Sin de Acad. Gobernó entre 2254 y 2218. Naram-Sin parece haber centralizado la administración, aumentando el control real de las diversas ciudades-estado. Sin embargo, esto desencadenó un gran levantamiento. Los gobernantes de Kish y Uruk encabezaron la revuelta, junto con otras muchas ciudades-estado. Entonces, los guti de la región montañosa al este de Mesopotamia invadieron, conquistando brevemente toda Sumeria. Al parecer, Naram-Sin sofocó las primeras rebeliones, pero más adelante, en su reinado, perdió el control de gran parte del imperio.

Shar-Kali-Sharri, hijo de Naram-Sin, tomó el control de Acad, pero el hecho de que no utilizara el título de «rey de los cuatro confines» como sus predecesores sugiere que se dio cuenta de que su dominio era mucho menos extenso que el de su padre. Puede que fuera el último rey acadio que controlara algo más que la ciudad de Acad.

En 2193, los guti invadieron de nuevo. No se sabe mucho sobre los guti, pero sumieron a Acad en el caos. La Lista Real Sumeria describe este periodo con la pregunta: «Entonces, ¿quién fue rey? ¿Quién no fue rey?». Hubo varios rivales que ocuparon el trono durante breves periodos. En 2189, la dinastía fue restablecida bajo Dudu, que probablemente era hijo de Shar-Kali-Sharri. El hijo de Dudu, Shu-turul (c. 2168-2154), fue el último rey de Acad. Después de esto, Uruk recuperó la preeminencia.

El Imperio acadio de Sargón duró menos de doscientos años. Esto dio lugar a la idea de la «Maldición de Acad». Una composición literaria sumeria llamada *El ceño de Enlil* afirmaba que Acad había caído en desgracia porque sus últimos reyes faltaron al respeto a los dioses. Fuera como fuese, el Imperio acadio mantuvo su dominio sobre la imaginación y las ambiciones de los reyes posteriores. Por ejemplo, Ur-Nammu, que fundó el Imperio neosumerio, se llamó a sí mismo «rey de Sumeria y de Acad». Los reyes asirios también utilizaron el título cuando controlaban Babilonia.

Tras la caída de Acad y después de algunos años de dominio guti, varias ciudades sumerias pudieron reafirmar su independencia, entre ellas Ur, Uruk, Lagash y Umma.

Gudea de Lagash, que gobernó entre 2080 y 2060 a. e. c., podría haber sido el impulsor de este movimiento. Reivindicó varias conquistas, pero la mayoría de sus inscripciones registran la creación de canales de irrigación y templos. Esto representa un retorno al estilo sumerio de realeza más que al imperialismo militar de los gobernantes acadios.

Bajo Gudea, Lagash comerciaba con Omán, el norte de Arabia, Líbano, el Sinaí e incluso la India. Su título era *ensi*, jefe de la ciudad o gobernador, en lugar de *lugal* (sumerio) o *sharrum* (asirio), o rey. Gudea es bastante conocido por las muchas estatuas que mandó hacer de sí mismo. A menudo se lo muestra con los bocetos del plano de un templo en su regazo. Gobernó durante dos décadas y posteriormente fue deificado.

Gudea de Lagash, estatua del Louvre. Observe la escritura en su delantal. Por cierto, esta es la única imagen de un gobernante en este libro que muestra a un hombre sin barba. Tanto los acadios como los asirios llevaban el pelo largo y barba. Algunos sumerios también eran barbudos. Puede ser que Gudea tuviera que afeitarse la barba y la cabeza porque era sacerdote y necesitaba estar en un estado de pureza ritual[138]

Otro gobernante importante, Ur-Nammu, llegó al poder en Ur en una época poco anterior al reinado de Gudea en Lagash. Probablemente gobernó de 2212 a 2094 y fundó la tercera dinastía de Ur, que a veces también se conoce como Imperio neosumerio. Ur salió airosa de una crucial lucha de poder tras la invasión Guti y extendió su dominio más al norte.

Derrotó a Lagash y Uruk y fue coronado en Nippur. Con el tiempo llegó a gobernar Eridu y Susa. Fue un constructor de estados, pero también de zigurats, creando el gran Zigurat de Ur. También creó un código de leyes, el Código de Ur-Nammu, que es el primer código unitario conocido, y estandarizó pesos y medidas[i]. Pero a diferencia de los acadios, no estaba especialmente interesado en conquistar el norte de Mesopotamia. Prefirió la diplomacia para que ciudades como Nínive, Mari y Ebla siguieran siendo independientes, pero amistosas con Ur.

Un juego de pesas del reinado de Salmanasar V[134]

Al igual que Gudea, Ur-Nammu hizo hincapié en las obras civiles en sus inscripciones. El drenaje de los pantanos fue un aspecto particularmente importante de su trabajo, creando más tierras de cultivo

---

[i] En Nimrud se encontró un conjunto de dieciséis pesas diferentes de la época de Salmanasar V. Todas eran leones rugientes que podían ser levantados por sus colas curvadas.

y más ricas para alimentar a una población creciente. Para entonces, Ur contaba con 200.000 habitantes.

El Imperio neosumerio también incluía a Assur. Varios documentos de Ur mencionan a individuos con nombres que incluyen Assur, por lo que es evidente que no se trataba de un estado étnico sumerio, sino que incluía a personas de origen acadio y asirio.

Ur-Nammu fue sucedido como gobernante de Ur por **Shulgi** (2094-2046), que normalizó no solo el calendario, sino también el sistema tributario y la administración. Capturó Susa, la capital de Elam (Irán occidental), que había sido durante mucho tiempo un potente enemigo de las potencias mesopotámicas. Ur-Nammu creó un gran imperio, que se extendía desde la actual Turquía hasta el golfo Pérsico. Sin embargo, bajo los tres sucesores de Shulgi, el territorio retrocedió. Los elamitas invadieron, saquearon Ur en 2004 e hicieron cautivo al rey Ibbi-Sin.

La destrucción de ciudades fue una característica perpetua de la historia de Oriente Próximo. En cierto modo, el saqueo de Ur fue el fin de Sumeria, que fue rápidamente absorbida por Babilonia. Sin embargo, la lengua sumeria permaneció, como lo hizo el latín tras el fin del Imperio romano.

No obstante, los elamitas solo duraron un par de décadas en Mesopotamia. Había otras fuerzas en juego, tanto en Babilonia, al sur, como en Assur.

Capítulo 3: El antiguo Imperio asirio y Babilonia

Los primeros reyes de Assur atestiguados surgieron alrededor del año 2025 a. e. c. Estos reyes del periodo antiguo de Asiria aprovecharon la creciente precariedad de Ur para establecer su propio reino. Assur (el dios) dio su nombre a la ciudad, que, a su vez, dio su nombre al pueblo asirio y a la nación asiria (que incluía a muchas personas que no eran de etnia asiria).

Las listas de reyes asirios incluyen a cerca de treinta gobernantes que, por lo demás, no están atestiguados; nada de ellos sobrevive, salvo su nombre. Entre ellos se encuentra Ushpia, de quien se dice que construyó el templo de Assur a finales del III milenio a. e. c. La lista de reyes incluye «reyes que vivían en tiendas» y «reyes antepasados», pero parece probable que se añadieran a la lista más tarde, posiblemente durante el gobierno de Shamsi-Adad I para incorporar a sus antepasados amorreos.

Assur debió de tener gobernadores bajo el dominio de Ur, y es probable que estos gobernadores simplemente reclamaran su independencia después de que Ur cayera en manos de Elam y se convirtieran en reyes. Posiblemente el primero fue Sulili, que podría ser el Ilaba-siululi mencionado como gobernador de Assur en un texto de Ur. Su sello es interesante, ya que presenta el lema «Assur es rey». Esto muestra una concepción teocrática de la realeza, con el gobernante actuando como administrador del dios.

No se trataba de una monarquía divina, como los faraones del antiguo Egipto, que eran vistos como encarnaciones del dios Horus (cuando estaban vivos) o de Osiris (después de la muerte). En cambio, era una monarquía ordenada por el dios Assur. En los primeros tiempos de Assur, la monarquía probablemente era una forma de lo que ahora llamamos monarquía constitucional, en la que el líder hereditario gobernaba junto con una asamblea popular. Estos reyes se llamaban a sí mismos supervisores, príncipes o mayordomos.

La asamblea de la ciudad (*alum*) podía incluir a todos los hombres adultos libres o estar formada principalmente por nobles[i]. Ot se reunía cerca de la Puerta Escalonada, junto a la que se levantó una estela en la que se detallaban las leyes de la ciudad, incluidas las comerciales. El ayuntamiento (*bet alim*) se encargaba de la tesorería; no fue hasta más tarde en la historia de Assur que el rey se convirtió en el jefe del ayuntamiento (un cargo conocido como *limmum*). Los años en Assur llevaban el nombre del *limmum*, no del rey, a diferencia de las sociedades del sur de Mesopotamia.

La primera línea de reyes que puede verificarse es la dinastía Puzur-Assur o antigua dinastía asiria. El estilo de la realeza no era quizá muy diferente de lo que ocurría en Babilonia; sin embargo, el sacerdocio en Assur no era ni mucho menos tan fuerte como en Babilonia. El rey de Assur (la ciudad) actuaba efectivamente como sumo sacerdote de Assur (el dios).

Puzur-Assur reclamó la independencia de Asiria hacia 2025 a. e. c., aunque es posible que continuara el linaje de gobernantes anteriores. La sucesión fue entonces ininterrumpida de hijo a hijo durante ocho generaciones, convirtiéndose cada uno de ellos en **Ishiak Assur**, o virrey de Assur. Bajo el hijo de Puzur-Assur, Shalim-ahum, la red comercial de Assur aumentó enormemente, y bajo Erishum I (nieto de Shalim-ahum), comenzó el sistema *karum* de enclaves comerciales en las ciudades de Anatolia.

Una tablilla de Kanesh, uno de estos enclaves, contiene la invocación: «¡Assur es rey! ¡Erishum es el mayordomo de Assur! A quien diga una mentira en la Puerta Escalonada, el demonio de las ruinas le aplastará la cabeza como a una vasija que se rompe»[ii].

---

[i] Solo alrededor del 50 % de los hombres eran libres; el resto eran esclavos o esclavos por deudas.
[ii] Frahm, Eckart. *Assyria: The Rise and Fall of the World's First Empire.* Basic Books, Nueva York, 2023.

Había puestos comerciales *karum* en Kanesh, Hattusha y Ankuwa, entre otras ciudades, donde los mercaderes asirios comerciaban con textiles, estaño, hierro, cobre, lana, grano, oro y plata. Estos *karum* no estaban gobernados por Asiria, sino que los mercaderes asirios gozaban de derechos especiales en cada ciudad y gobernaban su propio enclave extraterritorial. Los gobernantes locales tenían un incentivo para establecer un *karum*, ya que se beneficiaban del comercio y disfrutaban de un acceso privilegiado a bienes escasos.

Sin embargo, no todas las ciudades aceptaron el sistema. Una carta encontrada en Kanesh sugiere a los comerciantes que se dirigen al *karum* que escondan estaño en su ropa interior para evitar pagar peajes por estas mercancías en una ciudad menos amistosa en ruta[i].

Los asirios que comerciaban y vivían lejos de Assur podían tomar una esposa en el lugar donde vivían. Su esposa en Assur era considerada la esposa principal, mientras que la otra era vista como un arreglo temporal. Una esposa secundaria probablemente vería el matrimonio como beneficioso. Disfrutaría de un buen estilo de vida mientras su marido estuviera allí, y cuando él regresara a Assur, ella obtendría un divorcio amistoso, conservando la casa y recibiendo un buen pago. También podría volver a casarse. Se trata de una intrigante adaptación de las costumbres generalmente monógamas de los asirios.

Las mujeres tenían una posición menos privilegiada en la sociedad asiria que en Sumeria o Babilonia. Las mujeres de alta cuna llevaban velo y sus contactos estaban muy controlados. El adulterio se castigaba con la muerte (aunque esto era imparcial para ambas partes; no existía un doble estándar). Las mujeres dependían de sus relaciones masculinas.

Durante la última parte de la dinastía Puzur-Assur, Asiria se vio sometida a una creciente presión por parte de los amorreos, que ya habían invadido el sur de Mesopotamia. Erishum II fue depuesto y el trono fue ocupado por **Shamshi-Adad I.**

No se sabe con exactitud quién era Shamshi-Adad. Podría haber sido un usurpador amorreo, pero la lista de reyes afirma que pertenecía a la casa real de Assur, descendiente de Ushpia. En ese caso, podría haber sido un primo u otro pariente de la casa real que tomó el poder después de que Erishum se mostrara incapaz de resistir la amenaza amorrea. Por otra parte, la mención de la casa de Ushpia podría ser un intento

---

[i] Frahm, Eckart. *Assyria: The Rise and Fall of the World's First Empire*. Basic Books, Nueva York, 2023.

posterior de «legitimar» a Shamshi-Adad y dar a los monarcas asirios un linaje completamente ininterrumpido desde los primeros tiempos. También es posible que Shamshi-Adad fuera miembro de la misma familia extensa que Hammurabi, otro gobernante expansionista de la época.

Sea como fuere, Shamshi-Adad reclamó el título de «rey del universo» y «unificador de la tierra entre los dos ríos». Su gobierno fue claramente expansionista. Por ejemplo, tomó la ciudad de Mari hacia el oeste. Assur era el centro religioso de su reino. Reconstruyó el templo del dios en Assur y añadió un zigurat. También parece haber sido el primer rey en construir un palacio en Assur. Sin embargo, su capital era Shubat-Enlil, en el noreste de Siria, que estaba situada en una región mucho más fértil.

Como sugiere el nombre de Shubat-Enlil («residencia de Enlil»), el dios al que Shamshi-Adad rendía especial culto no era Assur, sino Enlil, el dios de la tormenta y creador sumerio. Debió de ser por esta época cuando Enlil se identificó con Assur. Mientras que Assur había sido originalmente un dios único sin familia, esta identificación con Enlil le dio una esposa, la esposa de Enlil, Ninlil (Mullissu), y un hijo, Ninurta. El panteón asirio crecía.

Shamshi-Adad reinó durante treinta y tres años y una de las cosas que sabemos de él es que exigía que se mantuviera una buena reserva de cerveza para el palacio. Probablemente, esto no se debía únicamente a que le gustaran uno o dos tragos. La cerveza se utilizaba en los rituales del templo. De hecho, todo el proceso de elaboración de la cerveza era un ritual. La importancia de asegurarse de que la cerveza se elaboraba correctamente puede verse por el hecho de que el Código de Hammurabi de Babilonia exigía la pena de muerte para los culpables de aguar la cerveza que elaboraban o vendían.

Elaboración de la cerveza asiria

Esta receta se basa en el Himno a Ninkasi, un texto sumerio de alrededor de 1800 a. e. c. que describe realmente el proceso de elaboración de la cerveza por parte de la diosa.

El primer día, el grano de trigo se pone a remojo en agua. El segundo día, se escurre el trigo, se pone en un cuenco y se tapa. Se deja hasta que empiece a brotar. Ese mismo día se empieza a hacer el *bappir* o pan de cerveza. Se mezclan levadura, harina de cebada y agua y se deja la mezcla en un cuenco tapado durante dos días.

Al cuarto día, el *bappir* se hornea durante diez minutos hasta que solo se cuece la corteza, dejando crudo el interior del pan. El trigo también se cuece (hoy diríamos «se maltea») en el mismo horno, pero durante más tiempo.

Al día siguiente, el trigo se machaca en un mortero y el *bappir* se rompe en pedazos y se pone en una olla con agua. Se le añaden dátiles y levadura (es posible que los sumerios recurrieran a levaduras salvajes). Después se tapa la olla y se deja fermentar durante dos días. En las altas temperaturas de Mesopotamia, la fermentación se habría producido fácilmente. Por último, se filtra la cerveza.

Los sumerios habrían elaborado cerveza a gran escala, pero probablemente sea mejor que pruebe con un par de cuartos. Necesitará media taza de trigo, taza y media de harina de cebada, media taza de dátiles picados, media taza de miel, un par de cucharadas de levadura seca y dos cuartos de agua.

Fue una época en la que la formación de estados se estaba produciendo en varios centros diferentes. Kanesh se convirtió en una potencia de Anatolia y acabó transformándose en el centro del Imperio hitita, mientras que Asiria comenzó a expandirse más allá del Tigris hasta los montes Zagros.

Shamsi-Adad compartió el poder con sus dos hijos. Ishme-Dagan fue nombrado virrey de Ekallatum, al norte de Assur, mientras que a Iasmakh-Adad se le dio Mari. Sin embargo, Iasmakh-Adad era incompetente y a menudo se emborrachaba, al menos si hemos de creer las cartas que su padre le dirigía. En una carta a Iasmakh-Adad que se encontró en Mari, Shamsi-Adad comparaba la destreza militar de Ishme-Dagan con la forma en que Iasmakh-Adad holgazaneaba con las mujeres. El mensaje era claro: ¡dale un giro a tu vida!

Shamsi-Adad murió en 1776 a. e. c., en un momento en que Asiria estaba siendo atacada. Iasmakh-Adad había hecho oídos sordos a los consejos de su padre, ya que Mari se perdió pocos años después de la muerte de Shamsi-Adad. Pero Ishme-Dagan estaba hecho de una pasta más dura. Creó una empresa conjunta con Dadusha, rey de Eshnunna, que se encontraba más al sur. Con este apoyo pudo conquistar las ciudades de Nínive y Arbela. Dadusha se llevó el botín, mientras que Ishme-Dagan consolidó Nínive en el corazón de Asiria. Esta fue la primera vez que el núcleo del Imperio asirio estuvo unido.

Sin embargo, las victorias de Ishme-Dagan no duraron. Tal vez el rey de Eshnunna se dio cuenta de que Ishme-Dagan había sacado lo mejor del trato. Cualquiera que fuera la razón, Eshnunna se convirtió en un enemigo implacable. Su pueblo atacó a Ishme-Dagan en Assur y lo condujo al exilio en Babilonia.

La casa de Shamsi-Adad fracasó después de cinco monarcas. Puzur-Sin subió al poder. Este rey se presentó a sí mismo como el retorno a la «verdadera» línea de Asiria, destruyendo el «mal» de sus predecesores. Sin embargo, en la época de Salmanasar I, en el Imperio asirio medio, se consideraba a Shamsi-Adad como un verdadero rey asirio y a Puzur-Sin como el usurpador.

En este momento de la historia de Mesopotamia, una nueva potencia entró en escena. Los amorreos habían emigrado a Asiria y al sur, llevando consigo su lengua semítica, el acadio. Además de apoderarse de Ur y Lagash, una dinastía amorrea se apoderó de la hasta entonces poco importante ciudad de Babilonia. El primer rey de Babilonia fue Sumu-Abum, que reinó entre 1894 y 1881 a. e. c. aproximadamente. Le siguió Sumu-la-El, que conquistó la ciudad de Kish.

El quinto rey, Sin-Muballit, fue el primero en declararse rey de Babilonia y amplió su territorio tomando las ciudades de Isin, Borsippa y Sippar. Sin embargo, fue su hijo Hammurabi quien convirtió a Babilonia en una gran potencia, ya que se apoderó de la mayor parte del sur de Mesopotamia.

Hammurabi subió al trono hacia 1792 a. e. c. cuando su padre aún vivía; Sin-Muballit había abdicado debido a su mala salud. Hammurabi comenzó su reinado con un programa de obras públicas, que incluía ampliaciones de los templos y la mejora de las murallas de la ciudad. Sin embargo, el avance de los elamitas hacia las llanuras, tomando Eshnunna y otras ciudades, obligó a Hammurabi a tomar una parte más activa en los asuntos militares de la región. Aliándose con Larsa, pudo hacer huir a los elamitas.

Sin embargo, las relaciones con Larsa se agriaron. Hammurabi tomó esa ciudad, Eshnunna, y otras ciudades del norte, incluida Mari. Esto le dio el control de toda la parte sur de Mesopotamia, enfrentándolo a Assur en el norte. (Su destrucción del palacio de Mari en 1759 a. e. c. fue un regalo del cielo para los arqueólogos posteriores, ya que dejó tras de sí un enorme número de tablillas de arcilla bien cocidas y fáciles de datar. Este archivo incluía listas de la compra, documentos fiscales, casos legales y cartas personales).

Al principio, Ishme-Dagan de Assur se alió con Hammurabi. Assur era débil en ese momento, e Ishme-Dagan podría haber visto a Babilonia, una potencia en ascenso, como un protector contra los siempre amenazantes elamitas. Sin embargo, esta incómoda alianza no se mantuvo y, finalmente, Hammurabi tomó tanto Assur como Nínive. Ishme-Dagan I parece que se vio obligado a vivir en Babilonia como rey cliente. Su sucesor, Mut-Ashkur, se vio obligado a pagar tributo a Hammurabi.

La creación de este superestado babilónico llevó a Hammurabi veinte años, al final de los cuales tuvo verdadero derecho a llamarse a sí mismo «rey de Sumeria y Acad».

Como rey, Hammurabi tenía tres tareas: construir, lo que hizo; proteger militarmente al Estado, lo que hizo, y preservar la justicia. Esto último lo hizo promulgando el Código de Hammurabi, conocido por la estela que se encuentra ahora en el Louvre de París, Francia. La parte superior de la estela muestra a Hammurabi recibiendo el código del dios Shamash, y la inscripción afirma que la ley estaba destinada a proteger a los débiles, los huérfanos y las viudas. En un imperio en el que el poder militar se consideraba a menudo lo correcto, la ley ofrecía un recurso a los que carecían de poder.

Ya antes se habían escrito códigos de leyes. Sin embargo, por primera vez, la ley estaba escrita en acadio, no en sumerio. Cubría una amplia gama de áreas; por ejemplo, hablaba de las garantías en la venta de esclavos, dando a los compradores una forma de protección al consumidor. Especificaba las tarifas salariales para los artesanos y los trabajadores estacionales y las tarifas de alquiler de los barcos. El código cubría el derecho de familia, la herencia, el título de propiedad y el proceso legal. Se establecían normas para las indemnizaciones en caso de allanamiento de ganado (este era evidentemente un problema frecuente), y se indemnizaba a los comerciantes si los agentes comerciales perdían su dinero en efectivo. La lectura del código legal da una buena idea de cómo estaba estructurada la sociedad y de lo desarrollada que había llegado a estar la economía babilónica.

La estela en la que está escrito el Código de Hammurabi[135]

El III milenio a. e. c. fue un periodo de experimentación, en el que el poder pasaba de una ciudad a otra. Pero Shamsi-Adad y Hammurabi crearon una nueva idea, la de la ciudad territorial, pasando de la ciudad-estado a un estado que incluía varias ciudades. Al mismo tiempo, la idea original de un líder cívico hereditario que gobernaba con un consejo fue sustituida por un ideal monárquico: el rey que gobernaba en glorioso aislamiento como líder militar y legislador. Esa idea resultaría ser muy influyente.

Hammurabi creía que había traído la paz a Mesopotamia. Murió hacia 1750 a. e. c., todavía creyéndolo. Sin embargo, la paz no perduró mucho tiempo tras la llegada de su hijo, Samsu-iluna. El reino de Sumeria y Acad empezó a desmoronarse. Puzur-Sin reclamó Assur y, en el sur, se liberó la dinastía Sealand, que se remontaba a la época sumeria utilizando nombres de reyes pseudosumerios, aunque hablaban acadio.

Aun así, a partir del reinado de Hammurabi, Asiria estuvo muy influida por las tendencias y los acontecimientos de Babilonia. Babilonia y Asiria fueron dos imperios separados, aunque relacionados, pero a veces puede resultar difícil desentrañar sus dos historias.

Cronologías de Oriente Medio

Dado que existen pocas fuentes definitivas para las fechas en la parte más temprana de la historia mesopotámica, los historiadores tienen que basar sus dataciones en la cronología relativa. La dendrocronología, la datación por radiocarbono y los registros astronómicos no han conseguido fijar las fechas con la suficiente precisión como para tener certeza.

Una fuente clave para la cronología es la Tablilla de Venus de Ammisaduqa. Este texto cuneiforme data de mediados del siglo XVII a. e. c. y da la hora de salida y puesta de Venus en fechas lunares de más de veintiún años. Sin embargo, dado que la visibilidad de Venus varía en un ciclo de ocho años, el inicio de las observaciones anotadas en la tablilla podría haber tenido lugar en 1702, 1646, 1638, 1582 o 1550 a. e. c. Los sistemas de datación basados en estas fechas se denominan cronologías larga, media, media baja, corta y ultracorta.

Para periodos posteriores, se pueden utilizar comparaciones con las fechas de los faraones egipcios y las fechas de observación lunar para obtener una datación absoluta. Por ejemplo, Ramsés II subió al trono en 1279 a. e. c., lo que nos da una fecha firme con la que trabajar.

En 1595 a. e. c., Babilonia estaba gobernada por el tataranieto de Hammurabi, Samsu-Ditana. El reino se había reducido, pero seguía siendo bastante grande, incluyendo incluso la ciudad de Mari. Sin embargo, Sealand amenazaba continuamente a los babilonios desde el sur.

Pero los acontecimientos ocurridos mucho más al norte, en la capital hitita de Hattusha (cerca de la moderna Ankara), fueron los responsables del fin de Babilonia. Mursili I conquistó Alepo en Siria, un premio que había eludido su predecesor. Decidió que Babilonia, que estaba a más de quinientas millas al sur, sería su próximo objetivo. Mursili se abrió camino por el Éufrates, saqueando ciudades a su paso. Los bienes y los cautivos fueron enviados de vuelta a Hattusha, lo que provocó una despoblación masiva. Tal vez al darse cuenta de que sería difícil mantener unido un estado que se extendía tan al sur, Mursili decidió no quedarse, limitándose a llevarse consigo su botín. Pero ya era demasiado tarde para Babilonia. Había puesto fin al dominio de Samsu-Ditana, y Babilonia quedó abandonada durante algunos años.

(Como nota al margen, Mursili podría haber cometido un error al regresar a Hattusha, ya que fue asesinado poco después de su regreso debido a las luchas internas de la familia real hitita).

No fue hasta el 1530 a. e. c. cuando Burna-Buriash I, un casita, pudo hacerse con el control de Babilonia y volver a poner en marcha la ciudad. Su hijo, Ulamburiash, conquistó Sealand, devolviendo a Babilonia el control del sur. Por esta época, Babilonia adoptó a Marduk como su dios patrón, una decisión que fue crucial para la posterior religión e ideología babilónicas. La nueva dinastía casita gobernó Babilonia durante los quinientos años siguientes.

La mayoría de las fuentes históricas de este periodo son de carácter comercial y privado. En la estación comercial de Kanesh se ha encontrado un gran número de registros, facturas, pagarés y cartas de un mercader a otro. En la casa del mercader Usur-sha-Ishtar se encontraron más de dos mil documentos distintos. Por otra parte, para los primeros reyes de Asiria, las fuentes son muy limitadas, lo que contrasta fuertemente con el Imperio neoasirio, donde una proporción muy elevada de los documentos existentes proceden de posesiones reales y se centran en el rey.

Capítulo 4: Restauración y caída ante los mitani

Babilonia había sido destruida y Assur había caído. Asiria entró en una edad oscura que duró varios siglos. Aunque existe una lista de reyes de la época, hay pocas pruebas históricas sobre lo que ocurrió en Asiria.

Durante este periodo, Asiria siguió cambiando, alejándose cada vez más del estatus de ciudad-estado. Se convirtió más bien en una entidad mayor gobernada por gobernantes hereditarios. Sin embargo, seguir los detalles de este cambio es extraordinariamente difícil, debido a la falta de inscripciones e incluso de datos arqueológicos. Uno de los resultados de esta laguna en los datos es que el libro tendrá que avanzar un par de siglos.

Después de Ishme-Dagan y Mut-Ashkur, que no figura en algunas versiones de la lista de reyes, parece que hubo reinados bastante cortos de ocho reyes diferentes, que duraron de 1765 a 1745. Sin embargo, también es posible que algunos de los nombres sean los de *limmum* que dieron nombre a los años del reinado de otro rey. El último de estos reyes fue Adasi, cuyo hijo, Bel-bani, le sucedió como rey, fundando la dinastía adasida.

Es posible que el pueblo de Asiria no considerara este periodo como una edad oscura. También es posible que la falta de información se deba simplemente a que los arqueólogos no han excavado una fuente de documentación para este periodo que pueda aportar suficiente información. Sin embargo, los historiadores tienden a pensar que fue una edad oscura porque Asiria no participó en los acontecimientos que se produjeron en Oriente Próximo durante este periodo. Los acontecimientos al oeste y al norte de Assur tendrían el mayor impacto en Mesopotamia durante los siglos siguientes.

Por una vez, había que contar con los hititas. Mursili había circunvalado Assur en su camino hacia Babilonia, pero los hititas ya habían destruido el sistema comercial de Asiria. El rey hitita Zuzzu destruyó Kanesh hacia 1710 a. e. c., y el resto del sistema no sobrevivió mucho tiempo. Y aunque el éxito de los hititas no duró, impulsó a otro grupo étnico, los hurritas, a crear su propio estado.

Había una serie de pequeños principados hurritas agrupados en el noroeste de Siria y más al este, en las montañas de las cabeceras del Tigris y el Éufrates. Estos estados empezaron a fusionarse en lo que se convertiría en Mitani (Hanigalbat en asirio). Mitani se estableció alrededor del 1600 a. e. c. y se hizo cada vez más poderosa en Mesopotamia.

Al mismo tiempo, Egipto se convirtió en una potencia expansionista y, por primera vez, miraba más allá del valle del Nilo. Esto hizo que Egipto y Mitani entraran en contacto, y parece que disfrutaron de excelentes relaciones diplomáticas, llegando incluso a formar un pacto contra los hititas.

Tutmosis I se convirtió en faraón hacia 1506 y, a principios de su reinado, realizó una expedición al norte, a Siria. Se abrió camino hasta el Éufrates y levantó una estela a orillas del río. (El Éufrates confundía a los egipcios, que, viviendo en el Nilo, nunca habían visto un río que fluyera de norte a sur. Llamaban al Éufrates el «río del revés»). Sin embargo, esta fue puramente una misión punitiva a corto plazo, ya que Tutmosis no expandió el reino egipcio hacia el Levante de forma permanente.

Más tarde, durante la dinastía XVIII de Egipto, Tutmosis III, nieto de Tutmosis I (r. 1479-1425 a. e. c.), dirigió otra campaña en Siria y luego copió el ejemplo de su abuelo, dirigiéndose hacia el sur para alcanzar el Éufrates. Al igual que Tutmosis I, erigió allí una estela. Sus principales objetivos fueron el renaciente Imperio hitita y los mitani, a los que saqueó a fondo.

Tutmosis III cambió el equilibrio de poder. Egipto era ahora una fuerza en Oriente Próximo, no solo en el valle del Nilo, y Tutmosis III recibió tributos de Asiria y Babilonia, así como de los hititas. El rey asirio que le pagó tributo no se nombra en las por lo demás prolíficas inscripciones de Tutmosis, pero probablemente fue Assur-nadin-akhkhe I. Inevitablemente, la presencia tanto de Mitani como de Egipto presionó a Asiria, cuyas fronteras septentrionales estaban en peligro.

Pocos de estos acontecimientos históricos aparecen en el registro asirio. Asiria parece haber sido una especie de remanso, aunque la dinastía adasida continuó gobernando y construyendo. Entre 1563 y 1548, por ejemplo, Shamshi-Adad III reconstruyó los templos y la muralla de la ciudad de Assur. Su sucesor, Assur-nirari I, construyó un nuevo palacio en Assur, y su hijo, Puzur-Assur III, aumentó el tamaño de la ciudad, añadiendo un gran suburbio al sur. También se dice que Puzur-Assur hizo un tratado con el rey Burna-Buriash de Babilonia, aunque la única prueba de ello procede de una fecha muy posterior.

Sin embargo, la amenaza de Mitani continuó y, en 1465, la ciudad de Assur fue saqueada. El rey de Mitani, Shaushtatar, se llevó una puerta de plata y oro de la ciudadela, que fue llevada de vuelta a Assur muchos años después, así como otros robos y cautivos. Afortunadamente para Assur, al igual que los hititas, los mitani no tenían ningún deseo de hacer de Asiria una parte permanente de su territorio. Cuando los mitani empezaron a flaquear, Asiria estuvo dispuesta a recoger los pedazos, creando el Imperio asirio medio, tema de nuestro próximo capítulo.

Capítulo 5: El Imperio asirio medio

Ashur-uballit I tomó el poder en Asiria justo cuando los mitani estaban perdiendo influencia. Los mitani estaban inmersos en una guerra civil. Tushratta, el rey de Mitani, y un rival, Artatama, luchaban por el control. Tushratta fue finalmente asesinado, y el Imperio mitani fue inestable durante algún tiempo después, dando a Ashur-uballit su oportunidad de restablecer Asiria como una potencia importante. Parece que el padre de Ashur-uballit, Eriba-Adad, pudo haber aprovechado esta inestabilidad enfrentándose a distintos bandos para crear una facción proasiria en Mitani. Ashur-uballit fue un paso más allá, derrotando a Mitani y asegurándose el tributo de su rey.

Ashur-uballit («Assur-queda-vivo») también expandió Asiria hacia el sur. Al final de su reinado, Asiria gobernaba Nínive y probablemente también Arbela. Estos estados eran agrícolamente más ricos que Assur, y la comunicación a través del río Tigris era más fácil. Ashur-uballit también destruyó la ciudad hurrita de Arrapha (probablemente la moderna Kirkuk en el noreste de Irak) y dividió sus territorios con Babilonia.

Ashur-uballit fue el primer gobernante asirio que utilizó el título de rey. Anteriormente, los gobernantes afirmaban que «Assur es rey y yo soy el representante de Assur». Ashur-uballit I, en cambio, utilizó el título *shar mat Ashur*, «rey de Assur», en lugar de *issi'ak Ashur*, «gobernador de Assur». Claramente, había habido un cambio en las expectativas de lo que era un rey. También había habido un cambio en la visión de lo que debía ser Asiria. Ya no se la veía como un pequeño estado basado en una sola ciudad, sino como una gran potencia.

Ashur-uballit mantuvo correspondencia con el faraón Akenatón. Esta correspondencia sobrevivió en la capital de Akenatón, junto con otra correspondencia diplomática escrita en acadio, que era la lengua diplomática de la época. A principios de su reinado, Ashur-uballit envió un trozo de lapislázuli, un carro y dos caballos con su primera carta. Envió dos carros, más lapislázuli y una petición de veinte talentos de oro con su segunda carta. Estaba construyendo un nuevo palacio, decía, y quería que Akenatón enviara oro suficiente para decorarlo. Ninguna de las dos cartas parece haber sido escrita con gran elegancia o mucho tacto.

Lo que es particularmente interesante es que Ashur-uballit firmó su carta no solo como «rey», sino como «gran rey». Al hacerlo, se ponía al mismo nivel que los grandes: Egipto, Babilonia, los hititas y los mitani.

Ashur-uballit también mantuvo buenas relaciones con Babilonia. Con los mitani siendo todavía una amenaza potencial en las fronteras del norte, tenía sentido mantener lazos diplomáticos con el sur. Casó a su hija, Muballitat-Sherua, con Burna-Buriash II de Babilonia. Su hijo Karahardash se convirtió en rey de Babilonia. Evidentemente, el objetivo de Ashur-uballit era unir a los dos estados de Assur y Babilonia en una misma familia y quizás incluso bajo el mismo gobierno.

Sin embargo, las cosas no salieron como él había planeado. Los acontecimientos dieron un giro inesperado. Karahardash fue ejecutado por una facción antiasiria, que lo sustituyó en el trono por Nazibugash, que no pertenecía a la realeza. Sin embargo, los babilonios que no querían a un asirio en el trono quedarían decepcionados. El destino de Karahardash dio a Ashur-uballit la excusa que necesitaba para invadir Babilonia. Derrotó al usurpador e instaló a otro de sus nietos, Kurigalzu II, en el trono babilónico.

Esto funcionó durante un tiempo. Pero Kurigalzu, que se había criado en Babilonia, aunque su madre era una princesa asiria, parece que acabó resintiéndose de la influencia asiria en su reino e invadió Asiria. Tuvo lugar una batalla en Sugagu, que está solo a un día de viaje al sur de Assur. Hay dos relatos de esta batalla. Uno informa de una victoria babilónica, mientras que el otro dice que Asiria, bajo el mando del hijo de Ashur-uballit, Enlil-nirari, ganó la batalla.

Independientemente de lo que había ocurrido en Sugagu, Asiria se encaminaba hacia la creación de un imperio. Assur se había convertido en la capital de un estado expansionista que confiaba en su poderío militar para aumentar sus territorios. «Asirio» significaba ahora ser un súbdito del imperio, no una persona de la ciudad de Assur. La representación popular en el consejo de la ciudad parecía haber terminado, y la monarquía se convirtió en la única autoridad en Asiria.

El auge del poder real hizo necesaria la creación de una corte asiria, que incluía eunucos (a los que se impedía convertirse en reyes, lo que los convertía en sirvientes y ministros «seguros») y un harén[i]. Los documentos burocráticos dejaron de ser asuntos de la ciudad para convertirse en asuntos del rey.

La arqueóloga Bleda Düring considera el Imperio asirio medio como el primer imperio longevo de la época. Los estados imperiales anteriores no habían conseguido durar más de un siglo, y la mayoría de ellos eran imperios efímeros basados en conquistas que se desmoronaban una vez desaparecido el ímpetu del fundador. Asiria sobrevivió al colapso de la Edad de Bronce y su imperio duró setecientos años. Esto, subraya Düring, fue un gran logro que rara vez ha sido igualado en la historia.

Aunque Asiria derrotó a los babilonios, en esta época había mucha influencia babilónica en Asiria, sobre todo en lo referente a la religión. Muchos de los dioses babilónicos aparecieron en la religión asiria. A veces se les daban nuevos nombres. El dios de la ciudad de Babilonia, Marduk, era adorado ahora en Assur.

El bisnieto de Ashur-uballit, Adad-nirari I (r. 1305-1274) y su hijo Salmanasar I (r. 1273-1244) continuaron la expansión de Asiria. Adad-nirari se autodenominó «pacificador de todos los enemigos de arriba y de abajo», luchando contra la dinastía kasita de Babilonia al sur y contra los mitani e hititas al norte. (A estas alturas, los mitani habían quedado reducidos a un estado vasallo del Imperio hitita).

Adad-nirari se abrió camino a lo largo del río Jabur, en el noreste de Siria, una región que era a la vez fértil y densamente poblada. Obligó al rey de Mitani a pagarle tributo. Cuando los pagos dejaron de llegar, saqueó la capital, Washukanni, y secuestró a la familia real. Después de

---

[i] En el palacio de Nimrud se encontró un harén de un periodo posterior que fue excavado desde 1988 hasta la década de 1990. Debido a las guerras posteriores en Irak, el descubrimiento no se ha evaluado ni publicado adecuadamente. Curiosamente, el arqueólogo Muzahim Mahmoud Hussein encontró cuatro tumbas de esposas reales bajo el suelo del harén; las mujeres del harén vivían con sus predecesoras enterradas directamente bajo los pies.

esto, empezó a llamarse a sí mismo «rey del universo» (el mismo título utilizado por Shamshi-Adad I), poniendo sobre aviso a otros reinos de que sus ambiciones no tenían límites.

Sin embargo, fue el sucesor de Adad-nirari, Salmanasar I, quien acabó definitivamente con el Imperio de Mitani. A pesar de la ayuda de los hititas, Shattuara II de Mitani no pudo hacer frente al poderío de Asiria. Salmanasar integró el nuevo territorio en Asiria, nombrando a su hermano menor, Ibashshi-ili, canciller de Asiria en la recién construida ciudad de Dur-Katlimmu. El canciller recibió el título de «rey de Hanigalbat» («rey de Mitani»), pero solo era un título de cortesía; era claramente responsable ante Salmanasar. Se construyó un templo en Dur-Katlimmu al dios asociado con la familia real, Salmanu. (Salmanasar significa «Salmanu es eminente»).

Salmanasar fue probablemente el primer rey que utilizó las deportaciones a gran escala como medio para construir su imperio. A partir de entonces, se convirtió en un método habitual del imperialismo asirio. Deportar gente permitía a Asiria apoderarse de artesanos o trabajadores profesionales, llevándolos a la capital o enviándolos a ciudades que necesitaban ayuda. Por ejemplo, los agricultores podían ser reasignados a una zona donde la fertilidad fuera baja para mejorar los métodos agrícolas. (La experiencia de los comerciantes de Assur, que a menudo vivían en Kanesh y otras ciudades durante años y años, podría haber hecho que esto les pareciera bastante normal a los asirios, aunque a nosotros no nos lo parezca).

Además, la reasignación de poblaciones a nuevas zonas ayudaría a crear «asirios» al reducir los sentimientos de identidad local. También privaba a las zonas conquistadas de líderes potenciales que pudieran rebelarse contra el dominio asirio.

A lo largo de la historia de Asiria, hay unos pocos «puntos dulces» en los que aparecieron tres o cuatro grandes gobernantes seguidos. Tukulti-Ninurta I fue el sucesor de Salmanasar. Subió al trono en 1244 a. e. c. y reinó durante unos treinta y siete años, durante los cuales consolidó el noroeste de Asiria y reafirmó el dominio asirio sobre Babilonia.

Tukulti-Ninurta I justificó la invasión afirmando que el rey babilonio, Kashtiliash IV, había roto sus acuerdos con Asiria. Kashtiliash fue capturado. Tukulti-Ninurta pisoteó ritualmente el cuello de Kashtiliash, utilizándolo como escabel, y lo llevó a Assur. A continuación instaló una serie de gobernantes títeres en Babilonia. Los dos primeros resultaron inútiles y fueron sustituidos rápidamente. Tukulti-Ninurta se autodenominó gobernante de «Sumeria y Acad», como habían hecho los reyes babilonios antes que él; a esas alturas, era un arcaísmo, pero consagraba su pretensión de poder sobre el sur de Mesopotamia, así como sobre Asiria. El tercer gobernante títere, Adad-shuma-iddina, duró seis años antes de que Tukulti-Ninurta lo depusiera, saqueando Babilonia y llevándose la estatua de Marduk, el dios de Babilonia, a Assur. Tukulti-Ninurta se autodenominó gobernante de Sumeria y Acad como lo habían hecho antes que él los reyes babilonios; para entonces, era un título arcaico, pero consagraba su pretensión de poder sobre el sur de Mesopotamia, así como sobre Asiria.

Tukulti-Ninurta trajo un gran número de textos de Babilonia. Entre ellos había obras de adivinación, textos médicos, oraciones y liturgias, obras literarias, listas de dioses y listas de palabras sumerias. Los escribas de Asiria podían utilizar el antiguo cuneiforme babilónico y la aún más antigua lengua sumeria para su propia escritura.

Se esperaba que los reyes asirios fueran constructores y guerreros, y Tukulti-Ninurta no decepcionó. Construyó un nuevo templo a Ishtar en Assur y también creó una nueva ciudad comercial, Kar-Tukulti-Ninurta, que estaba justo río arriba en el Tigris desde Assur. Esta ciudad tenía un nuevo palacio, un templo a Assur y un zigurat.

El orgullo siempre precede a la caída. Nunca se había erigido un templo a Assur fuera de la propia ciudad del dios, y la creación de Kar-Tukulti-Ninurta podría haber sido impopular entre la gente de Assur. Peor aún, Babilonia se volvió contra Tukulti-Ninurta de nuevo más tarde en su reinado. Esta vez, la revuelta babilónica, dirigida por Adad-shuma-usur (posiblemente un hijo del depuesto Kashtiliash), tuvo éxito. El ejército asirio se había sobrecargado y luchaba por mantener todos los territorios ganados desde la llegada de Adad-nirari I.

Tukulti-Ninurta era cada vez más impopular en su país, ya que su serie de éxitos militares había llegado a su fin. Su traslado a la nueva ciudad, junto con el saqueo de templos en Babilonia, fueron vistos como una tentación a los dioses para que castigaran a Asiria. En 1207 a. e. c. se produjo un golpe de Estado. Tukulti-Ninurta fue asesinado por sus hijos. La fortuna de Asiria ya no iba hacia arriba; la rueda de la fortuna había girado.

Capítulo 6: Asiria durante el colapso de la Edad de Bronce

Mientras Asiria estaba centrada en su rivalidad con Babilonia, el mundo a su alrededor había estado cambiando drásticamente. En primer lugar, hacia el año 1200 a. e. c., llegaron los pueblos del mar, que atacaron las costas del Mediterráneo oriental. Sus orígenes siguen siendo un misterio, pero es evidente que representaban una formidable amenaza para las civilizaciones asentadas en el Levante y Egipto.

En 1177, el faraón Ramsés III logró derrotarlos en la costa egipcia. Sin embargo, Egipto terminó muy debilitado por la necesidad de luchar contra ellos y acabó perdiendo sus colonias orientales. No obstante, Egipto sobrevivió. Otros estados no tuvieron tanta suerte. La Grecia micénica fue destruida casi por completo. Grecia vio disminuir su población, que emigró a Chipre y al Levante. Sin embargo, Atenas sobrevivió para ocupar su lugar más adelante en la historia.

El estado hitita ya había sido dañado por los ataques de Tukulti-Ninurta. Los pueblos del mar presionaron aún más a los hititas, tomando Cilicia, Chipre y la mayor parte de Canaán. Esto aisló a los hititas de sus rutas comerciales y los dejó vulnerables a los ataques tanto del Mediterráneo como de Asiria, al sur. Algunas ciudades-estado hititas sobrevivieron, como Carquemis y Melid, pero Asiria las convirtió en estados tributarios y más tarde las incorporó plenamente al Imperio neoasirio.

La dinastía casita de Babilonia cayó en 1155 tras ser conquistada por Elam. De hecho, Elam había invadido la mayor parte de Babilonia en 1158 a. e. c. Asiria pudo apoderarse de buena parte del territorio babilónico cuando el último rey kasita de Babilonia, Enlil-nadin-ahi, fue derrotado y llevado cautivo. La siguiente dinastía tuvo su base en la ciudad de Isin antes de que Itti-Marduk-balatu consiguiera retomar Babilonia en la década de 1130.

En el Levante cayeron varios estados. Ugarit, un importante puerto de la costa siria con vínculos comerciales con Egipto, fue destruido alrededor del año 1200 a. e. c.; nunca fue reconstruido. Otros estados amorreos, como Qatna y Alalakh, ya habían sido abandonados hacia el siglo XIV, y los supervivientes, como Amurru, se derrumbaron o fueron destruidos durante el colapso de la Edad del Bronce. Se produjo un declive del comercio en el Mediterráneo oriental, ya que la mayoría de las economías estaban estancadas.

Egipto también sufrió a pesar de la victoria de Ramsés sobre los pueblos del mar. Egipto decayó lentamente hasta que en 1078 el Imperio Nuevo llegó a su fin con la muerte de Ramsés XI y comenzó el Tercer Periodo Intermedio, durante el cual el país se dividió entre el dominio de Tanis, en el delta del Nilo, y Tebas, que gobernaba el Egipto Medio y Superior.

Existen varias teorías sobre por qué se produjo el colapso de la Edad de Bronce; probablemente fue una combinación de causas. El cambio climático provocó algunas de las migraciones, que ejercieron presión sobre los estados establecidos una vez que llegaron esos nuevos pueblos. La erupción del Hekla 3 en Islandia podría haber provocado una contaminación atmosférica generalizada que perturbó la agricultura. En Oriente Próximo se produjeron varias sequías; en algunas zonas, los rendimientos cayeron hasta tal punto que la tierra dejó de cultivarse.

El inicio de la fabricación del hierro también creó turbulencias tecnológicas, que debieron de cambiar la naturaleza competitiva entre los estados. Egipto, por ejemplo, adoptó muy tarde el trabajo del hierro y dependía de suministros externos de este metal, lo que le situaba en desventaja a pesar de su impresionante poder militar.

Políticamente, el colapso de la Edad de Bronce prácticamente acabó con los «estados palaciegos». Los nuevos grupos eran menos jerárquicos y a menudo se basaban en el origen étnico, como los filisteos, los árabes y los arameos. El colapso de la Edad de Bronce también acabó con el uso de la escritura cuneiforme en el Mediterráneo. A partir de ese momento, comenzaron a utilizarse las escrituras alfabéticas en el Levante. El uso de la escritura cuneiforme quedó restringido a Mesopotamia y Persia.

El colapso de la Edad de Bronce parece haberse iniciado en la cuenca mediterránea, por lo que los efectos tardaron en dejarse sentir en Mesopotamia. Inicialmente, Asiria parecía haberse beneficiado de la angustia de muchos de sus rivales occidentales.

Tiglat-Pileser I (r. 1114-1076) fue uno de los más grandes reyes de Asiria. Convirtió a Asiria en la primera potencia de Oriente Próximo, lo que siguió siendo durante los quinientos años siguientes. Dirigió una expedición a Anatolia, Capadocia y Siria, expandiendo los dominios asirios hacia el norte y el oeste y hasta el Mediterráneo. Recaudó tributos de las ciudades de Sidón y Biblos, en el actual Líbano.

Sin embargo, estas victorias fueron difíciles de consolidar. El territorio montañoso, muy diferente de las llanuras mesopotámicas, permitió a los enemigos de Asiria operar una resistencia guerrillera e impedir que Asiria estableciera una administración duradera en estas zonas. Tal vez como resultado de estas dificultades, Tiglat-Pileser inició la costumbre de tomar a los príncipes reales como rehenes, asegurándose así la obediencia de sus padres. Los príncipes serían educados como príncipes asirios, dándoles un fuerte sentido de la cultura y la ideología asirias. La idea era convertirlos finalmente en reyes vasallos.

Tiglat-Pileser también plantó árboles foráneos en Assur. Mesopotamia tenía pocos árboles propios, por lo que los asirios estaban fascinados por los árboles que veían en otros lugares. Aunque lo que queda de los reyes asirios son sus edificios, también crearon enormes jardines.

Las conquistas de Tiglat-Pileser no duraron. En tiempos de Asurnasirpal I (r. 1049-1031), Asiria se había replegado a sus tierras centrales y sufría los ataques de los incursores arameos. Después de su reinado, no hay registros de ninguna campaña militar dirigida por Asiria durante casi un siglo. Bajo su hijo menor y tercer sucesor, Assur-Rabi II (r. 1012-972), Asiria llegó incluso a perder sus ciudades en el Éufrates.

Sin embargo, la propia Assur nunca fue conquistada y el poder permaneció en manos de la dinastía adasida. Esto daría a Asiria una importante ventaja cuando las cosas empezaron a cambiar.

Capítulo 7: El Imperio neoasirio

Si el colapso de la Edad de Bronce fue causado, al menos en parte, por el cambio climático, también lo fue el renacimiento del imperio. Sin embargo, en este caso, no se debió a una sequía masiva. El aumento de las precipitaciones mejoró la productividad agrícola en Mesopotamia, poniendo en marcha las economías locales y creando nuevos excedentes agrícolas que podían invertirse en la construcción, la mejora del regadío o (a elección de los asirios) en la creación de un ejército para apoderarse de los estados vecinos.

Los arameos ya no eran una amenaza potente. Muchos se habían asentado en Oriente Próximo y los que se habían trasladado a Asiria se habían naturalizado. Las migraciones a gran escala, que habían formado parte del colapso de la Edad de Bronce, ya no se producían, por lo que la lucha contra las incursiones ya no era la principal necesidad.

Esto dio a Asiria una gran oportunidad, y sus gobernantes la aprovecharon con los brazos abiertos. Asiria salió de la casilla de salida rápidamente, aprovechando las debilidades de sus rivales. Los gobernantes asirios tenían un único objetivo: restaurar Asiria a su máxima extensión. Muchos de los reyes de este periodo llevaban el nombre de grandes gobernantes anteriores, rememorando el periodo asirio medio como la época «clásica» de la cultura asiria y pretendiendo emular sus logros.

A finales del Imperio neoasirio, el rey Asarhaddón escribió: «Delante de mí, ciudades; detrás de mí, ruinas», una frase que resume el hambre y la agresividad de los gobernantes asirios durante este periodo[1].

---

[1] Frahm, Eckart. *Assyria: The Rise and Fall of the World's First Empire.* Basic Books, Nueva York, 2023.

Sin embargo, ya no se trataba de un imperio basado en aventuras militares oportunistas. Las innovaciones en la administración gubernamental, junto con la nueva ideología de la realeza absoluta, lo convirtieron en el primero de los grandes imperios mundiales. Egipto, que de todos modos estaba encerrado en el valle del Nilo, se encontraba ligeramente apartado del resto del mundo, por lo que estaba atrasado tecnológicamente, lo que lo dejaba fuera de la competencia. Grecia se encontraba aún en las primeras fases de su desarrollo. Estaba dividida en una masa de pequeñas ciudades-estado de forma muy parecida a como lo había estado Mesopotamia durante los primeros tiempos de los sumerios.

Assur-Dan II (r. 934-912 a. e. c.) suele considerarse el primer gobernante del Imperio neoasirio, ya que reconquistó gran parte del territorio perdido de Asiria. En particular, trató de asegurar que las rutas comerciales hacia Anatolia estuvieran libres de peligro y retomó las tierras del oeste que habían quedado bajo dominio arameo.

La guerra asiria podía ser brutal. Cuando Assur-Dan II tomó Kadmuhu en el noroeste, ejecutó al gobernante e hizo que su piel desollada se exhibiera en las murallas de Arbela. Sin embargo, Assur-Dan también reasentó a los asirios indigentes en zonas fértiles e inició un programa de recuperación de tierras.

Su hijo, Adad-nirari II (r. 911-891 a. e. c.), expandió aún más el imperio, aunque parece que tuvo que luchar contra algunas rebeliones oportunistas cuando sucedió a su padre. En particular, dirigió sus miras hacia el sur, derrotando dos veces a Babilonia y empujando el dominio asirio río abajo. También creó estados vasallos en la zona de Jabur, en Siria.

Sin embargo, supo utilizar sabiamente la diplomacia, concluyendo un ventajoso tratado de paz con Babilonia. Él y el rey de Babilonia, Nabu-shuma-ukin, se casaron con las hijas del otro. (Aunque las crónicas babilónicas son fragmentarias, podría haber sido el siguiente gobernante asirio, Tukulti-Ninurta II, quien intercambió hijas).

Con Adad-nirari II, la historia asiria llega a un punto muy importante. A partir del primer año de su reinado, 911 a. e. c., existe un registro completo de todos los años de cada gobernante asirio, lo que permite datar con mayor precisión los acontecimientos a partir de esta época.

Tukulti-Ninurta II (r. 890-884 a. e. c.) tomó el nombre de un ilustre predecesor como su padre y su abuelo. Hizo campaña a lo largo del

Éufrates y del Tigris superior, consolidando las ganancias de su padre. Aceptó tributos, incluidos caballos, para su ejército. La cantidad de tributo tomada cada vez pudo haber sido pequeña, pero todo se añadió al tesoro central, lo que permitió un prolífico programa de construcción en Assur y Nínive.

Una de las inscripciones de Tukulti-Ninurta resume las prioridades de su reinado: «a sus tierras añadí tierras, y a su gente, añadí gente».

Asurnasirpal II sucedió a su padre en el 883 a. e. c. Cuatro años más tarde, tomó una decisión trascendental y trasladó la capital del estado asirio de Assur a Kalkhu (hoy conocida como Nimrud). Hasta entonces, Kalkhu había sido una pequeña capital de provincia. Asurnasirpal también emprendió un amplio programa de reconstrucción en Assur y siguió utilizando las bóvedas bajo el Palacio Viejo de Assur como mausoleo de los monarcas asirios. Conocía claramente la historia del fatídico traslado de la capital de Tukulti-Ninurta I a Kar-Tukulti-Ninurta y su asesinato por sus hijos. Estaba decidido a mantener de su lado al sacerdocio y a los nobles de Assur.

También se mantuvo en el lado bueno del maestro erudito de Tukulti-Ninurta, Gabbu-ilani-eresh. Se trataba de un cargo más importante de lo que parece; equivaldría a un jefe de Estado mayor o jefe de estrategia en la actualidad. Varios maestros eruditos posteriores (*ummanu* o *tupshar sharri*, «escriba del rey») trazaron su ascendencia hasta Gabbu-ilani-eresh, por lo que parece que el cargo era hereditario.

Kalkhu era una buena elección, ya que era una región central de Asiria; Assur era periférica, situada al sur y al oeste del centro del estado. Kalkhu también tenía espacio para expandirse, mientras que Assur estaba limitada por la curva del río sobre el que estaba construida.

Un *lamassu* vigila la puerta del palacio de Asurnasirpal en Kalkhu [126]

El traslado también dio a Asurnasirpal la oportunidad de refrescar su administración. Conservó al maestro erudito, pero eligió a dedo a los demás funcionarios que quería llevarse consigo. Esto debilitó el poder de la nobleza, que se quedó en las ciudades ahora periféricas de Assur, Nínive y Arbela. Asurnasirpal incorporó más eunucos a su burocracia. No podían aspirar a ser reyes, ya que un rey debía ser perfecto de cuerpo. Los relieves muestran cada vez más hombres afeitados; casi todos estos hombres habrían sido eunucos.

Asurnasirpal cambió el equilibrio de poder dentro de Asiria a favor del rey y en detrimento de las familias de alto rango y de los sacerdocios de los templos. También cambió la naturaleza del Estado asirio. A diferencia de los anteriores gobernantes del Imperio neoasirio, asimiló sus conquistas al reino asirio en lugar de dejarlas como estados vasallos. Asiria pasó de necesitar tributos para reconstruir sus ciudades y ejércitos a disponer de recursos suficientes para invertir en la administración de nuevos territorios.

Kalkhu (Nimrud) fue creada, al menos en parte, por artesanos que habían sido reasentados desde otros lugares del imperio. Tenía nueve templos y un palacio al noroeste. El palacio supuso una gran desviación de las normas urbanísticas, ya que dominaba toda la ciudad. En Assur y en otros sitios, el edificio que dominaba el horizonte había sido siempre el templo o zigurat del dios de la ciudad; ahora, la realeza se imponía con mucha más fuerza.

El palacio era una obra maestra. También era una afirmación ideológica del control de Asurnasirpal sobre su universo. Toros alados con cabeza humana (*lamassu*) de hasta cinco metros de altura custodiaban las puertas como protección, y relieves de alabastro celebraban los logros del rey. Una escena muestra a Asurnasirpal levantando la mano en adoración a un dios en un disco solar alado. Un espíritu protector se sitúa detrás del rey, custodiándolo. En el centro aparece el motivo del «árbol sagrado», símbolo de fertilidad y prosperidad. Claramente, el reinado de Asurnasirpal fue ordenado por los dioses, según esta y otras escenas similares. Estas escenas se copiaron una y otra vez, no solo en el palacio, sino también en los sellos reales.

Asurnasirpal levanta la mano hacia el símbolo de Assur [127]

El palacio tenía tres patios: uno para los asuntos de Estado, otro para la administración y otro para la familia real. Cada sala tenía paredes de ladrillo vidriado o pintadas sobre los relieves de piedra y un techo de vigas de cedro libanés. Los temas de los relieves son variados. Incluían campañas militares, partidas de caza, rituales y deidades protectoras. Es probable que el palacio de Asurnasirpal fuera el primero en el que se utilizaron relieves tan extensos en la historia asiria; se convirtieron en un precedente para todas las obras de construcción de los gobernantes asirios posteriores.

Asurnasirpal canalizó el río Zab para regar jardines de recreo llenos de plantas exóticas. Estos jardines podrían haber sido los antepasados de los *charbagh* persas y mogoles, mucho más tardíos, que eran conocidos por su exuberante vegetación y sus canales de agua centrales.

La estela del Banquete de Asurnasirpal da el menú que sirvió a sus invitados en un enorme festín de «calentamiento de palacio» de diez días: mil bueyes, mil terneros, diez mil ovejas, quince mil corderos, quinientos ciervos, quinientas gacelas, mil patos, quinientos gansos, diez mil palomas, diez mil peces y diez mil panes. Todo ello se acompañaba con diez mil jarras de cerveza. Los aperitivos incluían nueces, semillas saladas, pistachos y aceitunas.

Asurnasirpal no era propenso a la subestimación. Una inscripción en el templo de Ninurta afirma: «Soy rey, soy señor, soy digno de alabanza, soy exaltado, soy importante, soy magnífico, soy el primero, soy un héroe, soy un guerrero, soy un león y soy un hombre».[i]

---

[i] Frahm, Eckart. *Assyria: The Rise and Fall of the World's First Empire*. Basic Books, Nueva York, 2023.

Varias otras cosas cambiaron, además de la idea de la monarquía. Por ejemplo, aunque el Código de Hammurabi seguía siendo conocido, se utilizaba como una declaración de justicia ideal más que como un texto jurídico práctico. No existía un poder judicial separado. Eran los funcionarios del Estado o el personal del templo quienes juzgaban; el rey generalmente solo se implicaba en casos de traición. El rey también podía ser llamado si se robaba en los templos. Dado que los dioses eran los responsables de proteger al rey y al Estado, el robo en los templos ponía en peligro el imperio y se tomaba extremadamente en serio.

Se desarrollaron servicios de mensajería y caminos reales. Esto ayudó a mejorar el imperio, ya que aumentó la distancia sobre la que el gobierno directo era efectivo.

Aunque la cerveza siguió siendo la bebida básica en Mesopotamia, a medida que más territorios productores de vino entraban en el imperio, beber vino importado se convirtió en un lujo asequible para los asirios más ricos. Probablemente, ¡algunos de esos asirios se hicieron aún más ricos importándolo!

Aunque fue Asurnasirpal II quien trasladó la corte a Kalkhu, fue su hijo, Salmanasar III, quien la convirtió en un importante centro imperial. A estas alturas, Asiria era la mayor potencia de la región. Era mucho más grande que cualquiera de los estados que la rodeaban. El antiguo montículo de asentamiento de Kalkhu se convirtió en la ciudadela, y el resto de la ciudad fue rodeado por una muralla de más de seis kilómetros de largo, con una segunda ciudadela en una esquina para proporcionar mayor protección. Este se convirtió en el modelo de las capitales posteriores, incluidas Nínive y Dur-Sharrukin (la actual Khorsabad). No había templo para Assur, que seguía siendo solo el dios de su propia ciudad. Sin embargo, Ishtar y otras deidades tenían templos en Kalkhu.

Kalkhu fue excavada por Max Mallowan entre 1949 y 1957. Encontró un gran número de documentos en el palacio, incluidas cartas que arrojan luz sobre las campañas asirias contra Babilonia, así como sobre los proyectos de construcción reales. (Mallowan es un arqueólogo no tan conocido como su esposa, que también participó en la excavación de Nimrud. ¿Quién era ella? Pues era la famosa escritora de novelas de misterio y asesinato Agatha Christie).

Asurnasirpal había restaurado completamente las fronteras del imperio; Salmanasar quería ir más lejos. Dirigió más de treinta campañas militares durante sus treinta y cinco años de reinado. Dirigiéndose hacia el oeste, tomó Bit-Adini y rebautizó su capital con el nombre de Kar-Shulmanu-ashared, «puesto comercial de Salmanasar». A continuación trasladó a los asirios nativos a Kar- Shulmanu-ashared, probablemente para transferir el gobierno asirio y las normas comerciales, así como para asegurarse la lealtad de la ciudad.

Antes, las fronteras de Asiria iban y venían con el tiempo, ya que el ejército tenía su base en la capital y no siempre podía llegar a tiempo para resistir la presión de los enemigos o de los vasallos rebeldes. El ejército también se basaba en levas temporales, lo que significaba que reunir un ejército llevaba tiempo.

Salmanasar tomó medidas para blindar el imperio. Estableció un ejército permanente y estacionó unidades en las cuatro marchas fronterizas. Al oficial al mando de cada ejército se le confió un gran poder, lo que podía convertirse en un problema si alguno de ellos decidía rebelarse. Sin embargo, el hecho de que pudieran actuar con rapidez y por iniciativa propia permitía a Asiria reaccionar rápidamente ante cualquier amenaza exterior. En muchos casos, los eunucos eran elegidos para los puestos de «mariscal de campo» de la marcha fronteriza.

Salmanasar también creó una fuerte división de caballería. Los carros eran buenos vehículos para las estepas y las llanuras, pero no eran útiles en las montañas. Extender las operaciones del ejército fuera de Mesopotamia requería una respuesta más flexible. (Los carros tenían que ser desmontados, transportados a través de los pasos de montaña, y luego montados de nuevo antes de enfrentarse al enemigo. Así que, aunque seguían siendo vehículos de alto estatus, eran una debilidad estratégica).

Salmanasar realizó incursiones lejos de las fronteras del imperio. En el Levante, creó una serie de estados clientes, entre ellos Judá. Finalmente, ocupó la mayor parte de Siria y Arabia[i].

Sin embargo, una cosa que Salmanasar no hizo fue invadir Babilonia. Por el contrario, la convirtió en una firme aliada. Cuando dirigió una campaña en Babilonia, fue para salvar a Marduk-zakir-shumi I, el rey legítimo, de una rebelión liderada por su hermano menor. Después de dos campañas, Salmanasar consiguió finalmente arrasar al rebelde y lo

---

[i] Ajab, rey de Israel, junto con Hadadezer de Damasco, luchó contra Salmanasar en el río Orontes. Jehú más tarde luchó contra el tributo de Salmanasar.

mató. El estrado del trono de Salmanasar muestra a los dos reyes cogiéndose de la mano en señal de amistad.

En su vejez, Salmanasar tuvo que ceder la dirección de las campañas militares a su comandante en jefe, Dayyan-Assur. Esto normalmente no sería digno de mención, pero el Obelisco Negro de Salmanasar mencionó a Dayyan-Assur. Era la primera vez que una inscripción real atribuía una victoria a alguien que no fuera el rey.

Al final del reinado de Salmanasar se produjo una amenaza a la sucesión. Salmanasar había nombrado príncipe heredero a su hijo menor, Shamshi-Adad, pero su hijo mayor, Assur-dain-aplu, se rebeló. Esta rebelión fue finalmente aplastada, pero para ello Asiria tuvo que contar con la ayuda de Babilonia. Marduk-zakir-shumi se alegró de devolver el favor que le había hecho Salmanasar, y Shamshi-Adad V heredó el trono en el 824 a. e. c.

La lucha sucesoria había debilitado a Asiria, y los nobles que habían visto las magníficas conquistas de Dayyan-Assur querían un trozo del pastel asirio para ellos. Así, pues, Shamshi-Adad partía con desventaja. Varios reinos clientes intentaron retener el tributo, detectando una debilidad potencial. Al parecer, Shamshi-Adad luchó durante una década antes de encontrar su sitio. También parece haber resentido el hecho de que, durante la primera parte de su reinado, Babilonia tuviera la sartén por el mango.

Así que, a pesar de la amistad de su padre con Marduk-zakir-shumi, Salmanasar llevó sus tropas al sur y acabó consiguiendo un tratado con Marduk-zakir-shumi que le favorecía. Más tarde, hizo campaña en dos ocasiones contra el rey sucesor, Marduk-balassu-iqbi, que podría haber sido su cuñado. Tras abrirse camino al este del Tigris, Salmanasar pudo evitar el fuerte babilónico de Zaddi y dirigirse al centro de Babilonia. Se jactó de haber tomado más de treinta mil cautivos durante su segunda campaña. Shamshi-Adad luchó más tarde contra el siguiente rey babilonio, Baba-aha-iddina, llevándoselo también cautivo.

Babilonia estaba sumida en el caos. No hay constancia de ningún rey en Babilonia durante al menos una década después de Baba-aha-iddina. El imperio estaba listo para el saqueo. Pero cuando Shamsi-Adad murió en 811, su sucesor, Adad-nirari III, era probablemente demasiado joven para ejercer su gobierno con eficacia. Su madre, Shammuramat, podría haber actuado como regente. Fue la única reina asiria que conservó su título tras la muerte de su marido, lo que la convierte en una rara figura femenina en lo que es una narrativa casi exclusivamente masculina. Hizo erigir una estela en su honor en Assur (otra excepción a las reglas del club masculino) e incluso acompañó a Adad-nirari en una campaña.

Adad-nirari III nunca fue un rey fuerte. El eunuco Palil-eresh gobernaba la mitad occidental de Asiria y parecía haberlo hecho de forma semiindependiente. Esto pudo haber preocupado a Adad-nirari; pocos años antes de su muerte, instaló a un nuevo general, Shamshi-ilu. En poco tiempo, Shamshi-ilu consolidó su poder sobre el ejército y sobre la mitad occidental del imperio. En una de sus estelas, Shamshi-ilu omitió el nombre del rey y se atribuyó todo el mérito para sí mismo. Esto no tenía precedentes.

Durante estas cuatro décadas, Asiria fue fuerte económicamente. Se produjo un aumento de la producción de bienes y un incremento de la población que le dieron una base sólida; el imperio simplemente tenía un enfoque interno, no externo, y carecía de un liderazgo fuerte. Durante este periodo se produjeron plagas y las consiguientes cuarentenas y cierres interfirieron en el comercio, pero la economía subyacente era fuerte.

Tiglat-Pileser III (r. 745-727) pudo lanzar una nueva campaña de expansión. Las circunstancias en las que llegó al trono no están claras, como tampoco lo está su filiación; podría haber sido hijo de su predecesor, Assur-nirari V, o de Adad-nirari III (en cuyo caso tomó el trono de su hermano). Es posible que llegara al poder como resultado de un golpe de Estado.

Tiglat-Pileser transformó Asiria en un verdadero imperio, duplicando su tamaño a pesar de su reinado relativamente corto de dieciocho años. Centralizó la autoridad, incorporando nuevos hombres a la administración y recortando el poder de los nobles. Se aseguró de que las posesiones de tierras de cada noble estuvieran muy dispersas por todo el imperio para que ningún individuo pudiera acumular una posición fuerte en una sola provincia.

Un mural del palacio de Tiglat-Pileser III en Til Barsip que lo muestra dando una audiencia [198]

A diferencia de Shamshi-Adad V, Tiglat-Pileser se lanzó a la carrera. Apenas accedió al trono, invadió el norte y el este de Babilonia. Ese mismo año, tomó medidas para reprimir a las inquietantes tribus arameas cercanas a las fronteras asirias.

En 743, derrotó a Urartu. En 740, conquistó Arpad e hizo del norte de Siria una nueva provincia. Más tarde, consolidó su dominio sobre el Líbano moderno y convirtió a Judá, Moab y Edom en estados tributarios. Llegó incluso hasta la frontera egipcia. En 734, se había anexionado a Damasco y había convertido a Oseas en su rey títere en Israel.

En tiempos de Tiglat-Pileser, los carros se habían hecho más grandes. Los conducían tres hombres en lugar de solo dos. El conductor y el arquero tenían un tercer hombre encargado de protegerlos. Los carros también eran más pesados debido a que tenían más blindaje.

Tiglat-Pileser III en su carro con la sombrilla real sostenida sobre él [129]

Babilonia era un premio que dos reyes asirios habían dejado intacto. Tiglat-Pileser esperó su momento durante más de una década. Pero finalmente, encontró que las condiciones se habían movido a su favor. En 734, el rey babilonio Nabonasar murió. Su hijo, Nabu-nadin-zeri, le sucedió, pero solo duró poco más de un año antes de ser asesinado por uno de sus gobernadores provinciales, Nabu-shuma-ukin. Este usurpador duró solo un mes antes de que un caldeo (babilonio del sur), Nabu-mukin-zeri, sofocara la rebelión y ocupara él mismo el trono. Esto dejó a Babilonia como una presa fácil, y Tiglat-Pileser se aprovechó de ello. En 729, invadió Babilonia y se proclamó rey de Babilonia.

Tiglat-Pileser unió a los dos reinos bajo su gobierno personal. No se trató de una unión política. Babilonia siguió siendo un reino separado y no fue incorporada al sistema de gobierno asirio.

El hijo de Tiglat-Pileser, Salmanasar V, continuó la expansión y puso fin a la independencia de Israel al anexionarse a Samaria. Sin embargo, su reinado fue breve, duró solo cinco años, del 727 al 722 a. e. c.

Le sucedió Sargón II (r. 722-705 a. e. c.). Es difícil encontrar pruebas, pero Sargón podría haber dirigido un golpe de Estado en 722 que puso a Salmanasar fuera del poder tras solo cinco años de gobierno. Por otra parte, las Crónicas Babilónicas dicen simplemente: «Salmanasar murió». El nombre de Sargón era una referencia al Imperio acadio y a su rey más grande; quizás, irónicamente, el nombre Sargón, o Sharrukin en asirio, significa «el rey legítimo».

Sargón II era probablemente un hijo menor de Tiglat-Pileser, pero generalmente se lo considera el fundador de una nueva dinastía. Las inscripciones babilónicas lo asignan a la dinastía de Hanigalbat y no a la de Baltil, la línea principal asiria. Esto sugiere que pudo pertenecer a una rama lateral de la familia o que tal vez fuera hijo del hermano menor del monarca.

Sargón era un líder decisivo, que utilizaba tanto la acción militar como el espectáculo para lograr sus objetivos. Tenía un sentido muy desarrollado de la *realpolitik* y de cómo salirse con la suya tanto con aliados como con enemigos. Sargón tuvo que sofocar una rebelión en Palestina casi de inmediato, pero también necesitaba una estrategia para contener a un resurgente reino elamita. Su solución estaba pulcramente calculada; hizo la paz con Elam y sofocó las rebeliones de Ilu-bi'di y Hanunu, desollando a uno y cegando al otro. El castigo severo y la clemencia eran sus armas; podía jugar al «poli bueno» o al «poli malo» y a menudo pretendía lograr un equilibrio de ambos para animar a los demás a hacer lo que él quería.

Sus primeras conquistas incluyeron Karkemish, que conquistó en 717. Saqueó el tesoro, llevándose una inmensa cantidad de plata. En 714 conquistó Urartu y atacó por sorpresa Musashir con un pequeño grupo de asalto después de haber atravesado un territorio montañoso muy difícil. Musashir era una ciudad rica y su contenido fue contabilizado por los escribas de Sargón II. Los asirios se llevaron plata y oro del templo, más de veinticinco mil escudos de bronce y cientos de miles de puñales de bronce.

Sargón aumentó el tamaño de su ejército tomando cuadrigas (y presumiblemente otras fuerzas) de los pueblos conquistados. Por ejemplo, adquirió cincuenta equipos de cuadrigas de Samaria, doscientos de Hamat y cincuenta de Karkemish. Un carro era un bien caro, por lo que los propietarios de estas cuadrillas eran probablemente hombres ricos o de la nobleza. Al incorporarlos a su ejército, mató dos pájaros de un tiro, convirtiendo a estos creadores de opinión en súbditos leales y aumentando sus recursos militares.

El resultado de este reclutamiento puede verse claramente en el hecho de que una quinta parte de su ejército tenía nombres no asirios. El ejército, al igual que el imperio, era cada vez más diverso étnicamente.

En el 710 a. e. c., dirigió su atención a la reconquista de Babilonia. A estas alturas, Sargón contaba con un experimentado ejército lleno de veteranos de campaña. Babilonia, por su parte, estaba dividida entre la población urbana y las tribus semiindependientes de los pantanos. La sucesión de un nuevo rey en Elam había puesto en entredicho la capacidad de Babilonia para acceder a la ayuda de los elamitas. Marduk-apla-Iddina II era tácticamente inteligente y evitaba las batallas siempre que podía, pero Asiria estaba ganando partidarios entre los gobernadores y las tribus. Varias ciudades desertaron al bando de Sargón.

Las fuerzas asirias se acercaban cada vez más a la capital, y cuando Elam declaró explícitamente que no ayudaría a Babilonia, Marduk-apla-iddina huyó a los pantanos del sur. Hábilmente, Sargón consolidó su control del norte de Babilonia antes de dirigirse al sur para un enfrentamiento final con Marduk-apla-Iddina, que se escondía en su ciudad natal, Dur-Yakin. Marduk-apla-iddina inundó los campos alrededor de Dur-Yakin, derribando todos los puentes y calzadas para impedir la aproximación de Sargón. Marduk-apla-iddina tuvo éxito en parte, ya que la ciudad consiguió resistir el bloqueo de Sargón durante un año antes de negociar finalmente un tratado. Marduk-apla-Iddina fue exiliado a Elam, un ejemplo de la clemencia ocasional y normalmente bien juzgada de Sargón.

Los sacerdotes de Babilonia, que al parecer eran más poderosos que los de Assur, tomaron el asunto en sus manos e invitaron a Sargón a la ciudad y luego al templo para que tomara la mano de Marduk en la fiesta del Año Nuevo, convirtiéndolo en rey. Permaneció en Babilonia hasta el año 707.

Cuando Sargón II regresó a Asiria, trasladó la capital a Dur-Sharrukin, el «fuerte de Sargón» (la actual Khorsabad). Tardó diez años en construirla. Puede que el traslado de la capital no fuera un simple capricho; al crear una nueva capital, Sargón estaba expandiendo la economía, abriendo nuevas tierras al cultivo y mejorando el nivel de vida. La nueva capital cumplía los mismos objetivos que un proyecto moderno de aburguesamiento urbano. Fue un programa de construcción masiva. A los artesanos y obreros que fueron a trabajar en ella se les perdonaron sus deudas. (Cabe señalar que aquellos cuyas tierras fueron adquiridas para el proyecto recibieron una compensación monetaria. El rey no estaba por encima de la ley. A algunos se les ofrecieron tierras en otras partes de Asiria).

Alrededor de Dur-Sharrukin se plantaron olivares. El aceite de oliva era un recurso escaso en Asiria, por lo que se trataba de una medida práctica y potencialmente rentable.

Dur-Sharrukin era espléndida. Tenía una ciudadela con un zigurat de 50 metros de altura, un palacio real y numerosos templos. El palacio cubría veinticinco acres y sus puertas estaban custodiadas por colosales toros alados. Sus murallas medían 16.280 unidades asirias. Ese número era importante; los asirios eran grandes creyentes en la numerología, y 16.280, traducido a letras, sumaba el nombre de «Sargón». Estas murallas tenían 157 torres. Se levantaron templos a Adad, Ningal, Ninurta, Nabu, Shamash y Sin, y se construyó una ciudadela secundaria en la esquina suroeste.

También había jardines, un canal central y un enorme montículo, que estaba plantado de árboles y pretendía imitar un paisaje de montaña. Sin embargo, la ciudad no estaba terminada cuando Sargón murió, y pronto quedó obsoleta.

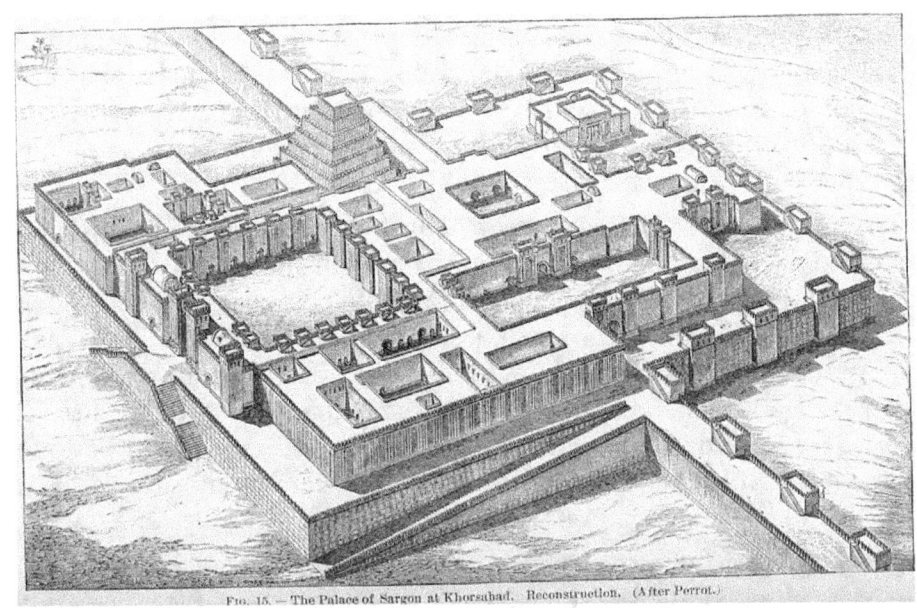

Impresión artística de 1905 del palacio de Dur-Sharrukin [180]

Sargón parecía haber confiado mucho en su familia cercana, como el príncipe heredero Senaquerib y su hermano y gran visir, Sin-ahu-usur. Quizá esto, junto con el traslado a Dur-Sharrukin, refleje un sentimiento de inseguridad por parte de Sargón. Es evidente que no le agradaba la perspectiva de una oposición a sus planes en Assur o Kalkhu.

Bajo Sargón, las deportaciones o reasentamientos se convirtieron en una característica aún mayor de la política asiria. Deportó hasta 600.000 personas, sembrando de asirios las nuevas provincias, al tiempo que reasentaba en Asiria a gran parte de la población de Samaria (conquistada en 722). Muchos de los deportados acabaron probablemente en la región donde se encontraba Dur-Sharrukin, trabajando en proyectos de construcción o en nuevas granjas. En una rebelión en una zona fronteriza, cinco mil personas fueron reubicadas en el corazón de Asiria una vez sofocada la insurrección.

Había tres tipos diferentes de provincias en el Imperio asirio:

- El centro, donde los gobernadores de las ciudades gobernaban en nombre del rey.
- Las marchas fronterizas hacia el norte y el noroeste, que estaban gobernados por los funcionarios más cercanos al rey.
- Las tierras extranjeras anexionadas, que eran gobernadas por gobernantes locales nombrados por Asiria.

Asiria había alcanzado los límites de su poder. Al oeste estaba el Mediterráneo y al sur el desierto de Arabia, ambos presentaban barreras. Los montes Zagros bloqueaban el camino hacia Irán. Asiria se había convertido en un imperio masivo, pero se enfrentaba a límites geográficos que era incapaz de superar.

Un año después de trasladarse a Dur-Sharrukin, Sargón emprendió una campaña hacia Anatolia. Para entonces debía de tener sesenta años y estaba acostumbrado al éxito militar. Podría haber dejado que un general tomara las riendas de la campaña, pero quizá no tenía a nadie en quien confiar, o quizá se sentía invencible. Esta vez, sin embargo, había calculado mal. El enemigo irrumpió en su campamento, lo encontró y lo mató. Peor aún, desde el punto de vista asirio, su cuerpo no pudo ser recuperado. Nunca se uniría a los otros reyes en las tumbas reales de Assur, y su fantasma vagaría por el mundo sin paz.

Senaquerib sucedió a su padre, Sargón, en 705. Nunca se trasladó a Dur-Sharrukin. Tal vez lo consideró desafortunado, o tal vez pensó que estaba embrujado por el espíritu inquieto de Sargón. Hizo todo lo que pudo para distanciarse de su padre, a quien debió de sentir como maldito. A diferencia de casi todos los demás reyes legítimos de Asiria, nunca mencionó el nombre de su padre en ninguna de sus inscripciones. Pronto trasladó la capital a Nínive, que reconstruyó ampliamente.

Senaquerib gastó inmensas cantidades en la construcción de su nueva capital, que cubría casi dos mil acres. Nínive llegó a ser más del doble de grande que las dos capitales precedentes, Kalkhu y Dur-Sharrukin, y estaba rodeada por una muralla de doce kilómetros de largo.

El nombre de Senaquerib significa «el dios Sin ha reemplazado a los hermanos». Esto puede indicar que era un hijo largamente esperado, ya que los otros hijos de Sargón murieron en la infancia. Fuentes posteriores afirman que Senaquerib estaba afligido por un demonio. La pérdida de su padre podría haberle provocado una depresión. Esto tendría sentido; si Senaquerib era un sustituto muy esperado, su padre debía de estar muy unido a él.

Un relieve de Senaquerib[181]

En muchos sentidos, Senaquerib puede considerarse como el gran consolidador que siguió a la expansión de Sargón. Se presentó como un gran innovador, un inventor arquitectónico y agrícola, y un metalúrgico, que aumentó la cantidad de estaño utilizado para crear bronce. En su palacio, hizo que los escultores suprimieran la «pata de más» de los *lamassu*, antes de este momento, se habían mostrado con cuatro patas a cada lado, como si fueran dos relieves doblados para que, vistos en ángulo, parecieran tener cinco patas. El nuevo tratamiento era quizá menos impresionante, pero resultaba más naturalista.

Senaquerib no solo reconstruyó Nínive, sino que también creó una enorme red de canales alrededor de la ciudad. Esta parece haberse desarrollado en cuatro fases, comenzando relativamente pequeña, pero haciéndose cada vez más ambiciosa. Este proyecto de construcción incluía acueductos, canales y esclusas. Muchos de los cursos de agua eran subterráneos. Se excavaban en el lecho rocoso y se accedía a ellos a través de pozos verticales cada cuarenta metros aproximadamente. (Este tipo de canal todavía se utiliza en algunas partes de la península arábiga, conocido como *qanat* o *falaj*).

Se utilizó un tipo de tornillo de Arquímedes en lugar del primitivo *shaduf* (una pértiga pivotante que elevaba un cubo) para subir el agua de un nivel a otro. Se trataba de una enorme innovación. Para resaltar el control del agua por parte del rey, a menudo se realizaban tallas en relieve en la roca junto a las esclusas o los pozos, en las que aparecía el rey como mecenas.

Senaquerib también expresó la ideología real importando árboles de otras partes del imperio al palacio y creando un pantano para imitar las marismas babilónicas. Había llevado a Nínive los extremos del imperio. También plantó árboles frutales de todo tipo, una afirmación de fertilidad que podría haber hecho referencia al árbol sagrado mostrado en los relieves de Asurnasirpal.

Senaquerib tomó el título de rey de Babilonia, yendo un paso más allá que su padre, que solo tomó el título de virrey; el dios Marduk había sido reconocido como el verdadero rey de la ciudad. Esto no pudo sentar bien a los babilonios. Además, Senaquerib no acudió al rito de tomar la mano de Marduk como había hecho su padre. Este fue uno de los errores de Sargón que volvió para atormentar al Imperio asirio.

Estalló una rebelión en Babilonia. Probablemente, podría haber sido reprimida con bastante facilidad, pero Marduk-apla-iddina, sentado cómodamente en el exilio en Elam, vio su oportunidad. Se dirigió directamente a Babilonia, se deshizo del líder de la rebelión y tomó el control. Y esta vez, gracias a que se mostró complaciente mientras estuvo en el exilio, contó con el respaldo de Elam.

Senaquerib se vio obligado a invadir. El muy sensato Marduk-apla-iddina huyó de nuevo a los pantanos. Senaquerib nombró nuevo rey a Bel-ibni, un joven babilonio rehén que «había crecido como un cachorro en mi palacio»[i]. Senaquerib saqueó Babilonia. Tal vez estaba decidido a hacer exactamente lo que su padre no habría hecho.

Después de que Bel-ibni se mostrara incapaz de reprimir las rebeliones en el sur de sus dominios (según algunos relatos, de hecho se unió a ellas), Senaquerib lo sustituyó. Esta vez, mantuvo las cosas en familia, dando a su hijo mayor, Assur-nadin-shumi, el trono de Babilonia.

Entonces, Senaquerib se volvió hacia el Levante. Varios gobernantes filisteos habían dejado de pagar tributo, por lo que era necesaria una expedición punitiva. Senaquerib tomó Sidón, cuyo rey había huido sin defender su ciudad; Ascalón, donde el rey fue hecho cautivo y enviado a Asiria; Ecrón, y Laquis, donde el asedio duró tanto que los arqueros se quedaron sin puntas de flecha de metal.

Finalmente, en 701, bloqueó Jerusalén. Como de costumbre, primero se intentó la diplomacia. En 2 Reyes 18 NKJV se cuenta cómo el *rabshakeh* (jefe de los coperos o visires) de Senaquerib promete a los hebreos que si se unen a Asiria y abandonan al rey Ezequías, recibirán un trato especial.

> «Haced las paces conmigo mediante un presente y salid a mi encuentro —les dice—, y cada uno de vosotros comed de su propia vid y cada uno de su propia higuera, y cada uno de vosotros beba las aguas de su propia cisterna; hasta que yo venga y os lleve a una tierra como la vuestra, una tierra de grano y de vino nuevo, una tierra de pan y de viñedos, una tierra de olivares y de miel, para que viváis y no muráis».

Esta era la forma en que Asiria veía la deportación; no era un castigo, sino una forma organizada y útil de asentar a la gente en tierras que pudieran sustentarlos y apoyar al Imperio asirio. El objetivo final era crear una población «asiria» homogénea. Se fomentaron los matrimonios mixtos.

En cualquier caso, esta promesa no fue aceptable para el pueblo de Israel, y Senaquerib no pudo tomar Jerusalén. Sin embargo, el bloqueo funcionó. Ezequías decidió finalmente pagar el tributo, y Senaquerib se

---

[i] Radner, Karen. *Ancient Assyria: A Very Short Introduction*. Oxford University Press, Oxford, 2015.

marchó. O, al menos, esa es la versión asiria. En la Biblia hay un final bastante diferente. En lugar de que Senaquerib tomara una decisión diplomática, Dios intervino, dando muerte a 185.000 soldados asirios en la noche.

Hay una especie de acertijo que uno tiene que resolver al reconciliar los dos relatos. Tal vez los hebreos simplemente no creían que Senaquerib se rendiría a menos que tuviera que hacerlo. Probablemente, Senaquerib había sopesado el costo de un asedio prolongado en un momento en el que los recursos alimenticios empezaban a escasear, y esto permitió un acuerdo negociado que ambas partes pudieron reclamar como una victoria.

En 694, Senaquerib decidió hacer frente a un viejo enemigo, llevando una fuerza militar a Elam. Esto le permitiría erradicar a los rebeldes babilonios que habían escapado a Elam. Las fuerzas asirias cruzaron el golfo Pérsico en barcos tripulados por fenicios y griegos. Los asirios no eran un pueblo marítimo, pero la expansión del imperio había traído nuevos trabajadores calificados, y Senaquerib decidió aplicarlos por primera vez en la guerra. Tuvo un gran éxito, ya que conquistó varias ciudades elamitas.

Sin embargo, esto tuvo resultados inesperados. El rey de Elam, viendo lo lejos que estaba Senaquerib de su capital, decidió pasar a la ofensiva e invadió Babilonia. La facción antiasiria de Babilonia decidió enfrentar a un enemigo contra el otro. Entregaron a Assur-nadin-shumi, su rey impuesto por los asirios y príncipe heredero asirio, a los elamitas. Lo llevaron a Elam y desapareció de la historia.

Senaquerib salió en busca de venganza. Hizo cautivo al nuevo rey babilonio, Nergal-ushezib, y lo llevó a Nínive. Nergal-ushezib fue encadenado a un oso salvaje en la puerta de la ciudadela. (Esta podría haber sido la idea de entretenimiento de los asirios.) Senaquerib invadió entonces Elam por segunda vez. Aunque tuvo éxito al principio, no estaba preparado para el invierno de las montañas persas y dio media vuelta antes de poder terminar la campaña. Las inscripciones en las que Senaquerib habla de este viaje muestran muy claramente lo aterradoras que eran las escarpadas montañas nevadas y los pasos para los hombres acostumbrados a las estepas llanas y abiertas de Asiria.

Senaquerib se dio cuenta de que tendría que derrotar tanto a Elam como a Babilonia para estar seguro, ya que los dos estados siempre se apoyarían mutuamente contra él. En 691, se reunió una coalición antiasiria de elamitas y babilonios, y se dirigieron hacia el norte a lo largo del Tigris para amenazar a Assur. Pero Senaquerib estaba preparado para ellos. En Halule (la actual Samarra), consiguió bloquear su avance y, al año siguiente, había desplazado su ejército hacia el sur para sitiar Babilonia. Pasaron quince meses antes de que la ciudad cayera. Las tropas de Senaquerib saquearon Babilonia, masacraron a la población y destruyeron la ciudad y su sistema de riego. Babilonia ya no existía. Esta era la cuarta campaña de Senaquerib contra Babilonia, y por fin había logrado destruir la amenaza para Asiria.

Sin embargo, para asegurar el logro político, había que poner en juego a los dioses para afirmar la conquista tanto en la esfera divina como en la terrenal. Eso significaba que los dioses de Babilonia tenían que ser absorbidos por la religión asiria. Senaquerib hizo traer a Assur el trono y el lecho de Marduk, y erigió en Assur una «casa Akitu» calcada de la babilónica. (La casa Akitu es un templo visitado por el dios Marduk en la fiesta del Año Nuevo). Incluso incluía tierra tomada de las ruinas de Babilonia en sus cimientos. Assur se había comido a Marduk y Asiria se había tragado a Babilonia.

Senaquerib nunca tomó el título de rey de Babilonia (de nuevo haciendo lo contrario de lo que había hecho su padre), por lo que la ciudad se quedó sin gobernante.

A estas alturas, Senaquerib probablemente había pasado más tiempo fuera de Asiria que dentro de ella, y es posible que hubiera perdido su dominio de la política interior. Dado que el príncipe heredero, Assur-nadin-shumi, probablemente había sido ejecutado en Elam, Senaquerib nombró príncipe heredero a Urdu-Mullissi (también escrito como Arda-Mulissu). Sin embargo, en el 684 a. e. c. cambió repentinamente de opinión. En cambio, Senaquerib ascendió al cargo a un hijo menor, Asarhaddón. ¿Por qué Asarhaddón? Algunos historiadores culpan a Naqia, su madre, de influir en Senaquerib. Asarhaddón era un hombre maduro cuando fue elegido, así que tal vez había conseguido demostrar su valía a su padre.

Durante un par de años, las cosas parecieron calmarse. Entonces, por alguna razón, Asarhaddón fue enviado lejos de Nínive a un «lugar secreto». Lo más probable es que esto tuviera por objeto garantizar su seguridad. Sin embargo, no garantizó la seguridad de Senaquerib. En octubre del 681 a. e. c., Urdu-Mullissi y su hermano Nabu-shar-usur decidieron actuar. 2 Reyes 19 NVI cuenta la historia:

«Entonces Senaquerib, rey de Asiria, levantó el campamento y se retiró. Regresó a Nínive y se quedó allí. Un día, mientras rendía culto en el templo de su dios Nisrok, sus hijos Adrammelek y Sharezer lo mataron a espada y escaparon a la tierra de Ararat. Y su hijo Asarhaddón le sucedió como rey».

Asarhaddón, aunque exiliado, pudo marchar sobre Nínive y tomar el trono. Se aseguró de que todo se hiciera correctamente. Fue investido rey en Assur, que seguía siendo la capital religiosa y el hogar del dios del que el rey de Asiria sostenía su autoridad. Si Senaquerib había sido castigado por su blasfemia contra Marduk y su destrucción de los templos de Babilonia, Asarhaddón iba a asegurarse de que al menos el dios Assur estuviera de su parte.

A continuación, se deshizo de todo el cuerpo de seguridad del palacio. Los funcionarios del Estado que podrían haber apoyado a su hermano fueron despedidos o ejecutados. Durante el resto de su reinado, Asarhaddón fue un hombre inquieto. Preguntaba regularmente al oráculo de Shamash si alguien planeaba rebelarse contra él. (Su sucesor, Asurbanipal, preguntó al oráculo sobre una serie de operaciones militares y decisiones políticas, pero Asurbanipal parece que nunca preguntó sobre rebeliones. Tal vez no sintió la necesidad de hacerlo). Asarhaddón creó un estado de alta vigilancia, utilizó agentes provocadores y fomentó las denuncias. Su Asiria era, en muchos sentidos, un estado de vigilancia.

Hubo, en efecto, rebeliones en varias ciudades asirias, tal como Asarhaddón había sospechado. Su éxito militar en el extranjero contrastaba con el malestar y las conspiraciones en casa. Sin embargo, Asarhaddón sobrevivió a todas las conspiraciones.

En 677, se apoderó de Sidón y ejecutó a su rey. A continuación, firmó un tratado con Tiro. En 674, hizo un tratado con Elam, poniendo fin a la rivalidad entre los dos estados y asegurando así la frontera oriental. Esto le permitió poner sus miras en el oeste y en Egipto, gobernado entonces por la dinastía nubia (kushita).

El primer intento de Asarhaddón sobre Egipto, en 673 a. e. c., fue un fracaso, lo que lo hizo impopular en casa. Sin embargo, reunió nuevos aliados y volvió a atacar Egipto dos años más tarde desde el Sinaí. Esta vez, tuvo más éxito y consiguió conquistar Egipto hasta el sur de Tebas (aproximadamente a medio camino de la frontera meridional de Egipto). Egipto se convirtió, de hecho, en vasallo de Asiria, ya que el rey kushita

Taharqo huyó del campo. Asarhaddón instaló gobernantes vasallos en Menfis (la actual El Cairo) y Sais (situada en el delta del Nilo) y se llevó su botín a Assur.

Asarhaddón era muy inusual para los egipcios. Todos los gobernantes extranjeros anteriores de Egipto habían adoptado los títulos y la vestimenta faraónicos. La dinastía macedonia ptolemaica también lo hizo. Pero Asarhaddón no intentó en absoluto ser un faraón. Quizá la cultura le era demasiado ajena, o quizá la forma en que Asiria gestionaba los estados vasallos lo hacía innecesario. O tal vez, habiendo recibido su corona del propio dios Assur, Asarhaddón simplemente no veía el sentido de pretender ser un dios.

Crecer cada vez más impopular en casa probablemente no hizo nada por la paranoia de Asarhaddón. Las ciudades de Nínive y Kalkhu se convirtieron en fortalezas inexpugnables, y su obsesión por la seguridad del Estado continuó. Luego, en 670, Asarhaddón llevó a cabo otra purga de sus cortesanos y funcionarios tras un episodio de oposición a su gobierno en el norte de Siria. Las Crónicas Babilónicas dicen: «El rey pasó a cuchillo a sus oficiales en Asiria». No da más detalles. Sin embargo, la purga debió de ser salvaje. Por primera vez, no había en el lugar ningún alto funcionario cuyo nombre pudiera utilizarse como epónimo del nombre del año. Es probable que Assur-nasir, el jefe eunuco que había dirigido la campaña egipcia, fuera uno de los asesinados. Fue asesinado justo un año después de su triunfo.

Las cartas del exorcista de Asarhaddón (que desempeñaba aproximadamente el mismo papel que un médico o psiquiatra desempeñaría hoy en día) sugieren que el rey estaba clínicamente deprimido tras la muerte de su esposa Esharra-hammat y su bebé. Podría haber padecido una forma de trastorno de estrés postraumático derivado del asesinato de su padre.

Una señal de la creciente perturbación de Asarhaddón fue el uso que hizo de un antiguo rito para eludir sus obligaciones. Se podía recurrir a un sustituto para proteger al rey de los peligros que surgían durante un eclipse solar; durante cien días, un sustituto ocupaba el lugar del rey. Con ello se pretendía cegar a las fuerzas del caos y asegurar que, tras el eclipse, el rey pudiera recuperar su trono ileso, sin peligro para el gobierno del Estado asirio.

Pero Asarhaddón utilizó el rito al menos cuatro veces, incluso pocos días después de su primera victoria en Egipto. No utilizó el rito para evitar los eclipses; más bien quería poder ocultarse de su posición como rey y retirarse a la vida privada. Como utilizaba este rito, todos estaban contentos, excepto el rey sustituto, que siempre era asesinado al final de los cien días. Asarhaddón, que era claramente un tipo listo, se las arregló para elegir rivales políticos para el puesto de rey sustituto.

Bajo Asarhaddón, Asiria se hizo aún más multiétnica y multicultural. A los sacerdotes y eruditos asirios se unieron los babilonios, y sus nuevas conquistas vieron unirse a su corte a un médico egipcio, así como a astrónomos y sacerdotes egipcios.

Senaquerib tenía una relación tensa con su padre muerto, y Asarhaddón tenía una relación extraña con su padre. Convencido de que Senaquerib había sido el blanco de los dioses por su saqueo de Babilonia, Asarhaddón se dedicó a reconstruir la capital que su padre había destruido. La reconstrucción de Babilonia fue el gran programa de construcción de Asarhaddón, rivalizando con Dur-Sharrukin y Nínive. Por primera vez, un rey asirio financió un gran proyecto de construcción fuera de Asiria, y por primera vez, también fue financiado desde fuera de Asiria, al menos en parte. El tributo de Egipto ayudó a pagar las obras.

La primera etapa de la construcción fue la limpieza. Había que limpiar la ciudad de la vegetación que la había invadido y reencauzar el río a su cauce original antes de que se inundara la zona que rodeaba la ciudad.

Asiria era un imperio enorme con 75 provincias. Quizá era demasiado grande para que lo gestionara un solo hombre, así que Asarhaddón decidió separar de nuevo las dos mitades de su imperio. En 672, nombró a su hijo menor, Asurbanipal, príncipe heredero de Assur, y a su hijo mayor, Shamash-shumu-ukin, príncipe heredero de Babilonia. Esto puede parecer inusual; seguramente, el hijo menor debería de haber sido enviado a Babilonia. Una inscripción muestra por qué fue así. Shamash-shumu-ukin era una especie de sacrificio viviente, un regalo para Marduk y la diosa Zarpanitu, los dioses de Babilonia.

El acuerdo de sucesión fue ampliamente difundido en estelas, en inscripciones e incluso en el sello real, que mostraba la escena del rey matando a un león por triplicado, representando el triple gobierno de Asarhaddón y de los dos príncipes. Sin embargo, la exigencia de que los funcionarios tuvieran que prestar juramento de sucesión se refería exclusivamente a Asurbanipal, cuya madre era asiria. La madre de Shamash-shumu-ukin era babilonia.

Asarhaddón murió en 669. Se dirigía de nuevo a Egipto para sofocar una rebelión bajo el mando de Taharqo. Dejó un palacio inconcluso en Kalkhu que fue construido al estilo egipcio. Asurbanipal heredó un imperio rico y exitoso, pero había una herida de muerte oculta. A causa de las dos grandes purgas de Asarhaddón en la función pública, había destruido el poder de funcionamiento de la administración.

Asurbanipal (r. 669-631) continuó la expedición asiria en Egipto. En 667, invadió, reconquistó el país e instaló a Necho de Sais como gobernante vasallo, a pesar de que había participado en la rebelión de Taharqo. El hijo de Necao, Psamético, también recibió un alto cargo.

La dinastía kushita contraatacó unos años más tarde. El sucesor de Taharqo, Tantamani, remontó el Nilo en una nueva ofensiva, y Necao fue asesinado mientras defendía Menfis. Psamético huyó, pero regresó al año siguiente, apoyado por Asurbanipal y el ejército asirio. Asurbanipal arrasó Egipto hasta el sur de Tebas, que saqueó en 663, llevándose dos obeliscos a Asiria, así como a muchos de los habitantes de la ciudad y una gran cantidad de oro y plata. Aunque las pruebas arqueológicas demuestran que los asirios se llevaron un buen botín, no quemaron la ciudad ni destruyeron los edificios. Psamético fue instalado entonces como faraón, aunque solo gobernó la mitad superior de Egipto. Asurbanipal regresó a Asiria.

Es probable que Asurbanipal viera a Psamético como un gobernante provincial domesticado. Sin embargo, Psamético reunificó Egipto. Fundó la XXVI dinastía y casi sobrevivió al Imperio asirio.

El acuerdo de sucesión de Asarhaddón otorgaba a Asurbanipal el papel principal; aunque su hermano fue instalado como rey de Babilonia, se sobreentendía que Asiria era la realeza de mayor rango. Esto debió de disgustar a su hermano, sobre todo porque varias ciudades importantes de Babilonia (Nippur, Uruk y Ur) lo ignoraron y trataron directamente con Nínive. Tras década y media de obediente administración de lo que Asurbanipal consideraba simplemente otra provincia asiria, Shamash-shumu-ukin se rebeló en 652. Fue apoyado por Elam, aunque no por todos sus propios súbditos.

Hacia 650, las cosas iban mal para Shamash-shumu-ukin. Asurbanipal lo había hecho retroceder, tomando Sippar y Borsippa por el camino, y ahora podía sitiar Babilonia. Según el relato de Asurbanipal, Babilonia estaba tan asediada que los ciudadanos habían recurrido al canibalismo, pero la exageración era una característica habitual de las inscripciones de los reyes asirios. Aun así, un asedio de dos años debió de reducir considerablemente el nivel de vida en Babilonia.

Finalmente, la ciudad cayó. Asurbanipal se dedicó a arrasar la ciudad. Sus inscripciones están llenas de atrocidades, como descuartizar cadáveres para dárselos de comer a cerdos y perros. Sin embargo, no dicen lo que le ocurrió a Shamash-shumu-ukin.

Quizá el «Cuento de los dos hermanos» tenga la respuesta. Esta historia se conoce por un papiro egipcio del siglo IV (escrito tanto en arameo como en egipcio demótico) y cuenta cómo la hermana de Asurbanipal y Shamash-shumu-ukin, Sherua-etirat, suplica a su rebelde hermano que se someta al rey o que se queme a sí mismo y a su familia en una pira junto con los eruditos babilonios que lo tentaron a rebelarse. Él se niega, y cuando se prende fuego al templo de Marduk, muere entre las llamas.

Independientemente de lo que le ocurriera a Shamash-shumu-ukin, Asurbanipal había ganado. Pero cuatro años de guerra civil habían dejado a Babilonia desestabilizada y sumida en la hambruna, lo que destruyó el prestigio de Asiria. Babilonia, tras haber sido destruida dos veces en memoria viva por reyes asirios, hervía de odio hacia sus rivales del norte.

Elam seguía siendo una espina en el costado de Asiria a pesar de una campaña anterior muy exitosa contra Teumman, que había sido asesinado en la batalla del río Ulai, lo que dio a Asurbanipal la oportunidad de instalar a los gobernantes de su elección. (Teumman fue decapitado; la escena se muestra con nauseabundo detalle en los relieves del palacio de Asurbanipal, y las inscripciones se jactan de haber hecho correr los ríos rojos de sangre). Pero en Elam se produjeron revueltas tras revueltas. Hacia 646, Asurbanipal había decidido que era hora de poner fin al problema elamita.

Probablemente, Asurbanipal fue más lejos en esta campaña que cualquier otro rey asirio anterior. Puede que incluso tomara tributo de algunos de los reinos iranios. En su camino de regreso, decidió destruir la capital elamita, Susa. Demolió los templos y el zigurat, saqueó el palacio y «secuestró» no menos de diecinueve dioses elamitas. Las tumbas reales de Elam fueron destruidas, y el rey de Elam fue llevado a Nínive, donde tuvo que tirar del carro de Asurbanipal.

Los acontecimientos relatados en estas inscripciones parecen justificar la valoración que hace Frahm de Asurbanipal como «erudito, sádico, cazador, rey»[i]. Asurbanipal estaba orgulloso de su imagen de cazador. Los relieves del palacio de Asurbanipal lo muestran matando a dieciocho leones, lo que quizá fuera un «número mágico», ya que Nínive tiene dieciocho puertas (un león podía proteger cada una de las puertas de la ciudad). Al parecer, Asurbanipal hizo construir una arena especialmente para la caza de leones. Es posible que los leones estuvieran sedados.

Asurbanipal también se presentaba como un erudito. Esto no era inusual en Asiria, puesto que los reyes tenían una buena educación y con frecuencia miraban al pasado como precedente para sus hazañas. La biblioteca de Asurbanipal en Nínive era impresionante. Había tablillas de arcilla y numerosas tablillas de cera. Estas últimas se perdieron en un incendio, pero el calor coció y conservó las tablillas de arcilla.

Aunque la biblioteca incluía el único texto completo de la *Epopeya de Gilgamesh*, sus documentos clave se referían a rituales, oráculos, presagios, astrología y adivinación. Estos textos proporcionaban materiales que podían apoyar la toma de decisiones del rey. Asurbanipal no solo disponía de textos astrológicos eruditos, sino que también patrocinó a astrólogos para que estudiaran y registraran los fenómenos celestes de una forma que podríamos llamar más científica.

La biblioteca también era multilingüe. Contenía textos asirios, la epopeya babilónica de la creación y textos en babilonio, asirio y la antigua lengua sumeria.

Asurbanipal fue el más erudito de los coleccionistas reales, pero heredó gran parte de su biblioteca de gobernantes anteriores, quizá ya de Ashur-uballit I. Tukulti-Ninurta I añadió textos babilónicos a la biblioteca, uno de los resultados de su conquista de Babilonia.

Aun así, la vida era buena para los asirios durante el reinado de Asurbanipal. Las excavaciones de la capital occidental de Dur-Katlimmu muestran cómo Shulmu-sharri, un hombre rico, disfrutaba de su vida en la Casa Roja, con sus cuatro patios, dos pisos, dos pozos y un eficaz sistema de alcantarillado y drenaje. Tenía muchos esclavos y tres hijos adultos. A los cincuenta años, se convirtió en «compañero» de Asurbanipal, que era un representante acreditado del rey. Su casa da una buena idea del lujo en el que podían vivir los verdaderamente ricos del Imperio neoasirio.

---

[i] Frahm, Eckart. *Assyria: The Rise and Fall of the World's First Empire*. Basic Books, Nueva York, 2023.

Los comerciantes de Assur viajaban a lo largo del Tigris para comprar vino a Siria. Lo traían de vuelta en balsas hechas de madera siria y lo vendían por madera cuando llegaban a Asiria. Para entonces, Asiria poseía territorio desde el Mediterráneo hasta el golfo Pérsico; era la superpotencia sin rival de su época.

Pero esto no iba a durar. Quizá el cambio climático fuera en parte responsable; los rendimientos agrícolas volvieron a bajar y los elefantes se extinguieron en la región. Tal vez las purgas de Asarhaddón condujeron a un mal gobierno y a un declive de las infraestructuras públicas. La lista de años epónimos termina en 639, y hay una sorprendente falta de documentación para los últimos años del reinado de Asurbanipal, lo que sugiere que las comunicaciones se estaban rompiendo.

Quizás los delirios de grandeza eran los peores problemas con los que tenía que lidiar Asiria. La economía empezaba a tambalearse, pero Asurbanipal no prestaba atención. El precio de mercado del grano (calculado a partir de la comparación de una serie de documentos de transferencia) parecía haber sido más de mil veces superior al precio oficial. La escasez de grano y la elevada inflación obligaron a los pobres a vender a sus hijos o a darlos en prenda para obtener préstamos. Sin embargo, para los ricos y para el gobierno, la edad de oro seguía en pleno apogeo.

Así que, cuando las cosas iban mal, iban mal muy rápidamente.

En el 631 o 630 a. e. c., Asurbanipal murió o fue depuesto. De nuevo, la información es muy limitada; los registros no se mantenían al día en este momento. Su hijo, Assur-etil-ilani, le sucedió, y reinó durante tres años. Sinsharishkun, otro hijo de Asurbanipal, reclamó entonces el trono, pero esto fue disputado durante algún tiempo por el jefe de los eunucos, a pesar de que, según la tradición asiria, un eunuco era inelegible para gobernar.

Esta crisis de liderazgo dio a la facción antiasiria de Babilonia la oportunidad que necesitaba. Nabopolasar, cuyos orígenes se desconocen, tomó el trono de Babilonia y pasó a la ofensiva. Hubo una batalla a muerte entre Asiria y Babilonia.

Estas batallas podrían haber continuado indefinidamente, pero la llegada de una nueva potencia, los medos, al este, cambió las cosas. Las tribus iranias habían pasado 150 años viviendo como tribus fragmentadas, pero finalmente crearon una confederación capaz de trabajar unida en las campañas. En 614, capturaron Assur, incendiando la ciudad (así lo confirma el registro arqueológico). El templo de Assur, que daba legitimidad a los reyes de Asiria, fue destruido, al igual que las tumbas de los reyes.

Nabopolasar se alió rápidamente con los medos. Su objetivo era obvio: capturar la capital del Imperio asirio, Nínive.

En 612, Nínive cayó. El rey Sinsharishkun desapareció sin dejar rastro (se supone que murió en la batalla) y Nínive parecía haber sido abandonada. Los soldados que murieron defendiendo la puerta Shamash de la ciudad nunca fueron enterrados. Las imágenes de los reyes asirios fueron desfiguradas. Les arrancaron los ojos y les rompieron la nariz. La ciudad fue saqueada y luego destruida. Los ingenieros babilonios redirigieron los canales de Senaquerib para destruir los muros de adobe de la ciudadela. También Kalkhu fue completamente destrozada y luego abandonada. Se arrojaron cadáveres a los pozos para envenenar el agua y hacer inhabitable la ciudad. Las obras de irrigación fueron destruidas, haciendo imposible cultivar la tierra. Asiria estaba en ruinas.

Con Assur destruido, ningún nuevo rey podía ser investido legítimamente. Ashur-uballit II realizó su ceremonia de investidura en Harran en 612, pero parecía que muchos lo consideraban solo el príncipe heredero. Con el apoyo de Egipto, continuó un estado asirio en el exilio en Harran (muy al norte, en la frontera moderna entre Siria y Turquía). En el año 610, Babilonia consiguió tomar Harran, y la última inscripción que menciona a Ashur-uballit II data del año 609. Simplemente, desapareció de la historia después de esa fecha, y con él, el Imperio asirio llegó a su fin. Solo hicieron falta veintiún años tras la muerte de Asurbanipal para que el imperio llegara a su fin.

Nabopolasar y su hijo Nabucodonosor II deportaron a muchos asirios a Babilonia, adoptando la costumbre asiria del reasentamiento. El Imperio neobabilónico estaba en auge. Incluso consiguió derrotar a los egipcios.

Por extraño que parezca, el dios Assur seguía siendo venerado en su templo del peñasco que domina el Tigris bajo el imperio persa aqueménida, que vio un resurgimiento económico, aunque no político, en Asiria y más tarde bajo los partos. Solo hacia el año 240 e. c. los sasánidas capturaron y saquearon Assur, destruyendo finalmente el templo.

Capítulo 8: Diversidad lingüística

Asurbanipal afirmó en una ocasión: «Assur ha puesto a mi disposición todas las lenguas que se hablan de sol a sol»[i]. No exageraba esta vez, o al menos no mucho. Asiria fue un reino multilingüe desde el principio.

Asiria heredó una lengua clásica. El sumerio era una lengua aislada, lo que significa que no estaba relacionada con ninguna otra lengua. También fue la primera lengua escrita. Sin embargo, es importante darse cuenta de que nuestro conocimiento del sumerio se refracta a través del acadio. Incluso el nombre «sumerio» es acadio; la lengua era *emegir* o «lengua nativa» para sus hablantes.

Los caracteres cuneiformes en los que se escribió la lengua empezaron como pictogramas toscos. Después, las marcas se volvieron abstractas y en forma de cuña, hechas con un tipo de estilete de caña prensado en arcilla. Debió de ser bastante rápido de escribir, sobre todo en comparación con los jeroglíficos egipcios. Originalmente un sistema logográfico, en el que cada signo era una palabra, se convirtió en un sistema mixto en el que los signos podían utilizarse para sílabas individuales. Es similar al japonés moderno, que utiliza un silabario junto con los *kanji*, caracteres chinos que representan una palabra.

El proceso de desarrollo del cuneiforme se produjo lentamente a lo largo del tiempo, tardando al menos desde el siglo XXVIII (cuando se datan los primeros signos silábicos, pero son poco frecuentes) hasta el siglo XXVI a. e. c. (cuando se hicieron relativamente comunes). Algunos

---

[i] Frahm, Eckart. *Assyria: The Rise and Fall of the World's First Empire*. Basic Books, Nueva York, 2023.

signos también se utilizaban como determinativos tácitos, es decir, signos que denotaban qué tipo de cosa describía la palabra. Por ejemplo, los nombres de los dioses recibían una estrella.

El cilindro de Rassam, un documento histórico cuneiforme [132]

La elaboración de listas era una obsesión de la cultura de los escribas sumerios, y siguió siendo también una faceta importante de la cultura mesopotámica postsumeria. Había listas de árboles, listas de animales, listas de profesiones, etc. Muchas de estas listas se seguían copiando cientos de años después de que el sumerio se hubiera extinguido como lengua hablada.

Los himnos a menudo permanecían en sumerio, incluso en una fecha tardía, aunque para entonces ya se habrían vuelto poco conocidos. Esto es similar a la forma en que se utilizó el latín hasta los años 50 en la misa católica. Para ayudar a los sacerdotes que no dominaban el sumerio, algunos textos tenían una traducción en asirio insertada entre líneas.

Sin embargo, el dominio del sumerio escrito era esencial para los eruditos. «¿Qué clase de escriba es el que no sabe sumerio?», pregunta un texto escrito hace cuatro mil años[i].

La siguiente lengua en llegar fue el acadio. Se trataba de una lengua semítica, como el hebreo, el árabe, el arameo y algunas de las lenguas etíopes (tigriña y amárico). No tenía ninguna relación con el sumerio. Los documentos asirios antiguos suelen estar escritos en acadio.

Tanto el asirio como el babilonio se desarrollaron a partir del acadio, y ambas lenguas se describen a veces como dialectos acadios. Son similares pero distintas. Ambas lenguas utilizaban la escritura cuneiforme, aunque las escrituras no son exactamente iguales. Un experto puede distinguir fácilmente las dos lenguas solo por la escritura, sin necesidad de leer las palabras. La escritura babilónica era menos legible que la asiria, más regular. Asurbanipal hizo copiar varios textos babilónicos en la escritura asiria.

Leer cuneiforme sigue siendo un reto. Diferentes signos pueden tener el mismo valor fonético, algo así como que «gh», «f» y «ph» pueden leerse todos como «f» (como en las palabras «suficiente», «fin» y «fonético»). Sin embargo, un signo puede tener múltiples lecturas. La capacidad de utilizar signos para conceptos, palabras y sonidos continúa. Curiosamente, el cuneiforme se hizo más complejo durante el periodo asirio medio y aún más durante el periodo neoasirio, quizás debido al hecho de que los escribas altamente educados sintieron la necesidad de subrayar la importancia de su profesión.

Durante el periodo asirio medio, el babilonio —la más prestigiosa de las lenguas— se utilizaba a menudo para los textos oficiales. Bajo Tukulti-Ninurta II, las inscripciones se escribieron en un dialecto asirio, evitando las palabras y frases babilónicas. Esto constituyó una fuerte afirmación de la identidad nacional mientras Asiria luchaba por salir de tiempos caóticos. Evidentemente, la lengua fue un arma en las guerras culturales entre Babilonia y Asiria.

Durante el periodo de la antigua Babilonia, el sumerio permaneció como la lengua literaria y erudita. Se han encontrado varias tablillas

---

[i] Crawford, Harriet. *The Sumerian World*. Routledge, Londres y Nueva York, 2013. Pág. 95.

bilingües, como una lista de nombres geográficos tanto en sumerio como en acadio o asirio, de la que los escribas aprenderían su oficio o que podrían utilizar como referencia.

Durante el I milenio a. e. c., las cosas cambiaron. El asirio continuó siendo la lengua oficial, pero el arameo (otra lengua semítica) se convirtió en la lengua de la vida cotidiana. Su uso comenzó como lengua comercial y luego se extendió por todo el imperio. Sin embargo, sobreviven muy pocos registros escritos de la época asiria en arameo. Hay una razón para ello. Los textos asirios se escribían en tablillas de arcilla, pero el arameo se escribía en hojas de cuero o papiro. La mayoría de los textos arameos que tenemos proceden de épocas muy posteriores y se conservaron en el desierto de Judea, no en Mesopotamia.

Es interesante que varios relieves muestren parejas de escribas. Uno de ellos aparece escribiendo con una pluma sobre un pergamino y el otro con un estilete sobre una tablilla. La tablilla podía estar hecha de arcilla para un registro permanente o de cera para anotaciones o cálculos temporales que luego podían borrarse. (Los soportes de cera sobrevivieron en unos pocos casos, y los más lujosos estaban tallados en marfil, pero la cera que contenían se destruyó con el tiempo).

El arameo, a diferencia del asirio, se escribía en una escritura alfabética que descendía del alfabeto fenicio y se escribía de derecha a izquierda (el asirio iba de izquierda a derecha). El arameo sigue siendo hablado en la actualidad por los cristianos asirios en Oriente Próximo y en la diáspora asiria. Confusamente, se le denomina «asirio moderno». Está muy lejanamente emparentado con el asirio de la época de Asurbanipal; sería similar a la relación entre el alemán y el inglés americano moderno.

Una tablilla hallada en Nínive contiene las especulaciones de un escriba sobre las formas originales de los caracteres cuneiformes asirios posteriores. No son correctas, pero demuestran que los asirios eran conscientes de la larga historia de su lengua y estaban interesados en descubrir más sobre ella.

El arameo no se encuentra a menudo en los monumentos, pero el palacio de Salmanasar III tiene caracteres arameos pintados en los ladrillos vidriados, probablemente como guía para saber dónde debían ir los ladrillos. Es posible que los albañiles, o al menos el jefe de obra, supieran leer o al menos identificar los caracteres arameos, pero no los cuneiformes. A menudo se adjuntan resúmenes en arameo a los textos formales asirios relativos a los contratos de venta de propiedades, y las tablillas de arcilla en arameo se utilizaban como pagarés o notas de deuda.

La alfabetización parece haber estado muy extendida. Muchos adultos libres y algunas mujeres sabían leer. Había más personas alfabetizadas en el Imperio asirio que en la mayoría de las sociedades de la época. La alfabetización básica podía lograrse con el conocimiento de solo 80 a 120 caracteres cuneiformes en la época asiria antigua; las personas que aprendían otras escrituras de Oriente Próximo tenían que aprender muchos más caracteres. En Egipto, el uso de jeroglíficos limitaba la alfabetización a un porcentaje muy pequeño de la población. Se necesitaban al menos 750 jeroglíficos, incluso para una comunicación básica.

Las excavaciones han encontrado tablillas cuneiformes en aproximadamente un tercio de las casas particulares de Assur. A menudo se trata de documentos comerciales, pero también se han encontrado textos religiosos y literarios. La alfabetización estaba muy extendida en otras ciudades del imperio, tanto en escritura cuneiforme como en escritura alfabética aramea.

Los reyes no solo leían, sino que a menudo tenían ediciones de libros eruditos en sus bibliotecas personales. Aunque Asurbanipal quizás no era tan gran erudito como creía, los reyes tenían la suficiente cultura como para hacer uso de ella. Asarhaddón, por ejemplo, escribía frecuentemente a sus eruditos para que le aclararan pasajes complicados o posibles malentendidos y ambigüedades. Era evidente que prestaba mucha atención a los textos que leía.

En los imperios asirio y babilónico existía un gran respeto por la palabra escrita y se utilizaba para lograr la permanencia. Por ejemplo, el Código de Hammurabi se inscribió en una estela y se copió con frecuencia. De hecho, copiar el código se convirtió en parte del plan de estudios habitual de los escribas en formación, práctica que aún se mantiene mil años después. (Había una copia del Código de Hammurabi en la Biblioteca de Asurbanipal).

En el palacio de Asurbanipal II, cada uno de los paneles en relieve tiene la parte central de la escultura sobrescrita con lo que se ha dado en llamar la «inscripción estándar», que alaba al rey como rey del mundo, sacerdote y gobernante elegido por los dioses. La inscripción está recortada en el relieve, por lo que es evidente que se hizo después de tallar el relieve. El relieve se habría considerado incompleto sin ella. (Hoy en día, seríamos más propensos a pensar que una escultura se ha estropeado si hubiera algo escrito sobre ella).

Sin embargo, aunque existía un inmenso respeto por la palabra escrita en Asiria, parece que había menos respeto por los escribas profesionales. Nunca ganaron tanto dinero como los comerciantes. Un texto dice: «La casa del escriba jefe es miserable, ¡ni un burro entraría en ella!»[i].

Por último, cabe destacar que, sobre todo en el Imperio neoasirio, a menudo conocemos a los reyes por la versión hebrea de sus nombres, no por sus nombres reales de reyes. Tiglat-Pileser, por ejemplo, fue nombrado en asirio como Tukulti-apil-Esharra, «Confío en el hijo de Esharra» (el dios Ninurta, hijo de Assur, cuyo templo se llamaba Esharra —«templo del mundo»).

Salmanasar era un nombre que solo se daba a los reyes y es posible que lo tomara solo después de llegar al poder. A Salmanasar V se lo llamaba Ululayu cuando era príncipe. De nuevo, Salmanasar es la versión bíblica; el nombre asirio habría sido Shalmanu-ashared, «Shalman es el primero» o «el amistoso es el primero», posiblemente refiriéndose a una manifestación de Assur. (Curiosamente, el nombre parece estar relacionado con el nombre hebreo Salomón).

En general, se considera que el asirio es una lengua muerta. Sin embargo, el babilonio aún no ha muerto del todo. La primera película en babilonio se estrenó hace apenas unos años. «El pobre de Nippur» fue realizada en 2018 por el Departamento de Asiriología de la Universidad de Cambridge y cuenta la cómica historia de un pobre que se venga del perezoso y sórdido alcalde de su ciudad. Esta historia se encontró en una tablilla de arcilla que data de alrededor del año 710 a. e. c. Si desea verla, está en YouTube y cuenta con una cabra bastante adorable (aunque condenada al fracaso), ¡así como algunas bofetadas dignas de un Oscar!

---

[i] Elayi, Josette. *Esarhaddon, King of Assyria*. Lockwood Press, Columbus, Georgia, 2023.

Capítulo 9: Religión y creencias

La religión asiria tenía mucho en común con las religiones del resto de Mesopotamia, aunque algunos detalles difieren. Era una religión politeísta en la que muchos dioses estaban asociados a fenómenos naturales (sol, luna, tormentas, etc.) o a lugares concretos.

Uno de los grandes temas de la religión en Mesopotamia era el conflicto entre el caos y el orden. El caos es lo que había antes del mundo. A menudo se describía como un abismo profundo o una oscuridad total. La gente lo veía como una amenaza que había que domar. En el mito babilónico de la creación, el caos estaba representado por Tiamat, diosa del mar, que dio a luz a monstruos hasta que fue asesinada por el dios Marduk. Tras dividirla en dos, Marduk separó el cielo y la tierra, creando orden a partir del caos. Convirtió sus costillas en la bóveda celeste y sus ojos derramaron lágrimas que se convirtieron en el Tigris y el Éufrates. (En las versiones asirias, es Assur quien mató a Tiamat).

La figura del rey matando a un león es frecuente en el arte asirio, ya que formaba parte del sello real. Se trata de una reproducción de la batalla entre el caos y el orden, y recrea escenas de los dioses matando a criaturas monstruosas.

El mito del Gran Diluvio, similar al diluvio al que se enfrentó Noé en la Biblia, se encuentra en la mitología sumeria y sin duda era conocido por los asirios. Al igual que Tiamat, el Gran Diluvio simbolizaba el poder destructivo del agua. Quizá la destrucción de Babilonia por Senaquerib abriendo las compuertas pretendía reflejar el mito del diluvio.

Los demonios y los monstruos eran fuerzas del caos siempre presentes, contra las que había que buscar la protección de los dioses o los espíritus guardianes. Los grandes toros alados con cabeza humana llamados *lamassu*, por ejemplo, no solo formaban impresionantes entradas al palacio de un rey. También actuaban como protectores mágicos. Además, se podían utilizar encantamientos para ahuyentar a los demonios.

Lamashtu era una encarnación del caos. Este demonio tenía cabeza de león, garras de pájaro y cuerpo de mujer y pechos caídos. Lamashtu mataba a los niños pequeños y a veces mataba a las madres durante el parto. Para protegerse de ello, las futuras madres hacían figuras de arcilla de Lamashtu y las enviaban por el Tigris para «ahuyentarla».

Pazuzu era el rey de los demonios del viento. Tenía cara de león, y manos y pies con garras. Sin embargo, se lo podía utilizar como fuente de magia buena, y su figura se esculpía a menudo en amuletos. Otros protectores eran Ugallu, «gran león», y el urmahlullu, «hombre león», que llevaba cuernos de toro en la parte delantera del casco como símbolo divino. Los lahmu eran representados como hombres barbudos con el pelo en ondulantes tirabuzones. Las imágenes de Lahmu llevan inscrita la frase: «¡Entra, espíritu de paz; sal, espíritu del mal!». Los Apkallu llevaban capas de piel de pez y una cabeza de pez como casco. A veces tenían cabezas y alas de pájaro. Eran espíritus protectores a pesar de su aspecto monstruoso.

La importancia de los demonios hizo del exorcismo un procedimiento habitual en Asiria, ya que las enfermedades podían estar causadas por demonios o magia maligna. El rey tenía su propio exorcista, lo que los asirios no habrían considerado más extraño que el hecho de que un director general tenga hoy en día un terapeuta.

La magia era practicada por los *mashmashu* o *ashipu*. Los conjuros y hechizos mágicos se han conservado en escritos. Se podían llevar amuletos o colgarlos en la pared de una casa, y a menudo se enterraban figuras mágicas en los cimientos. Los perros de arcilla eran figuras comunes en los cimientos; quizá representaban la naturaleza protectora de los perros guardianes. Quemar una figurilla podía considerarse una forma de magia. Se podían utilizar encantamientos para librarse de la brujería o de los malos espíritus.

Los asirios creían en una especie de vida después de la muerte. El inframundo era el lugar donde residían todos los muertos, virtuosos o no. Los muertos comían polvo y eran ciegos e impotentes. No había cielo ni infierno. Todos los humanos eran mortales y tenían los días contados. Esta perspectiva debía de ser algo deprimente.

Aunque no había paraíso que esperar, tener un entierro decente era sumamente importante, en parte para garantizar que los muertos fueran felices y no regresaran como fantasmas vengativos. (Una leyenda judía cuenta que el hijo del monarca babilonio Nabucodonosor cortó su cuerpo en trescientos pedazos y se los dio de comer a los pájaros para asegurarse de que nunca regresaría). Las casas y los palacios tenían cámaras funerarias en el sótano. Normalmente, eran cámaras abovedadas con escalones hacia abajo para poder visitar a los muertos y darles ofrendas. Los ajuares funerarios incluían cartas y otros documentos, joyas, peines y alfileres de marfil y recipientes de piedra tallada.

Lo distintivo de Asiria era el dios Assur, el gobernante de la ciudad que tomó su nombre. A diferencia de la mayoría de los dioses mesopotámicos, no tenía (originalmente) esposa ni hijo. Ni siquiera se lo mostraba en forma humana; se lo identificaba con la roca sobre la que estaba construido su templo. A veces se lo conocía como «señor de la montaña». En cambio, todos los dioses babilónicos están relacionados entre sí. También todos simbolizan aspectos particulares de la vida, mientras que Assur era, simplemente, el poder de la ciudad, nada más. No tiene historia; es solo un dios de poder y omnipotencia.

El dios Assur en un disco alado [188]

Otras ciudades tenían sus propias deidades. Babilonia tenía al dios Marduk, Nippur al dios Enlil y Arbela a la diosa Ishtar. A medida que Asiria se expandía, se entregaba al «secuestro de dioses», apoderándose de las estatuas de culto de dioses extranjeros y trasladándolas a Assur en un equivalente sobrenatural del reasentamiento de poblaciones conquistadas[i]. Existía incluso un directorio divino de Assur que indicaba a los sacerdotes dónde podían encontrar al dios correspondiente; era una especie de guía telefónica de los dioses.

El templo de Assur se llamaba «Toro Salvaje» en tiempos de Erishum I, lo que sugiere que Assur podría haber sido identificado originalmente con ese animal. Assur fue representado en un sello como una roca de cuatro patas con cabeza de toro. No se le concedió un templo fuera de la ciudad de Assur; en cambio, sus armas eran veneradas como la «espada de Assur».

El rey desempeñaba un papel importante en el culto a Assur, ya que era el único intermediario para su pueblo. Todos los himnos y oraciones a Assur mencionan al rey de forma destacada. No ocurría lo mismo, por ejemplo, con Ishtar, que no era un dios estatal de Asiria.

Bajo Shamsi-Adad I, Assur llegó a confundirse con Enlil de Nippur, la deidad principal del panteón sumerio. Enlil era conocido como «toro salvaje» y «gran montaña». Ambos epítetos podían aplicarse también a Assur. Eamkurkurra, «templo del toro salvaje de todas las tierras», era el nombre del nuevo templo que erigió Shamsi-Adad. (De forma similar, Hammurabi elevó de categoría al dios de la ciudad de Babilonia, Marduk, al afirmar que Enlil había transferido sus poderes a Marduk).

Al menos desde la época de Shamsi-Adad, el palacio y el templo de Assur estaban conectados. Otros dioses, sin embargo, eran venerados al otro lado del palacio, hacia la ciudad. Incluso después de que la residencia real se trasladara a Kalkhu y más tarde a Nínive, los reyes de Asiria volvían a Assur para la fiesta de primavera. Cuando morían, eran enterrados bajo el antiguo palacio real. La forma en que los reyes confiaban en Assur es fácil de ver en la siguiente inscripción.

> «Senaquerib el gran rey, rey poderoso, rey del mundo, rey de Asiria, rey de los cuatro confines, el guerrero sabio, experto y heroico, el primero entre todos los gobernantes, el freno que refrena a los desobedientes y el que hiere al enemigo con el

---

[i] Radner, Karen. *Ancient Assyria: A Very Short Introduction.* Oxford University Press, Oxford, 2015.

rayo. Assur, el gran dios, me dio una realeza sin rival; contra todos los que se sientan en tronos hizo fuertes mis armas; desde el mar superior hasta el mar inferior, hizo que todos los gobernantes del mundo se postraran a mis pies»[i].

La gran diosa pudo haber sido la principal divinidad adorada en todas las ciudades asirias en una fecha temprana. Sin duda era muy conocida en Sumeria, donde se la llamaba Inanna. Se convirtió en Ishtar en el panteón acadio. En Babilonia, se la conocía como «Ishtar, la asiria», y era la diosa de la furia, de la batalla y del deseo sexual. A veces se la llamaba «la espléndida leona».

La diosa Ishtar mostrada en un sello acadio[184]

---

[i] Cotterell, Arthur. *The First Great Powers: Babylon and Assyria.* Hurst & Company, Londres, 2019. Pág. 121.

Otros dioses fueron los siguientes:

- Adad, el dios del tiempo o de la tormenta, que a veces se representa con un triple rayo. Era hijo de Anum, el dios del cielo. Era mucho más importante en las secas estepas de Asiria que en Babilonia, que no dependía de la lluvia para la producción agrícola.
- Sin, el dios de la luna.
- Shamash, el dios del sol. Como veía todo lo que ocurría cada día, también era el dios de la justicia. Se lo conocía como Utu en sumerio.
- Nabu, el dios de la escritura y de los escribas. Era más conocido en Babilonia que en Asiria.
- Ninurta comenzó como dios sumerio del grano. En Asiria, se convirtió en un dios guerrero y, como tal, era a menudo el patrón del rey. Ninurta abatió al águila del caos Anzu, que había robado las tablillas del destino en las que Enlil apoyaba su autoridad.

Los dioses requerían el servicio de sus adoradores, incluidos sacrificios y libaciones. Incluso los templos más antiguos de Asiria contaban con una pila de sangre, recipientes de libación en los que se podía verter cerveza, incensarios de arcilla y cuencos para sacrificios. Trigo, cebada, sésamo, fruta y miel eran presentados a los dioses, así como carne por sacerdotes ritualmente puros que estaban bien afeitados (a diferencia de otros hombres, en particular el rey).

Se han encontrado menús para los dioses en tablillas de arcilla, que muestran lo lejos que se obtenían algunos de los alimentos. Puesto que el trabajo de todos debía nutrir a los dioses, cada ciudad y provincia asiria debía enviar productos para las ofrendas, lo que se convertía en un acto de sacrificio colectivo. Una vez que los dioses se habían nutrido de los aromas, los alimentos se repartían entre los presentes. Se consideraba que estos alimentos tenían un inmenso poder. «Quien coma las sobras vivirá»[i].

Casi todos los rituales habrían incluido cerveza, asociada a las divinidades desde tiempo muy remoto; la embriaguez se consideraba un estado divino.

---

[i] Radner, Karen. *Ancient Assyria: A Very Short Introduction.* Oxford University Press, Oxford, 2015.

Las estatuas votivas datan de la época sumeria, pero también se han encontrado en templos asirios. Estas figurillas de adoradores con las manos cruzadas y los ojos enormes se colocaban probablemente sobre bancos de adobe en los lados largos del santuario para representar a sus dueños en permanente e incesante oración. La estatua de culto del dios se habría colocado en un nicho alto y profundo frente a la entrada, una disposición que se encontró en el templo más antiguo de Assur y que no parece haber cambiado mucho a lo largo de los siglos. En el Imperio neoasirio, los gobernantes todavía colocaban sus estatuas en una posición tal que pudieran adorar al dios en el templo.

El uso de oráculos y la adivinación es una característica de la religión mesopotámica. Los presagios no eran absolutamente determinantes; sin embargo, eran un indicador de un elevado nivel de riesgo, que podía evitarse tomando medidas o mediante rituales o magia. Radner ha señalado que en una monarquía absoluta, la respuesta de un oráculo a una pregunta habría sido una forma útil de crear debate[i].

Las consultas podían dirigirse a Shamash o Adad de varias maneras. El extispice —la adivinación mediante el examen de los órganos internos de animales sacrificados— se utilizaba a menudo. Los arqueólogos han encontrado varios modelos de hígados de animales que fueron marcados para que los adivinos en formación pudieran practicar sus interpretaciones.

Otros métodos eran la astrología, el estudio del tiempo, la interpretación de los sueños, observar el humo del incienso o echar suertes. Se podía recurrir a la nigromancia (hacer preguntas a los muertos), pero se consideraba arriesgado. La importancia de la astrología fue una de las principales razones del desarrollo de las matemáticas avanzadas; los sumerios utilizaban tanto el sistema decimal como el sexagesimal (base sesenta), y los asirios disponían de tablillas de inversos, raíces cuadradas y raíces cúbicas.

La observación precisa de la naturaleza era importante. Por ejemplo, se hacían tablillas del cambio diario de la duración de la visibilidad de la luna durante el mes lunar del solsticio de invierno.

Como era de esperar en una cultura con gran aprecio por la palabra escrita, las preguntas solían formularse por escrito. Una tablilla conservada muestra a Asarhaddón preguntando a Shamash si el

---

[i] Radner, Karen. *Ancient Assyria: A Very Short Introduction.* Oxford University Press, Oxford, 2015.

nombramiento de Sin-nadin-apli como príncipe heredero era aceptable y agradable para el dios. También recurrió al extispice para seleccionar los talleres artesanales que debían recibir encargos para reconstruir los templos babilonios.

Incluso el ritual de coronación se puso por escrito. Una tablilla del siglo XII o XI a. e. c. describía la procesión del monarca hasta el templo de Assur, donde se hacía la proclamación «¡Assur es rey!». Tras esto, se dirigieron al rey. «Que Assur ponga la corona sobre tu cabeza durante cien años». Al final del rito, los funcionarios de la corte entregaron sus emblemas de poder, y el rey les dijo que reanudaran sus cargos, asegurando así el buen funcionamiento ininterrumpido de la administración pública. Es una visión fascinante de cómo los aspectos religiosos y burocráticos del Imperio asirio funcionaban de forma complementaria para garantizar la continuidad del Estado.

Capítulo 10: Arte y arquitectura

Asiria desarrolló una forma muy estilizada de arte y arquitectura que pretendía glorificar a sus reyes y dioses. El arte pretendía transmitir un mensaje sobre el poder y la riqueza del rey, así como impresionar a los asirios y a los visitantes de fuera del imperio.

Los edificios se construían con adobe. No había otra opción viable, ya que Asiria tenía pocos árboles y muy limitados recursos de roca para construir. La construcción con ladrillos de barro se presta a la acreción (añadir o cubrir capas anteriores). En algunos yacimientos se han excavado numerosas capas diferentes bajo un mismo templo.

La principal limitación del tamaño de los edificios era la luz de las vigas del techo que podían importarse. Solo las habitaciones más pequeñas podían ser abovedadas. Las vigas se apoyaban a veces en puños de madera recubiertos de terracota o bronce («manos de Ishtar»), que, curiosamente, tenían cinco dedos pero no pulgar. Los portones y las puertas eran de madera y estaban recubiertos de bandas metálicas, que podían estar muy decoradas como las puertas Balawat de Salmanasar III.

A la deslumbrante luz del sol de Mesopotamia, las estancias altas y relativamente estrechas solían estar iluminadas solo por los umbrales de las puertas. Esto, junto con los límites de las luces de los tejados, significaba que la mayoría de los palacios estaban formados por varios patios con grandes extensiones de pared desnuda. Las paredes exteriores se enlucían a menudo con yeso para que brillaran de un blanco resplandeciente. Los muros interiores estaban decorados con ladrillos vidriados, pintura y relieves de piedra. Quedan restos de pintura en algunos de los frisos de piedra tallada que se conservan de los palacios reales.

El palacio habría parecido una masa larga y horizontal. Probablemente, era considerablemente más alto que otros edificios seculares de la ciudad. Sin embargo, los zigurats, desarrollados por primera vez por los sumerios, introdujeron un enfoque más vertical. Al ser macizos (rellenos de ladrillos de barro sin cocer), su tamaño no estaba limitado del mismo modo que el de los edificios palaciegos. Los contrafuertes en los muros y las rampas y escaleras de acceso a los pisos superiores creaban fuertes acentos que enfatizaban aún más su volumen.

Los palacios reales de la época de Asurnasirpal II fueron evidentemente diseñados para impactar a los visitantes. Los relieves, tallados en paneles de piedra que debieron de ser importados con cierto gasto, habrían estado originalmente pintados, al menos parcialmente. El mármol blando de Mosul —en realidad una especie de yeso— es fácil de trabajar, pero se endurece tras la exposición, lo que permitió a los escultores asirios crear obras muy detalladas. En algunos de los relieves, finas decoraciones están incisas en las ropas para mostrar los patrones textiles de un brocado. Hay motivos florales en el borde de la manga. Una túnica real está decorada con esfinges, toros alados, árboles de la vida y la escena arquetípica del rey matando a un león.

Los temas de las esculturas incluían escenas de rendición de pueblos sometidos, batallas y entrega de tributos, con una audiencia real. El civismo asirio se mostraba como la garantía del orden en un mundo caótico. En las escenas de batalla, se permite que estalle el caos, pero el orden es restablecido por el rey, al que se representa en presencia del dios Assur y sus espíritus protectores.

El palacio de Asurbanipal contaba con súbditos particularmente salvajes. Las escenas de la batalla del río Ulai contra los elamitas muestran a un soldado cercenando la cabeza de Teumman de Elam mientras otro hombre recoge el sombrero real, que ha caído al suelo. Una escena posterior muestra a un soldado asirio agitando la cabeza desde un carro. Otra escena muestra a Asurbanipal descansando en un sofá y a su esposa, Assur-Sharrat, bebiendo con él en el jardín, lo que constituye una escena muy civilizada y de gran aplomo. Sin embargo, a la izquierda, una mirada atenta detectará la cabeza cortada del rey Teumman colgando de las ramas de un árbol.

El banquete de Asurbanipal[185]

Se desarrollaron una serie de convenciones. Por ejemplo, un enemigo caído (o un león o un toro) se mostraría bajo las ruedas del carro del rey. Se utilizaba una extraña forma de perspectiva, en la que las piernas y la cabeza se mostraban de perfil, pero la mitad superior del cuerpo de frente. Las ciudades se mostraban como una serie de torres o contrafuertes almenados. Las murallas de las ciudades eran un signo de civilización y orden, así como una forma práctica de defensa.

A veces, las convenciones tenían un mensaje político. En ninguno de los relieves de Sargón aparecen carros o caballería enemigos, a pesar de que sus enemigos sí disponían de estos recursos. Los relieves mantienen la idea de la superioridad tecnológica y militar de Asiria.

El rey siempre se mostraba como un hombre perfecto en la flor de la vida. Los músculos de brazos y piernas eran exagerados en la escultura asiria, y esto ocurría tanto en los animales como en los hombres. La larga y rizada barba del rey está cortada a escuadra en la parte inferior, y su largo y rizado cabello le llega hasta los hombros. Siempre es una figura de poder y, en las escenas narrativas, siempre lleva la barba más grandiosa. Otros nobles llevan barbas más cortas. Solo los hombres muy jóvenes y los eunucos aparecen con el rostro bien afeitado.

Pero quizá las figuras arquetípicas del arte asirio sean los colosales toros y leones alados que custodian las puertas de los palacios. Normalmente, estaban hechos de una sola pieza de piedra y podían pesar hasta treinta toneladas cada uno. Un relieve de la época de Senaquerib muestra cómo eran arrastrados en trineos por equipos de cientos de hombres.

A pesar de la aparente similitud de los relieves asirios, los entendidos han detectado algunas diferencias entre el arte de los distintos reyes. Las obras realizadas para Asurnasirpal son impresionantes y detalladas en alto relieve y muy seguras técnicamente, mientras que Tiglat-Pileser III encargó obras algo menos impresionantes en bajo relieve, pero con composiciones mucho más variadas y narraciones más detalladas. Una sala, en particular, mostraba todos los acontecimientos principales del reinado de Tiglat-Pileser; efectivamente, era una historia gráfica de sus logros. Sin embargo, casi toda la obra asiria muestra una aversión al espacio vacío. Los detalles siempre se rellenan; por ejemplo, en el arte asirio se pueden encontrar las ondas en espiral de un río, los juncos de las marismas o la textura de la tela.

El arte monumental del Imperio asirio es bien conocido, ya que fue el centro de las primeras investigaciones arqueológicas. Como muchos relieves llegaron a lugares como el Museo Británico, el Louvre y el Museo Metropolitano de Arte, es bastante accesible; no hace falta ir a Irak para verlos. En excavaciones posteriores se encontró arte más íntimo, como bronces, joyas de oro, marfiles y piezas de mobiliario, pero mucho de esto se ha quedado en Iraq. Algunas de estas piezas también se han perdido, gracias al saqueo del Museo de Irak en 2003, aunque algunos objetos se han encontrado en el mercado del arte y se han devuelto a Irak.

Los marfiles tallados eran un lujo que los asirios adoraban. Max Mallowan encontró un gran número en Nimrud (llamados los marfiles de Nimrud), entre ellos algunas tallas a gran escala fascinantes y llenas de vida. Muchos fueron realizados fuera de Asiria, en Fenicia o en Egipto, o por artesanos fenicios y egipcios que se habían trasladado a Asiria. Curiosamente, cuando los medos destruyeron Kalkhu, no tenían ni idea de que el marfil era valioso. Arrancaron la lámina de oro que originalmente cubría muchos de los marfiles y luego arrojaron las piezas destrozadas a un pozo.

Una obra maestra de marfil del palacio de Kalkhu [186]

Otro bien de lujo era el vidrio. En la primera época, no se soplaba, sino que se construía alrededor de un núcleo que luego podía extraerse. Más tarde, se fundía en moldes y luego se acababa esmerilándolo y puliéndolo, como si fuera piedra.

Una última forma artística típica de Mesopotamia es el sello. En la prehistoria, los amuletos de piedra se prensaban sobre arcilla para atestiguar la propiedad y la integridad de los paquetes de mercancías. El sello cilíndrico, que se enrollaba sobre arcilla para crear un panel rectangular, se desarrolló hacia el 3500 a. e. c. Su uso se extendió con la introducción de la escritura cuneiforme y el uso de tablillas de arcilla, que podían sellarse del mismo modo que firmaríamos una carta o un documento.

Sin embargo, cuando se generalizó el uso del arameo, el sello cilíndrico dejó de ser tan útil. Se crearon los sellos de timbre, que permitían sellar rollos de cuero o papiro. Los sellos reales muestran al rey apuñalando a un león. Los sellos cilíndricos mostraban más bien una serie de figuras diminutas, como toros alados, diosas (rodeadas de estrellas, su *melammu* o resplandor divino) y dioses, símbolos de dioses (como el disco alado o el rayo) y escenas de culto. El trabajo en los sellos cilíndricos puede ser increíblemente detallado. Un pequeño sello de cuatro centímetros de altura puede mostrar cuatro o cinco figuras distintas.

Había otra forma de arte en la que los asirios eran expertos: el arte de la guerra. Ningún libro sobre los asirios estaría completo sin una mención del equipamiento militar y las tácticas de batalla asirias, que fueron remodelados varias veces para adaptarse a las nuevas condiciones del campo de batalla.

Una de las armas más importantes era el arco compuesto, que medía algo más de un metro. Como estaba hecho de diferentes maderas con distintas características de compresión y liberación, daba mayor fuerza a la flecha que un arco simple. Los arqueros solían ir montados, no sobre un caballo, sino sobre un carro. Dado que un arco requiere ambas manos, el carro era un equipo de dos hombres, con un conductor que acompañaba al arquero que luchaba. (El arquero habría sido el de mayor estatus, como puede verse en los relieves con el rey luchando desde un carro).

Los carros eran maniobrables en las tierras llanas de Mesopotamia. (Más tarde, cuando los asirios empezaron a luchar en las tierras más quebradas del Levante y en las marchas iraníes, adoptaron la caballería. Pero incluso al principio utilizaban equipos, en los que un hombre controlaba los dos caballos y el otro disparaba). Los carros se utilizarían al principio de un enfrentamiento para estrellarse contra el enemigo, debilitando la línea defensiva y abriendo las filas del ejército contrario. La infantería asiria penetraría entonces por los huecos.

Los carros siguieron mejorándose a lo largo del periodo neoasirio. Se hicieron más pesados y grandes para que pudieran transportar a tres y, con el tiempo, a cuatro hombres. En tiempos de Asurbanipal, eran tan fuertes y estaban tan blindados que eran como tanques tirados por caballos.

Los asirios se reconocen generalmente en los relieves por su panoplia de cascos cónicos. Llevaban cotas de malla de placas metálicas dispuestas como escamas de pescado sobre cuero y un escudo. El escudo podía ser redondo y de madera con un saliente metálico. Podía ser convexo y estar hecho de juncos atados con cuero o duelas de madera, que podían cubrir las piernas de un hombre hasta la cintura. O los escudos podían ser cónicos; estos eran utilizados principalmente por la escolta del rey.

La infantería utilizaba generalmente lanzas y picas, pero disponía de una espada o daga para la lucha cuerpo a cuerpo. Se han encontrado cabezas de maza ceremoniales, pero estas quedaron obsoletas en el Imperio asirio medio, ya que las cabezas de maza de porcelana ciertamente no podrían haberse utilizado en la guerra; se habrían hecho añicos. Debieron de llevarse con fines puramente ceremoniales, igual que los oficiales de la marina estadounidense llevan espadas hoy en día.

La guerra de asedio era una especialidad asiria, aunque no disponían de artillería y tenían que operar a corta distancia. Los relieves muestran una plétora de diferentes tipos de arietes, máquinas de asedio y torres de asedio móviles, que proporcionaban una plataforma desde la que disparar a los arqueros, así como una posible base de asalto. Los frisos del palacio muestran a soldados asirios subiendo escaleras para asaltar las murallas. En el palacio de Senaquerib, el asedio de Laquis ocupa más de 180 metros cuadrados de muralla.

Se utilizaron la perforación y la excavación de túneles, y el desvío de canales de agua fue otra técnica frecuente.

Una máquina de asedio asiria ataca la muralla de una ciudad [187]

En Tell el-Duweir, el emplazamiento de Laquis, hay pruebas de un incendio enorme y de una rampa de asedio asiria construida en piedra. Se dejaron puntas de flecha y piedras de honda donde cayeron.

El costo de semejante asedio era muy elevado. En su mayor parte, los asirios habrían intentado conseguir una rendición negociada. Se harían promesas de amnistía, similares a la oferta de Senaquerib a los hebreos. Estas promesas siempre se cumplían, por lo que los enemigos sabían que podían confiar en ser bien tratados si se rendían. Entonces, los asirios destruían los huertos, las plantaciones y las obras de irrigación alrededor de la ciudad. Los árboles tardan mucho tiempo en volver a crecer, por lo que el futuro a largo plazo de la ciudad estaba en juego. Por último, los asirios podrían ejecutar a los rehenes —generalmente por empalamiento— públicamente bajo las murallas. La mayoría de los asedios no llegaban tan lejos.

Al principio, pertenecer al ejército asirio era un asunto estacional. El ejército no podía hacer campaña cuando había trabajos agrícolas que realizar, y los hombres tenían que reunirse en Assur antes de partir. Sin embargo, el Imperio neoasirio introdujo un ejército permanente, lo que supuso una enorme diferencia en la capacidad de hacer campaña de Asiria. Desde entonces, el ejército podía hacer campaña todo el año, permitiendo operaciones a larga distancia tan lejanas como Egipto.

Otro gran cambio en el Imperio tardío fue el uso de tropas auxiliares de las regiones sometidas, que se distinguen por su vestimenta, peinados y armas en los relieves. Los honderos de Judea formaban un útil contingente (¿recuerdan cómo David mató a Goliat con una honda?).

Un estilo que Asiria nunca adoptó realmente fue la guerra naval. El primer uso de barcos data del 694 a. e. c. bajo Senaquerib, e incluso entonces, Asiria utilizó barcos y tripulación fenicios y griegos. Dado el auge de las ciudades-estado griegas, muchas de las cuales se convirtieron en fuertes potencias marítimas, esto habría supuesto una gran desventaja si Asiria hubiera intentado expandirse más al oeste, en el Mediterráneo.

Tomar un territorio en la guerra es una cosa; mantenerlo es otra muy distinta. Aquí es donde entraba en juego el «Camino del Rey». Se trataba de un servicio postal o de mensajería. Cada gobernador tenía la tarea de mantener los puestos de escala en sus provincias. Esto servía solo al Estado, no a los viajeros particulares. Todos los nobles llevaban anillos de sello con el emblema imperial; una carta que llevara este sello sería identificada inmediatamente como una carta que requería una transmisión urgente. También podían enviarse emisarios, sobre todo si el asunto era demasiado delicado para escribirlo, pero era una innovación asiria enviar una carta sin emisario para que llegara antes al destinatario. Era más lento que el Servicio Postal estadounidense, pero resultaba fiable si se tenía el anillo de sello adecuado. Sin embargo, sin el sello adecuado en la carta, esta podía no llegar a ninguna parte.

Conclusión

Los asirios ocupan un lugar crucial en la historia del mundo. Sin los asirios, quizá no hubiera existido un Imperio neobabilónico ni un Imperio persa. Alejandro Magno podría haber seguido siendo un desconocido rey macedonio, y Roma podría no haberse expandido nunca hasta apoderarse de la mayor parte de Europa. La idea misma de un imperio es uno de los legados de Asiria.

Mientras que Egipto se aferraba a menudo al pasado, Asiria consiguió adaptarse a las circunstancias sin dejar de mirar siempre a sus raíces en busca de inspiración. El desarrollo de sistemas avanzados de contabilidad, enclaves comerciales y una oficina de correos, así como la movilidad de los pueblos dentro del imperio, fueron todas ellas novedades, y los futuros imperios se beneficiaron de ello. Asiria se convirtió en un imperio militar gracias a su imperio comercial, del mismo modo que el imperialismo británico surgió de las aventuras comerciales de la Compañía de las Indias Orientales.

Asiria tomó prestado con frecuencia de la cultura babilónica, aunque conservó su propia lengua distintiva. También fue el primer imperio en considerar que la pertenencia era más importante que la identidad étnica. La definición de un asirio era simplemente alguien que sacrificaba a Assur o proporcionaba bienes para esos sacrificios.

Sin embargo, lo verdaderamente asombroso de Asiria es que parece haber estado bajo el control de la misma familia durante casi dos mil años. En comparación con la historia sumeria, que presenta cambios incesantes y discontinuos, con ciudades y dinastías compitiendo por el poder, Asiria fue un imperio estable y ordenado. Se identificó como una fuerza de orden, llevando la civilización y el culto a Assur a otras tierras. Los templos y palacios se reconstruían una y otra vez, pero siempre en el mismo emplazamiento y siempre incluían las inscripciones originales de los cimientos, si se podían encontrar.

Cuando el Imperio persa fue creado por Ciro, que conquistó Babilonia en 539, utilizaba una lengua diferente (elamita, no acadia). Aun así, los persas copiaron gran parte de su civilización de las culturas mesopotámicas. El *lamassu* voló de Asiria a la capital persa de Persépolis, y los nobles persas coleccionaban objetos de arte asirios.

Más recientemente, Sadam Husein incorporó los monumentos asirios a su propio estilo de construcción del imperio. Por desgracia, esto convirtió los yacimientos arqueológicos y los museos en objetivos prioritarios de la oposición. Se produjo el saqueo del Museo de Irak, la destrucción por parte del ISIS del zigurat de Kalkhu y el arrasamiento de gran parte de Nínive. Echando un vistazo a la historia de Mesopotamia en el siglo XX, solo cabe concluir que el Imperio asirio hizo un trabajo bastante bueno dirigiendo un Estado estable y próspero.

Vea más libros escritos por Enthralling History

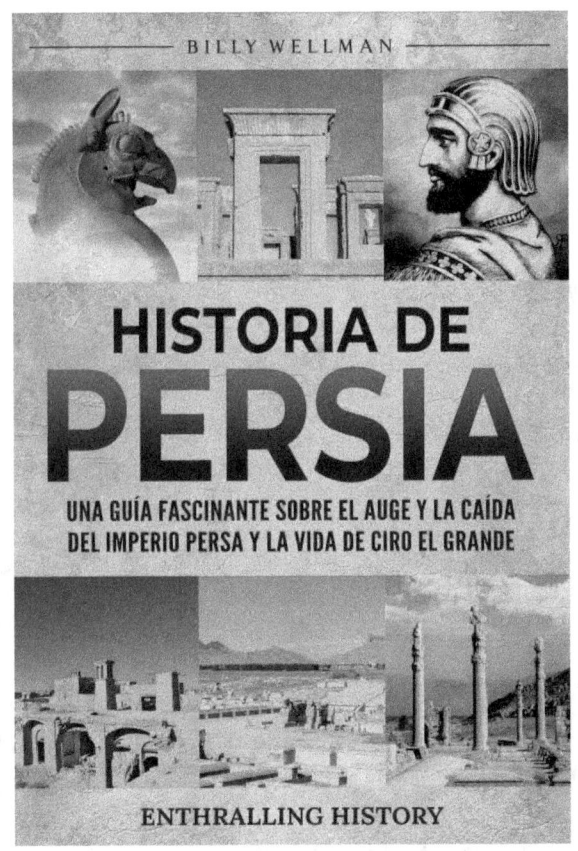

Bibliografía

Primera Parte: La civilización sumeria

Libros

Oxford Encyclopedia of Archaeology in the Near East, Oxford University Press, pp 476 - 483, E.M. Meyers (ed) 1997

Peoples of the Old Testament, Oxford University Press, 1973, DJ Wiseman (ed)

The History and Culture of Ancient Western Asia and Egypt, The Dorsey Press, U.S.A, A Bernard Knapp (ed)

Academic sites used throughout

"(PDF) Re-evaluating the Ubaid: Synchronizing the 6th and 5th millennia". https://www.academia.edu/3751066/Re_evaluating_the_Ubaid_Synchronizing_the_6th_and_5th_millennia_BC_of_Mesopotamia_and_the_Levant_unpublished_MA_thesis_.

"paper: Re-evaluating the Ubaid: Synchronizing the 6th and 5th millennia"

"In search of the genetic footprints of Sumerians: a survey of Y". 04 oct. 2011, https://www.ncbi.nlm.nih.gov/pmc/articles/PMC3215667/.

"NEW INSIGHTS ON THE ROLE OF ENVIRONMENTAL DYNAMICS SHAPING SOUTHERN". 18 jul. 2019, https://www.cambridge.org/core/journals/iraq/article/new-insights-on-the-role-of-environmental-dynamics-shaping-southern-mesopotamia-from-the-preubaid-to-the-early-islamic-period/F7084E4BF1171D8B77021B286BFE300C.

"[PDF] NEW INSIGHTS ON THE ROLE OF ENVIRONMENTAL DYNAMICS SHAPING". 18 jul. 2019, https://www.semanticscholar.org/paper/NEW-INSIGHTS-ON-THE-ROLE-

OF-ENVIRONMENTAL-DYNAMICS-Altaweel-Marsh/67e4667f914d7f1b2b6966178f110a8cb629806d.

"AFTER THE UBAID: INTERPRETING CHANGE FROM THE CAUCASUS TO MESOPOTAMIA".
https://www.academia.edu/5665737/AFTER_THE_UBAID_INTERPRETING_CHANGE_FROM_THE_CAUCASUS_TO_MESOPOTAMIA_AT_THE_DAWN_OF_URBAN_CIVILIZATION_4500_3500_BC_OFFPRINT.

"Carter 2016_Review of Marro After the Ubaid.pdf - academia.edu".
https://www.academia.edu/35253069/Carter_2016_Review_of_Marro_After_the_Ubaid_pdf.

"Marro C. (ed.) 2012. After the Ubaid: Interpreting change".
https://www.persee.fr/doc/paleo_0153-9345_2016_num_42_2_5729.

Referencias en la Web

"Leonard Woolley (Author of The Sumerians) - Goodreads".
https://www.goodreads.com/author/show/171163.Leonard_Woolley.

"Sir Leonard Woolley and the Excavations in Ur - SciHi Blog". 17 abr. 2021,
http://scihi.org/leonard-woolley-excavations-ur/.

"Woolley's Excavations - UrOnline". http://www.ur-online.org/about/woolleys-excavations/.

"Thorkild Jacobsen (Author of The Treasures of Darkness)". 02 may. 1993,
https://www.goodreads.com/author/show/166860.Thorkild_Jacobsen.

"Selected Writings of Samuel Noah Kramer - Internet Archive". 30 mar. 2019,
https://archive.org/details/KramerStudies19461990.

"THE SUMERIANS - Oriental Institute".
https://oi.uchicago.edu/sites/oi.uchicago.edu/files/uploads/shared/docs/sumerians.pdf.

"Sumerian Mythology Index - Sacred-Texts.com". https://www.sacred-texts.com/ane/sum/.

"Samuel Noah Kramer | Open Library". 30 sep. 2020,
https://openlibrary.org/authors/OL398202A/Samuel_Noah_Kramer.

"The Sumerians: Their History, Culture, and Character".
https://oi.uchicago.edu/research/publications/misc/sumerians-their-history-culture-and-character.

"AS 20. Sumerological Studies in Honor of Thorkild Jacobsen on His Seventieth Birthday". https://oi.uchicago.edu/research/publications/as/20-sumerological-studies-honor-thorkild-jacobsen-his-seventieth-birthday.

"THE SUMERIANS - The Oriental Institute of the University of Chicago".
https://oi.uchicago.edu/sites/oi.uchicago.edu/files/uploads/shared/docs/sumerians.pdf.

"Nippur - The Oriental Institute of the University of Chicago".
https://oi.uchicago.edu/research/projects/nippur-sacred-city-enlil-0.
"Cuneiform Studies | Near Eastern Languages and Civilizations".
https://nelc.uchicago.edu/cuneiform-studies.
"The Sumerians - University of Chicago Press".
https://press.uchicago.edu/ucp/books/book/chicago/S/bo27481022.html.
"Expedition Magazine - Penn Museum".
https://www.penn.museum/sites/expedition/ur-and-its-treasures/.

Capítulo 1

"The Ubaid Period (5500–4000 B.C.) | Essay | The Metropolitan Museum of Art".
https://www.metmuseum.org/toah/hd/ubai/hd_ubai.htm.
"Ubaid Period | Mesopotamian history | Britannica".
https://www.britannica.com/topic/Ubaid-Period.
"Ubaidian Culture and the Roots of Mesopotamia - ThoughtCo". 07 sep. 2018,
https://www.thoughtco.com/ubaidian-culture-ubaid-roots-mesopotamia-173089.
"Ubaid period - Wikipedia". https://en.wikipedia.org/wiki/Ubaid_period.
"Cultures | Ubaid Period - Ancient Mesopotamia".
https://ancientmesopotamia.org/cultures/ubaid-period.php.
"Ancient Reptilians: The Unanswered Mystery of the 7,000-Year-Old Ubaid Lizardmen". 26 feb. 2022, https://www.ancient-origins.net/unexplained-phenomena/ubaid-lizardmen-001116.
"Ubaid Period: Culture & Explanation | Study.com". 06 feb. 2022,
https://study.com/academy/lesson/ubaid-period-culture-lesson-quiz.html.
"Tell al-Ubaid - Academic Dictionaries and Encyclopedias".
https://mesopotamia_enc.en-academic.com/360/Tell_al-Ubaid.
"Tall al-'Ubayd | archaeological site, Iraq | Britannica".
https://www.britannica.com/place/Tall-al-Ubayd.
"TELL AL-'UBAID".
https://rootshunt.com/angirasgautam/archaeologicalsitesiniraq/tellalubaid/tellalubaid.htm.
"Hereafter - Tell al-Ubaid - Our Ancient World".
http://ourancientworld.com/Settlement.aspx?id=81.
"Tel al 'Ubaid Ceramics: Photographs from Neutron Activation Analysis".
https://core.tdar.org/image/373029/tel-al-ubaid-ceramics-photographs.
"Tell al-'Ubaid Copper Lintel – Joy of Museums Virtual Tours".

https://joyofmuseums.com/museums/united-kingdom-museums/london-museums/british-museum/tell-al-ubaid-copper-lintel/.

"Tell al-`Ubaid Wiki". https://everipedia.org/Tell_al-%2560Ubaid.

"Tell al-'Ubaid | Detailed Pedia". 24 may. 2022, https://www.detailedpedia.com/wiki-Tell_al-%27Ubaid.

Capítulo 2

"Fertile Crescent - HISTORY". 20 dic. 2017, https://www.history.com/topics/pre-history/fertile-crescent.

"Fertile Crescent | National Geographic Society". 20 may. 2022, https://www.nationalgeographic.org/encyclopedia/fertile-crescent/.

"Fertile Crescent | Definition, Location, Map, Significance, & Facts". https://www.britannica.com/place/Fertile-Crescent.

"The Sumerians of the Fertile Crescent". https://www.gardencity.k12.ny.us/cms/lib/NY01913305/Centricity/Domain/671/8%20Mesopotamia.pdf

"A Functional and Fertile Crescent: Technological Advancements". 03 ago. 2018, https://www.ancient-origins.net/history-important-events/fertile-crescent-0010488.

"Fertile Crescent - Cradle of Civilization (Collection) - World History". 23 nov. 2018, https://www.worldhistory.org/collection/26/fertile-crescent---cradle-of-civilization/.

"The White Temple and the Great Ziggurat in the Mesopotamian City of Uruk". 17 oct. 2016, https://www.ancient-origins.net/ancient-places-asia/white-temple-and-great-ziggurat-mesopotamian-city-uruk-006835.

"Art: Ruins of the White Temple and Ziggurat - Annenberg Learner". https://www.learner.org/series/art-through-time-a-global-view/the-urban-experience/ruins-of-the-white-temple-and-ziggurat/.

"White Temple of God Anu in Sacred Precinct of Kullaba at Uruk". 10 oct. 2016, https://www.ancientpages.com/2016/10/10/white-temple-of-god-anu-in-sacred-precinct-of-kullaba-at-uruk/.

"Uruk - Wikipedia". https://en.wikipedia.org/wiki/Uruk.

"The White Temple - Artefacts". https://www.artefacts-berlin.de/portfolio-item/uruk-visualisation-project-the-white-temple/.

"Reconstruction of the White Temple – Ancient Art". 24 abr. 2015, https://ancientart.as.ua.edu/reconstruction-of-the-white-temple/.

"Hamoukar (Syria) | Jason Ur - Harvard University".
https://scholar.harvard.edu/jasonur/pages/hamoukar.
"Hamoukar, Great City of Old – StMU Research Scholars". 15 sep. 2016,
https://stmuscholars.org/hamoukar-great-city-of-old/.
"Evidence of battle at Hamoukar points to early urban development".
http://chronicle.uchicago.edu/070118/hamoukar.shtml.
"Is it true the first known battle was in Hamoukar? If it is, why did it occur, and who were the combatants?". https://www.quora.com/Is-it-true-the-first-known-battle-was-in-Hamoukar-If-it-is-why-did-it-occur-and-who-were-the-combatants.
"Hamoukar - Wikipedia". https://en.wikipedia.org/wiki/Hamoukar.
"The Lost City of Hamoukar | Edward Willett".
https://edwardwillett.com/2000/05/the-lost-city-of-hamoukar/.
"Site of Earliest Known Urban Warfare Threatened by Syrian War". 24 jun. 2013,
https://www.livescience.com/37672-ancient-urban-warfare-site-threatened.html.
"Hamoukar - Oriental Institute".
https://oi.uchicago.edu/sites/oi.uchicago.edu/files/uploads/shared/docs/08-09_Hamoukar.pdf.
"Uruk - World History Encyclopedia". 28 abr. 2011,
https://www.worldhistory.org/uruk/.
"Uruk Period Mesopotamia: The Rise of Sumer - ThoughtCo". 21 abr. 2019,
https://www.thoughtco.com/uruk-period-mesopotamia-rise-of-sumer-171676.
"Cultures | Uruk Period - Ancient Mesopotamia".
https://ancientmesopotamia.org/cultures/uruk-period.php.
"Uruk period - Wikipedia". https://en.wikipedia.org/wiki/Uruk_period.
"Tell Brak Home". https://www.tellbrak.mcdonald.cam.ac.uk/.
"Tell Brak (Syria) | Jason Ur - Harvard University".
https://scholar.harvard.edu/jasonur/pages/tell-brak.
"Tell Brak - Wikipedia". https://en.wikipedia.org/wiki/Tell_Brak.
"Tell Brak - Mesopotamian Capital in Syria - ThoughtCo". 08 mar. 2017,
https://www.thoughtco.com/tell-brak-mesopotamian-capital-syria-170274.
"Syria: Tell Brak - World Archaeology". 28 abr. 2012, https://www.world-archaeology.com/features/syria-tell-brak-3/.

Capítulo 3

"Early Dynastic Period of Sumer - Ancient Mesopotamia".
https://ancientmesopotamia.org/cultures/early-dynastic-period-of-sumer.php.

"Sumer - HISTORY". 07 dic. 2017, https://www.history.com/topics/ancient-middle-east/sumer.

"Sumer Timeline - World History Encyclopedia". https://www.worldhistory.org/timeline/sumer/.

"Ancient Sumer & The Sumerian Civilization: Here's What We Know". 02 dic. 2020, https://www.thecollector.com/ancient-sumer-civilization/.

"EARLY DYNASTIC/AKKADIAN/UR III SUMER: 2". https://www.unm.edu/~gbawden/328-rel/328-rel.htm.

"Early Dynastic Sumer Research Papers - Academia.edu". https://www.academia.edu/Documents/in/Early_Dynastic_Sumer?page=5.

"Sumer (Early Dynastic Period) with Assyrian Border Style 11". 27 sep. 2021, https://archive.org/details/SumerEarlyDynasticPeriodArabicWithAssyrianBorderStyle11.

"Early Dynastic Sumer Research Papers - Academia.edu". https://www.academia.edu/Documents/in/Early_Dynastic_Sumer?page=3.

"Cultures | Early Dynastic Period of Sumer". https://ancientmesopotamia.org/cultures/early-dynastic-period-of-sumer.

"Early Dynastic Period (Mesopotamia) - Wikipedia". https://en.wikipedia.org/wiki/Early_Dynastic_Period_(Mesopotamia).

"Old Sumerian Period (c. 3000 BC - Ancient Civilizations". https://anciv.info/mesopotamia/old-sumerian-period.html.

"Sumer (Early Dynastic Period) with Assyrian Border Style 11". 27 sep. 2021, https://archive.org/details/SumerEarlyDynasticPeriodArabicWithAssyrianBorderStyle11.

"Sumerian Religion - The Spiritual Life". https://slife.org/sumerian-religion/.

"Jemdet Nasr - Oxford Reference". https://www.oxfordreference.com/view/10.1093/oi/authority.20110803100019282.

"List of Place Names from Jemdet Nasr (Illustration) - World History". 07 abr. 2016, https://www.worldhistory.org/image/4852/list-of-place-names-from-jemdet-nasr/.

"Historic Overview of Early Mesopotamian Civilization". https://www.unm.edu/~gbawden/328-sumhist/328-sumhist.htm.

"Defining the style of the period: Jemedt Nasr, 1926-28". https://ehrafarchaeology.yale.edu/ehrafa/citation.do?method=citation&forward=browseAuthorsFullContext&id=mh62-001.

"Jemdet Nasr: a Pleiades place resource". https://pleiades.stoa.org/places/733910291.

"The Jemdet-Nasr Period - Penn Museum". https://www.penn.museum/documents/publications/bulletin/10-3_4/jemdet-nasr_period.pdf.
"Jemdet Nasr: The Site and the Period | The Biblical Archaeologist". https://www.journals.uchicago.edu/doi/10.2307/3210314.
"Jemdet Nasr Period - 3300-2900 BC - GlobalSecurity.org". 07 sep. 2011, https://www.globalsecurity.org/military/world/iraq/history-jemdet-nasr.htm.
"Jemdet Nasr - Wikipedia". https://en.wikipedia.org/wiki/Jemdet_Nasr.
"Mesannepada | ruler of Ur | Britannica". https://www.britannica.com/biography/Mesannepada.
"Ancient Mesopotamian Gods and Goddesses - Mesopotamian history: the basics". http://oracc.museum.upenn.edu/amgg/mesopotamianhistory/index.html.
"Sumerian King of the First Dynasty of Ur - Ancient Pages". 14 abr. 2016, https://www.ancientpages.com/2016/04/14/helmet-of-meskalamdug-sumerian-king-of-the-first-dynasty-of-ur/.
"List of Rulers of Mesopotamia | Lists of Rulers | Heilbrunn Timeline". https://www.metmuseum.org/toah/hd/meru/hd_meru.htm.
"Ancient Mesopotamian Gods and Goddesses - An/Anu (god)". http://oracc.museum.upenn.edu/amgg/listofdeities/an/index.html.
"History of Mesopotamia - First historical personalities | Britannica". https://www.britannica.com/place/Mesopotamia-historical-region-Asia/First-historical-personalities.
"Mesannepada - Wikipedia". https://en.wikipedia.org/wiki/Mesannepada.
"Ur-Nanshe | king of Lagash | Britannica". https://www.britannica.com/biography/Ur-Nanshe.
"Sumerian People | Ur-Nanshe - Ancient Mesopotamia". https://ancientmesopotamia.org/people/ur-nanshe.php.
"Ur-Nanshe - Wikipedia". https://en.wikipedia.org/wiki/Ur-Nanshe.
"Ur-Nanshe [CDLI Wiki]". https://cdli.ox.ac.uk/wiki/doku.php?id=ur-nanshe.
"Sumerian Plaque Dedicated To King Ur-Nanshe, The Founder Of The 1st Dynasty of Lagash". 05 dic. 2018, https://www.ancientpages.com/2018/12/05/sumerian-plaque-dedicated-to-king-ur-nanshe-the-founder-of-the-1st-dynasty-of-lagash/.
"Ur-Nanshe Biography - King of Lagash | Pantheon". https://pantheon.world/profile/person/Ur-Nanshe/.

"Lagash | ancient city, Iraq | Britannica".
https://www.britannica.com/place/Lagash.

"Records of the Past, 2nd series, Vol. I: The Inscriptions of Telloh".
https://sacred-texts.com/ane/rp/rp201/rp20112.htm.

"Enmebaragesi | king of Kish | Britannica".
https://www.britannica.com/biography/Enmebaragesi.

"Enmebaragesi - Wikipedia". https://en.wikipedia.org/wiki/Enmebaragesi.

"Enmebaragesi Biography - Ancient Mesopotamian king | Pantheon".
https://pantheon.world/profile/person/Enmebaragesi/.

"Enmebaragesi, King of Kish - geni family tree". 06 sep. 2016,
https://www.geni.com/people/Enmebaragesi-King-of-Kish/6000000006277541149.

"8 kings descended from heaven and ruled for 241,200 years". 08 may. 2022,
https://mysteriesrunsolved.com/2020/11/the-sumerian-king-list-8-kings-ruled-241200-years.html.

"History of Mesopotamia - First historical personalities | Britannica".
https://www.britannica.com/place/Mesopotamia-historical-region-Asia/First-historical-personalities.

"Holy City of God Enlil and One of the Oldest Cities of Sumer, Ancient Pages". 08 jun. 2020,
https://www.ancientpages.com/2020/06/08/nippur-holy-city-of-god-enlil-and-one-of-the-oldest-cities-of-sumer/.

"Kish | ancient city, Iraq | Britannica". https://www.britannica.com/place/Kish.

Capítulo 4

"The Akkadian Period (ca. 2350–2150 B.C.) | Essay | The Metropolitan Museum of Art".
https://www.metmuseum.org/toah/hd/akka/hd_akka.htm.

"Mesopotamian art and architecture - Akkadian period | Britannica".
https://www.britannica.com/art/Mesopotamian-art/Akkadian-period.

"Akkadian Period - Oxford Reference".
https://www.oxfordreference.com/view/10.1093/oi/authority.20110803095359204.

"Cultures | Akkadian Empire - Ancient Mesopotamia".
https://ancientmesopotamia.org/cultures/akkadian-empire.php.

"Akkadian Empire - Wikipedia".
https://en.wikipedia.org/wiki/Akkadian_Empire.

"Explaining the Fall of the Great Akkadian Empire - Ancient Origins". 10 ene. 2021,
https://www.ancient-origins.net/ancient-places-asia/akkadian-empire-0011871.

"Chapter Six - Sealing Practices in the Akkadian Period".
https://www.cambridge.org/core/books/seals-and-sealing-in-the-ancient-world/sealing-practices-in-the-akkadian-period/81775349C1B2C3BD7E6567C21D9F9B74.

"The Akkadian Period: Empire, Environment, and Imagination".
https://www.lettere.uniroma1.it/sites/default/files/3109/6_MCMAHON%202012.pdf.

"(PDF) The Use of Sumerian and Akkadian during the Akkadian Period". 10 may. 2022,
https://www.academia.edu/78905915/The_Use_of_Sumerian_and_Akkadian_during_the_Akkadian_Period_The_Case_of_the_Elites_.

"Akkad Timeline - World History Encyclopedia".
https://www.worldhistory.org/timeline/akkad/.

"Akkadian Empire: The first Semitic-speaking empire of Mesopotamia". 21 mar. 2020, https://www.ancient-civilizations.com/akkadian-empire/.

"Cuneiform - Wikipedia". https://en.wikipedia.org/wiki/Cuneiform.

"Akkad | People, Culture, History, & Facts | Britannica".
https://www.britannica.com/place/Akkad.

"Akkad - World History Encyclopedia". 28 abr. 2011,
https://www.worldhistory.org/akkad/.

"Akkad (city) - Wikipedia". https://en.wikipedia.org/wiki/Akkad_(city).

"Akkadian Empire: The first Semitic-speaking empire of Mesopotamia". 21 mar. 2020, https://www.ancient-civilizations.com/akkadian-empire/.

"The Akkadian Period (ca. 2350–2150 B.C.) | Essay | The Metropolitan Museum of Art". https://www.metmuseum.org/toah/hd/akka/hd_akka.htm.

"The history of AKKAD".

"The Akkadian Empire - History". https://www.historyonthenet.com/the-akkadian-empire.

"Agade | ancient city, Iraq | Britannica".
https://www.britannica.com/place/Agade.

"Kingdoms of Mesopotamia - Agade / Akkad - The History Files".
https://www.historyfiles.co.uk/KingListsMiddEast/MesopotamiaAkkad.htm.

"About: Ur-Zababa". https://live.dbpedia.org/resource/Ur-Zababa.

"Sargon and Ur-Zababa | Mesopotamian Gods & Kings".
http://www.mesopotamiangods.com/sargon-and-ur-zababa/.

"Ur-Zababa Biography | Pantheon". https://pantheon.world/profile/person/Ur-Zababa/.

"Ur-Zababa - Wikipedia". https://en.wikipedia.org/wiki/Ur-Zababa.

"Lugalzagesi | ruler of Uruk | Britannica". https://www.britannica.com/biography/Lugalzagesi.

"Lugal-zage-si - Wikipedia". https://en.wikipedia.org/wiki/Lugal-zage-si.

"Ambitious King Who United Sumer - Ancient Pages". 30 abr. 2020, https://www.ancientpages.com/2020/04/30/infamous-end-of-lugalzagesi-ambitious-king-who-united-sumer/.

"King Sargon of Akkad—facts and information - Culture". 18 jun. 2019, https://www.nationalgeographic.com/culture/article/king-sargon-akkad.

"Sargon of Akkad - Wikipedia". https://en.wikipedia.org/wiki/Sargon_of_Akkad.

"Sargon | History, Accomplishments, Facts, & Definition | Britannica". https://www.britannica.com/biography/Sargon.

"Sargon of Akkad: The Orphan Who Founded an Empire". 04 mar. 2022, https://www.thecollector.com/sargon-of-akkad-akkadian-empire/.

"The Legend of Sargon of Akkad - World History Encyclopedia". 30 ago. 2014, https://www.worldhistory.org/article/746/the-legend-of-sargon-of-akkad/.

"Sargon - Encyclopedia of The Bible - Bible Gateway". https://www.biblegateway.com/resources/encyclopedia-of-the-bible/Sargon.

"Sargon the Great and the World's First Professional Army". 18 abr. 2016, https://warfarehistorynetwork.com/2016/04/18/professional-soldiers-king-sargon-of-akkads-expanding-empire/.

"Sargon of Agade - penn.museum". https://www.penn.museum/documents/publications/bulletin/10-3_4/sargon_agade.pdf.

"Enheduanna - New World Encyclopedia". https://www.newworldencyclopedia.org/entry/Enheduanna.

"Enheduanna - Poet, Priestess, Empire Builder - World History Encyclopedia". 12 oct. 2010, https://www.worldhistory.org/article/190/enheduanna---poet-priestess-empire-builder/.

"Enheduanna – the world's first known author - World History Edu". 20 mar. 2022, https://www.worldhistoryedu.com/enheduanna-the-worlds-first-known-author/.

"Enheduanna - Virginia Tech". https://cddc.vt.edu/feminism/Enheduanna.html.

"Enheduanna -The Akkadian Princess who became the world's first female author". 14 feb. 2022, https://www.historyofroyalwomen.com/the-royalwomen/enheduanna-the-akkadian-princess-who-became-the-worlds-first-female-author/.

"Elamite | Rimush". https://ancientmesopotamia.org/people/rimush.

"Rimush - Wikipedia". https://en.wikipedia.org/wiki/Rimush.

"Elamite | Rimush - Ancient Mesopotamia". https://ancientmesopotamia.org/people/rimush.php.

"Rimush, 2nd King of Akkadian Empire - Geni.com". 05 abr. 2021, https://www.geni.com/people/Rimush-King-of-the-Akkadian-Empire/6000000047190539827.

"Rimush Biography | Pantheon". https://pantheon.world/profile/person/Rimush/.

"People | Manishtusu - Ancient Mesopotamia". https://ancientmesopotamia.org/people/manishtusu.php.

"Manishtushu - Wikipedia". https://en.wikipedia.org/wiki/Manishtushu.

"People | Manishtusu". https://ancientmesopotamia.org/people/manishtusu.

"Manishtusu | king of Akkad | Britannica". https://www.britannica.com/biography/Manishtusu.

"First Sumerian Revolt - Ancient Pages". 09 nov. 2020, https://www.ancientpages.com/2020/11/09/story-behind-the-first-sumerian-revolt/.

"Manishtushu Biography | Pantheon". https://pantheon.world/profile/person/Manishtushu/.

"Naram-Sin - World History Encyclopedia". 07 ago. 2014, https://www.worldhistory.org/Naram-Sin/.

"Naram-Sin of Akkad - Wikipedia". https://en.wikipedia.org/wiki/Naram-Sin_of_Akkad.

"Akkadian Empire - History - Origins - Naram-Sin | Technology Trends". https://www.primidi.com/akkadian_empire/history/origins/naram-sin.

"Naram Sin: Victory Stele & Concept | Study.com". 07 feb. 2022, https://study.com/academy/lesson/naram-sin-victory-stele-lesson-quiz.html.

"Sumerian People | Naram-Sin - Ancient Mesopotamia". https://ancientmesopotamia.org/people/naram-sin.php.

"Shar-kali-sharri | king of Akkad | Britannica". https://www.britannica.com/biography/Shar-kali-sharri.

"Sumerian People | Shar-Kali-Sharri". https://ancientmesopotamia.org/people/shar-kali-sharri.

"Shar-Kali-Sharri - Wikipedia". https://en.wikipedia.org/wiki/Shar-Kali-Sharri.

"(DOC) Sargon and Shar-Kali-Sharri | Damien Mackey - Academia.edu". 08 jun. 2019, https://www.academia.edu/39473281/Sargon_and_Shar_Kali_Sharri.

"MS 4556 - The Schoyen Collection". https://www.schoyencollection.com/history-collection-introduction/sumerian-history-collection/king-shar-kali-sharri-ms-4556.

"Shar-Kali-Sharri in Italian - English-Italian Dictionary | Glosbe". https://glosbe.com/en/it/Shar-Kali-Sharri.

Capítulo 5

"Gutians - World History Encyclopedia". 27 oct. 2021, https://www.worldhistory.org/Gutians/.

"Gutians". http://www.realhistoryww.com/world_history/ancient/Misc/Sumer/Gutians.htm.

"GUTIANS – Encyclopedia Iranica". 15 dic. 2002, https://www.iranicaonline.org/articles/gutians.

"Cultures | Gutium - Ancient Mesopotamia". https://ancientmesopotamia.org/cultures/gutium.php.

"Gutian rule in Mesopotamia - Wikipedia". https://en.wikipedia.org/wiki/Gutian_rule_in_Mesopotamia.

"Kingdoms of Mesopotamia - Gutians / Gutium - The History Files". https://www.historyfiles.co.uk/KingListsMiddEast/MesopotamiaGutium.htm.

"Gutian people in Zagros mountains; pale in complexion and blonde". https://cof.quantumfuturegroup.org/events/5390.

"Gudea - The Gutians". http://realhistoryww.com/world_history/ancient/Sumer_Iraq_3.htm.

"Guti | people | Britannica". https://www.britannica.com/topic/Guti.

Capítulo 6

"Ur-Nammu - World History Encyclopedia". 16 jun. 2014, https://www.worldhistory.org/Ur-Nammu/.

"Ur-Nammu - Wikipedia". https://en.wikipedia.org/wiki/Ur-Nammu.

"The Code of Ur-Nammu: The Oldest Law in the World?". 04 may. 2022, https://www.historicmysteries.com/code-of-ur-nammu/.

"Ur-Nammu | king of Ur | Britannica". https://www.britannica.com/biography/Ur-Nammu.

"Code of Ur-Nammu - World History Encyclopedia". 26 oct. 2021, https://www.worldhistory.org/Code_of_Ur-Nammu/.

"The Legacy of Ur-Nammu – History of Kurdistan".,

"Sumerian People | Ur-Nammu - Ancient Mesopotamia". https://ancientmesopotamia.org/people/ur-nammu.php.

"The Code of Ur-Nammu: When Ancient Sumerians Laid Down the Law". 15 sep. 2021, https://www.ancient-origins.net/artifacts-ancient-writings/code-ur-nammu-sumerians-009333.

"Utu-khegal | king of Uruk | Britannica". https://www.britannica.com/biography/Utu-khegal.

"Utu-hengal - Wikipedia". https://en.wikipedia.org/wiki/Utu-hengal.

"The Victory of Utu-hegal (Poem of Utu-ḫeĝal)". https://www.mesopotamiangods.com/poem-of-utu-%E1%B8%ABegal/.

"Vase of Utu-Hegal of Uruk - World History Encyclopedia". 28 feb. 2018, https://www.worldhistory.org/image/8195/vase-of-utu-hegal-of-uruk/.

"Shulgi of Ur - World History Encyclopedia". 17 jun. 2014, https://www.worldhistory.org/Shulgi_of_Ur/.

"Shulgi | king of Ur | Britannica". https://www.britannica.com/biography/Shulgi.

"Shulgi of Ur Timeline - World History Encyclopedia". https://www.worldhistory.org/timeline/Shulgi_of_Ur/.

"People | Shulgi". https://ancientmesopotamia.org/people/shulgi.

"The Mighty Deeds of King Shulgi of Ur, Master of Mesopotamian Monarchs". 11 mar. 2019, https://www.ancient-origins.net/history-famous-people/king-shulgi-0011602.

"Shulgi - Forgotten Realms Wiki". https://forgottenrealms.fandom.com/wiki/Shulgi.

"Shulgi: First Great Athlete? | Ancient Greek Sport". 27 feb. 2017, https://sites.psu.edu/camskines442/2017/02/27/shulgi-first-great-athlete/.

"Shulgi Biography - Sumerian King | Pantheon". https://pantheon.world/profile/person/Shulgi/.

"Shulgi - Wikipedia". https://en.wikipedia.org/wiki/Shulgi.

"Amar-Sin - Wikipedia". https://en.wikipedia.org/wiki/Amar-Sin.

"Shu-Sin | king of Ur | Britannica". https://www.britannica.com/biography/Shu-Sin.

"The oldest love poem of the world | Arts & History". 30 ago. 2015, https://artsnhistory.com/2015/08/30/sumerian/.

"Shu-Sin - Wikipedia". https://en.wikipedia.org/wiki/Shu-Sin.

"A Door Socket with King Shu-Sin Inscription (Illustration) - World History". 25 sep. 2014, https://www.worldhistory.org/image/3083/a-door-socket-with-king-shu-sin-inscription/.

"DUMUZI - the Sumerian God of Farming (Mesopotamian mythology)". https://www.godchecker.com/mesopotamian-mythology/DUMUZI/.

"Dumuzi-Abzu | Sumerian deity | Britannica". https://www.britannica.com/topic/Dumuzi-Abzu.

"Dumuzi". http://www.mesopotamia.co.uk/gods/explore/dumuzi.html.

"Dumuzi / Tammuz the Shepherd, Son to Enlil & Ninsun, Slide-Show". https://www.mesopotamiangods.com/dumuzi-the-shepherd-son-to-enki-ninsun/.

Capítulo 7

"Amorite | people | Britannica". https://www.britannica.com/topic/Amorite.

"Cultures | Amorites - Ancient Mesopotamia". https://ancientmesopotamia.org/cultures/amorites.php.

"What do we know about the Amorites? - CompellingTruth.org". https://www.compellingtruth.org/Amorites.html.

"Amorites - Wikipedia". https://en.wikipedia.org/wiki/Amorites.

"Amorite - World History Encyclopedia". 28 abr. 2011, https://www.worldhistory.org/amorite/.

"Amorites, an introduction – Smarthistory". 06 abr. 2022, https://smarthistory.org/amorites-an-introduction/.

"Ebla | ancient city, Syria | Britannica". https://www.britannica.com/place/Ebla.

"Ebla - Wikipedia". https://en.wikipedia.org/wiki/Ebla.

"Ebla - New World Encyclopedia". https://www.newworldencyclopedia.org/entry/Ebla.

"Ebla in the Third Millennium B.C. | Essay | The Metropolitan Museum of Art". https://www.metmuseum.org/toah/hd/ebla/hd_ebla.htm.

"First Kingdoms: The Forgotten Mesopotamian Kingdom of Ebla". 21 may. 2019, https://www.ancient-origins.net/ancient-places-asia/ebla-0011940.

"Ebla: Its Impact on Bible Records - Institute for Creation Research".

"Cultures | Ebla". https://ancientmesopotamia.org/cultures/ebla.php.

"Shulgi | king of Ur | Britannica". https://www.britannica.com/biography/Shulgi.

"Shulgi of Ur Timeline - World History Encyclopedia". https://www.worldhistory.org/timeline/Shulgi_of_Ur/.

"The Mighty Deeds of King Shulgi of Ur, Master of Mesopotamian Monarchs". 11 mar. 2019, https://www.ancient-origins.net/history-famous-people/king-shulgi-0011602.

"SHULGI - mesopotamia.en-academic.com". https://mesopotamia.en-academic.com/314/SHULGI.

"Shulgi - Wikipedia". https://en.wikipedia.org/wiki/Shulgi.

"Ibbi-Sin | king of Ur | Britannica". https://www.britannica.com/biography/Ibbi-Sin.

"Ibbi-Sin - Wikipedia". https://en.wikipedia.org/wiki/Ibbi-Sin.

"Ibbi-Sin Biography | Pantheon". https://pantheon.world/profile/person/Ibbi-Sin/.

"IBBI-SIN". https://mesopotamia.en-academic.com/182/IBBI-SIN.

"Martu - Wikipedia". https://en.wikipedia.org/wiki/Martu.

"Amurru (god) - Wikipedia". https://en.wikipedia.org/wiki/Amurru_(god).

"Amurru | ancient district, Egypt | Britannica". https://www.britannica.com/place/Amurru.

"Amarru: the home of the Northern Semites". 31 dic. 2014, https://archive.org/details/amarruhomeofnort00clay.

"Ur - Wikipedia". https://en.wikipedia.org/wiki/Ur.

"Ur - World History Encyclopedia". 28 abr. 2011, https://www.worldhistory.org/ur/.

"Ur | City, History, Ziggurat, Sumer, Mesopotamia, & Facts". https://www.britannica.com/place/Ur.

"The Ancient City of Ur - HeritageDaily - Archaeology News". 05 oct. 2020, https://www.heritagedaily.com/2020/10/the-ancient-city-of-ur/135753.

"Ur | Ur Region Archaeology Project". https://www.urarchaeology.org/ur/.

"Ancient World History: City of Ur". https://earlyworldhistory.blogspot.com/2012/01/city-of-ur.html.

"Ur, Sumeria. - Ancient-Wisdom". http://www.ancient-wisdom.com/iraqur.htm.

"Qatna, Syria - World Archaeology". 07 ene. 2006, https://www.world-archaeology.com/features/qatna-syria/.

"The Kingdom of Qatna - HeritageDaily - Archaeology News". 29 may. 2020, https://www.heritagedaily.com/2020/05/the-kingdom-of-qatna/129581.

"Elam - World History Encyclopedia". 27 ago. 2020, https://www.worldhistory.org/elam/.

"Elam | History, Definition, & Meaning | Britannica". https://www.britannica.com/place/Elam.

"Elam - Wikipedia". https://en.wikipedia.org/wiki/Elam.

"The Elamites - The Early History of Elam and Its People (Part 1)". 26 ago. 2020, https://www.worldhistory.org/video/2088/the-elamites----the-early-history-of-elam-and-its/.

"Ancient World History: Medes, Persians, and Elamites". https://earlyworldhistory.blogspot.com/2012/03/medes-persians-and-elamites.html.

"Elamite Empire: Art & Culture | Study.com". https://study.com/academy/lesson/elamite-empire-art-culture.html.

"Publications - Matt Konfirst - Google Search". https://sites.google.com/site/mattkonfirst/publications.

"Did Climate Change Bring Sumerian Civilization to an End?". 05 dic. 2012, https://www.biblicalarchaeology.org/daily/biblical-sites-places/biblical-archaeology-places/did-climate-change-bring-sumerian-civilization-to-an-end/.

"Acid rock drainage and climate change - ScienceDirect" .01 feb. 2009, https://www.sciencedirect.com/science/article/pii/S0375674208000861.

"Climate Shift May Have Silenced Ancient Civilization - HuffPost".

"Kindattu - Wikipedia". https://en.wikipedia.org/wiki/Kindattu.

"History of Mesopotamia - Ur III in decline Britannica". https://www.britannica.com/place/Mesopotamia-historical-region-Asia/Ur-III-in-decline.

"People | Ibbi-Sin - Ancient Mesopotamia". https://ancientmesopotamia.org/people/ibbi-sin.php.

Capítulo 8

"Sumerian Language – Mesopotamia". https://guides.lib.uw.edu/c.php?g=341420&p=2298733.

"The Sumerian King List and the Early History of Mesopotamia". https://www.academia.edu/10052536/The_Sumerian_King_List_and_the_Early_History_of_Mesopotamia.

"Sumerian - Oxford Reference. The Sumerian King List - Livius". https://www.livius.org/sources/content/anet/266-the-sumerian-king-list/.

"The Sumerian King List". https://rebirthoftheword.com/the-sumerian-king-list/.

"The Sumerian King list - Earth-history". 14 may. 2022, https://earth-history.com/sumer/the-sumerian-king-list.

https://www.oxfordreference.com/view/10.1093/oi/authority.20110803100541919.

"Sumerian King List - Wikipedia".
https://en.wikipedia.org/wiki/Sumerian_King_List.

"The Antediluvian Patriarchs and the Sumerian King List". 01 dic. 1998,
https://answersingenesis.org/bible-history/the-antediluvian-patriarchs-and-the-sumerian-king-list/.

"15 facts about the Sumerian King List: When gods ruled Earth". 22 may. 2022,
https://www.ancient-code.com/15-facts-about-the-sumerian-king-list-when-gods-ruled-earth/.

"Was Alulim, First King of Sumer and Eridu Biblical Adam?". 14 mar. 2019,
https://www.ancientpages.com/2019/03/14/was-alulim-first-king-of-sumer-and-eridu-biblical-adam/.

"Alulim - Wikipedia". https://ro.wikipedia.org/wiki/Alulim.

"Hebrew Codec". https://yhvh.org/.

"Who Was the First King in the World? - WorldAtlas". 11 mar. 2020,
https://www.worldatlas.com/who-was-the-first-king-in-the-world.html.

"Before the Great Deluge, Eighth Antediluvian Kings Ruled for 241,200 Years - Ancient Cod". 20 abr. 2022, https://www.ancient-code.com/before-the-great-deluge-eighth-antediluvian-kings-ruled-for-241200-years/.

"Mesopotamia - THE WORLD ALOHA".
https://www.theworldaloha.com/world/mesopotamia.

"The Early Dynastic Period in Ancient Mesopotamia". 14 oct. 2019,
https://brewminate.com/the-early-dynastic-period-in-ancient-mesopotamia/.

"Mesh-ki-ang-gasher Biography - Sumerian ruler priest of Inanna".
https://pantheon.world/profile/person/Mesh-ki-ang-gasher.

"Meshkiangasher - Wikipedia". https://en.wikipedia.org/wiki/Meshkiangasher.

"Enmerkar | Mesopotamian hero | Britannica".
https://www.britannica.com/biography/Enmerkar.

"Enmerkar - Wikipedia". https://en.wikipedia.org/wiki/Enmerkar.

"Enmerkar: Legendary Sumerian Founder and Ruler of Uruk and Grandson of God Utu". 23 mar. 2020, https://www.ancientpages.com/2020/03/23/enmerkar-legendary-sumerian-founder-and-ruler-of-uruk-and-grandson-of-god-utu/.

"Enmerkar and the Lord of Aratta | Mesopotamian Gods & Kings".
http://www.mesopotamiangods.com/enmerkar-and-the-lord-of-aratta/.

"Enmerkar and the Lord of Aratta - TheAlmightyGuru". 28 abr. 2020,
http://www.thealmightyguru.com/Wiki/index.php?title=Enmerkar_and_the_Lord_of_Aratta.

"Enmerkar - Bible History". https://bible-history.com/links/enmerkar-2556.

"Gilgamesh | Epic, Summary, & Facts | Britannica".
https://www.britannica.com/topic/Gilgamesh.

"Gilgamesh - World History Encyclopedia". 29 mar. 2018,
https://www.worldhistory.org/gilgamesh/.

"Gilgamesh - Wikipedia". https://en.wikipedia.org/wiki/Gilgamesh.

"The Myth of Gilgamesh, Hero King of Mesopotamia - ThoughtCo". 20 ago. 2019,
https://www.thoughtco.com/gilgamesh-4766597.

"Epic of Gilgamesh - Ancient Texts".
http://www.ancienttexts.org/library/mesopotamian/gilgamesh/.

"The Epic of Gilgamesh | World Epics - Columbia University".
https://edblogs.columbia.edu/worldepics/project/gilgamesh/.

"What the Bible says about Gilgamesh".
https://www.bibletools.org/index.cfm/fuseaction/Topical.show/RTD/CGG/ID/775/Gilgamesh.htm.

"BBC NEWS | Science/Nature | Gilgamesh tomb believed found". 29 abr. 2003,
http://news.bbc.co.uk/2/hi/science/nature/2982891.stm.

"Gilgamesh | Essay | The Metropolitan Museum of Art | Heilbrunn Timeline". https://www.metmuseum.org/toah/hd/gilg/hd_gilg.htm.

"Queen Kubaba: The Tavern Keeper Who Became the First Female Ruler in History". 23 feb. 2021, https://www.discovermagazine.com/planet-earth/queen-kubaba-the-tavern-keeper-who-became-the-first-female-ruler-in-history.

"Brooklyn Museum: Kubaba".
https://www.brooklynmuseum.org/eascfa/dinner_party/heritage_floor/kubaba.

"All Hail the Divine Ruler, Queen of Kish - ThoughtCo". 30 may. 2019,
https://www.thoughtco.com/kubaba-a-queen-among-kings-121164.

"Kubaba | Anatolian deity | Britannica".
https://www.britannica.com/topic/Kubaba.

"Queen Kubaba: The Tavern Keeper Who Became the First Female Ruler in History". 08 mar. 2022, https://headtopics.com/us/queen-kubaba-the-tavern-keeper-who-became-the-first-female-ruler-in-history-24609982.

"Ku-Bau: The First Woman Ruler – Semiramis-Speaks.com". 10 dic. 2011,
http://semiramis-speaks.com/ku-bau-the-first-woman-ruler/.

"Kubaba — Google Arts & Culture".

"Kubaba (goddess) - Wikipedia".
https://en.wikipedia.org/wiki/Kubaba_(goddess).

"Kubaba - Wikipedia". https://en.wikipedia.org/wiki/Kubaba.

"Eannatum | king of Lagash | Britannica". https://www.britannica.com/biography/Eannatum.

"People | Eannatum". https://ancientmesopotamia.org/people/eannatum.

"Eannatum - Wikipedia". https://en.wikipedia.org/wiki/Eannatum.

"King Destroys Those on his Hit List, One by One – Eannatum: The First Conqueror". 06 mar. 2017, https://www.ancient-origins.net/history/king-destroys-those-his-hit-list-one-one-eannatum-first-conqueror-part-i-007666.

"Eannatum The Conqueror | Classical Wisdom Weekly". 28 may. 2013, https://classicalwisdom.com/politics/enemies/eannatum-the-conqueror/.

"Sumer (Eannatum) - Civilization V Customisation Wiki". 03 jun. 2016, https://civilization-v-customisation.fandom.com/wiki/Sumer_(Eannatum).

"Eannatum the Great". https://sumerianshakespeare.com/37601.html.

"Eannatum - Wikiquote". https://en.wikiquote.org/wiki/Eannatum.

"Eannatum - Bible History". https://bible-history.com/links/eannatum-2516.

"Stele of the Vultures - Ancient World Magazine". 14 ago. 2017, https://www.ancientworldmagazine.com/articles/stele-vultures/.

"Stele of the Vultures - Wikipedia". https://en.wikipedia.org/wiki/Stele_of_the_Vultures.

"Stele of the Vultures | Ancient monument, Sumer | Britannica". https://www.britannica.com/place/Stele-of-the-Vultures.

"Sumerian Stele of the Vultures: Oldest Known Historical Records Carved on Limestone". 01 sep. 2016, https://www.ancientpages.com/2016/09/01/sumerian-stele-of-the-vultures-oldest-known-historical-records-carved-on-limestone/.

"Sumerian war chariots deconstructed". 12 ene. 2012, http://sumerianshakespeare.com/84201.html.

"The Wheels of War: Evolution of the Chariot - History". https://www.historyonthenet.com/the-wheels-of-war-evolution-of-the-chariot.

"Chariot - War Mesopotamian Civilization". https://sites.google.com/site/mesopotamianwarfare/weapon-innovations-in-mesopotamia/sumer/chariot.

"A model of a Sumerian War Chariot". 14 mar. 2021, http://sumerianshakespeare.com/1273801.html.

"The Wheels of War: Evolution of the Chariot - History". https://www.historyonthenet.com/the-wheels-of-war-evolution-of-the-chariot.

"SUMERIAN TROOPS | Weapons and Warfare". 22 may. 2020, https://weaponsandwarfare.com/2020/05/22/sumerian-troops/.

"Warfare in Sumer - Wikipedia".
https://en.wikipedia.org/wiki/Warfare_in_Sumer.

"The Sumerian Military: Professionals of Weaponry and Warfare". 17 jun. 2016,
https://www.ancient-origins.net/history/sumerian-military-professionals-weaponry-and-warfare-006115.

"SUMERIAN TROOPS | Weapons and Warfare". 22 may. 2020,
https://weaponsandwarfare.com/2020/05/22/sumerian-troops/.

"Ancient Mesopotamian Warfare | Akkad and Sumer".
https://sites.psu.edu/ancientmesopotamianwarfare/.

Capítulo 9

"9 Ancient Sumerian Inventions That Changed the World - HISTORY". 01 ago. 2019,
https://www.history.com/news/sumerians-inventions-mesopotamia.

"Top 10 Sumerian Inventions and Discoveries - Ancient History Lists". 20 nov. 2019,
https://www.ancienthistorylists.com/mesopotamia-history/top-10-sumerian-inventions-followed-many-civilizations/.

"Razor - Wikipedia". https://en.wikipedia.org/wiki/Razor.

"Who Were the Ancient Sumerians? | Discover Magazine". 10 nov. 2020,
https://www.discovermagazine.com/planet-earth/who-were-the-ancient-sumerians-and-what-are-they-known-for.

"History of the Sumerians: The 'First' of the Mesopotamians". 06 dic. 2019,
https://www.realmofhistory.com/2019/12/06/sumerians-first-mesopotamian/.

"What are some of the other things the Sumerians invented?".
https://ask.mrdonn.org/meso/43.html.

"The History of Wet Shaving - OriginalShaveCompany.com". 22 mar. 2016,
https://originalshavecompany.com/the-history-of-wet-shaving/.

Capítulo 10

"Sumerian Myths - Grand Valley State University".
https://faculty.gvsu.edu/websterm/SumerianMyth.htm.

"Sumerian creation myth - Wikipedia".
https://en.wikipedia.org/wiki/Sumerian_creation_myth.

"Sumerian Mythology Index - sacred-texts.com". https://www.sacred-texts.com/ane/sum/.

"Death and Afterlife in Sumerian Beliefs - Ancient Pages". 12 may. 2017, https://www.ancientpages.com/2017/05/12/death-and-afterlife-in-sumerian-beliefs/.

"What Is Sumerian Mythology? | Only Slightly Biased". https://onlyslightlybiased.com/what-is-sumerian-mythology.

"Sumerian creation myth | Religion Wiki | Fandom". https://religion.fandom.com/wiki/Sumerian_creation_myth.

"Mesopotamian Creation Myths | Essay | The Metropolitan Museum of Art". https://www.metmuseum.org/toah/hd/epic/hd_epic.htm.

"Eridu Genesis - World History Encyclopedia". 07 may. 2020, https://www.worldhistory.org/Eridu_Genesis/.

"CREATION MYTHS - AKKADIAN - BABYLONIAN - SUMERIAN - lc5827wdp". 05 abr. 2013, https://lc5827wdp.wordpress.com/2013/04/05/creation-myths-akkadian-babylonian-sumerian-april-2013/.

"Inanna: A Sneak Peek into the Rebel Ancient Sumerian Goddess". https://www.timelessmyths.com/mythology/inanna/.

"Sumerian Gods & Goddesses - Transcendence Works!".

""Sumerian Mythology and the Controversy That Surrounds the Anunnaki".

"The origins of human beings according to ancient Sumerian texts". 26 feb. 2019

https://www.ancient-origins.net/news-human-origins-folklore/origins-human-beings-according-ancient-sumerian-texts-0065

"Ancient Mesopotamian Gods and Goddesses - An/Anu (god)". http://oracc.museum.upenn.edu/amgg/listofdeities/an/.

"Anu | Mesopotamian god | Britannica". https://www.britannica.com/topic/Anu.

"Ninhursag - Wikipedia". https://en.wikipedia.org/wiki/Ninhursag.

"Ninhursag - World History Encyclopedia". 26 ene. 2017, https://www.worldhistory.org/Ninhursag/.

"Ninhursag | Mesopotamian deity | Britannica". https://www.britannica.com/topic/Ninhursag.

"Enlil - World History Encyclopedia". 24 ene. 2017, https://www.worldhistory.org/Enlil/.

"Enlil - Wikipedia". https://en.wikipedia.org/wiki/Enlil.

"Enlil - Mesopotamian God of Wind and Breath | Mythology.net". 31 oct. 2016,

https://mythology.net/others/gods/enlil/.

"Ancient Mesopotamian Gods and Goddesses - Enlil/Ellil (god)". http://oracc.museum.upenn.edu/amgg/listofdeities/enlil/index.html.

"Enki - Wikipedia". https://en.wikipedia.org/wiki/Enki.

"Enki - World History Encyclopedia". 09 ene. 2017, https://www.worldhistory.org/Enki/.

"Who was the Sumerian God Enki? | Gaia". 29 nov. 2019, https://www.gaia.com/article/who-was-sumerian-god-enki.

"Enki & Enlil - Annunaki". https://www.annunaki.org/enki-enlil/.

"Enki and the world order: translation - University of Oxford". https://etcsl.orinst.ox.ac.uk/section1/tr113.htm.

"Enki and the World Order (Version 1) - Mesopotamian Gods". http://www.mesopotamiangods.com/enki-the-world-order-version-1/.

"Enki and the World Order - Earth-history". https://earth-history.com/Sumer/enki-worldorder.htm.

"Myth, Ritual, and Order in Enki and the World Order". https://www.academia.edu/14523257/Myth_Ritual_and_Order_in_Enki_and_the_World_Order

Segunda Parte: El Imperio acadio

"Akkadian Military". *Weapons and Warfare: History and Hardware of Warfare.* 2019. https://weaponsandwarfare.com/2019/09/21/akkadian-military

Bertman, Stephen. *Handbook to Life in Ancient Mesopotamia.* Oxford: Oxford University Press, 2005.

Botsforth, George W., ed. "The Reign of Sargon". *A Source-Book of Ancient History.* New
York: Macmillan, 1912, 27-28.
http://www.thelatinlibrary.com/imperialism/readings/sargontablet.html

Carter, R., and Graham Philip, eds. *Beyond the Ubaid: Transformation and Integration in the Late Prehistoric Societies of the Middle East.* Chicago: The Oriental Institute, University of Chicago, 2010.

Chavalas, M. W., ed. *The Ancient Near East: Historical Sources in Translation.* Malden, MA: Blackwell Publishing, 2006.

Clarke, Joanne, Nick Brooks, Edward B. Banning, Miryam Bar-Matthews, Stuart Campbell, Lee Clare, Mauro Cremaschig, et al. "Climatic Changes and Social Transformations in the Near East and North Africa during the 'Long' Fourth Millennium BC: A Comparative Study of Environmental and Archaeological Evidence". *Quaternary Science Reviews* 136, (2016), 96-121, https://doi.org/10.1016/j.quascirev.2015.10.003

Cooper, Jerrold S. "Sumerian and Akkadian in Sumer and Akkad". *Orientalia* 42 (1973):

239-46. http://www.jstor.org/stable/43079390

Cooper, Jerrold S., and Wolfgang Heimpel. "The Sumerian Sargon Legend". *Journal of the American Oriental Society* 103, no. 1 (1983): 67-82. https://doi.org/10.2307/601860

Cserkits, Michael. "The Concept of War in Ancient Mesopotamia: Reshaping Carl von Clausewitz's Trinity". *Expeditions with MCUP*, United States Marine Corps University Press, 2022. https://doi.org/10.36304/ExpwMCUP.2022.01

Dalley, Stephanie. *Myths from Mesopotamia Creation, the Flood, Gilgamesh, and Others.*

Oxford: Oxford University Press, 2008.

Delougaz, P. "A Short Investigation of the Temple at Al-'Ubaid". *Iraq* 5 (1938): 1-11.

https://doi.org/10.2307/4241617

Edens, Christopher. "Dynamics of Trade in the Ancient Mesopotamian 'World System'". *American Anthropologist* 94, no. 1 (1992): 118-39. http://www.jstor.org/stable/680040.

Editors. "The World's Oldest Writing". *Archaeology*, May/June 2016.

https://www.archaeology.org/issues/213-features/4326-cuneiform-the-world-s-oldest-writing

Enthralling History. *Ancient Mesopotamia: An Enthralling Overview of Mesopotamian History,*

Starting from Eridu through the Sumerians, Akkadian Empire, Assyrians, Hittites, and

Persians to Alexander the Great. Columbia: Joelan AB, 2022.

Eppihimer, Melissa. "Assembling King and State: The Statues of Manishtushu and the Consolidation of Akkadian Kingship". *American Journal of Archaeology* 114, no. 3 (2010): 365-80. http://www.jstor.org/stable/25684286

Eppihimer, Melissa. *Exemplars of Kingship: Art, Tradition, and the Legacy of the Akkadians.* New York: Oxford University Press, 2019.

Foster, Benjamin R. *The Age of Agade: Inventing Empire in Ancient Mesopotamia.* New

York: Routledge, 2016.

Foster, Benjamin R. *Before the Muses: An Anthology of Akkadian Literature.* Bethesda: CDL Press, 2018.

"Gilgamesh and Aga: Translation". *The Electronic Text Corpus of Sumerian Literature*, Oxford: Faculty of Oriental Studies, University of Oxford, 2000. https://etcsl.orinst.ox.ac.uk/section1/tr1811.htm

Grayson, A. K. "The Empire of Sargon of Akkad". *Archiv Für Orientforschung* 25 (1974): 56-64. http://www.jstor.org/stable/41636304

Gurney, O. R. "The Sultantepe Tablets: VII. The Myth of Nergal and Ereshkigal". *Anatolian Studies* 10 (1960): 105-31. https://doi.org/10.2307/3642431

Hritz, Carrie, Jennifer Pournelle, Jennifer Smith, and سميجثنيفر. "Revisiting the Sealands: Report of Preliminary Ground Reconnaissance in the Hammar District, Dhi Qar and Basra Governorates, Iraq". *Iraq* 74 (2012): 37-49. http://www.jstor.org/stable/23349778

Jacobsen, Thorkild. "The Assumed Conflict between Sumerians and Semites in Early Mesopotamian History". *Journal of the American Oriental Society* 59, no. 4 (1939): 485-95. https://doi.org/10.2307/594482

Kantor, Helene J. "Landscape in Akkadian Art". *Journal of Near Eastern Studies* 25, no. 3 (1966): 145-52. http://www.jstor.org/stable/543262

King, Leonard W. *A History of Sumer and Akkad: An Account of the Early Races of Babylonia from Prehistoric Times to the Foundation of the Babylonian Monarchy*. New York: Amulet Press, 2015 (first published 1910)

Lawrence, D., A. Palmisano, and M. W. de Gruchy. "Collapse and Continuity: A Multi-proxy Reconstruction of Settlement Organization and Population Trajectories in the Northern Fertile Crescent during the 4.2kya Rapid Climate Change Event". *PLoS One*. 16 (1) (2021). https://pubmed.ncbi.nlm.nih.gov/33428648

Lenzi, Alan. *An Introduction to Akkadian Literature*. University Park: The Pennsylvania State University Press, 2019.

Lenzi, Alan, ed. *Reading Akkadian Prayers and Hymns: An Introduction*. Atlanta: Society of Biblical Literature, 2011.

Levin, Yigal. "Nimrod the Mighty, King of Kish, King of Sumer and Akkad". *Vetus Testamentum* 52, no. 3 (2002): 350-66. http://www.jstor.org/stable/1585058

Lewis, Brian. *The Sargon Legend: A Study of the Akkadian Text and the Tale of the Hero Who was Exposed at Birth*. Philadelphia: American Schools of Oriental Research, 1980.

Lloyd, Seton, Fuad Safar, and Robert J. Braidwood. "Tell Hassuna Excavations by the Iraq Government Directorate General of Antiquities in 1943 and 1944". *Journal of Near Eastern Studies* 4, no. 4 (1945): 255-89. http://www.jstor.org/stable/542914

Luckenbill, D. D. "Akkadian Origins". *The American Journal of Semitic Languages and Literatures* 40, no. 1 (1923): 1-13. http://www.jstor.org/stable/528139

Mark, Joshua J. "The Legend of Cutha". *World History Encyclopedia*. 2021. https://www.worldhistory.org/article/1869/the-legend-of-cutha/.

Moore, A. M. T. "Pottery Kiln Sites at al' Ubaid and Eridu". *Iraq* 64 (2002): 69-77. https://doi.org/10.2307/4200519

Moorey, P. R. S. "The 'Plano-Convex Building' at Kish and Early Mesopotamian Palaces". *Iraq* 26, no. 2 (1964): 83-98. https://doi.org/10.2307/4199767

Nadali, Davide. *Representations of Battering Rams and Siege Towers in Early Bronze Age Glyptic Art*. Universitat Autonoma de Barcelona:39-52. https://ddd.uab.cat/pub/historiae/historiae_a2009n6/historiae_a2009n6p39.pdf

Nemet-Nejat, Karen Rhea. *Daily Life in Ancient Mesopotamia*. Westport, Connecticut: Greenwood Press, 1998.

Nigro, Lorenzo. "The Two Steles of Sargon: Iconology and Visual Propaganda at the Beginning of Royal Akkadian Relief". *Iraq* 60 (1998): 85-102. https://doi.org/10.2307/4200454

Nowicki, Stefan. "Sargon of Akkade and His God: Comments on the Worship of the God of the Father among the Ancient Semites". *Acta Orientalia Academiae Scientiarum Hungaricae* 69, no. 1 (2016): 63-82. http://www.jstor.org/stable/43957458

Petrovich, Douglas. "Identifying Nimrod of Genesis 10 with Sargon of Akkad by Exegetical and Archaeological Means". *Journal of the Evangelical Theological Society* 56, no. 2 (2013): 73-305. https://www.etsjets.org/files/JETS-PDFs/56/56-2/JETS_56-2_273-305_Petrovich.pdf

Powell, Marvin A. "The Sin of Lugalzagesi". *Wiener Zeitschrift Für Die Kunde Des Morgenlandes* 86 (1996): 307-14. http://www.jstor.org/stable/23864744

Rubio, Gonzalo. "On the Alleged 'Pre-Sumerian Substratum'". *Journal of Cuneiform Studies* 51 (1999): 1-16. https://doi.org/10.2307/1359726

Sackrider, Scott. "The History of Astronomy in Ancient Mesopotamia". *The NEKAAL Observer* 234. https://nekaal.org/observer/ar/ObserverArticle234.pdf

Speiser, E. A. "Some Factors in the Collapse of Akkad". *Journal of the American Oriental Society* 72, no. 3 (1952): 97-101. https://doi.org/10.2307/594938

Stol, Marten. "Women in Mesopotamia". *Journal of the Economic and Social History of the Orient* 38, no. 2 (1995): 123-44. http://www.jstor.org/stable/3632512

Sumerian King List. Translated by Jean-Vincent Scheil, Stephen Langdon, and Thorkild Jacobsen. Livius. https://www.livius.org/sources/content/anet/266-the-sumerian-king-list/#Translation

Teall, Emily K. "Medicine and Doctoring in Ancient Mesopotamia". *Grand Valley Journal of History* 3:1 (2014), Article 2. https://scholarworks.gvsu.edu/gvjh/vol3/iss1/2

"The Akkadians". *Weapons and Warfare: History and Hardware of Warfare*. 2019. https://weaponsandwarfare.com/2019/07/29/the-akkadians

The Code of Hammurabi. Translated by L.W. King. The Avalon Project: Documents in Law, History, and Diplomacy. Yale Law School: Lillian Goldman Law Library. https://avalon.law.yale.edu/ancient/hamframe.asp

The Curse of Agade. Translated by Jerrold S. Cooper. Baltimore: Johns Hopkins University Press, 1983.

The Epic of Atrahasis. Translated by B. R. Foster. Livius. https://www.livius.org/sources/content/anet/104-106-the-epic-of-atrahasis

The Epic of Gilgamesh. Academy of Ancient Texts. https://www.ancienttexts.org/library/mesopotamian/gilgamesh

"The Legend of Sargon of Akkadê". *Ancient History Sourcebook*. New York: Fordham University, 1999. https://sourcebooks.fordham.edu/ancient/2300sargon1.asp

"The Sargon Geography". Translated by Wayne Horowitz. *Mesopotamian Cosmic Geography*. Winona Lake: Eisenbrauns 1998 http://www.aakkl.helsinki.fi/melammu/database/gen_html/a0000526.php

The Tummal Chronicle. Livius. https://www.livius.org/sources/content/mesopotamian-chronicles-content/cm-7-tummal-chronicle

Van Buren, E. Douglas. "Discoveries at Eridu". *Orientalia* 18, no. 1 (1949): 123-24. http://www.jstor.org/stable/43072618

Van De Mieroop, Marc. *A History of the Ancient Near East ca. 3000 - 323 BC*. Hoboken: Blackwell Publishing, 2006.

Wall-Romana, Christophe. "An Areal Location of Agade". *Journal of Near Eastern Studies* 49, no. 3 (1990): 205-45. http://www.jstor.org/stable/546244

Weidner Chronicle (ABC 19). Livius, 2020. https://www.livius.org/sources/content/mesopotamian-chronicles-content/abc-19-weidner-chronicle

Weiss, Harvey. *Megadrought and Collapse*. New York: Oxford University Press, 2017.

Weiss, H., M. A. Courty, W. Wetterstrom, F. Guichard, L. Senior, R. Meadow, and A.

Curnow. "The Genesis and Collapse of Third Millennium North Mesopotamian Civilization". *Science* 261, no. 5124 (1993): 995-1004. http://www.jstor.org/stable/2881847

West, M. L. "Akkadian Poetry: Metre and Performance". *Iraq* 59 (1997): 175-87. https://doi.org/10.2307/4200442

Westenholz, Joan Goodnick. "Heroes of Akkad". *Journal of the American Oriental Society* 103, no. 1 (1983): 327-36. https://doi.org/10.2307/601890

Westenholz, Joan Goodnick. *Legends of the Kings of Akkade: The Texts*. Winona Lake:

Eisenbrauns, 1997.

Wilford, John Noble. "Ancient Clay Horse is Found in Syria". *The New York Times*,

January 3, 1993.

https://www.nytimes.com/1993/01/03/world/ancient-clay-horse-is-found-in-syria.html

Wilkinson, T. J., B. H. Monahan, and D. J. Tucker. "Khanijdal East: A Small Ubaid Site in Northern Iraq". *Iraq* 58 (1996): 17-50. https://doi.org/10.2307/4200417

Woolley, C. Leonard. "Excavations at Ur". *Journal of the Royal Society of Arts* 82, no. 4227 (1933): 46-59. http://www.jstor.org/stable/41360003

Ziskind, Jonathan R. "The Sumerian Problem". *The History Teacher* 5, no. 2 (1972): 34-41. https://doi.org/10.2307/491500

Tercera Parte: El Imperio babilónico

Assyrian King List. Livius. https://www.livius.org/sources/content/anet/564-566-the-assyrian-king-list/

Alstola, Tero. "Judean Merchants in Babylonia and Their Participation in Long-Distance Trade". *Die Welt Des Orients* 47, no. 1 (2017): 25-51 http://www.jstor.org/stable/26384887.

Beaulieu, Paul-Alain. *A History of Babylon, 2200 BC-AD 75*. Pondicherry: Wiley, 2018.

Beaulieu, Paul-Alain. *Reign of Nabonidus, King of Babylon (556-539 BC)*. New Haven: Yale University Press, 1989.

Bertman, Stephen. *Handbook to Life in Ancient Mesopotamia*. Oxford: Oxford University Press, 2005.

Boivin, Odette. *The First Dynasty of the Sealand in Mesopotamia*. Volume 20: Studies in Ancient Near Eastern Records. Boston: De Gruyter, 2018.

Broad, William J. "It Swallowed a Civilization". *New York Times*, October 21, 2003. https://www.nytimes.com/2003/10/21/science/it-swallowed-a-civilization.html

Carter, R., y Graham Philip, eds. *Beyond the Ubaid: Transformation and Integration in the Late Prehistoric Societies of the Middle East.* Chicago: The Oriental Institute, University of Chicago, 2010.

Chavalas, M. W., ed. *The Ancient Near East: Historical Sources in Translation.* Malden, MA: Blackwell Publishing, 2006.

Chronicle of Early Kings (ABC 20). Livius. https://www.livius.org/sources/content/mesopotamian-chronicles-content/abc-20-chronicle-of-early-kings

Cuneiform Texts from Babylonian Tablets in the British Museum: Part XIII. Piccadilly: Longmans and Co., 1901.

Dalley, Stephanie. *Myths from Mesopotamia Creation, the Flood, Gilgamesh, and Others.* Oxford: Oxford University Press, 2008.

Da Riva, Rocío. "The Figure of Nabopolassar in Late Achaemenid and Hellenistic Historiographic Tradition: BM 34793 and CUA 90". *Journal of Near Eastern Studies* 76, no.1. https://www.journals.uchicago.edu/doi/full/10.1086/690464

Deams, A. y K. Croucher. "Artificial Cranial Modification in Prehistoric Iran: Evidence from Crania and Figurines". *Iranica Antiqua* 42 (2007):1-21.

De Boer, Rients. "Beginnings of Old Babylonian Babylon: Sumu-Abum and Sumu-La-El". *Free University of Amsterdam.* American Schools of Oriental Research. https://www.jstor.org/journal/jcunestud

De Graef, Katrien. "Dual Power in Susa: Chronicle of a Transitional Period from Ur III via Šimaški to the Sukkalmaḫs". *Bulletin of the School of Oriental and African Studies*, University of London 75, no. 3 (2012): 525-46. http://www.jstor.org/stable/41811207.

"Descent of the Goddess Ishtar into the Lower World", en *The Civilization of Babylonia and Assyria*, Morris Jastrow, Jr., 1915. https://www.sacred-texts.com/ane/ishtar.htm

Editors. "The World's Oldest Writing". *Archaeology*, May/June 2016. https://www.archaeology.org/issues/213-features/4326-cuneiform-the-world-s-oldest-writing

Enthralling History. *Ancient Mesopotamia: An Enthralling Overview of Mesopotamian History,*

Starting from Eridu through the Sumerians, Akkadian Empire, Assyrians, Hittites, and Persians to Alexander the Great. Coppell, Texas: Joelan AB, 2022.

Enthralling History. *The Akkadian Empire: An Enthralling Overview of the Rise and Fall of the Akkadians.* Coppell, Texas: Joelan AB, 2022.

Finkel, Irving. "The Lament of Nabû-šuma-ukîn". En *Focus Mesopotamischer Geschichte, Wiege früher Gelehrtsamkeit, Mythos in der Moderne*. Saaerbrücken, 1999.

George, Andrew. "Ancient Descriptions: The Babylonian Topographical Texts", en *Babylon*, editado por I. L. Finkel and M. J. Seymour. New York: Oxford University Press, 2008, 161-165.

George, Andrew. "The Poem of Erra and Ishum: A Babylonian Poet's View of War", en *Warfare and Poetry in the Middle East,* editado por Hugh Kennedy, 39-71. London: I. B. Tauris, 2013.

George, Andrew. "The Tower of Babel: Archaeology, History and Cuneiform Texts". *Archiv für Orientforschung,* 51 (2005/2006): 75-95. https://eprints.soas.ac.uk/3858/2/TowerOfBabel.AfO.pdf

Grayson, A. K. *Babylonian Historical-Literary Texts: Toronto Semitic Texts and Studies, 3*. Toronto: University of Toronto Press, 1975.

Herodotus. *Capture of Babylon*. Livius. https://www.livius.org/articles/person/darius-the-great/sources/capture-of-babylon-herodotus

Hritz, Carrie, Jennifer Pournelle, Jennifer Smith. "Revisiting the Sealands: Report of Preliminary Ground Reconnaissance in the Hammar District, Dhi Qar and Basra Governorates, Iraq". *Iraq* 74 (2012): 37-49. http://www.jstor.org/stable/23349778.

Huber, Peter J. *Astronomical Dating of Babylon I and Ur III*. Cambridge: Harvard University, 1982.

Jacobsen, Thorkild. "The Assumed Conflict between Sumerians and Semites in Early Mesopotamian History". *Journal of the American Oriental Society* 59, no. 4 (1939): 485-95. https://doi.org/10.2307/594482.

Jastrow, Jr., Morris. "Did the Babylonian Temples Have Libraries?". *Journal of the American Oriental Society* 27 (1906): 147-182. https://www.jstor.org/stable/pdf/592857.pdf

Jones, Tom B. "By the Rivers of Babylon Sat We Down". *Agricultural History* 25, no. 1 (1951): 1-9. http://www.jstor.org/stable/3740293.

Kerrigan, Michael. *The Ancients in Their Own Words*. London: Amber Books, 2019.

King, Leonard W. *A History of Sumer and Akkad: An Account of the Early Races of Babylonia from Prehistoric Times to the Foundation of the Babylonian Monarchy*. New York: Amulet Press, 2015 (first published 1910).

Koppen, Frans van. "The Old to Middle Babylonian Transition: History and Chronology of the Mesopotamian Dark Age". *Ägypten Und Levante / Egypt and the Levant* 20 (2010): 453-63. http://www.jstor.org/stable/23789952

Lawrence, D., A. Palmisano, y M. W. de Gruchy. "Collapse and Continuity: A Multi-proxy Reconstruction of Settlement Organization and Population Trajectories in the Northern Fertile Crescent during the 4.2kya Rapid Climate Change Event". *PLoS One.* 16 (1) (2021).
https://pubmed.ncbi.nlm.nih.gov/33428648

Leemans, W. F. "The Trade Relations of Babylonia and the Question of Relations with Egypt in the Old Babylonian Period". *Journal of the Economic and Social History of the Orient 3,* no. 1 (1960): 21-37.
https://doi.org/10.2307/3596027

Levin, Yigal. "Nimrod the Mighty, King of Kish, King of Sumer and Akkad". *Vetus Testamentum* 52, no. 3 (2002): 350-66.
http://www.jstor.org/stable/1585058.

Lambert, W. G. "Studies in Marduk". *Bulletin of the School of Oriental and African Studies, University of London* 47, no. 1 (1984): 1-9.
http://www.jstor.org/stable/618314.

Mansfield, D.F. "Plimpton 322: A Study of Rectangles". *Foundations of Science* 26 (2021): 977-1005. https://doi.org/10.1007/s10699-021-09806-0

Mark, Joshua J. "Ashurnasirpal II". *World History Encyclopedia.*
https://www.worldhistory.org/Ashurnasirpal_II

Mark, Joshua J. "The Marduk Prophecy". *World History Encyclopedia.* 2016.
https://www.worldhistory.org/article/990/the-marduk-prophecy

Marriage of Martu. The Electronic Text Corpus of Sumerian Literature. Oxford: University of Oxford. https://etcsl.orinst.ox.ac.uk/section1/tr171.htm

Moore, A. M. T. "Pottery Kiln Sites at al' Ubaid and Eridu". *Iraq* 64 (2002): 69-77. https://doi.org/10.2307/4200519

Nemet-Nejat, Karen Rhea. *Daily Life in Ancient Mesopotamia.* Westport, Connecticut: Greenwood Press, 1998.

Prayer of Nabonidus (4Q242). Livius.
https://www.livius.org/sources/content/dss/4q242-prayer-of-nabonidus

Sackrider, Scott. "The History of Astronomy in Ancient Mesopotamia". *The NEKAAL Observer* 234. https://nekaal.org/observer/ar/ObserverArticle234.pdf

Stol, Marten. "Women in Mesopotamia". *Journal of the Economic and Social History of the Orient* 38, no. 2 (1995): 123-44.
http://www.jstor.org/stable/3632512

Teall, Emily K. "Medicine and Doctoring in Ancient Mesopotamia". *Grand Valley Journal of History* 3:1 (2014), Article 2.
https://scholarworks.gvsu.edu/gvjh/vol3/iss1/2

The Chronicle Concerning the Reign of Nabonidus (ABC 7). Livius, 2020.
https://www.livius.org/sources/content/mesopotamian-chronicles-content/abc-7-nabonidus-chronicle

The Chronicle Concerning Year Three of Neriglissar (ABC 6). Livius, 2006. https://www.livius.org/sources/content/mesopotamian-chronicles-content/abc-6-neriglissar-chronicle

The Code of Hammurabi. Traducido por L.W. King. The Avalon Project: Documents in Law, History, and Diplomacy. Yale Law School: Lillian Goldman Law Library. https://avalon.law.yale.edu/ancient/hamframe.asp

The Epic of Atrahasis. Traducido por B. R. Foster. Livius. https://www.livius.org/sources/content/anet/104-106-the-epic-of-atrahasis

The Tanakh: Full Text. Jewish Virtual Library: A Project of AICE. 1997. https://www.jewishvirtuallibrary.org/the-tanakh-full-text

The Tummal Chronicle. Livius. https://www.livius.org/sources/content/mesopotamian-chronicles-content/cm-7-tummal-chronicle

Van De Mieroop, Marc. *A History of the Ancient Near East ca. 3000 - 323 BC*. Hoboken: Blackwell Publishing, 2006.

Van De Mieroop, Marc. *King Hammurabi of Babylon: A Biography*. Hoboken: Blackwell Publishing, 2005.

Verse Account of Nabonidus. Traducido por A. Leo Oppenheim. Livius. https://www.livius.org/sources/content/anet/verse-account-of-nabonidus

Vlaardingerbroek, Menko. "The Founding of Nineveh and Babylon in Greek Historiography". *Iraq* 66 (2004): 233-41. https://doi.org/10.2307/4200577.

Weiershäuser, Frauke, y Jamie Novotny. *The Royal Inscriptions of Amēl-Marduk (561-560 BC), Neriglissar (559-556 BC), and Nabonidus (555-539 BC), Kings of Babylon* (PDF). Winona Lake: Eisenbrauns, 2020.

Weidner Chronicle (ABC 19). Livius, 2020. https://www.livius.org/sources/content/mesopotamian-chronicles-content/abc-19-weidner-chronicle

Weiss, Harvey. *Megadrought and Collapse*. New York: Oxford University Press, 2017.

Weiss, H., M. A. Courty, W. Wetterstrom, F. Guichard, L. Senior, R. Meadow, y A. Curnow. "The Genesis and Collapse of Third Millennium North Mesopotamian Civilization". *Science* 261, no. 5124 (1993): 995-1004. http://www.jstor.org/stable/2881847.

Woolley, C. Leonard. "Excavations at Ur". *Journal of the Royal Society of Arts* 82, no. 4227 (1933): 46-59. http://www.jstor.org/stable/41360003.

Year Names of Ibbi-Suen. CDLI Wiki. University of Oxford. https://cdli.ox.ac.uk/wiki/doku.php?id=year_names_ibbi-suen

Xenophon. *Cyropaedia: The Education of Cyrus*. Traducido por Henry Graham Dakyns. Proyecto Gutenberg EBook. https://www.gutenberg.org/files/2085/2085-h/2085-h.htm

Cuarta Parte: El Imperio asirio

Cotterell, Arthur. *The First Great Powers: Babylon and Assyria*. Hurst & Company, London, 2019.

Crawford, Harriet. *The Sumerian World*. Routledge, London and New York, 2013.

Crawford, Vaughn E; Harper, Prudence O; Pittmann, Holly. *Assyrian Reliefs and Ivories in the Metropolitan Museum of Art: Palace Reliefs of Ashurnasirpal II and Ivory Carvings from Nimrud*. Metropolitan Museum of Art, New York, 1980.

Curtis, JE and Reade, JE. *Art and Empire: Treasures from Assyria in the British Museum*. British Museum Press, London, 1995.

Düring, Bleda S. *The Imperialisation of Assyria: An Archaeological Approach*. Cambridge University Press, Cambridge, 2020.

Elayi, Josette. *Sargon II, King of Assyria*. SBL Press, Atlanta, 2017.

Elayi, Josette. *Esarhaddon, King of Assyria*. Lockwood Press, Columbus, Georgia, 2023.

Elayi, Josette. *Sennacherib, King of Assyria*. SBL Press, Atlanta, 2018.

Frahm, Eckart. *A Companion to Assyria*. Wiley Blackwell, Malden MA, 2017.

Frahm, Eckart. *Assyria: The Rise and Fall of the World's First Empire*. Basic Books, New York, 2023.

Kramer, Samuel Noah. *The Sumerians: Their History, Culture and Character*. University of Chicago Press, Chicago, 1963.

Melville, Sarah C. *The Campaigns of Sargon II, King of Assyria, 721-705 BC*. University of Oklahoma Press, Norman, Oklahoma, 2016.

Radner, Karen. *Ancient Assyria: A Very Short Introduction*. Oxford University Press, Oxford, 2015.

Fuentes de imágenes

1. Mapa Ubaid culture-en.svg: NordNordWestderivative work: Rowanwindwhistler, CC BY-SA 4.0 https://creativecommons.org/licenses/by-sa/4.0 vía Wikimedia Commons; https://commons.wikimedia.org/wiki/File:Map_Ubaid_culture-es.svg
2. Zunkir, CC BY-SA 4.0 https://creativecommons.org/licenses/by-sa/4.0 vía Wikimedia Commons; https://commons.wikimedia.org/wiki/File:Shallow_dish_-_Ubaid.jpg
3. tobeytravels, CC BY-SA 2.0 https://creativecommons.org/licenses/by-sa/2.0/ vía Wikimedia Commons; https://commons.wikimedia.org/wiki/File:White_Temple_ziggurat_in_Uruk.jpg
4. https://commons.wikimedia.org/wiki/File:Augenidole_Syrien_Slg_Ebn%C3%B6ther.jpg
5. Ciudades_de_Sumeria.svg: Cratesderivative work: Phirosiberia, CC BY 3.0 https://creativecommons.org/licenses/by/3.0 vía Wikimedia Commons; https://commons.wikimedia.org/wiki/File:Cities_of_Sumer_(en).svg
6. Museo Metropolitano de Arte, CC0, vía Wikimedia Commons; https://commons.wikimedia.org/wiki/File:Met_(2)_-_Administrative_tablet,_Jamdat_Nasr,_Uruk_III_style_-_3100%E2%80%932900_B.C._(d%C3%A9tail).jpg
7. Osama Shukir Muhammed Amin FRCP(Glasg), CC BY 4.0 https://creativecommons.org/licenses/by/4.0 vía Wikimedia Commons; https://commons.wikimedia.org/wiki/File:Wall_plaque_showing_libation_scene_from_Ur,_Iraq,_2500_BCE._British_Museum_(adjusted_for_perspective).jpg
8. https://commons.wikimedia.org/wiki/File:Relief_Im-dugud_Louvre_AO2783.jpg
9. https://commons.wikimedia.org/wiki/File:Blau_Monument_British_Museum_86260.jpg

10 Hans Ollermann, CC BY-SA 2.0 https://creativecommons.org/licenses/by-sa/2.0/ vía Wikimedia Commons; https://commons.wikimedia.org/wiki/File:Mask_of_Sargon_of_Akkad.jpg

11 Middle_East_topographic_map-blank_3000bc_crop.svg: Fulvio314. La persona que lo subió originalmente fue Fulvio314 en Wikipedia en italiano. Etiquetas en italiano: Yiyi Etiquetas en inglés: Kanguole, CC BY 3.0 https://creativecommons.org/licenses/by/3.0 vía Wikimedia Commons; https://commons.wikimedia.org/wiki/File:Near_East_topographic_map_with_toponyms_3000bc-en.svg

12 Museo del Louvre, CC BY-SA 4.0 https://creativecommons.org/licenses/by-sa/4.0/ vía Wikimedia Commons; https://commons.wikimedia.org/wiki/File:Tablet_of_Lugalannatum.jpg

13 Steve Harris, fuente, CC BY-SA 2.0 https://creativecommons.org/licenses/by-sa/2.0/ vía Wikimedia Commons; https://commons.wikimedia.org/wiki/File:King_Ur-Nammu.jpg

14 Attar-Aram syria, CC BY-SA 4.0 https://creativecommons.org/licenses/by-sa/4.0/ vía Wikimedia Commons; https://commons.wikimedia.org/wiki/File:Third_Mari.png

15 Gary Todd, CC0, vía Wikimedia Commons; https://commons.wikimedia.org/wiki/File:Cuneiform_Clay_Tablets_from_Amorite_Kingdom_of_Mari,_1st_Half_of_2nd_Mill._BC.jpg

16 Ashmolean Museum, CC BY-SA 4.0 https://creativecommons.org/licenses/by-sa/4.0/, vía Wikimedia Commons; https://commons.wikimedia.org/wiki/File:Sumerian_King_List,_1800_BC,_Larsa,_Iraq.jpg

17 Osama Shukir Muhammed Amin FRCP(Glasg), CC BY-SA 4.0 https://creativecommons.org/licenses/by-sa/4.0/, vía Wikimedia Commons; https://commons.wikimedia.org/wiki/File:Gilgamesh_in_a_Sculptured_Vase,_Shara_Temple,_Tell_Agrab,_Iraq.jpg

18 Fondo: Kikuyu3Elementos: Eric Gaba (Usuario: Sting) Composite: पाटलिपुत्र (talk) 10:52, 30 abril 2020 (UTC), CC BY-SA 4.0 https://creativecommons.org/licenses/by-sa/4.0/ ,vía Wikimedia Commons; https://commons.wikimedia.org/wiki/File:Stele_of_the_Vultures_in_the_Louvre_Museum_(enhanced_composite).jpg

19 Museos Arqueológicos de Estambul, CC0, vía Wikimedia Commons; https://commons.wikimedia.org/wiki/File:Ur_Nammu_code_Istanbul.jpg

20 Nic McPhee de Morris, Minnesota, EE. UU., CC BY-SA 2.0 https://creativecommons.org/licenses/by-sa/2.0/ , vía Wikimedia Commons; https://commons.wikimedia.org/wiki/File:Flickr_-_Nic%27s_events_-_British_Museum_with_Cory_and_Mary,_6_Sep_2007_-_185.jpg

21 Osama Shukir Muhammed Amin FRCP(Glasg), CC BY-SA 4.0 https://creativecommons.org/licenses/by-sa/4.0/ vía Wikimedia Commons; https://commons.wikimedia.org/wiki/File:Bull%27s_head_of_the_Queen%27s_lyre_from_Pu-

abi%27s_grave_PG_800,_the_Royal_Cemetery_at_Ur,_Southern_Mesopotamia,_Iraq._The_British_Museum,_London.JPG

22 Museo Británico, CC BY-SA 3.0 https://creativecommons.org/licenses/by-sa/3.0 vía Wikimedia Commons; https://commons.wikimedia.org/wiki/File:Reconstructed_sumerian_headgear_necklaces_british_museum.JPG

23 Szilas, CC BY-SA 4.0 <https://creativecommons.org/licenses/by-sa/4.0>, via Wikimedia Commons https://commons.wikimedia.org/wiki/File:Royal_game_of_Ur,_2010-08-03_circles_(cropped_and_adjusted).jpg

24 Vassil, CC0, vía Wikimedia Commons; https://commons.wikimedia.org/wiki/File:British_Museum_Middle_east_14022019_Panel_Imdugud_2500_BC_3640.jpg

25 Nic McPhee de Morris, Minnesota, EE. UU., CC BY-SA 2.0 https://creativecommons.org/licenses/by-sa/2.0/ vía Wikimedia Commons; https://commons.wikimedia.org/wiki/File:Adda_Seal_Akkadian_Empire_2300_BC.jpg

26 https://commons.wikimedia.org/wiki/File:Copia_de_Enki.jpg

27 https://commons.wikimedia.org/wiki/File:Entemena_vase_motif.jpg

28 Jolle, CC BY 3.0 <https://creativecommons.org/licenses/by/3.0>, via Wikimedia Commons https://commons.wikimedia.org/w/index.php?curid=78287238

29 https://commons.wikimedia.org/wiki/File:Hassuna_redware_bowl.jpg

30 Osama Shukir Muhammed Amin FRCP(Glasg), CC BY-SA 4.0 <https://creativecommons.org/licenses/by-sa/4.0>, via Wikimedia Commons https://commons.wikimedia.org/wiki/File:Neck_of_a_painted_jar_from_Tell_Hassuna,_Iraq,_belonging_to_Samarra_culture._5000_BCE._Iraq_Museum.jpg

31 https://www.jstor.org/stable/43072618

32 Osama Shukir Muhammed Amin FRCP(Glasg), CC BY-SA 4.0 <https://creativecommons.org/licenses/by-sa/4.0>, via Wikimedia Commons https://commons.wikimedia.org/w/index.php?curid=90674882

33 ALFGRN, CC BY-SA 2.0 <https://creativecommons.org/licenses/by-sa/2.0>, via Wikimedia Commons https://commons.wikimedia.org/wiki/File:Ubaid_III_pottery_jar_5300-4700_BC_Louvre_Museum.jpg

34 Osama Shukir Muhammed Amin FRCP(Glasg), CC BY-SA 4.0 <https://creativecommons.org/licenses/by-sa/4.0>, via Wikimedia Commons https://commons.wikimedia.org/wiki/File:Pottery_bowl_from_Telul_eth-Thalathat,_Iraq._Ubaid_period,_c._5000_BCE._Iraq_Museum.jpg

35 Zunkir, CC BY-SA 4.0 <https://creativecommons.org/licenses/by-sa/4.0>, via Wikimedia Commons https://commons.wikimedia.org/wiki/File:Golden_dagger_and_sheath_-_Ur_RT.jpg

36 https://commons.wikimedia.org/wiki/File:Cylinder_seal_lions_Louvre_MNB1167.jpg

37 https://commons.wikimedia.org/wiki/File:Standard_of_Ur_chariots.jpg

38 https://commons.wikimedia.org/wiki/File:Enki(Ea).jpg

39 https://en.wikipedia.org/wiki/File:O.1054_color.jpg

40 Attribution-ShareAlike 3.0 Unported, CC BY-SA 3.0, <https://creativecommons.org/licenses/by-sa/3.0/deed.en> https://commons.wikimedia.org/w/index.php?curid=1084105

41 Michel wal (travail personnel (own work)), CC BY-SA 3.0 <https://creativecommons.org/licenses/by-sa/3.0>, via Wikimedia Commons https://commons.wikimedia.org/w/index.php?curid=78015080

42 Attribution-ShareAlike 2.5 Generic, CC BY-SA 2.5, <https://creativecommons.org/licenses/by-sa/2.5/deed.en>, https://commons.wikimedia.org/w/index.php?curid=18438114

43 Hans Ollermann, CC BY-SA 2.0 <https://creativecommons.org/licenses/by-sa/2.0>, via Wikimedia Commons https://commons.wikimedia.org/wiki/File:Mask_of_Sargon_of_Akkad.jpg

44 ALFGRN, CC BY-SA 2.0 <https://creativecommons.org/licenses/by-sa/2.0>, via Wikimedia Commons https://commons.wikimedia.org/w/index.php?curid=77514888

45 Middle_East_topographic_map-blank.svg: Sémhur (talk)derivative work: Zunkir, CC BY-SA 3.0 <https://creativecommons.org/licenses/by-sa/3.0>, via Wikimedia Commons https://commons.wikimedia.org/wiki/File:Moyen_Orient_3mil_aC.svg

46 Metropolitan Museum of Art, CC0, via Wikimedia Commons https://commons.wikimedia.org/wiki/File:Head_of_a_ruler_ca_2300_2000_BC_Iran_or_Mesopotamia_Metropolitan_Museum_of_Art_(dark_background).jpg

47 Mapa modificado: ampliado, añadidas regiones y mares, insertado un contorno del territorio ampliado. Enyavar, CC BY-SA 4.0 <https://creativecommons.org/licenses/by-sa/4.0>, via Wikimedia Commons https://commons.wikimedia.org/wiki/File:Ancient_Near_East_2300BC.svg

48 Mapa modificado: ampliado, añadidas regiones y mares, insertado un contorno del territorio ampliado. Enyavar, CC BY-SA 4.0 <https://creativecommons.org/licenses/by-sa/4.0>, via Wikimedia Commons https://commons.wikimedia.org/wiki/File:Ancient_Near_East_2300BC.svg

49 Rama, CC BY-SA 2.0 FR <https://creativecommons.org/licenses/by-sa/2.0/fr/deed.en>, via Wikimedia Commons https://commons.wikimedia.org/wiki/File:Naram-Sin.jpg

50 https://commons.wikimedia.org/wiki/File:John_Henry_Haynes._The_Nippur_temple_excavation._1893.jpg

51 https://commons.wikimedia.org/wiki/File:TellBrakTW-W.jpg

52 ALFGRN, CC BY-SA 2.0 <https://creativecommons.org/licenses/by-sa/2.0>, via Wikimedia Commons https://commons.wikimedia.org/wiki/File:Prisoner_of_the_Akkadian_Empire_period_possibly_Warka_ancient_Uruk_LOUVRE_AO_5683.jpg

53 Vania Teofilo, CC BY-SA 3.0 <https://creativecommons.org/licenses/by-sa/3.0>, via Wikimedia Commons https://commons.wikimedia.org/wiki/File:Female_statuette_Empire_d%27Akkad_Louvre_-1.jpg

54 Gary Todd, CC0, via Wikimedia Commons https://commons.wikimedia.org/wiki/File:Diorite_Male_Statue%2C_found_in_Assur_%28next_to_the_Anu-Adad_Temple%29%2C_c._2300-2200_BC_%28Akkadian_Period%29.jpg

55 Mapa modificado: se han añadido nombres de mares y regiones. Flechas añadidas para mostrar las rutas comerciales. Por Middle_East_topographic_map-blank.svg: Sémhur (talk) trabajo derivado: Zunkir (talk) - Middle_East_topographic_map-blank.svg, CC BY-SA 3.0, https://commons.wikimedia.org/w/index.php?curid=17330302

56 Rama, CC BY-SA 3.0 FR <https://creativecommons.org/licenses/by-sa/3.0/fr/deed.en>, via Wikimedia Commons https://commons.wikimedia.org/wiki/File:Victory_stele_of_Naram_Sin_9066.jpg

57 Osama Shukir Muhammed Amin FRCP(Glasg), CC BY-SA 4.0 <https://creativecommons.org/licenses/by-sa/4.0>, via Wikimedia Commons https://commons.wikimedia.org/wiki/File:The_rock-relief_of_Naram-Sin_at_Darband-i_Gawr,_Qaradagh_Mountain,_Sulaymaniyah,_Kurdistan,_Iraq.jpg

58 Louvre Museum, CC BY 3.0 <https://creativecommons.org/licenses/by/3.0>, via Wikimedia Commons, https://commons.wikimedia.org/w/index.php?curid=25852586

59 Jans, G. / Bretschneider, J. 1998: "Wagon and Chariot Representationsin the Early Dynastic Glyptic. "They came to Tell Beydar with wagonand equid"". In M. Lebeau (ed.), About Subartu. Studies Devoted toUpper Mesopotamia. Turnhout, 155-194., CC BY-SA 4.0 <https://creativecommons.org/licenses/by-sa/4.0>, via Wikimedia Commons https://commons.wikimedia.org/wiki/File:Beydar-1.png

60 Sting, CC BY-SA 3.0 <http://creativecommons.org/licenses/by-sa/3.0/>, via Wikimedia Commons https://commons.wikimedia.org/wiki/File:Stele_of_Vultures_detail_01a.jpg

61 https://commons.wikimedia.org/wiki/File:Cylinder_seal_of_the_scribe_Kalki.jpg

62 Mbzt 2011, CC BY 3.0 <https://creativecommons.org/licenses/by/3.0>, via Wikimedia Commons https://commons.wikimedia.org/wiki/File:Impression_of_an_Akkadian_cylinder_seal_with_inscription_The_Divine_Sharkalisharri_Prince_of_Akkad_Ibni-Sharrum_the_Scribe_his_servant.jpg

63 Eric de Redelijkheid from Utrecht, Netherlands, CC BY-SA 2.0 <https://creativecommons.org/licenses/by-sa/2.0>, via Wikimedia Commons https://commons.wikimedia.org/wiki/File:Bronze_head_of_an_Akkadian_ruler,_discovered_in_Nineveh_in_1931,_presumably_depicting_either_Sargon_or_Sargon%27s_grandson_Naram-Sin_(Rijksmuseum_van_Oudheden).jpg

64 https://commons.wikimedia.org/wiki/File:Bassetki_statue.jpg

65 ALFGRN, CC BY-SA 2.0 <https://creativecommons.org/licenses/by-sa/2.0>, via Wikimedia Commons https://commons.wikimedia.org/wiki/File:Sargon_of_Akkad_and_dignitaries.jpg

66 MapMaster, CC BY-SA 4.0 <https://creativecommons.org/licenses/by-sa/4.0>, via Wikimedia Commons https://commons.wikimedia.org/wiki/File:Hammurabi%27s_Babylonia_1.svg

67 https://en.wikipedia.org/wiki/Rimush#/media/File:Fragments_of_the_Victory_Stele_of_Rimush_(Heuzey).jpg

68 Por Shonagon - Obra propia, CC0, https://commons.wikimedia.org/w/index.php?curid=61159609

69 Daderot, CC0, via Wikimedia Commons https://commons.wikimedia.org/wiki/File:El,_the_Canaanite_creator_deity,_Megiddo,_Stratum_VII,_Late_Bronze_II,_1400-1200_BC,_bronze_with_gold_leaf_-_Oriental_Institute_Museum,_University_of_Chicago_-_DSC07734.JPG

70 Prioryman, CC BY-SA 4.0 <https://creativecommons.org/licenses/by-sa/4.0>, via Wikimedia Commons https://commons.wikimedia.org/wiki/File:Tablet_of_Shamash_relief.jpg

71 User1712, CC BY-SA 4.0 <https://creativecommons.org/licenses/by-sa/4.0>, via Wikimedia Commons https://commons.wikimedia.org/wiki/File:Nergal-b.jpg

72 https://commons.wikimedia.org/wiki/File:Chaos_Monster_and_Sun_God.png

73 British Museum, CC0, via Wikimedia Commons https://commons.wikimedia.org/wiki/File:British_Museum_Queen_of_the_Night.jpg

74 Mapa modificado: se han añadido etiquetas de las culturas, los ríos y el golfo Pérsico. Crédito: Jolle, CC BY 3.0 https://creativecommons.org/licenses/by/3.0/ vía Wikimedia Commons; https://commons.wikimedia.org/wiki/File:Mesopotamian_Prehistorical_cultures.jpg

75 Osama Shukir Muhammed Amin FRCP(Glasg), CC BY-SA 4.0 El Imperio babilónico.docx vía Wikimedia Commons; https://commons.wikimedia.org/wiki/File:Lizard-headed_nude_woman_nursing_a_child,_from_Ur,_Iraq,_c._4000_BCE._Iraq_Museum_(retouched).jpg

76 Foto modificada: ampliada, con nombres de lugares añadidos. Crédito: Erinthecute, CC BY-SA 4.0 https://creativecommons.org/licenses/by-sa/4.0/ vía Wikimedia Commons; https://commons.wikimedia.org/wiki/File:Umma2350.svg

77 Daderot, CC0, vía Wikimedia Commons; https://commons.wikimedia.org/wiki/File:Cylinder_seal_-_Oriental_Institute_Museum,_University_of_Chicago_-_DSC07233.JPG

78 Hans Ollermann, CC BY-SA 2.0 https://creativecommons.org/licenses/by-sa/2.0 vía Wikimedia Commons; https://commons.wikimedia.org/wiki/File:Mask_of_Sargon_of_Akkad.jpg

79 Rama, CC BY-SA 2.0 FR https://creativecommons.org/licenses/by-sa/2.0/fr/deed.en vía Wikimedia Commons; https://commons.wikimedia.org/wiki/File:Naram-Sin.jpg

80 Dosseman, CC BY-SA 4.0 https://creativecommons.org/licenses/by-sa/4.0/ vía Wikimedia Commons; https://commons.wikimedia.org/wiki/File:Damascus_National_Museum_worshipper_from_Amorite_city_of_Mari_5327.jpg

81 Metropolitan Museum of Art, CC0, vía Wikimedia Commons; https://commons.wikimedia.org/wiki/File:Ibbi-Sin_enthroned.jpg

82 Rowanwindwhistler, GFDL https://www.gnu.org/licenses/fdl-1.3.html vía Wikimedia Commons; https://commons.wikimedia.org/wiki/File:Mesopotamia_en_el_segundo_milenio-es.svg

83 Serge Ottaviani, CC BY-SA 3.0 https://creativecommons.org/licenses/by-sa/3.0/ vía Wikimedia Commons; https://commons.wikimedia.org/wiki/File:Royal_portrait_-_Hamurabi_-_King_of_Babylon_-1900_before_JC_-.JPG

84 https://commons.wikimedia.org/wiki/File:Worshipper_Larsa_Louvre_AO15704.jpg

85 MapMaster, CC BY-SA 4.0 https://creativecommons.org/licenses/by-sa/4.0/ vía Wikimedia Commons; https://commons.wikimedia.org/wiki/File:Hammurabi%27s_Babylonia_1.svg

86 https://commons.wikimedia.org/wiki/File:Marduk_and_pet.jpg

87 https://commons.wikimedia.org/wiki/File:N-Mesopotamia_and_Syria_english.svg

88 MapMaster, CC BY-SA 4.0 https://creativecommons.org/licenses/by-sa/4.0/ vía Wikimedia Commons; https://commons.wikimedia.org/wiki/File:Kassite_Babylonia_EN.svg

89 Museo Metropolitano de Arte, CC0, vía Wikimedia Commons; https://commons.wikimedia.org/wiki/File:Cylinder_seal_and_modern_impression-_male_worshiper,_dog_surmounted_by_a_standard_MET_ss1985_357_44.jpg

90 https://commons.wikimedia.org/wiki/File:%E2%80%98Aqar_Q%C5%ABf.jpg

91 https://commons.wikimedia.org/wiki/File:Kudurru_Melishipak_Louvre_Sb23_n02.jpg

92 Near_East_topographic_map-blank.svg: Obra de Sémhurderivada: Zunkir, CC BY-SA 3.0 https://creativecommons.org/licenses/by-sa/3.0/ vía Wikimedia Commons; https://commons.wikimedia.org/wiki/File:M%C3%A9dio-assyrien.png

93 Gary Todd, CC0, vía Wikimedia Commons; https://commons.wikimedia.org/wiki/File:Babylonian_Limestone_Boundary_Stele_(Kudurru),_Reign_of_Nebuchadnezzar_I.jpg

94 Carole Raddato de FRANKFURT, Alemania, CC BY-SA 2.0 https://creativecommons.org/licenses/by-sa/2.0 vía Wikimedia Commons; https://commons.wikimedia.org/wiki/File:Exhibition_I_am_Asurbanipal_king_of_the_world,_king_of_Assyria,_British_Museum_(31033563287).jpg

95 https://commons.wikimedia.org/wiki/File:Iraq;_Nimrud_-_Assyria,_Lamassu%27s_Guarding_Palace_Entrance.jpg

96 Osama Shukir Muhammed Amin FRCP(Glasg), CC BY-SA 4.0 https://creativecommons.org/licenses/by-sa/4.0/ vía Wikimedia Commons;

https://commons.wikimedia.org/wiki/File:Tiglath-pileser_III,_an_alabaster_bas-relief_from_the_king%27s_central_palace_at_Nimrud,_Mesopotamia.,JPG

97 https://commons.wikimedia.org/wiki/File:Skythian_archer_plate_BM_E135_by_Epiktetos.jpg

98 Crédito: Patrick Gray, CC BY 2.0 https://creativecommons.org/licenses/by/2.0/ vía Wikimedia Commons; https://commons.wikimedia.org/wiki/File:Battle_of_Carchemish.png

99 Usuario: Hahaha, CC SA 1.0 https://creativecommons.org/licenses/sa/1.0/ vía Wikimedia Commons; https://commons.wikimedia.org/wiki/File:Pergamonmuseum_Ishtartor_05.jpg

100 Mary Harrsch de Springfield, Oregón, Estados Unidos, CC BY 2.0 https://creativecommons.org/licenses/by/2.0/ vía Wikimedia Commons; https://commons.wikimedia.org/wiki/File:A_mu%C5%A1%E1%B8%ABu%C5%A1%C5%A1u,_the_sacred_animal_of_the_Mesopotamian_god_Marduk_on_the_Ishtar_Gate_of_Babylon_reconstructed_with_original_bricks_at_the_Pergamon_Museum_in_Berlin_575_BCE_(32465090312).jpg

101 British Museum, CC BY 3.0 https://creativecommons.org/licenses/by/3.0/ vía Wikimedia Commons; https://commons.wikimedia.org/wiki/File:Nabonides.jpg

102 https://commons.wikimedia.org/wiki/File:Defeat_of_Croesus_546_BCE.jpg

103 Carlo Raso, CC BY-SA 2.0 <https://creativecommons.org/licenses/by-sa/2.0>, vía Wikimedia Commons, https://commons.wikimedia.org/w/index.php?curid=74758953

104 Osama Shukir Muhammed Amin FRCP(Glasg), CC BY-SA 4.0 https://creativecommons.org/licenses/by-sa/4.0/ vía Wikimedia Commons; https://commons.wikimedia.org/wiki/File:Man_and_woman,_Old-Babylonian_fired_clay_plaque_from_Southern_Mesopotamia,_Iraq.jpg

105 https://commons.wikimedia.org/wiki/File:Marduk-apla-iddina_II.jpg

106 Foto modificada: ampliada. Crédito: Osama Shukir Muhammed Amin FRCP(Glasg), CC BY-SA 4.0 https://creativecommons.org/licenses/by-sa/4.0/ vía Wikimedia Commons; https://commons.wikimedia.org/wiki/File:Old-Babylonian_plaque_of_a_standing_woman_holding_her_child,_from_Southern_Mesopotamia,_Iraq.jpg

107 Mbmrock, CC BY-SA 4.0 https://creativecommons.org/licenses/by-sa/4.0/ vía Wikimedia Commons; https://commons.wikimedia.org/wiki/File:(Mesopotamia)_Hammurabi.jpg

108 https://commons.wikimedia.org/wiki/File:William_Blake_-_Nebuchadnezzar_(Tate_Britain).jpg

109 https://en.wikipedia.org/wiki/Bull_of_Heaven#/media/File:O.1054_color.jpg

110 Александр Михальчук, CC BY-SA 4.0 https://creativecommons.org/licenses/by-sa/4.0/ vía Wikimedia Commons;

https://commons.wikimedia.org/wiki/File:The_Tower_of_Babel_Alexander_Mikhalchyk.jpgn

111 https://commons.wikimedia.org/wiki/File:Hanging_Gardens_of_Babylon_by_Ferdinand_Knab_(1886).png

112 Hammurabi, CC BY 3.0 https://creativecommons.org/licenses/by/3.0 via Wikimedia Commons; https://commons.wikimedia.org/wiki/File:P1050763_Louvre_code_Hammurabi_face_rwk.JPG

113 Hammurabi, CC BY 3.0 https://creativecommons.org/licenses/by/3.0 via Wikimedia Commons; https://commons.wikimedia.org/wiki/File:F0182_Louvre_Code_Hammourabi_Bas-relief_Sb8_rwk.jpg

114 Dibujado por Henri Faucher-Gudin según Austen Henry Layard, dominio público; https://commons.wikimedia.org/wiki/File:Ramman.png

115 https://commons.wikimedia.org/wiki/File:Passing_lion_Babylon_AO21118.jpg

116 Osama Shukir Muhammed Amin FRCP(Glasg), CC BY-SA 4.0 https://creativecommons.org/licenses/by-sa/4.0/ vía Wikimedia Commons; https://commons.wikimedia.org/wiki/File:God_Ea_holding_a_cup._From_Nasiriyah,_Iraq._2004-1595_BCE._Iraq_Museum.jpg

117 TYalaA, CC BY-SA 4.0 https://creativecommons.org/licenses/by-sa/4.0/ vía Wikimedia Commons; https://commons.wikimedia.org/wiki/File:Marduk_Tiamat_Battle_from_Enuma_Elish_-_repaired_version.png

118 https://commons.wikimedia.org/wiki/File:Illustrerad_Verldshistoria_band_I_Ill_034.jpg

119 https://commons.wikimedia.org/wiki/File:Artist%E2%80%99s_impression_of_Assyrian_palaces_from_The_Monuments_of_Nineveh_by_Sir_Austen_Henry_Layard,_1853.jpg

120 Goran tek-en, CC BY-SA 4.0 <https://creativecommons.org/licenses/by-sa/4.0>, vía Wikimedia Commons; https://commons.wikimedia.org/wiki/File:N-Mesopotamia_and_Syria_english.svg

121 Hardnfast, CC BY 3.0 <https://creativecommons.org/licenses/by/3.0>, vía Wikimedia Commons; https://commons.wikimedia.org/wiki/File:Ancient_ziggurat_at_Ali_Air_Base_Iraq_2005.jpg

122 https://commons.wikimedia.org/wiki/File:Sargon_of_Akkad_(1936).jpg

123 https://commons.wikimedia.org/wiki/File:Gudea_of_Lagash_Girsu.jpg

124 Jononmac46, CC BY-SA 3.0 <https://creativecommons.org/licenses/by-sa/3.0>, vía Wikimedia Commons; https://commons.wikimedia.org/wiki/File:Assyrian_lions.png

125 Hammurabi, CC BY 3.0 <https://creativecommons.org/licenses/by/3.0>, vía Wikimedia Commons; https://commons.wikimedia.org/wiki/File:P1050763_Louvre_code_Hammurabi_face_rwk.JPG

126 https://commons.wikimedia.org/wiki/File:Iraq;_Nimrud_-_Assyria,_Lamassu%27s_Guarding_Palace_Entrance.jpg

127 Osama Shukir Muhammed Amin FRCP(Glasg), CC BY-SA 4.0 <https://creativecommons.org/licenses/by-sa/4.0>, vía Wikimedia Commons; https://commons.wikimedia.org/wiki/File:Assurnasirpal_II_performs_religious_rituals_before_the_sacred_tree._From_Nimrud,_Iraq._865-860_BCE._British_Museum.jpg

128 https://commons.wikimedia.org/wiki/File:Tell_Ahmar,_mural_palacio_rey_Tiglatpileser_audiencia_sicglo_VIII.jpg

129 Osama Shukir Muhammed Amin FRCP(Glasg), CC BY-SA 4.0 <https://creativecommons.org/licenses/by-sa/4.0>, vía Wikimedia Commons; https://commons.wikimedia.org/wiki/File:Tiglath-pileser_III,_an_alabaster_bas-relief_from_the_king%27s_central_palace_at_Nimrud,_Mesopotamia..JPG

130 https://commons.wikimedia.org/wiki/File:Reconstructed_Model_of_Palace_of_Sargon_at_Khosrabad_1905.jpg

131 Timo Roller, CC BY 3.0 <https://creativecommons.org/licenses/by/3.0>, vía Wikimedia Commons; https://commons.wikimedia.org/wiki/File:Sanherib-tr-4271.jpg

132 Fotografía: Anthony HuanTexto: George Smith en 1871 (Dominio público), CC BY-SA 2.0 <https://creativecommons.org/licenses/by-sa/2.0>, vía Wikimedia Commons; https://commons.wikimedia.org/wiki/File:Rassam_cylinder_with_translation_of_the_First_Assyrian_Conquest_of_Egypt,_643_BCE.jpg

133 https://commons.wikimedia.org/wiki/File:Assur_god.jpg

134 Sailko, CC BY 3.0 <https://creativecommons.org/licenses/by/3.0>, vía Wikimedia Commons; https://commons.wikimedia.org/wiki/File:Ishtar_on_an_Akkadian_seal.jpg

135 Allan Gluck, CC BY 4.0 <https://creativecommons.org/licenses/by/4.0>, vía Wikimedia Commons; https://commons.wikimedia.org/wiki/File:Assyrian_Relief_of_the_Banquet_of_Asurbanipal_From_Nineveh_Gypsum_N_Palace_British_Museum_01.jpg

136 Museo Británico, CC BY-SA 3.0 <https://creativecommons.org/licenses/by-sa/3.0>, vía Wikimedia Commons; https://commons.wikimedia.org/wiki/File:Inlaid_and_gilded_panel_-_WA_127412_-_British_Museum.JPG

137 Osama Shukir Muhammed Amin FRCP(Glasg), CC BY-SA 4.0 <https://creativecommons.org/licenses/by-sa/4.0>, vía Wikimedia Commons; https://commons.wikimedia.org/wiki/File:Assyrian_siege-engine_attacking_the_city_wall_of_Lachish,_part_of_the_ascending_assaulting_wave._Detail_of_a_wall_relief_dating_back_to_the_reign_of_Sennacherib,_700-692_BCE._From_Nineveh,_Iraq,_currently_housed_in_the_British_Museum.jpg

www.ingramcontent.com/pod-product-compliance
Lightning Source LLC
Chambersburg PA
CBHW072103050526
44107CB00099B/394